西南人类学文库 | 流域与传统村落系列

Lengshuixipan

冷水溪畔

八龙村土家族文化生态的人类学考察

田阡　王欣 ◎编著

知识产权出版社

全国百佳图书出版单位

图书在版编目（CIP）数据

冷水溪畔：八龙村土家族文化生态的人类学考察／田阡，王欣
编著. —北京：知识产权出版社，2015.6
ISBN 978-7-5130-3427-2

Ⅰ. ①冷⋯　Ⅱ. ①田⋯ ②王⋯　Ⅲ. ①土家族—民族社会学—
研究—雷州市　Ⅳ. ①K287.3

中国版本图书馆 CIP 数据核字（2015）第 072513 号

内容提要

本调查报告的目标是全方面揭示冷水溪畔的农民文化生态状况。报告从冷水乡基础的自然环境入手，进而了解基于此特定生态环境之上的生计方式、休闲活动、婚姻状况。以及受特色农业经济所影响的乡村人口流动、政权运作和教育状况。并对在特殊的生计模式的影响下，所形成的特殊的音乐艺术形态与非物质文化遗产进行了叙述。最后，通过对当地丧葬仪式以及"孝歌"的象征人类学分析，揭示冷水乡村社会生活中的文化生态结构。

责任编辑：纪萍萍　　　　　　　　**责任校对：谷　洋**
　　　　　　　　　　　　　　　　　　责任出版：刘译文

冷水溪畔
——八龙村土家族文化生态的人类学考察
田阡　王欣　编著

出版发行：知识产权出版社 有限责任公司	网　　址：http://www.ipph.cn
社　　址：北京市海淀区马甸南村 1 号	邮　　编：100088
责编电话：010-82000860 转 8387	责编邮箱：jpp99@126.com
发行电话：010-82000860 转 8101/8102	发行传真：010-82000893/82005070/82000270
印　　刷：三河市国英印务有限公司	经　　销：各大网上书店、新华书店及相关专业书店
开　　本：720mm×960mm　1/16	印　　张：27
版　　次：2015 年 6 月第 1 版	印　　次：2015 年 6 月第 1 次印刷
字　　数：457 千字	定　　价：79.00 元

ISBN 978-7-5130-3427-2

西南人类学文库

序　言

　　人类学于 20 世纪初被引进中国，其研究一度繁荣。1923 年，在美国哈佛大学人类学博士李济主持之下，南开大学建立了中国第一个人类学系。从 20 年代至 30 年代初，全国许多院校，如金陵大学、燕京大学、厦门大学、浙江大学、华西协和大学、大夏大学、中央大学、岭南大学、中山大学、复旦大学、东吴大学、光华大学、广西大学、华中大学、福建协和学院等校纷纷设立人类学机构，或者在社会学系开设与人类学相关的课程。北京大学等校虽然没有设置系科，但也开设了人类学、民族学课程。抗战胜利后，国民政府教育部先后批准暨南大学、清华大学、中山大学、浙江大学、辅仁大学建立人类学系。1952 年院系调整，国内各大学的社会学系、人类学系和民族学系先后撤销，人类学中研究体质的部分基本保留下来，但被归并到生物学或古生物学之下；研究人文与社会的那部分则被调整到历史学内，或以"民族研究"的名义得以延续。

　　20 世纪 70 年代末 80 年代初，人类学地位重新得到恢复。1981 年，中山大学复办人类学系，设民族学和考古学两个专业，同年获得博士授予权。随后，厦门大学也建立了人类学系和人类学研究所，设人类学、考古学两个专业。中央民族学院于 1983 年建立民族学系，1993 年该校成立民族学研究院，2000 年 9 月改名为民族学与社会学学院。中国社会科学院研究生院民族系于 1978 年成立，设有民族学与人类学专业，并于当年开始招收硕士研究生，1983 年起开始招收博士研究生。北京大学社会学人类学研究所成立于 1985 年 3 月，是一个以研究为主、教学为辅的机构。此外，云南大学、中南民族学院、湖北民族学院、广西民族大学、云南民族大学、贵州民族学院等一些综合性大学和民族学院（大学）也成立了人类学研究所或民族研究所，招收博士、硕士研究生。在中国，现阶段本科学历开设人类学课程的只有中山大学及一些民族学院（大学）。截至 2009 年，全国共有 20 多所高校院所在民族学、社会学一级学科下设立了人类学硕士授予点，北京大学、中国人民大学、清华大学、中央民族大学、中国社会科学院研究生院、南开大学、上海大学、厦门大学、中山大学等9所大学设立了人类学博士点。其中，北京大学和中山大学的人类学专业被评为国家重点学科。2010年国务院学位办将博士授予权下放到部分重点高校，一部分高校增设了人类学博士点，如南京大学、哈尔滨工业大学等。

人类学这些年来在中国已经有了长足的进步，特别是2009年人类学民族学联合会第16届世界大会在中国召开后，发展迅速。这表现在，越来越多的人类学、民族学机构的建立——根据相关的统计可知，我国现有的人类学、民族学机构已经超过100个，专业人员超过5 000人。此外，越来越多的高校建立起硕士、博士学位点，除了985高校外，部属和各省的民族院校普遍建立起学科点；进而，各类学术活动越来越多。中国人类学民族学研究会是最大的学会，每年举办年会和学科单位负责人会议，其下属的各分委员会亦举行各种专题会议。民间团体"人类学高级论坛"每年举行年会和青年圆桌论坛，已经连续举办了12届，2013年还在台湾地区举办了首次论坛。各类研究课题在国内外展开，尤其是海外民族志研究方兴未艾，各种专著、文章更是如雨后春笋般层出不穷。

笔者认为，重庆这片区域在人类学、民族学的发展中有着重要的地位。首先，重庆位于中国的腹地，在习惯上称之为"西南"，实际在中国地理位置上是中部偏东；地处长江上游，是青藏高原与长江中下游平原过渡地带，古往今来是兵家必争之地；从古代的巴楚战争，到元时的钓鱼城之战，以及民国抗战时的首都，就可见一斑。其次，重庆是中国文明的发祥地之一，从200万年前的"巫山人"到农业起源时的新石器文化，从别具一格的巴国青铜文化到石盐生产中心。第三，重庆也是多民族聚居的地方，古往今来族群互动繁多，迄今还保留4个民族自治县（原来有6个自治县），分布着上百万的土家族和苗族居民。第四，重庆是中部经济核心地区，是铁路、公路、水运和航空的交通枢纽，是中国制造业、高科技、高等教育的核心区之一。当前，重庆经济的飞速发展带来社会、文化的急剧变迁，为人类学民族学的研究提供了广阔的天地。

然而总体上看，重庆人类学民族学发展的状况却不太尽人意，这与重庆的地位不太相称。重庆自成为直辖市后，随着政治地位的提高，经济也获得了高速发展，可是人文社会科学的发展相对滞后。不过，我们欣喜地看到，不仅西南大学作为重庆人文社会科学的重镇继续担当着领头羊的责任，重庆大学也建立起高等研究院和相关的社会科学研究院，以弥补单纯理工科大学之不足。近来，人类学民族学在重庆也有了欣喜的进步，首先是在西南大学建立了相关机构，开展人类学民族学的研究，并招收相关专业的研究生；接着是在重庆大学高等研究院建立人类学研究中心，聘请海外专家做中心主任，目前已经举办了相关的学术会议和人类学系列讲座；重庆文理学院也开展了文学人类学、文化遗产的研究，还承办了 2013 年人类学高级论坛。

重庆人类学民族学的进步与田阡及所在团队的努力是分不开的。本丛书的出版正是其近年来研究成果的展示。通过本丛书看其研究，在如下几个方面是有所突破的。

田阡的团队立足武陵山区与乌江流域，以区域自然与人文生态为基础，关注非物质文化遗产的文化基础，将文化总体特征与多样性相结合，开展非物质文化遗产与区域文化互动关系研究。同时运用区域研究的方法，坚持整体观与跨文化比较的研究取向，基于非物质文化遗产研究的视角，以教育部人文社会科学研究项目"龙河流域区域文化与族群关系研究"和文化部民族民间文艺发展中心项目"中国节日志·春节（重庆卷）"为依托，对该区域文化的共同特征和多样性开展了系统的研究工作。首先，对区域文化进行具体的分类研究。将区域文化分为民族艺术、民族体育、民族音乐、民族手工艺、民族舞蹈等方面，从民族文化形式、内涵、传承、文化产业等角度对不同的民族文化作了专题调查研究，凸显民族文化的多样性，探讨非物质文化遗产的文化根基及传统文化在非物质文化遗产保护中的应用。其次，运用人类学的进化论、整体观等理论与方法，通过多点式田野调查，对该区域的非物质文化遗产进行了系统的比较研究。最后，对区域文化开展总体性特征的研究。在大量田野调查的基础上，从生计方式、价值体系、社会风尚、行为规范和制度体系等角度，对武陵山区和乌江流域的区域文化作综合分析，总结该区域文化的基本特征与文化价值。

田阡的团队以都市为研究场域，以城市化进程中新的社会文化现象为基础，以族群流动与互动关系为研究对象，开展了丰富的都市少数民族社会管理问题研究。区域文化的整体性与多样性是在族群互动的基础上形成的。在关注区域文化研究的同时，该团队依托国家社科基金项目"西部地区少数民族农民工生计模式与身份认同研究"，展开都市族群关系问题研究。该研究的创新之处在于突破了原有流域个体、单一民族研究的思路，通过社区研究对族群互动关系的多样性作了综合分析，推动了学科互动研究。他们对大都市的散杂居状态进行了深度剖析，利用科塞提出的社会安全阀理论，创造性地将城市民族事务部门定位为城市民族工作的"安全阀"，指出城市民族事务部门应充分利用自身的各种优势，在日常管理和突发事件应急处理等方面，发挥资源动员和服务传递的职能，充分发挥"安全阀"的疏导、转化和催化作用，推动城市民族工作的顺利开展。

田阡的团队将田野调查与文献分析相结合，关注历史上地方社会与国家的"中心与边缘"互动关系，开展了卓有成效的族群与区域文化的历史人类学研究。在已有的区域历史研究基础上，通过历史文献的分析和大量的田野调查，从文化生态的角度对不同民族和不同区域的生活状况进行了研究和评价，对地方社会与国家之间的互动关系进行了创新性的、历史性的演绎与归纳。同时，以历史事件的反思关照现代地方社会发展的问题，对民族地区社会发展进行了分析，为解决当前的民族关系问题提供了更加系统的理论支撑和明确的决策参考。如运用人类学的理论与方法，以苗疆社会自身为研究视角，从苗疆民众的日常生活分析出发，对苗疆民众的日常生活进行了全新的理解与评价，为西南边疆与民族历史问题研究提供了新的研究思路。该成果凸显了民间组织与民间行为规范的社会价值，对于解决中国基层社会的现实问题，维护基层社会的社会秩序提出了新的路径，从理论上推动了社会主义和谐社会的建设。

田阡教授嘱我为西南人类学文库写个序。犹豫再三，还是答应下来。田阡十多年前就读于我的门下，毕业后去了西南大学。在那里，他将人类学理论与应用相结合，将学术研究与学科建设相结合，在人类学基础薄弱的重庆地区打出了一片新的天地，特别是在流域人类学领域所做的研究和思考更有新意。当老师的最高兴的莫过于学生能够做出成绩。这也是我愿意写序的原因。最后，祝愿田阡的团队能有更多的成果问世，祝愿重庆的人类学有着美好的明天！

徐大鸣

2013 年 11 月 27 日

重观西南：走向以流域为路径的跨学科区域研究

学术从来不是静止的，我们的探索永远是理论和实践上的无尽开拓。无论做哪一学科的学术研究，方法都是非常重要的。英国社会人类学家利奇（E. R. Leach）在其代表作之一《缅甸高地诸政治体系：对克钦社会结构的一项研究》中提到人类学研究中的"蝴蝶论"：当时很多研究者的工作，就像收集各种蝴蝶标本一样去收集各种人类文化现象。他认为这些文化现象收集得再多、再全，如果不去深究"蝴蝶"的归类、"蝴蝶"的演化等问题，对我们认识人类社会就没有多大帮助。同样，当我们回头去看弗雷泽（James George Frazer）强调在古典人类学家泰勒（Edward Burnett Tylor）的基础上要对比较方法进行革新，放弃使用先验的阶段论，转而做共时的比较，从而看到事物和事物之间的关系的理念时，就可以确信这样的学术思维可以理出一条通过认识事物，进而认识人类社会的主线来。

一、方法论转向：从社区研究到区域研究

源于结构功能学派社会人类学的社区研究，作为一种方法论，长期以来都是人类学研究的基石，为人类学这门学科的世界性的发展做出了不可磨灭的贡献。但事实上，只要对学术史稍作梳理即不难发现，社区研究本身也经历了一个动态演化的过程。在人类学传统的社区研究中，其实存在着"社区研究"和"在社区中做研究"这样两种研究取向。一直以来，大多数的中国研究者都传承了人类学民族志的传统，将社区视为可操作单位，对其进行"麻雀解剖"，以期代表中国，至少代表中国社会的一种"类型"或"模式"。然后试图通过类型比较方法达到对中国整体的认知。

费孝通先生在后来的《云南三村》序言中反思《江村经济》，承认《江村经济》做的是社会调查而不是社会学调查，他在《云南三村》中的类型比较研究，可以看做是对"利奇之问"的回应。这段学术公案众所周知。利奇质

疑费孝通先生的社区研究方法，"在中国这样广大的国家，个别社区的微型研究能否概括中国国情？"❶ 费孝通坦承，"江村不能在某些方面代表一些中国的农村"，但他认为："如果承认中国存在着江村这种的农村类型，接着可问，还有其他哪些类型？如果我们用比较方法把中国农村的各种类型一个一个地描述出来，那就不需要把千千万万个农村一一的加以观察而接近于了解中国所有的农村了。通过类型比较法是有可能从个别逐步接近整体的。"❷ 这样一来，我们的研究就不再仅仅是"对社区的研究"，而进入了"在社区中做研究"而且是做更大范围或规模研究的新视野。在这种类型比较法的信念下，费孝通先生从"江村"走到"云南三村"走到"中国小城镇模式"乃至"区域社会"，为理解中国奉献了毕生精力。这种研究传统至今仍然在人类学和社会学的实证研究中有着重要的地位。在其影响下，我们的研究不但要思考整体与局部、一般与特殊、宏观与微观的链接，而且事实上还是一种加入了他者文化关怀的研究。一方面，区域社会的地方知识体系在支撑着"传统"或"他者"意义上的民族文化；另一方面，地方性的问题已经成为国家治理技术和世界政治经济体系在地方社会中实践和权力展演的空间。

作为学术工作者，我们既要时刻警醒自己将自身的世界当作众多世界中的一个，寻找他者历史与社会的独特运行逻辑，同时也要"追问流行于不同的地理单位中的宇宙观在互相碰撞的过程中如何保持自身的'不同'"。❸

区域研究作为人类学重要的组成部分，无论是在人类学学科起源和兴起的过程中，还是在人类学学科理论与学科流派的形成中，都具有举足轻重的作用。其主要目的在于通过区域个案的研究来认识区域整体。在全球化时代，人口的大规模流动使原有区域研究的理论与方法遇到严峻的挑战。尽管如此，人类学区域研究的重要性却从未动摇过。区域研究的理论和方法，只是比以前更加强调人类学理论上的批判性和人类学田野调查的科学训练而已。

二、对象转向：从族群研究到流域研究

人类学家周大鸣教授曾指出，族群的认同必须在族群之间的互动过程中去探讨，在与世隔绝的孤立群体中，是不会产生族群认同的，至少族群认同是在

---

❶ 费孝通：《人的研究在中国：个人的经历》，《读书》，1990 年第 10 期。
❷ 同上。
❸ 王铭铭：《人类学：历史的另一种构思》，王铭铭主编《中国人类学评论（第 9 辑）》，世界图书出版公司·后浪出版公司 2009 年版，第 55 页。

族群间互动的基础上发展起来的。经过认同和互动过程的族群关系呈现的是多元模式局面。❶事实上，包括地域性在内的现实认同在具体的时空下也是重要的族群认同操作工具。生活在同一区域的群体在新的历史条件下，不断受到政治的、市场的、历史记忆和社会结构等因素的影响而使族群认同和族群文化处于动态的变迁之中，这是历史的建构过程，也正在现实中发生着。

孤立的群体研究方法也无法把握族群之所以形成自我认同的过程。族群文化归纳，如果缺乏时空格局意识，就会忽视对地方社会的族群关系、地域关系和历史情境之间的关系，从而造成对区域文化地方性差异以及差异形成过程的关注的不足。

以空间、历史与族群互动为视角的区域研究，并不是单一的区域史，而是人类学上文化整体观和比较研究传统的延续，也是对中国地方社会研究中历史研究取向和区域文化研究取向相结合的进一步深入。这种研究视角以发现具体历史社会情境中地方社会与族群社会的关系为目的，去揭示国家、社会、地域、宗族、个人等多层次的社会力量在多样性的具体"历史真实"中的整合以及民间生活中"文化创造"的多样性，并最终以"过程民族志"的方式展现传统中国社会的运作机制。❷对于中国历史文化局部整体性的把握，是对中华文明总体整体性进行理解的必经阶段和重要步骤。因此将族群文化研究与地域进行结合，将族群与族群互动嵌入具体的时空轴进行审视就显得尤为重要。

从这个意义出发，我们的研究不应拘泥于族源、客观文化表征以及单一族群历史方面的考察，而应将其作为资料性素材，重点通过对区域空间内的族群文化与族群关系的把握，从河流区域与族群文化角度对族群研究进行田野调查和理论层面的探讨。

流域，正如龙宇晓教授所言："是以河流为中心的人-地-水相互作用的自然—社会综合体，以水为纽带，将上中下游和左右岸的自然体和人类群体连接为一个不可分割的整体，在人类生活世界的本体系统中具有十分重要的地位。"❸从某种意义上来说，流域是群集单元，是世界本体的一部分。用地理学的说法，流域是一条一条的河流和分水岭形成的山水基线；从文化的发生角

---

❶ 周大鸣：《动荡中的客家族群与族群意识：粤东地区潮客村落的比较研究》，《广西民族学院学报（哲社版）》，2005 年第 9 期。

❷ 彭兆荣：《边际族群：远离帝国庇佑的客人》，黄山书社 2006 年版。

❸ 曾江：《作为方法的流域：中国人类学研究新视角——流域人类学大有可为》，《中国社科科学报》，2015 年 6 月 9 日。

度看来，流域就是一条条的文化赖以起源、演化、传播、交融与发展的时空通道；从整体观的视角看，流域还是一个体系架构，由大大小小的流域线条网络形成一个个的区域扇面。就社会内涵角度而言，流域是一个问题域，集结了诸如生态、人口、资源、民族、族群关系等各方面的问题；从方法论角度讲，流域则可以作为一种认知范式，从流域的角度看待问题，可能和过去泛泛地看待问题是不一样的。如果我们能用流域的方法，从流域的角度看问题，肯定能够发现以往我们不能发现的很多的知识的盲点。

流域是世界本体的一部分，这与流域的性质有关。流域在国外的理解各有不同，有广义的 valley，还有一个狭义的 watershed，即分水岭。希罗多德曾说"埃及是尼罗河馈赠给人类的厚礼"，深入理解他的话，可以说整个人类的文明都是和流域有关系的。马克思说"尼罗河水涨落启示，诞生了埃及数学"，可见流域不仅仅是文化的问题，也与地方知识、科学知识有关。流域的重要性在于它既是自然资源的群集单元，也是文化多样性的承载单元，更是我们认识社会的一种方式。顺着河流，就有物的交流、人口的流动、文化的传播和分布。流域作为一种系统的架构，是一个人、地、水互动的复杂系统，从中可以分成很多子系统，可以在这个系统层面发现很多现实问题，诸如生物多样性的问题、传统知识的传承保护的问题等。从这个角度来说，通过流域的视角，我们能够在研究中不断发现新的资源，给老的问题赋予新的意义，并最终解决这些问题。

作为范式创新的一个出发点，流域研究可以帮助我们超越以往点状认知的局限性，超越现在人类学区域研究上一个个民族志点之间缺乏关联的局面，还可以超越"边缘-中心"的理论范式。正因为如此，流域人类学作为一种跨学科的研究，能够极大地帮助我们实现文化整体观照的目标；流域的研究、流域的视角、流域的方法，或许能够真正推动人类学成为一套完整的知识体系。

三、空间转向：从东南研究到西南研究

中国研究的空间转向经历了从西南到东南再回归西南的历程。如西南彝学研究的现代学术确立开端于中山大学人类学系的杨成志先生。20世纪的二三十年代，专业的社会学和人类学家开始进入西南地区，进行民族社会调查，留下许多重要的调查成果。中山大学人类学系先驱杨成志先生在1928年9月至1929年5月，孤身深入凉山进行民族调查，后来结合云南的一些调查撰写了

《云南民族调查报告》，被称为"我国西南民族调查的先导杰作"，后来出版的论文集《云南罗罗族论丛》被称为"罗罗研究的第一本巨著"。❶ 此外，袁家骅、李仕安、江应樑、陶云逵、林惠祥、芮逸夫、马长寿、林耀华等诸多民族学和人类学大家都曾进行过西南地区社会文化调查和研究。他们融会贯通，将人类学、民族学、民俗学、社会学、政治学、经济学等数门学科的理论与方法整合运用，写就了一批经典之作。相比于华北农村研究和东南宗族研究后期崛起，西南族群研究的传统曾一度低潮。随着费孝通先生于 20 世纪 70 年代末以后提出关于"藏彝走廊"的论述，人类学研究的目光又逐渐回到西南。

自 1980 年民族学人类学学科重建以来，西南研究的"区域研究"特征也日益明显。特别是 1981 年"中国西南民族研究学会"的成立，更标志着西南研究区域视野与实践的开启。在该学会的推动下，西南研究的学术力量被整合组织在一起，进行了一系列"流域""走廊""通道"等具有较强区域性研究的专题调研，如横断山区六江流域、西南丝绸之路、贵州"六山六水"、南昆铁路沿线、茶马古道、藏彝走廊等研究，从而开启了学科重建以来西南研究的第一次高潮，并取得了显著的成果。❷

人类学的区域研究曾经在村落个案的基础上，由国外中国研究者和台湾学者先后提出了市场体系理论、祭祀圈理论和历史人类学华南研究理论等范式，将连接一个个村落的关键，或认定为村庄集市网络内的交换关系，或认为是为了共同的神灵信仰而举行的祭祀活动的居民，或归结为某一特定区域范围内的宗族、信仰及社会整合。❸ 这些研究范式各有所长，也各有其缺陷，这些缺陷的共同之处在于：都只能解决相对较小范围内的区域研究问题，一旦将其置换于其他环境之中，就会遇到严重的"水土不服"情况。在实地的调查和研究中我们发现，地理自然环境因素天然地对区域社会形成具有形塑作用，而经济、政治、文化关系是区域社会形成、分化和变迁的重要基础。同时，把握地方社会形成及变迁所需要考察的区域族群关系、政治层级、经济关联、地理空间等社会结构性界线，都包含在区域社会之中而不是以族群为边界。作为族群互动的具体时空坐落，区域社会正是进行地方社会文化研究的可操作单位。

我自进入西南大学以来，结合区域研究和西南研究的新传统，带领团队在

---

❶ 王水乔：《杨成志与西南民族研究》，《云南民族学院学报（哲社版）》，1996 年第 2 期，第 55 页。

❷ 张原：《"走廊"与"通道"：中国西南区域研究的人类学再构思》，《民族学刊》，2014 年第 4 期。

❸ 周大鸣、詹虚致：《人类学区域研究的脉络与反思》，《民族研究》，2015 年第 1 期。

龙河流域开展了持续性的区域田野调查和民族志写作。龙河发源于鄂渝交界处的重庆市石柱土家族自治县黄水国家森林公园冷水镇李家湾七曜山南麓，全长164公里，天然落差1263.3米，其中在石柱境内有104公里，是石柱境内最大的河流。龙河流出石柱县后，在丰都县王家渡注入长江。龙河穿越石柱和丰都两县20多个乡镇，因流经石柱县城南滨镇，绕城三面，龙河在石柱县内又称"南滨河"。龙河流经的地区地处川鄂交界地，当楚黔之交，控楚连黔，襟带湘境，自古为洪荒之地，是巴蜀古国最边远的山区，古称"九溪十八峒"，也是土家族的祖先古代巴人的聚居区。我和我的团队对龙河的人类学研究是从《冷水溪畔》开始的，陆续有《万寿山下》《沙子关头》《龙河桥头》《边城黄鹤》等传统村落的系列调查研究，还有《"边缘"的"中心"》等呈现族群互动的系列研究，以及流域内的物质文化遗产与非物质文化遗产研究。至此，一个以流域为路径的西南区域研究的新人类学空间正在凸显。在冷水乡开展田野的意义在于它是贯穿于石柱县的龙河的源头，也在于它已被置于流动和发展的背景之中，需要尽早地描述和挖掘。而在西南流淌着很多与龙河一样的小流域，都存在着一个个相对独立的族群多样社区，对学术研究的标本作用以及田野调查方法的训练都是一个很好的实践场域。我们期待能通过做一条河流的上、中、下游不同社区的研究，构建起对该流域整体性的文化和社会认识，继续寻找文化的相似性和社会发展的多样性，也为武陵山区和西南的多流域研究拓宽拓新思路与方法。

面对新时期全球化浪潮下对人类学区域研究迫切呼唤和相关学科领域的理论失语，在费孝通的中国区域研究蓝图和中山大学人类学系的岭南研究与珠江流域研究的基础之上，我们总结七年来集中于西南地区的流域研究的理论与田野成果，初步得出了一些关于人类学区域研究，尤其是中国西南山区人类学区域研究的规律与方法。

四、学科转向：从人类学洞见到跨学科协同

我们认为，流域文明不仅是流域文化、流域历史，更多应关注现实的流域治理问题，进而参与到国家治理能力和治理体系现代化的讨论中去，因此，挖掘流域文明，其根本目的应该是更好地从点、线、面三个层次上为社会治理提供理论指导。

第一，流域文明凝聚社会治理的文化意蕴。水是流域文明的主体，水的特性在于它的流动性和循环性。水的流动性体现在它最一般的液态，水的循环性

体现为它在"三态"间的转化。水在沸点化为气态，在冰点结为固态，但是无论如何蒸发和凝结，它都在循环往复之中保持自身的存在。水也在"三态"转化之中实现着自身的充斥和弥漫。一地一域之水受到污染，水的流动性就会促使污染在更大范围内持续扩散；一堤一坝存有缝隙，水就会在引力作用下发挥出"柔弱胜刚强"的特性；水库不坚，水道不通，暴雨积累起来的洪涝就会引发灾难；水源的开通、引调、提升的不足则会引发缺水困境；水管查漏减损、废水再生利用和雨水收集的工作不济，就会造成水资源的浪费。水的这些特征，决定了治水思维的系统性和治水形式的协同性特征。水的文化产生于人与水的历史互动性实践中，内涵在世界文化、民族文化和地域文化之中。人类在用水、治水、护水等实践中不断构建文明史，在渡河、越江、航海等活动中不断构建世界历史。从中华民族范围看，松花江、辽河、海河、黄河、淮河、长江、珠江以及东南、西南、西北诸河等流域，孕育了先哲对水的哲学思索，凝结了历代水利工程的科技文化，汇聚了各朝文人对水的人文赞美。

第二，流域文明突显社会治理的系统关联。水是人类的生命之源，但是其发挥功用需要依靠人对于水的规律的科学把握。山水林田湖之间的辩证运动构成生态系统，水的规律即是在生态系统中发挥作用。在人类社会快速发展进程中，人们对于自然界的作用逐渐多样化，导致水的规律发挥的作用机制也变得日益复杂化，人们治水的机制也日趋系统化。科学发展观的基本要求就是全面、协调、可持续，因此治水必须具备统筹协调的战略思维。

第三，流域文明反映社会治理的本质属性。人对水的治理体现的是人通过物质实践以文明的形式获得对以水为代表的自然资源的利用和驾驭能力。治水直接反映的是人与自然界的关系，同时也反映人与人、人与社会的关系。人类为了维持自我生存与生活，对于水的实践形式包括探寻水、储存水、去污水等。生产力低下的时代，人类以傍水而居作为寻找充沛水资源的最直接方式，因此早期人类文明几乎都起源于各种大型河流。丰沛的水源有助于化解供水与节水的矛盾，但是也带来了洪水和涝水的矛盾，因此，以泄洪水、排涝水为核心内容的治水也几乎成为所有早期人类文明面临的必要任务。随着人类文明的不断发展，人与人、人与社会的协作成为人类利用和驾驭水资源的重要形式，人们在治水中不断探索和改进社会管理和治理的机制，以便更加积极有效地应对水的问题，实现人与水的和谐相处。

因此，在这一系列理念体系领下，我们下一步的计划是以流域为主题开展历史学、社会学、人类学、民族学、考古学、公共政策、农业科技史等多学科对话的系列研究，并将研究成果付诸具体社会治理问题的实践。除了流域人类学理论和方法的研究，我们计划从历史流域学中吸取社会治理的历史经验，并将研究对象拓展到跨境流域研究与跨境社会治理方面，分别从三江源地区的流域生态学、珠江流域宗族与族群、松花江流域的农业人类学、大运河的考古与治水历史、武陵山地区多流域切入，探讨复合的人-地-水系统中的社会治理问题，最后将流域与社会治理的理念上升到生态美学的人地和谐与社会哲学的天人合一层面。

　　我们期望今后能够通过"流域"这个突破行政区划限制的概念，加强国内跨区域体系之间的合作，并深入持续地与国际学术界开展以流域文明比较研究为主题的学术对话，使我们的研究更好地发挥其作用，使我们的学术更进一步地融入国际主流。

　　是为序。

田阡

2014 年 12 月 28 日于西南大学

目　录

图表目录

图目

表目

引　言

　　重庆市石柱土家族自治县冷水乡地处重庆市与湖北省交界，是沪蓉高速公路进川入渝的第一门户，也是黄水国家森林公园、百里民居长廊和土家生态民俗旅游线的重要特色景区和导入口。得天独厚的地理位置孕育了独特的风土人情：在冷水乡，除了我们熟知的千年巴盐古道，还盛产一种叫"啰儿调"的当地"特产"。"啰儿调"是石柱土家族人喜欢唱的一种山歌，有着很悠久的历史，在当地广为传唱。石柱土家"啰儿调"不仅唱响了石柱"山歌之乡"的美名、唱出了李高德等一批非物质文化遗产的传承人和守护者，也让石柱土家人淳朴、乐观、豁达、睿智、幽默的民族天性得以"原生态"式地保存了下来。正是在这种"纯天然"的土家族民族民俗气息的感染和吸引下，我和我的研究团队开启了在武陵山区的学术研究之旅。

　　冷水乡辖区和当地政府名称曾几经更换。清末年间，原乡政府所在地只有几间木房，名叫"大店子"；因侧面山中流出一股泉水，泉水冬暖夏凉，行人喜于此地歇息，远近闻名，故改"大店子"为"冷水溪"。后因村组建制调整，政府办公地点设在冷水溪街上，故得名"冷水乡"。2009年撤销冷水乡，成立冷水镇。

　　尽管冷水乡的行政区划在新中国成立之后经多次调整变化，但冷水溪畔的乡村生活显得平静而有序。2008年7月的那个炎热的夏季，我们近距离地接触到这个社区的青山绿水和农民的生活；我们做了客观的观察和访谈，期待更完整地呈现这个村落的文化生态的历史与现在。在这次田野调查中，八龙村是我们调查的重点。本报告以探寻冷水溪畔农民生活的文化意义为切入点，在实地考察冷水乡自然环境（第一章）的基础上，对石柱县冷水乡特定生态环境所衍生的当地生计方式、休闲活动（第二、三、四章）及婚姻状况（第五章）

进行了深入了解，对当地受黄连经济、莼菜经济等特色农业经济所影响的乡村人口流动、政权运作（第六章）和教育状况（第七章）进行了立体式剖析，并运用象征人类学分析了当地丧葬仪式以及"孝歌"，揭示了冷水乡乡村生活所蕴涵的独特文化意义。

第一章　渝鄂交界的"小高原"
——冷水乡的自然地理状况*

第一节　地理位置与行政区划沿革

　　冷水乡位于重庆市石柱县城东部偏北隅，距离县城 79 公里，地处重庆市与湖北省的交界。乡政府设在境内天河村街上组的冷水溪街上，其经纬度为东经 108°31′，北纬 30°08′。冷水乡东面的七曜山与湖北省利川市汪营镇所属的白羊塘管理区和利川市中路镇所属的杉木根管理区接壤，南与本县金铃乡及沙子镇相邻，西接本县的中益乡与黄水镇，北靠枫木乡；七曜山由北向南偏西过境。

　　冷水乡历史悠久，据《冷水乡志》记载及村中老人描述：清末年间，原乡政府所在地只有几间木房，名叫"大店子"，因侧面山中流出一股泉水，泉水冬暖夏凉，行人喜于此地歇息，远近闻名，故改大店子为冷水溪。1941 年人们在冷水溪修建房屋 20 余间，形成街道，自 1942 年开始，每逢农历三六九当地人赶场，冷水溪场镇开始繁荣。

　　1953 年 8 月 28 日，由原湖镇的四、五、六村及三村的 3 个组，七村的 3 个组和原黄水乡的四村，原栗新乡的六村合并建立一个新的乡政府，政府办公地点设在冷水溪街上。1984 年 1 月，石柱县将原辖区团河、竹林、青坪、双坝、龙河、宏武、水坪、喻槽 8 个大队的冷水公社更名为冷水乡，将大队更名为村，全乡辖 8 个村 41 个组，并定于农历二五八赶冷水场。2001 年 7 月，石柱县撤区并乡，将原黄水区的冷水乡与原沙子区栗新乡的学龙村整村合并，仍

---

　　* 本章作者为张旭东。

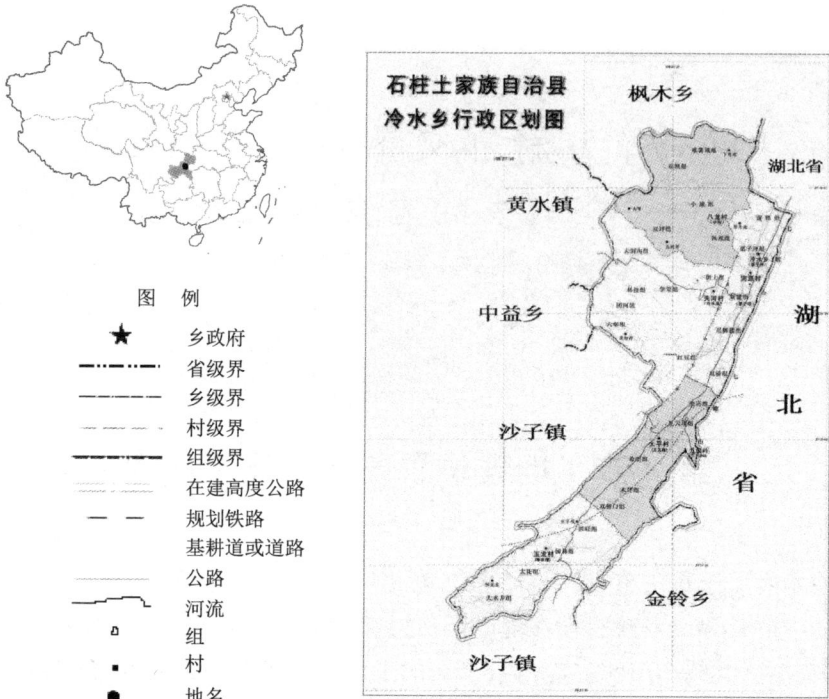

图 1-1　冷水乡行政区划图

图 1-2　冷水乡老街一隅

取名冷水乡，全乡辖9个村共45个组。2002年年末，随着全县村组建制调整，冷水乡将所辖的9个村45个组组合成5个村共26个组，自此，冷水乡人民政府辖5个行政村。[1]

2001年7月，全县撤区并乡机构改革前，冷水乡辖团河、竹林、青坪、双坝、龙河、宏武、水坪、喻槽8个村，隶属黄水区。至2001年7月，冷水乡辖团河、竹林、青坪、双坝、龙河、宏武、水坪、喻槽、学龙9个村，直接隶属石柱县。2002年年末，全县村组建制调整，冷水乡将所辖的9个村45个组调整为天河、八龙、河源、太平、玉龙共5个村26个组。天河村由原团河村和原竹林村两个村整村合并组成，村委会设在该村街上组的冷水溪街上。

天河村现有科技、团河、六堡、红豆、街上、学堂、大洞沟共7个组，其中科技组由原团河村的大竹元组和茶园坪组合并组成；团河组就是原团河村的团坝子组；六堡组就是原团河村的六堡组；红豆组由原团河村的枫相嘴组、葫芦塘组与草院子组合并而成；街上组由原竹林村的冷水溪组与马家院子组成；学堂组由原竹林村的学堂组与竹子营组成；大洞沟组由原竹林村的大洞沟组与刘家坝子组成。

八龙村由原青坪村与原双坝村两个村整村合并组成，村委会设在该村小康组的小沟。我们这次调查的重点就是八龙村。八龙村现有双坪、凤凰、小康、双坝、碓窝坝共5个组，其中双坪组由原青坪村的大坪组与青坪组成；凤凰组就是原青坪村的凤凰组；小康组由原双坝村的小沟组与杨家沟组成；双坝组由原双坝村的双龙桥组和风竹坝组成；碓窝坝组就是原双坝村的碓窝坝组。

河源村由原龙河村整个村与原宏武村的干河沟组、马家坪组、王家坝组、长田湾组、吊脚楼组合并组成，村委会设在该村新建组的菜子坝。现有前锋、梨子坪、新建、吊脚楼、双桥共5个组，其中前锋组由原龙河村的龙洞坪组与皂角树组合并组成；梨子坪组就是原龙河村的梨子坪组；新建组由原龙河村的菜子坝组与高桥组合并组成；吊脚楼组由原宏武村的长田湾组与吊脚楼组合并组成；双桥组由原宏武村的干河沟组、马家坪组与王家坝组合并组成。

太平村由宏武村的宏庙组和见天坝组与原水坪村整个村合并组成，村委会设在该村希望组的三叉路。现有宏庙、见天坝、希望、水坪、双朝门共5个

---

[1] 参见《石柱土家族自治县冷水乡志》，第5页。

组,其中宏庙组就是原宏武村的宏庙组;见天坝组就是原宏武村的见天坝组;希望组由原水坪村的油房组与陈家院子组合并组成;水坪组就是原水坪村的水坪组;双朝门组就是原水坪村的双朝门组。

玉龙村由原喻槽村与原学龙村两个村整村合并组成,村委会设在该村园林组的烟点。现有兴旺、园林、大花、大水共 4 个组,其中兴旺组由原喻槽村的大垭口组与新院子组合并组成;园林组由原喻槽村的聂家院子组与白果园组合并组成;大花组由原学龙村的大堰塘组与大花树组合并组成;大水组由原学龙村的大水井组与宋家湾组合并组成。❶

第二节 名副其实的"冷"
——"小高原"的气候特征

一、高海拔与低气温

山城重庆以其火炉般的酷暑闻名,但是远离重庆主城区的冷水乡却是名副其实的"冷"。而在我们开展田野调查入驻冷水乡期间,正是热火缭绕的盛夏七月,山城重庆日均气温 30℃ 以上,而冷水乡却是凉风习习,气候宜人。这一气候条件与冷水乡的海拔高度密切相关。

冷水虽然地处亚热带,但是由于海拔高的原因,故气温比较低,主要特点是春季升温快而气候多变,夏初多阴雨,夏末秋初多伏旱,秋季多绵雨低温,冬季多霜雪较寒冷,四季分明,年平均气温在 12℃ 以下。全年以一月最冷,平均气温 0.9℃ 左右,与同纬度的重庆主城相比要低 5℃ 左右,而且每年都会有半个多月的时间气温低于零度,十分寒冷,这时人们需要借助炭火来取暖。七月最热,平均气温也只有 21.7℃ 左右,而重庆主城会高达 30℃,两地相差接近 10℃。即使在七月,只要是在下雨天、没有太阳的日子里气温也是比较低的。西南大学一行就恰好是七月初抵达冷水的,在县城南宾镇和冷水经历了冰火两重天的考验,当时冷水刚刚下过暴雨,气温只有 10 多度,给刚从重庆到来的我们来了个措手不及。虽然出发前老师已经通知了我们要做好"御寒"的准备,但是我们还是没有预料到气温会比重庆低将近 20 度。多变的气候对

---

❶ 参见《石柱土家族自治县冷水乡志》,第 21—23 页。

农作物生产也有较大危害，三四月多寒潮，五六月的连绵阴雨和七八月的伏旱，以及暴雨、冰雹、大风和九十月的低温、霜冻等自然灾害，这些都对农业的生产与发展造成了十分不利的影响。

二、降水频繁，灾害频发

冷水属黄水山原区，雨量充沛，年平均降水量达 1 372.6 毫米，在同纬度地区相对来说算是比较高的，其中夏秋季节（四～九月）的雨量占全年的85%。而且云雾多，光照不足。另外由于降水的季节分配不均导致夏季多暴洪，秋季多绵雨，冬季会有降雪。我们去冷水时恰逢一次暴雨，巨大的雨水使得冷水通往枫木的乡路变得十分泥泞，我们的越野车数次被淤泥陷住；乡内的交通线受到损害，一些地段出现了塌方。这次暴雨不仅影响了交通而且也影响到了路边的黄连地。冷水由于山高水汽重的缘故，每年入冬（十月）就开始降雪，并常常大雪封山。2008 年年初，南方大范围的冰冻灾害在此地也产生了很多不利影响，很多村子因为雪大压断了电线而停电，大片的黄连棚被压塌，部分农户家里饲养的牲畜也有冻死冻伤的现象。据乡政府的干部反映，以养殖为主的天河村，年初冻死的牛达 30 多头，其中损失较大的一家就冻死了6 头牛。在大冻期间，莼菜田里大面积结冰，村里的孩子上学甚至直接可以从冰上走过，莼菜种植广泛的八龙村村民普遍认为，当年的莼菜受年初冻灾影响，会减产 40% 左右。

三、日照偏少，无霜期较短

冷水所处渝东山区，是武陵山区边缘地带，年平均日照时数低，日照时间只有 1 315.7 小时，最多为七八月，日照时数为 434.2 小时，占全年的 33%。最少为冬季，日照时数为 144.73 小时，占全年的 11.4%。❶

由于云雾多，日照偏少，无霜期较短，初霜期一般开始时间是十月二十日左右，终霜期为四月二十左右，无霜期只有 180～185 天，比同纬度其他地区的无霜期短了 40%（重庆市区的无霜期一般有十个月左右，南部的几个县还要更长些）。

❶ 参见《石柱土家族自治县冷水乡志》，第 24 页。

第三节　冷水溪畔，河流遍布

冷水乡溪河遍布，在吊脚楼组还有暗河，但大小河流最终都汇入了长江。

冷水乡最大的河流是冷水溪，发源于天河村李家湾，由西北向东南流至冷水街旁，折向南流经葫芦塘入沙子镇境内，境内全长 11 公里，河床平均宽为 3 米。冷水乡的得名就来源于这条溪流。

冷水溪支流有：

竹子营小溪，发源于本乡摩天坡，流经竹林口与大洞沟溪流汇合，流入冷水溪，全长 4.5 公里，河床平均宽 2 米。

龙洞河，发源于河源村的龙洞坪，七曜山泉洞的涌泉，流经菜子坝入吊脚楼组逐渐潜入地下，汇集太平槽南端的地下水后在太平村西面响水洞流出，入于冷水溪下游，全长 7.5 公里，平均河床宽 1.5 米。

双坪溪，发源于双坪组的曹家湾，折向北流，经小康组、双坝组流入枫木乡，本乡境内长 10 公里，平均河床宽 7 米。

太平村、玉龙村无明显溪流，多为溶洞，流水潜入地下。河源村的马家坝地势较低，平时从龙河流来的水在此潜入地下，遇到下雨涨水时需要数日才能潜完，常淹没农作物以及房屋。❶

此外，还有双坪溪，其发源于八龙村双坪组曹家湾，流经枫木、湖北省建南镇，于万洲区五桥汇入长江。

第四节　地质地貌❷

一、槽形地带

冷水乡属渝东褶皱山原地带，地形地貌以山地居多，其东南面是七曜山与其支脉小山，西面是七曜山的支脉小山，东西山脉由东北偏南倾西延伸，形成

---

❶ 参见《石柱土家族自治县冷水乡志》，第 25 页。

❷ 参见《石柱土家族自治县冷水乡志》，第 24—25 页。

两山夹一槽的长槽地形。北面是七曜山的另一支脉猫鼻梁，猫鼻梁由东向西逶迤，其支梁由北向南呈起伏下降，与太平槽东南面山脉在南面汇集，形成山峦重叠，沟壑纵横的山峦、槽坝、夹谷地形。❶

七曜山西北形成的长槽地带名太平槽。太平槽南起大水组的大水井，北至分水岭湖北省的白羊塘地界，长约20公里。太平槽东南边是七曜山，山高坡陡，土壤较薄，水源缺少，石灰石多裸露地面。太平槽西北面的小山，土层较厚，斜坡较平缓，溶洞多，水源潜入地下。

图1-3 太平槽

二、山原地带

七曜山的支脉猫鼻梁横于北面，从八龙村的铁厂丫口到天河村草院子的打草坪，其分支山梁多为脊背梁，由北向南延伸，起伏下降，与太平槽小山西坡山梁汇集，形成坡陡沟窄、槽坝平坦的山原地带。

七曜山在冷水境内由北向南偏西跨过全乡，长达22公里，是乡境内的主要山梁，为人们所熟知。"七曜山"的发音为"QiYaoShan"，但是民间和政府、石柱与利川等都有着不同的说法，如我们在利川市的白羊塘就看到了"齐跃山水泥"的牌子，大体有"七曜山""骑越山""齐跃山""七岳山"等，而且就这几个汉字还有着不同的排列。我们采用的是石柱县地图上的名字，也是最为常用的名字。七曜山西面的支脉名小山，小山西面的猫鼻梁东起

---

❶ 参见《石柱土家族自治县冷水乡志》，第22-23页。

杨河湾，向西延伸，经摩天坡过打草坪伸至大峰堡主峰。境内北隅山脉，北起杨河湾，经八龙村西折至天河村，成为七曜山与大峰堡的过渡地带，也是本乡与中益乡、黄水镇及枫木乡的自然分界线。位于太平村境的九股岭，海拔1 895 米，是冷水境内的最高峰。

三、溶洞

冷水乡境内有许多溶洞，其中较大的溶洞有神水洞、百家岩洞、大妖洞、红厂硝洞、古家岩洞，这些溶洞以"百家岩洞"最大，也最具旅游开发价值。百家岩洞位于太平村见天坝组的岩上，距政府所在地近10公里，从洞口至洞内途经风洞、硝洞、上滑石板或下滑石板、阴河等地方。上、下滑石板人称长板坡。在洞内随处可见千奇百怪的钟乳石，使人领略到了大自然的巧夺天工之处。

第五节　土壤岩石❶

一、土壤

冷水地区属中山黄棕壤区，大体分为五种土壤。共有耕地面积9 463 亩，其中水田2 052 亩，土地7 411 亩，其土壤属中山黄棕壤土，土质肥沃。

暗紫色水稻土。土壤代号：0121。主要分布在天河村、八龙村等的夹槽地带。母质为自流组紫灰、暗灰、黄褐等杂色泥，页岩雷口坡组紫红色泥，页岩和飞仙关组紫红色泥，页岩风化发育而成。土壤较厚，颜色暗紫、黄褐质地沙壤，母质成分复杂。主要土种为白鳝泥田，pH 值5.5~6，易耕作，保肥和抗旱力强，由于日照少、辐射弱、土温低、山间冷泉浸渍，多形成冷浸烂泥田，易于水稻生长。

山地黄棕壤。土壤代号：0911。主要分布在河源村、太平村、玉龙村的部分。母质为奥陶、寒武、三系灰、页岩、白云岩，土壤较厚，质地重壤至黏土，颜色暗棕、黄棕，中层为黄沙土，pH 值5.0，有机质3.2%，无铵酸反应。

---

❶ 参见《石柱土家族自治县冷水乡志》，第25-27 页。

冷沙黄泥。土壤代号：0411。主要分布在天河村的马家院子、龙田塝等地段和天河村的枫香湾、葫芦塘、大田塝等地段。该土种属冷沙土、黄泥土、扁沙土、灰渣土等，母质主要为须家河组黑褐泥、炭质页岩和灰白色块状长石英砂岩风化发育而成的坡积物。土质薄，颜色灰黄、暗黄、黑褐，质地沙壤至黏壤，无碳酸盐反应，pH值5.0，有机质0.64%，有效养分缺乏，具有酸、冷、瘦和保水保肥力弱等特点。

灰棕紫色土。土壤代号：0312。主要分布在太平、玉龙两村的一部分，该土属沙土、夹沙土、紫黄泥土、大肥泥、豆瓣泥土、石骨子土等。母质为上下砂溪庙组紫灰、灰黄色沙土岩和青灰色石英砂岩风化的坡积物，土层坡腰较薄，坡脚较厚，坡顶多为石骨子土，颜色灰棕，质地多为沙壤，微酸，碳酸盐反应甚微至无。主要土种半沙半泥，pH值5.5~7.5，通透性能好，枯散易耕，水、气、热协调，保水保肥力强，肥力较高。

腐殖质黄棕壤。土壤代号：0914。主要分布在天河、八龙、玉龙村的常绿落叶和多生灌木林山源地带。该土属腐殖质黄棕壤，耕地少，土层较薄，质地轻壤，颜色上层暗棕、下层黄色，性酸，pH值5.5，有机质3.2%，无碳酸盐反应，适宜漆、水杉林木和黄连、天麻等经济作物的生长。

二、岩石

境内岩石可分为两大类：一是七曜山脉在太平槽及其西面小山部分的岩石，属石灰岩，其石坚硬易碎，可加工碎石、石灰之用，是制造水泥的原料之一（其用途在后面的矿产部分我们还会介绍）；二是猫鼻梁的双坝、双坪及冷水溪流以西的天河村的大部分地区的岩石，属沙石，只能作建筑用途。我们去过双坪组的修路工地，看到正在修建的旅游路和乡路的建筑原料就是本地产的沙土。

第六节　资　源❶

一、矿藏

冷水境内多山地和槽行地带。山系亦多挤压褶皱而形成。矿产资源发育一

般。主要的资源是煤、铁和石灰石。开发的也主要是这几种。

煤：七曜山系的七曜山煤田，分布原煤层产于二迭系梁山组地层中，煤层厚度为 40~90 公分，一般水分 0.57%~1.34%，灰分 24.57%~28.4%，挥发分 7.14%~9.24%，固定炭 67.72%~58.84%。含硫质 5.8%~7.43%，发 5 890~6 945 大卡/kg，为无烟煤，适宜于制造水泥，可制蜂窝煤等生活用煤。

冷水境内的煤炭开发时间比较早，在集体经济时代就已经开始利用了。从 1985 年 6 月开始，国营的一煤厂（又名长天槽煤矿）企业办以每年 900 元的承包金承包给原宏武村支部开采，煤矿有七八十名工人。煤厂一直以企业办的名义开至 1994 年。1994 年 3 月，冷水乡一煤厂进行企业改制，主要由县矿业公司自负盈亏进行开采。由于设备较简单，负债沉重，冷水乡于 2001 年 12 月以 120 万元拍卖给大歇茶店的个体企业主王宗发，乡政府收回周转金 24.2 万元。王宗发开采该矿井，有工人三四十人。冷水二煤厂又名蚂蝗沟煤矿，该矿位于原喻槽村境内，1984 年 6 月动工挖掘，由于选址不当，后来发展成为一矿三井。其中一口井承包给湖北人冯益伍经营，冯有工人 20 人左右，因经营不善，连年负债，冯躲债外逃，工人离散，该井自然关闭。另一口井由现八龙村刘世明以乡企业办的名义经营，在 1998 年 7 月以后由现河源村的曹显祥开采经营，该井一直有工人近 50 人。再就是现太平村的陈尚忠以蚂蝗沟一矿三井的名义在现蚂蝗沟煤矿风井位置开矿采煤，两年后关闭。2002 年 12 月底，二煤厂的一矿三井实则只有曹显祥经营的一口井在开采中。

另外还有私营的国坝煤矿位于太平村境内，于 1996 年 3 月动工开挖，其法人为谭书长，该企业除承担煤矿附近两个组所有群众的农税提留外，于 2002 年捐资 10 万元修建了太平村的小学校，并将该校命名为书长希望小学。国坝煤矿现有固定资产 500 万元，年产煤 1.2 万吨，拥有职工 276 人，在 2002 年年利润达到 80 万元以上。

由于煤矿的开发技术和设备的落后，导致了冷水境内的煤矿事故多发。1991 年 10 月 20 日，35 岁的曹万恒在长天槽煤矿因井口塌方死亡。1999 年 4 月 19 日，长天槽煤矿因浮煤自燃，造成 4 人中毒死亡的重大事故，死亡者为刘定华（男，28 岁，见天坝人）、苟玉科（男，54 岁，原湖镇乡鱼泉坝人）、谭地文（男，36 岁，见天坝人）、李红荣（男，30 岁，西沱人）。2000 年 3 月 10 日，湖北省谋道的运煤汽车在玉龙村榨房翻车，造成驾驶员当场死亡，重伤 2 人。

石灰石：石灰岩石分布在七曜山脉的太平槽的河源村、太平村、玉龙村，储量丰富，有效成分 $CaCo_3$ 含量较高。现开采来主要用于锻石灰，打碎石。石灰石是制造水泥、电石、玻璃的原料之一，同时，石灰岩也可以筑路。在与湖北交界的地方和湖北境内有很多石灰石的采石场。近些年来，由于交通建设的需要，新出现很多大规模的采石场。在我们去往白羊塘的路上就有一处，属于高速公路建筑单位。由于炸山采石的需要，经常要封路。不过，他们都是选择每天农忙的时间炸山，那时村民们一般都不在家。

铁矿：境内铁矿分布在八龙村，其矿石系油发铁矿和赤铁矿等矿物组成，含铁量约25%。目前还没有规模的开发。

二、动物

冷水乡境内山原地带，草木丛生，适宜于鸟兽栖息和牲畜放牧。现有动物资源丰富，如野兽类，有豺狼、野猪、狐狸、刺猬、獐、鹿、土猪、花鼻、貂、猞猁、狸鼠、黄鼬、汞獭、竹牛、野兔等；家畜类，有牛、马、猪、羊、犬、兔、猫等；飞禽类，有啄木鸟、山鸡、野鸡、画眉、老鹰、猫头鹰、鹭鸶、锦鸡、秧鸡、斑鸠、喜鹊、乌鸦、鸽、麻雀、杜鹃、布谷等，其中候鸟有燕子、白鹤等；家禽类，有鸡、鸭、鹅等；水产类，有螃蟹、螺蛳、虾、鱼等；爬行类，有各种蛇类、蚯蚓、蜗牛等；两栖类，有青蛙、蛤蟆、石蛙等；昆虫类，有蝉、蜻蜓、蝴蝶、螳螂等。

在碓窝坝村，我们在罗凤家里看到了锦鸡颈上的毛，其在阳光的照耀下泛出了金色的光芒，很是好看。据罗凤说，这只锦鸡是在大雪天里没有食吃而误进入他家被他爷爷抓到的，但是现在随着山上的树木少了，这样的动物已经不怎么常见了。在我们和村民的交谈中，村民普遍反映都看到过野猪，他们也抱怨说野猪对农业生产造成了一定的损害。现在野猪是属于国家保护动物，而且随着政府的宣传和农民自身法律意识的提高，村民一般不会去捕杀野猪，但他们认为野猪对农作物的破坏还是需要治理的。猎杀野生动物的事情虽然现在已经大为减少了，但并不意味着已经彻底消失了，我们来到乡里的第一顿饭就有用野猪肉做的菜，据那个厨师说是从湖北白羊塘那里买来的。

至于家畜，这里养的同其他地区的并没有太大的差异，长毛兔养殖是石柱的支柱产业之一，但是在这里并没有看到，可能是与天气阴湿寒冷有着一定的关系，而且这里的村民种植黄连和莼菜已经非常忙了，想必也没有多余的时间来养殖长毛兔。牛在冷水乡非常常见，政府的一个干部告诉我们，这里农村多饲养猪和水牛，除了专业养牛（黄牛）的天河村外，我们所调查的八龙村情况类似。在调查过程中，每天从乡政府走到八龙村的路上都可以在黑天池❶处看到三四头水牛。但是在当地，水牛是种比较贵的家畜，成本比较高，并不是家家都能养的。由于养猪成本小，所以饲养的人家很多。当地村民喂猪时间一般为一天三次，都是人吃完饭去喂猪，猪食主要是玉米面和小土豆，夏季也去打猪草。猪一般喂养一年的时间，过年时杀掉但不出售，基本上是自家用，吃不掉的鲜肉用来做成腊肉。在八龙村的张村长家里，我们就看到了他家的灶上挂着很多腊肉与香肠。但在双坪组的农户中，这样的情况就要少些，张村长跟我们讲了其中的一些原因，主要是双坪组经济情况稍差些（相对于其他四个组），而且双坪组的水田多土地少，没有足够的地来种植玉米和土豆。

图1-4　水牛和黄牛

三、植物

冷水山多，植物种类丰富，其中树木类有松、杉、柏、银杏、漆、青杠、板栗、麻柳、厚朴、洋槐、柏柳、椿尖及各种杂木和果树；竹子类有斑竹、水竹、金竹、白夹竹、油竹、箭竹、刺竹等；花类有牡丹、菊花、牵牛、芍药、色花、梦花、苔花、齐盘花、芫荽花、杜鹃花、海棠花、紫金花等；农作物类有水稻、玉米、各种豆类、薯类、麦类、高粱及各种蔬菜；经济作物有烟、海椒、莼菜等；药材类有黄连、天麻、贝母、党参、白术、当归、大黄、牛夕、紫碗、扁豆、续断、鱼腥草等；草类有各种野草、浮萍、青苔和人工种植的白三叶、黑墨草。

---

❶　黑天池：当地地名。

　　烤烟是冷水重要的经济作物之一。在我们第一天初到冷水的路上也看到了很多自建的烤烟房，但是大多数已经荒废了。1996年，冷水乡烤烟生产获得丰收，烟农收入创历史高峰。但是1997年全年雨水多、日照少，由于气候及品种等原因，烤烟严重减产，烟农的种烟积极性受挫。而2002年8月冷水乡的多个村子遭受多年未见的冰雹和狂风袭击，造成了烤烟的大面积绝收，直接经济损失高达百万元。

　　此外，在这里要着重说下柳杉，在碓窝坝的沈叔家我们了解到，柳杉本不是冷水本地产的，冷水本地原有的杉树本来是水杉，其木质比较好，但是生长期很长，一般要十年以上。而在冷水尤其是八龙村和天河村这些地方广泛种植黄连，黄连喜阴，生长期长达六年，在这期间，人工种植的黄连需要制作遮荫棚，木材消耗量大。柳杉正是在这样的情况下被引进冷水乡的。柳杉（当地称为柳莎），拉丁文名为 Cryptomeria fortunei Hooibrenk ex Otto et Dietr，为杉科、柳杉属。它属于北亚热带和暖温带树种，在长江以南地区广泛分布，原产于江浙地区，西南地区是后来引进的，生长期短，一般只需要七八年的时间即可成材。这与黄连的生长周期差不多吻合，当地村民在黄连地里种植柳杉，柳杉随着黄连一起生长，当黄连收获的时候柳杉也成材可以砍伐了，供下次种植黄连搭棚用，形成了一种良性的生态循环。

图1-5　柳杉

　　我们前去调查的时候正是黄连除草的季节，鱼腥草是黄连地里的伴生品，村民们通常都是把鱼腥草拔回来晒干卖掉，我们所调查的人家的房前屋后都晒了很多鱼腥草，晒干后带到白羊塘❶去卖，一元钱一斤，也算是为农民增收些零花钱。我们去白羊塘时，看到了那些收购药材的店铺在用机器将大堆大堆的鱼腥草打包。可见对于鱼腥草来说，白羊塘也就是个中转站，连初级的加工地都谈不上。

另外，山上和村民家的院子中也都种些板栗、厚朴等具有经济价值的树木。我们在双坪组谢家湾的秦光田家里就看到了几株厚朴树。厚朴，拉丁文名为 Magnolia officinalis Rehd. Et Wils，木兰科，是国家Ⅱ级重点保

图1-6　厚朴树

护的野生植物，为我国特有的珍贵树种。在北亚热带地区分布较广，树皮供药用。由于过度剥皮和砍伐森林，使这一物种资源急剧减少，分布面积越来越小。野生植株已极少见。目前尚存的小片纯林或零星植株，多系人工栽培。冷水乡的厚朴也是人工栽培的。厚朴树长得笔直高大，一般可以长到15米，胸径能达35厘米，其褐紫色树皮可以用来做药材。在谢家湾我们也见到一些杜仲树，杜仲的拉丁文名为 Eucommia ulmoides Oliv，属落叶乔木，高达20米。小枝光滑，黄褐色或较淡，具片状髓，树皮和嫩芽可以药用。其生于山地林中

图1-7　杜仲树

或栽培，分布在长江中游及南部各省，河南、陕西，甘肃等地均有栽培。杜仲喜阳光充足、温和湿润气候，耐寒，对土壤要求不严，丘陵、平原均可种植，也可利用零星土地或四旁栽培。在冷水乡，这些杜仲树都是村民三四十年前响应国家号召自己种植的，在以前经济比较困难的时候，它也是增加村民收入的一种办法，但是随着现在黄连和莼菜带来的可观收入，村民们嫌费时间都已经不再按时来给厚朴和杜仲剥皮了。银杏树和板栗树的果实都是很好吃的东西。在双坪组的调查

❶　地名，在湖北境内，位于冷水乡与湖北省的交界上，也同时指一个专门的集市，冷水人每逢农历三、六、九就会到此地赶场，购买日常生活所需的物资。

中，我们通过村里的文书许先明了解到，以前这些东西都是归公家所有的，到了收获的季节村民一起采摘，然后再分到每个农户家。后来山上的树木都分给或是承包给个人，到了收获的时候大家都在山上自己摘，不允许别人来随意摘。因为这些东西价格都比较贵，据说小板栗可以卖到十几元一斤，和我们在超市里购买的油板栗价格差不多。

另外值得一提的就是冷水乡地处黄水国家森林公园的延伸处，附近的山上有些古树是来冷水乡不容错过的景致。由于调查地点在八龙村，我们有幸去看了下双坪组枞树坪的一棵皂角树。这棵树有 150 多岁了，14 米高，现在责任人是黄维山。❶ 除了这棵树外，在冷水乡境内还有 22 株树龄超过百岁的受保护树，其中天河村最多，有 13 株，主要是三角枫。八龙村有三株，除了黄维山家的皂角树外，还有谭凤忠家的两棵水杉树。

黄连和莼菜是冷水乡的支柱产业，对当地的生产生活都至关重要的。本书随后将对黄连与莼菜的种植进行详细叙述。

图 1-8　皂角树

表 1-1　石柱县冷水乡古树名树名录

树名	别名	拉丁文名称	树龄（年）	树高（米）	胸围（厘米）	冠幅（米）	所在地	管护单位
三角枫	枫香	L. formosana	150	19	290	9	天河村钢厂坪	王忠银
三角枫	枫香	L. formosana	300	13	314	13	天河村刘家	刘光权
板栗		C. mollissima	300	12	252	8	天河村刘家	刘光权
三角枫	枫香	L. formosana	300	17	291	14	天河村烂池子	谭地安
三角枫	枫香	L. formosana	200	19	230	7	天河村上寨树坪	张兴禄
三角枫	枫香	L. formosana	200	16	267	9	天河村上寨树坪	向银红
青皮树		V. hainanensis	250	17	492	16	太平村周家院子	黄永胜
青皮树		V. hainanensis	150	14	352	10	太平村黄家湾	黄文燕
银杏	白果	G. biloba	150	17	274	7	太平村陈家湾	集体

---

❶ 材料和下面的古树名录表都来源于《石柱县古树名木名录》，见表 1-1。

树名	别名	拉丁文名称	树龄（年）	树高（米）	胸围（厘米）	冠幅（米）	所在地	管护单位
苦楝树		M. azedarach	200	14	226	7	河源村石梁子	宋国安
刺秋	刺桐树	K. Septomloblls	400	14	432	13	喻龙村天坪	陈培安
油柿			200	9	206	7	喻龙村大垭口	陈玉万
枫杨	麻柳	P. Stenoptera	150	17	250	9	天河村冷水溪	集体
枫杨	麻柳	P. Stenoptera	150	15	331	13	天河村竹林口	陈为强
茶树		C. Sinensis	150	12	196	7	天河村杨家院子	集体
红豆杉		T. chinensis	400	11	352	9	天河村葫芦塘	黄廷国
红豆杉		T. chinensis	150	12	214	8	天河村竹林坪	黄道双
小叶青冈			150	11	312	11	天河村大湾	集体
小叶青冈			150	12	194	8	天河村庆口	谭文福
皂荚	皂角树	G. Sinensis	150	14	232	5	八龙村枞树坪	黄维山
水杉		M. glyptostrostroboides	100	33	234	9	八龙村堰塘湾	谭凤忠
水杉		M. glyptostrostroboides	100	32	236	8	八龙村堰塘湾	谭凤忠

第七节　自然灾害❶

　　冷水乡独特的气候特点常引发暴雨、干旱、寒潮、低温、冰雹等自然灾害，其中水灾的影响最大，其次旱灾、风灾、雹灾等的影响也比较大。

一、水灾

　　冷水乡水灾较为频繁，除阴雨危害外，天河、八龙、太平等村常遭洪水冲刷，农作物也被淹没。另外持续的长时间降雨对于烤烟的生长十分不利，1997年持续降雨造成的严重洪涝对烤烟生产造成严重损失。2008年7月，石柱县普降暴雨，冷水乡受灾尤其严重。枫木通往冷水的乡路由于是土路，遇到暴雨时，其灾情十分严重，部分路段受阻，去冷水乡的途中，我们的越野车数次陷入了泥里。冷水乡的受损路段也比较多，在八龙村通往乡政府的路上仅仅7公

---

　　❶ 参见《石柱土家族自治县冷水乡志》，第29页。

里就有四处塌方，路段塌方使种在上面的黄连受损，黄连棚和秧苗都随着塌方的土石掉了下来。有些泥石流还冲进了莼菜田里。碓窝坝组的很多农民家里的黄连都受到了损失。

二、旱灾

冷水乡海拔高，气温偏低，冷浸、冷沙田较多。夏秋伏旱对水稻扬花灌浆结籽有利，如若遇上五六月的"取手干"（插秧后的天旱）或伏旱逾久，由于沙田不保水，不能经受长时间的伏旱，部分水田位于高水位处，缺乏水的来源，就会出现旱情。但由于冷水乡属于山原区，雨量充沛，年平均降水量达1 372.6毫米，因此旱灾一般极少。据当地村民讲述，他们更多的是遭受到洪涝、冰雹的灾害，这些灾害所带来的经济损失尤为严重，这与该地区的经济作物有关联。所以，当地人怕涝不怕旱。

三、风、雹灾

由于冷水乡地处山地，地形地貌复杂，水汽随山脉的走向而移动，遇到急速抬升后就容易形成冰雹。五六月形成的冰雹多由湖北经太平槽向冷水西面移动，七八月形成的冰雹多由栗新向玉龙移动。2002年8月5日18时左右，原学龙村的4个组和原喻槽村的4个组遭受多年未见的冰雹与狂风袭击，当时的喻槽、学龙两村（现为玉龙村）的1 950亩烤烟受灾，1 700亩成灾，其中有1 300亩烤烟绝收，直接经济损失达150万元。

四、其他灾害

除了上述的几种影响大的灾害外，像2008年初的低温、雨雪等冰冻灾害也给村民造成了严重的损失。

在我们此次调查中，村民和乡政府的人几次谈到了那次冰冻灾害。当时冷水乡普降大雪，由于持续降雪和低温，积雪压垮了很多黄连棚；莼菜田里结起厚厚的冰层，学生们上学时可以直接从冰上穿直路过去。莼菜喜热怕冷，低温冰冻对莼菜收成造成了很大影响。据村民们说，每年七月中、下旬是莼菜的高产期，家家都在莼菜田里忙，最多隔天就要摘一次，而2008年基本上要三四天才能摘一次，光从摘采的次数上看就减少了1/3。乡政府的干部也说，大雪对 2008 年的莼菜生产影响很大，但具体损失还没有进行过统计，据村民的叙述，损失在 30%~40%。他们还说，2008 年的冰冻灾害，使养牛比较多的天河村冻死了 30 多头牛，有一家甚至损失了 6 头。对于一个农民来说，自然灾害所带来的经济损失是难以承受的。

第二章 特定自然环境
制约下的农业生产[*]

第一节 冷水乡的农业生产概况

冷水乡是个典型的农业乡，农业生产占总经济的比重很大（参见表2-1）。为了适应社会发展，促进农民生产的积极性，冷水乡从1983年开始实行家庭联产承包制度改革，将田、土、[●]山场分类评产计成，按照人口的年龄分成，凡年满16周岁的人口分十成，16周岁以下的分七成，推行大包干责任制。以后每年按人口变动进行部分调整。在实行以家庭联产承包责任制为主的生产经营方式后，农民在生产上有了自主权，生产积极性有了很大的提高。1998年，冷水乡及时执行土地第二轮承包方针、政策，组织各村组以组为单位实行土地第二轮承包，使土地承包更加合理、规范。2002年5月，全乡对分户的耕地面积重新核实，认真开展农村税费改革工作，通过税费改革，切实减轻了农民负担，极大地调动了农民的生产积极性。1985年，全乡产粮1 535吨，人均粮食占有量为329公斤。到2002年，全乡产粮2 696吨，人均粮食占有量为470公斤。

冷水乡在2002年末实有耕地面积为9 463亩，其中田2 052亩，土7 411亩。具体分布情况：原团河村有田370亩、土450亩，原竹林村有田167亩、土481亩，原青坪村有田513亩、土414亩，原双坝村有田584亩、土500亩，原龙河村有田328亩、土656亩，原宏武村有田90亩、土1 286亩，原水坪村有土1 100亩，原喻槽村有土827亩，原学龙村有土1 697亩。在1990

---

* 本章作者为张旭东。

● "田"即水田；"土"即旱田。

年，原冷水乡有耕地 7 794 亩，其中田 2 094 亩，土 5 700 亩。2002 年末的耕地面积与 1990 年相比较，仅原龙河村因小学建房减少田 2 亩、土 4 亩，原宏武村在 2002 年因修建烤烟站等减少土 14 亩，原水坪村在 1991 年因农民个人建房减少 2 亩、退耕造林 6 亩，另因为水源关系，水坪村的 40 亩田改成土。为切实保护耕地面积，因基建占地或退耕还林减少的耕地面积，群众便将以前荒芜的土地重新耕种以保证耕地面积不减少。现在在冷水乡 9 463 亩田土面积中，有基本农田保护区 21 个，共保护耕地 6 000 亩，其中田 2 000 亩，土 4 000 亩，保护面积占耕地总面积的 63.4%。❶

表 2-1　冷水乡的农业变化表　　（单位：万元、公斤）

年度	工农业总产值	农业总产值	农业产值所占的比例	粮食总产量	人均粮食占有量	人均纯收入	固定资产投资
1 985	208	155.7	74.8%	1 535 000	329	0.041	27
1990	580	503	86.7%	2 170 000	420	0.087	94
1995	1 160	804	69.3%	2 240 000	430	0.11	230
2002	2 894	1 281	44.3%	2 696 000	470	0.21	1 500

第二节　种植业概况

冷水乡的粮食作物以玉米、水稻为主，玉米占粮食产量的 80%。薯类作物以洋芋为主，因高山气候寒冷，红苕产量不高，栽种面积较小，2002 年全乡栽种红苕 140 亩。经济作物以黄连、烤烟、莼菜为主，另有少量的向日葵。在我们所调查的八龙村中，莼菜和黄连的种植占了绝对的优势地位，田间河坝，几乎所有的水田里都种满了莼菜，山坡林沟的地方则广植黄连。豆类作物有黄豆、四季豆、大四季豆。蔬菜作物有白菜、包心菜、青菜、莴苣菜、菠菜、瓢儿白菜、南瓜、黄瓜、萝卜、茄子、海椒、番茄、韭菜、大蒜、葱等。冷水乡因气候因素和耕作习惯，除包心菜外，其余蔬菜基本是自己食用。包心菜在冷水乡的个别村子中当做经济作物来种植，其中临近湖北的河源村种植最多，河源村和湖北省的白羊塘公路两旁的田间几乎是清一色的包心菜，我们在调查时

---

❶ 参见《石柱土家族自治县冷水乡志》，第 32 页。

恰逢包心菜的上市季节，几次去石柱县城路过此地时都看见很多长途的大车在这里装菜。

随着产业结构的逐步调整和农业科技含量的提高，农作物套作的越来越多，全年农作物总播种面积逐年增加，在 1991 年，全年农作物总播种面积为 16 032 亩，而 2002 年全年农作物总播种面积增至 23 082 亩，净增 7 050 亩，增加 44%。冷水的粮食生产以洋芋、水稻、玉米为主，有少量红苕和豆类等其他粮食。早在 20 世纪 80 年代和 90 年代初，冷水乡小春❶种有一定数量的小麦，但由于产量低逐年被淘汰。经济作物一直有油菜籽、烤烟、土烟、海椒、南星（魔芋）和黄连、黄柏、杜仲等中药材，莼菜于 1995 年开始发展，2002 年全乡栽山茱萸 32 亩。蔬菜以白菜、包心菜、黄瓜、南瓜、萝卜和四季豆为主，有少量莴苣菜、瓢儿白菜和大蒜等。由于冷水乡特定的气候和地理条件，农业生产中烤烟、黄连、莼菜及反季节蔬菜逐步占主导地位，它们对冷水乡经济的发展起着举足轻重的作用。

第三节　粮食生产

在冷水乡的粮食生产中，水稻和玉米是最重要的，玉米的产量是第一位的，水稻的产量虽然不及玉米，但它毕竟是人们日常的主食。除此之外，还有一些与当地气候相适应的其他作物，如洋芋、红苕和豆类。在 20 世纪 90 年代初以前还有少量小麦。

一、水稻❷

水稻是冷水人的主食，但从下面水稻的种植情况可以看出，冷水的地形和气候并不十分适合种植水稻。水稻的产量也不十分理想。

选种：由于冷水乡海拔较高，雨水较多，气温较低，日照偏少，水稻在冷水地区成熟相对较晚且产量不高，一般的良种水稻在高山地区成熟迟，不容易获得好收成而被当地群众淘汰。如 1985 年在冷水乡试种过中单二号，因成熟较晚，群众不愿接受，后来几乎都换成种植黄水试验品种黄梗 1 号这样的早熟品种。近

---

❶　小春是指每年的 10 月至第二年 4 月之间的时间。大春指每年 5~9 月的时间。

❷　参见《石柱土家族自治县冷水乡志》，第 34—35 页。

年来，冷水乡还开始种植自繁稻种——百早。当水稻成熟收割时，人们将收回的水稻轻轻打下最成熟饱满的稻谷，晒干后储藏好，用作第二年的谷种。

育苗：播种季节到后，人们便将自选稻谷种用温热水浸泡，除去其中不饱满的瘪谷，待露芽后将其播撒在已经平整好的秧床上，蒙上塑料薄膜，以提高温度，促使其发芽生长，待秧苗长到一定程度便开始施肥、用药，以保证秧苗长势良好。

移栽管理：在 5 月 20 日前后，冷水乡气候已经变暖，秧苗也可以移栽，人们便将秧苗拔起淘净根须泥土，用稻草将秧苗系好，然后运到施过底肥且犁耙好的水田进行分栽。插秧后，一般要除两次草，但有的农户根据自家稻田杂草长势情况除一次或三次草，也有施用除草剂后不除草的。秧苗移栽后一般要变黄，待黄转青时又要施追肥。同时，人们会根据水稻不同时期容易感染的疾病进行药物防治。

收割：冷水乡水稻一般在 9 月底或 10 月初才成熟，成熟后人们将稻谷连茎割下，用"打斗"脱谷，然后运回家中晒干贮藏，稻草用作牲口饲草。因收割季节阴雨连绵，阳光较少，人们有时用电灯烤或用风扇吹以防谷子霉烂。冷水乡的谷子受光照较少，大米黏性强，口感好，因而市场价格较高。

冷水乡水稻产量因气候因素变化较大。1991 年，全乡种植水稻 2 094 亩，平均亩产 184 公斤，共产稻谷 385 吨。2000 年，全乡种水稻 1 850 亩，平均亩产 189 公斤，共产水稻 349 吨。2002 年，全乡种植水稻 1 830 亩，因自然因素导致减产，平均亩产 110 公斤，共产稻谷 201 吨。

二、玉米

冷水乡的旱地多，故玉米种植面积较大。从 1985 年试行推广良种以来，因良种产量高，品质好，群众一直种植良种。品种由当初的恩单二号、七三单交逐步换代为现在的雅玉二号、中单 60、临澳 1 号。种植方法以地膜玉米、肥球玉米为主。1991 年，全乡种植玉米 4 329 亩，亩产玉米 241 公斤，总产玉米 1 043 吨。2000 年，全乡种玉米 5 000 亩，亩产 253 公斤，总产 1 265 吨。

育苗：一般采用肥球播种育苗或种地膜玉米。肥球育苗在小苗时便于防虫害和管理，且产量稳定，部分群众喜好种肥球玉米。经当地村民介绍，肥球玉米有益于快速育苗，能够长时间保持最初施与玉米苗的养分，促使玉米苗能够充分地吸收。而种地膜玉米则能减少成苗后补栽和少除草，小苗期生长速度快。地膜具有保肥、保水、保温的功能，故大多数农户愿意种地膜玉米。

肥球播种是将适量的农家肥和化肥与一定数量的本土泥用清粪水调匀，以手捏成团。肥球不能捏得过紧，以从 0.5 米高落地能散为宜。一般用肥球机器制作肥球，用肥球机做成的肥球大小完全一致，且在圆柱形的肥球正中自然形成一小洞，便于放种子。由于用肥球机有诸多不方便，如成本高等，人们常用手直接捏成乒乓球大小的圆球，再用手指戳一小洞。育苗时，将制成的肥球整齐排在平整好的苗床上，肥球小洞向上，然后在洞中放上 1~2 粒玉米种，用适量泥土遮盖种子后用泥土将肥球间的空隙填满，以保护肥球边缘不干。将做好的玉米苗床用塑料膜蒙实，以保证苗床内的温度和湿度，以利于种子发芽生长。但是，天气过热、阳光过强时，要掀开薄膜通风降温，以防烧苗。

地膜玉米，就是将玉米种子直接播撒在地中，用地膜蒙上让其生长，长到一定程度后将玉米苗放出地膜外，将地膜孔堵住让其生长。

移栽：肥球玉米必须移栽。玉米苗移栽一般在 5 月份，将玉米地整理好后按一定行距和窝距挖成窝，施上适量的肥料，将肥球玉米苗栽好。

管理：玉米管理包括施肥、除草、防病治虫。施用肥料一般是碳铵、尿素、三元肥，也有部分群众施用烟草复合肥。当下由于除草剂使用普遍，杂草没有以前长得那么多，一般只锄草两次。

收获：玉米成熟后将玉米包收回家，剥去玉米外壳，有的农户直接将剥去壳的玉米棒背到火炕上的竹编楼板上放置，让其自行炕干，有的农户则将玉米棒扎成玉米树，挂于柱头上晾晒。金灿灿的玉米树成为秋收后的一道风景线。由于生活条件不断改善，现冷水乡人民将玉米按市场价与大米经销商交换大米或直接销售给酒厂制酒，除以新鲜玉米尝新外，不再以玉米为主食，相反，玉米成为牲口的主要饲料，玉米叶、梗、玉米壳也成为饲草的来源。❶

三、土豆

土豆俗称"洋芋"。在冷水乡的生活中是必不可少的东西之一，在农民的餐桌上，洋芋被做成了各种美味佳肴。在冷水乡，人们一般爱在煮米饭的过程中放入一些洋芋。在八龙村做访谈期间，数次在老乡家里吃午饭，绝大多数的家庭都会做这种洋芋饭。它是一种大米和洋芋一起煮的饭，做时，锅里要先放上一些油把洋芋炒一下，再将煮好的米饭盖在上面焖。吃时再将洋芋和

---

❶　参见《石柱土家族自治县冷水乡志》，第 35—37 页。

米饭搅匀，味道很是不错，这样做出来的米饭有种洋芋的香味。其实，冷水人在米饭中放入洋芋，在以前粮食匮乏时是一种无奈之举，因为粮食供应不足，大家就用洋芋来充饥，而现在虽然生活条件有了很大的改善，但由于很多人家吃加洋芋的米饭已经成为一种习惯，因此一直保留着这种吃法。更何况至今为止，由于水田有限和比较差的天气条件等原因，冷水乡的大米还是不能完全自给。

冷水乡的洋芋生产以自繁品种为主，一般采用密植法种植洋芋，多进行包谷、洋芋双套双的种植方法，以扩大洋芋种植面积。1991 年种洋芋 4 210 亩，亩产 595 公斤（已折成细粮），总产洋芋 2 505 吨。2000 年，全乡种洋芋 5 950 亩，亩产 955 公斤，总产洋芋 5 682 吨。2002 年，冷水乡栽种洋芋 6 339 亩，平均亩产 930 公斤，总产 5 895 吨。洋芋的种植在八龙村也很普遍，绝大多数的土田都种植洋芋。洋芋收获后，大个的作为粮食来吃，小些的则用来喂猪。

四、红苕

因冷水乡气候的原因，红苕（红薯）产量不高且易腐烂，故红苕种植面积较少。人们将红苕种正立栽在地中让其发芽长藤，有的在种床上盖上薄膜促进其快速生长。待红苕藤长到一定长度后，便割来将红苕藤进行栽植。为防止红苕串根，在中耕除草时，要将红苕藤翻转，避免其只生长根系不长红苕。1991 年，全乡栽红苕 84 亩，平均亩产 415 公斤，总产 35 吨。2000 年栽红苕 490 亩，亩产 575 公斤，总产 282 吨。2002 年，全乡栽红苕 140 亩，平均亩产 705 公斤，总产近 100 吨。

五、大豆

大豆在谷雨至小满期间下种。随着农业技术的提高，农作物的产量也逐步提高。1991 年，全乡种大豆 848 亩，平均亩产 14 公斤，总产 12 吨。2000 年，全乡种植 590 亩大豆，亩产 68 公斤，总产大豆 40 吨。2002 年，全乡种植 410 亩大豆，亩产 87 公斤，总产大豆 36 吨。❶

---

❶ 参见《石柱土家族自治县冷水乡志》，第 36-38 页。

第四节　经济作物❶

　　冷水乡内的经济作物有药用的黄连、黄柏、杜仲、山茱萸和食用的莼菜、向日葵、油菜籽、海椒、包心菜和烤烟等。2002 年，全乡种植烤烟 6 523 亩，产烟 579.8 吨；起黄连 280 亩，获黄连 56 吨。种植向日葵 59 亩，总产量为 4 吨；种植油菜籽 80 亩，总产量为 4 吨；种海椒 230 亩，产椒 20 吨。

　　由于受地理环境及气候条件的制约，乡境内的油菜籽、向日葵、土烟等经济作物相对较少，对地方经济的影响较小。显示独特自然环境优势的经济作物有烤烟、黄连、莼菜、黄柏、杜仲、山茱萸、魔芋、海椒等，其中尤以黄连、烤烟、莼菜为主的经济作物对地方经济的发展带动作用巨大。虽然每个村子因为地形地貌等地理因素影响，以上几种经济作物的种植面积分布不是很均匀，基本上每个村子都有自己的特色，但却无一不是当地农民收入的主要来源，对提高当地人民群众的物质文化生活水平有着十分重要的作用。

　　下表所列的为 1998～2002 年各种经济作物的种植面积和产量。

表 2-2　冷水乡 1998—2002 年经济作物播种面积和产量❷

（单位：亩、吨）

项目年度	油菜籽		向日葵		土烟		烤烟		黄连				海椒		蔬菜	
	面积	产量	面积	产量	面积	产量	面积	产量	年初面积	年内新栽	当年收获面积	产量	面积	产量	面积	产量
1998	205	7	265	17	170	11	4 604	1 955	1 432	70	281	53	135	13	1 300	845
1999	450	24	260	12	260	16	5 278	309	1 221	460	291	48	120	8	1 800	1 188
2000	500	25	420	25	420	21	5 666	3 355	1 390	705	244	33	260	25	1 700	1 131
2001	500	24	260	13	175	6	4 578	330	1 851	948	269	50	350	17	1 890	1 247
2002	80	4	59	4	42	85	6 523	579.8	2 530	1 210	280	56	230	20	1 798	1 215

---

❶　参见《石柱土家族自治县冷水乡志》，第 39-60 页。
❷　参见《石柱土家族自治县冷水乡志》，第 39 页。

一、黄连

（一）黄连的基本情况

黄连主产于我国湖北、四川、重庆、陕西、湖南、云南等地，由于其产区的不同导致其种类的不同，商品黄连有"雅连""云连""味连"之分。中国药典规定，上述三种黄连均可作为中药使用。"雅连"主产于四川省的洪雅县、雅安市一带，故称"雅连"，目前的栽培面积较小，基本上是以野生为主，所以其商品供应量很少；而"云连"主要分布在云南西北部，其特征是多为单枝状，现市场供应量也较少；"味连"又称"鸡爪连"，在三种黄连中栽培面积最大，是黄连的主要商品品种，约占整个黄连销量的90%以上。"味连"主要分布在湖北省西部、四川省（现为重庆市）东部及陕西省南部一带。湖北利川和重庆石柱两市县在全国均有"黄连之乡"的美誉，也都先后获得国家颁发的黄连原产地域保护及黄连GAP认证证书。尽管湖北利川与重庆石柱分属于两个不同的省市，但是正如我们前面所提到的一样，两县市仅仅相距100公里左右，而两县市真正盛产黄连的地域事实上都处在七曜山的东西两侧约100公里范围内的相邻几个乡镇以及临近的恩施、咸丰、建始、巴东县（市）等海拔1 200～1 600米的次高山地区。仅利川和石柱两县市的"味连"栽培面积就达6万亩之多，约占全国黄连总面积的60%以上，加上临近几个县市的面积，事实上仅湖北省的恩施自治州及重庆石柱的黄连产量就约占全国商品黄连总量的80%以上；而我们所说的冷水乡就正在七曜山下。

黄连的生长具有喜阴、耐寒、怕炎热的特点，适宜生长在海拔1 000～1 800米的地区，气温在8～34℃均能生长，以10～20℃最适宜。超过35℃植株发育减慢，且植株会受灼伤，若超过38℃则很快死亡。黄连在零下8℃不会受到冻害，植株仍能保持常绿。黄连生长要求空气湿度大，雨量充沛，年降雨量在1 000毫升以上。黄连怕强烈阳光直射，只有在弱光散射条件下才能发育正常，所以种植黄连要求遮阴，荫蔽度从85%到50%逐年降低，到第五年时不宜遮蔽。黄连最适宜在腐殖质黄棕壤紫红棕泥土中生长，在冷沙黄泥土中也能生长，但产量相对较低。黄连根须多，适宜疏松土壤，要求土壤中有机质含量丰富且含钾成分高。

黄连富含黄连素，又含黄连碱、甲基黄连碱、药根碱等多种生物碱，以根茎入药，性味苦寒无毒，入心、肝、胆、胃、大肠六经，有泻火、解毒、清

图 2-1　黄连地

热、消炎、燥湿之功效。主治烦热头昏、心烦神昏、失眠、湿热痞满、腹痛腹泻、止赤肿痛、口舌生疮、湿疹、烫伤、吐血等症，与其他药物配伍使用，效果更佳。现代医学证明，黄连具有抗菌、抗病毒、抗原虫、抗箭毒、抗肾上腺素、抗癌、抗辐射、抗心律失常和降压、利胆、镇静等功效。对痢疾杆菌、霍乱菌、伤寒杆菌、结核杆菌、金黄葡萄球菌、溶血性球菌、肺炎双球菌及一些真菌均有明显的抑制作用；对钩端螺旋体及滴虫有杀灭作用；对许多流感病毒有明显的抑制作用；在体外和体内均有抗阿米巴原虫的作用，也可用提取的黄连素、黄连碱与其他药物配伍使用，预防和治疗多种疾病。

（二）冷水乡栽培黄连的优势与历史

冷水乡乡境内最低海拔 1 150 米，最高海拔 1 895 米，平均海拔 1 350 米，属黄水山原区，海拔高度恰好是黄连生长所适宜的。而且冷水乡四季分明，雨量充沛，年降雨量在 1 300 毫升以上；日照偏少，气温较低，平均气温 11.7℃左右；冬季寒冷，夏无酷热，春秋两季阴雨连绵，正是黄连生长所要求的天气。同时，境内有森林 52 700 亩，森林茂密，多为阔叶灌木林、竹木混交林。宜连山场 3 万亩以上。境内 9 463 亩耕地多为红棕紫色土、黄棕壤、冷沙黄泥土，这些都为黄连的大面积种植创造了条件。

冷水的黄连种植历史很久远，据说清末、民国初就有人种植，并不是在黄水兴起的。黄水在 20 世纪 50 年代时有国家的黄连农场，黄水也为此曾经盛极一时。当然现在的黄水已没有以前辉煌了，但是凭借着黄连之乡的招牌和国家级的森林公园，黄水仍是重庆的百强镇。（黄水并非县城，面临着近 50 个作为县城的镇的压力，其能成为百强还是很不错的）。冷水乡从黄水脱离后，继续发展了黄连的种植业。20世纪80年代，随着承包制度的改革，田、土、山场分到了农户，一家一户开始小面积种植黄连。在1986年，全乡包括今玉龙村蚂蟥沟的黄连种植场在内共种黄连651亩，年底时黄连在地面积有907亩。1987年冷水乡黄连种植场撤销，将所种黄连划分到村、组，由农户管理。到1995年，全乡在地黄连面积达2 610亩。但由于黄连价格下滑，连农种黄连的积极性低落，黄连种植面积减少。到1998年，黄连售价降至每公斤10元左右，极度挫伤连农的种连积极性。1999年，黄连价格受市场影响猛涨，全乡群众种植积极性高扬，当年新栽460亩，起连291亩，在地黄连达1 390亩，以后逐年增加。2000年，在地黄连面积1 851亩；2001年，在地黄连面积为2 530亩；到2002年年底，除当年起连280亩外，在地黄连达3 460亩，是1986年的3.8倍，增加了2 553亩。黄连是冷水乡山木药材销售和出口的大宗，经济价值高，仅2002年，全乡连农销售黄连收入728万元（而同年冷水乡的农业总产值才1 281万元，可见黄连的重要性），均价达130元/公斤。黄连种植投资少、成本低、收入高，冷水乡为石柱县成为黄连之乡作出巨大贡献。

冷水乡黄连生产的历年变动情况见下表。

表2-3　1986-2002年黄连种植面积统计❶

年度	当年种植面积（亩）	年度在地面积（亩）	当年起连		连农销售收入（万元）	均价（元）
			面积（亩）	产量（斤）		
1986	651	907	276	69 183	138.4	20
1990	570	2 079	651	221 340	354	16
1995	490	2 040	570	233 700	234	10
2002	1 210	3 460	280	112 000	728	65

（三）种植黄连的过程

1. 采种育苗

黄连从采种、育苗至移栽后收获，前后共需7年。采种一般采第四年或第五年结的红山种子、老红山种子，在立夏前后的晴天采摘，拌入细泥沙在室外土壁或林下挖洞贮存。于立冬前后播种育苗。采种时，不要采栽第二年结的暴生种子和栽后第三年结的试花种子，且不要在雨天采种。黄连种子在脱粒、运

❶　参见《石柱土家族自治县冷水乡志》，第42页。

输、贮藏时忌接触酸、碱、盐及其他腐蚀物品,贮藏时要防霉烂。

育苗分粗放育苗与精细育苗两种。在 20 世纪 90 年代初及以前多采用毛林粗放育苗,后来一般使用精细育苗。

精细育苗:选半阴半阳湿润肥沃土地,在夏秋季搭棚,播种前将苗床面打理平整细致,开厢排水育苗。

播种后进行苗床管理:

(1)扫落叶。次年立春前后种子发芽时,选晴天将苗床厢面落叶轻轻扫除。

(2)除草。幼苗长出两片真叶时除草一次,以后有草即除。

(3)追肥。常用油饼、干细牛粪、尿窖灰、火土灰、尿素、碳酸氢铵、磷矿粉为苗肥。出苗当年清明、立秋前后各施一次,选晴天露水干后干撒。施尿窖灰、尿素、碳酸氢铵肥料后,应用竹枝或树枝细条轻扫黄连叶面,使残留在黄连叶面上的肥料落入土里,以免烧苗。

(4)培土。出苗六七个月后,用细腐殖土撒上,入冬时再用熏蒸的腐殖质土加厚。通过村民的实践证明,也可用黄土进行培土。

2. 搭棚栽连

为黄连搭棚一般在每年冬季进行。但由于连农雇用民工干活,故现在常年都有少许连农为黄连搭棚。搭棚时,先将棚桩下端削尖,上端砍成月牙形,然后在选定的地块里栽木桩,再安上横杆,然后用树枝、竹子盖棚顶。目前,人们逐渐用水泥桩代替木桩,用铁丝拴在桩上代替横杆,从而减少对森林的破坏。

图 2-2 搭建黄连棚

铲泥做堆肥：选晴天，铲棚内及附近林地的腐殖质土打碎后抖出草头树根，晒干后加枯枝落叶为引，然后在其上多加泥土熏蒸，做成堆肥，俗称"窝面泥"。

挖棚、整地：将棚地翻挖，清除杂物，将地整细整平，以纵向棚桩为中心，开厢理沟，将厢边泥土用锄头提到厢中理成弓背形。

面泥、拦边：每亩用碳酸氢铵 50 公斤拌匀的蒸泥面到厢面上，其面泥厚 3~5 厘米为宜。用树条或竹子将连棚四周拦好，封住棚门。每亩还需撒放生石灰 500 公斤消毒杀菌，然后再施基肥，每亩施厩肥 2 000 公斤、过磷酸钙 150 公斤。

栽连：诸事备好后，按正方形栽植，8~10 厘米的窝行距，每亩栽 7 万~10 万株黄连秧子。

图 2-3　移栽黄连

3. 施肥管理

（1）补苗：栽秧两个月后及时补苗，第二年春或夏再次补苗，以确保苗全。

（2）除草、松土：栽秧后至起连前每年除草 2~3 次，且头两年除草时要注意松土。集镇上一般会售卖黄连专用除草剂，种植户通过购买除草剂来进行除草。但是，除草剂对黄连幼苗也有一定的损伤。因为除草剂很多都是内吸附传导型，即药剂被根系或叶片吸收后，传到植物体内，导致植物死亡。虽然黄连对此药物具有一定的抗药性，但多多少少也会影响黄连幼苗的生长。所以在黄连栽种的头一年是很少用除草剂的，更多的是人工除草，如图 2-4 所示。

图 2-4　除草

（3）追肥上泥：黄连是多年生、喜肥的草本植物，在其生长发育过程中，需要从土壤中不断吸收氮、磷、钾及其他一些矿物质养分和微量元素。氮肥充足时，连株生长快，枝叶繁茂，叶色油绿，有利于提苗，对黄连的生长作用很大，并可增加生物碱含量，提高药性。磷元素在黄连体内碳水化合物的代谢中起着重要作用，在生长初期对根系的发育和新生器官的形成起着重要作用，在开花结籽期对促进果实器官的成熟也具有重要作用。钾元素参与光合作用和碳水化合物的合成，促使输导组织和机械组织的正常发育。因此，磷肥、钾肥对黄连种籽的充实和结实率的提高以及根茎的充实起着很大的作用。黄连生产常用的肥料有农家肥（堆肥、沤肥、厩肥、粪肥、泥肥）、土杂肥（蒸泥土、腐殖土、草木灰）、商品肥（尿素、碳酸氢铵、过磷酸钙）及生石灰等。

图 2-5　蒸泥土

A. 追肥：前两年每年追肥三次，第三年和第四年每年追肥两次，第五年如果不起连，需以第四年追肥的时间、种类和数量进行施肥。

第一年——第一次：在黄连秧苗移栽后的 7 日内。每亩以细碎厩肥 1 000 公斤或熏土 1 000 公斤拌腐熟的人畜尿撒于厢面。

第二次：在黄连秧苗移栽约一个月左右。每亩用尿素 7 公斤或碳酸氢铵 15 公斤拌细土在晴天撒施。移栽两年以上的老苗，则在八九月份亩施尿素 10 公斤或碳酸氢铵 30 公斤，均需拌细土撒施，以增加真苗片数和提苗。

第三次：在 10～11 月。每亩用厩肥 1 000 公斤，拌过磷酸钙 100 公斤；或用熏土拌碳酸氢铵 20 公斤撒施。

第二年——第一次：在 3 月份。亩用厩肥 1 500 公斤，也可单用尿素 10 公斤或单用碳酸氢铵 20 公斤拌细土进行撒施。

第二次：在五六月份。亩用厩肥 1 500 公斤或熏土 2 000 公斤。

第三次：在 10～11 月。亩用厩肥 2 000 公斤拌过磷酸钙 100 公斤和生石灰 150 公斤，或单用过磷酸钙 150 公斤撒施后培土。

第三年——第一次：5 月末 6 月初。亩用厩肥 3 000 公斤拌生石灰粉 200 公斤撒施。

第二次：在 10～11 月。亩用厩肥 3 000 公斤，或熏土 4 000 公斤拌过磷酸钙 150 公斤撒施。

第四年——施肥用量及时间与第三年完全相同。

第五年

（a）若不收挖，追肥时间、种类、数量与第四年完全相同。

（b）若当年要收挖，只在五月份之前照第四年第一次方法施肥一次，以后不再施肥。

B. 施肥方法：（a）各种农家肥都应进行捣碎，和商品肥混合使用时要搅拌均匀，在晴天黄连叶面无露水时进行均匀撒施；（b）氮肥撒施完毕后，应立即用竹枝或树枝细条轻扫黄连叶面，使残留在黄连叶面上的肥料颗粒落入土里，以免烧苗。

C. 培土：黄连具有向上生长但不宜露出土面的特性，因此每年要在施完秋冬两季肥料后进行培土，培土厚 1～3 厘米。

（4）补棚亮棚：每年春和下雪前要修补连棚，第五年立秋后应及时拆除棚盖亮地。

4. 起连加工

（1）起连：黄连从种植到成熟时间很长，一般需要 3 年以上，而黄连最佳成长期是在 5~7 年。一般种植户多在第 5 年的 10~11 月收获，但有的也在第 3 年后，或是时间更长。有的时候也会根据农户自家的经济状况和黄连的长势来处理。经济条件不好，急需要用钱的就提前收获。黄连种植时间也不能太长，时间长了黄连棚会坍塌，受到太阳光的直射势必会导致黄连的死亡。起连时，用铁抓子将黄连抓起来，以专用剪子将须根及叶片齐芽苞处剪掉，得到黄连砣子。

（2）炕连：为保证黄连质量，鲜货一旦从地中采出，就不允许再接触土壤，因此，需采取一些措施使之不受污染和损害。由于鲜货堆积容易发热变质，这也会影响黄连产品质量，因此必须及时采用传统加工方法进行加工。

A. 毛炕：在房屋周围土坎挖一平坑，铺上炕簾，摊好鲜连，用适度的火力将其烘烤，待大部分泥土脱落和炕干水汽后下炕。

B. 细炕：根据黄连砣子的大小和干湿程度分批再炕，炕至 95% 以上干燥或全干。

C. 槽笼冲撞：将细炕的连砣趁热装入槽笼中冲撞，撞去泥土、须根、残留叶柄及芽苞鳞片等杂质，即得黄连成品。

（四）病虫草害防治

黄连病虫草害的防治以预防为主，多采用农业措施和生物、物理防治方法进行综合防治，以利于生态环境的协调发展。使用化学农药时，需慎选高效低毒、低残留品种，从严掌握用药剂量和时期，做到既能控制病虫的危害，又不降低黄连药材的品质，避免农药残留量超标。

黄连的病害分生理性病害和传染性病害两类。生理性病害主要是人为因素所致，如棚盖不匀、施肥过量、排水不良、土壤透气性能差等。传染性病害是寄生物病源菌所致，分为真菌病害、细菌病害和病毒病害三种。常见的黄连病害有白绢病、白粉病、根腐病、炭疽病、霉素病和日灼病六种。

1. 病虫害防治方法

（1）农业防治。

A. 进行熟土栽培的黄连地，选用禾本科作物轮作 3~5 年，切忌连作。

B. 黄连移栽前后每亩用 500 公斤生石灰消毒土壤，实行土壤净化，提高土壤的 pH。

C. 施用经充分腐熟、高温发酵达到无霉化卫生标准的农家肥。

D. 冬、春、夏季清园，理沟排湿。

E. 对棚盖抽密补稀，调节棚内荫蔽度。

F. 对病害植株及时拔除，烧毁或深埋，在病穴施生石灰以防扩散，或及时追肥促进新叶增长，新叶生长时也可用清尿泡谷壳撒于黄连叶面，每亩用谷壳 250 公斤，撒几天后即可清回。

（2）药物防治。

A. 白绢病可用 50% 的生石灰水浇注，并可用 25% 多菌灵可湿性粉剂 800 倍液淋灌。

B. 白粉病可用 20% 粉锈宁可湿性粉剂 100~500 倍液，或用 "农抗 120" 200 倍稀释液，或 25% 多菌灵可湿性粉剂 1 000~5 000 倍液喷雾。

C. 根腐病用施追肥促进新叶增长的方式来解决。

2. 草害的解决途径

黄连的草害一律采取人工除草，严禁施用各类化学除草剂。除草应做到除小、除早、除净，以确保黄连对肥料、水分和光照的充分利用。

（五）销售

经过槽笼冲撞而成的黄连成品可直接进入市场销售，也可将黄连成品进行人工挑选，分支连与统连以不同价格进行销售。以前由收购商运往重庆、成都、湖北、湖南等地后，再销往全国各地和出口创汇，自石柱县成立黄连市场后，便通过黄连市场直运全国各地。黄连市场就在黄水镇，村民一般都是在逢黄水赶场时起些黄连去卖。黄连大部分都是在收获的时候大面积起的，但是由于黄连在第三年的时候就已经长出了可采的根，所以有些人家在手头比较紧的时候也会在想去黄水赶场时就起些，以换些零用钱。

黄连的价格近些年来可谓是经历了大起大落，如同坐过山车一般。1970年以前国家定价时期，黄连价格每公斤在 20 元以下，加之当时的生产技术难度大，黄连单产较低（当时的年产量只有 200 吨左右），导致市场上长期供不应求，甚至当时的黄连叶、黄连须都用作配方。20 世纪 70 年代，中国医学科学院药用植物研究所与利川福宝山药材场协作，创造了黄连精细育苗法、简易棚栽连、林下栽连等先进新技术，并迅速向全国推广，同时黄连的价格通过几次调价升到每公斤 30 元左右，这些都促进了黄连的生产和发展，到 1980 年时产量达到 800 吨左右，基本能满足市场供应。1984 年全国中药市场放开以后，药材的市场价格逐渐走上市场经济的轨道，其价格也慢慢上升到每公斤 44 元左右，药市体系的转换和价格上升都调动了药农种植黄连的积极性，使黄连生产得到了前所未有的发展。1985 年的黄连价格也因销量的增加而上升到每公斤 60 元左右。由于当时的市场经济体制已逐步形成，黄连的高价格刺激了生产，产地药农见种植黄连利润大，就大力扩大种植面积。这种发展势头为 90 年代初造成黄连供大于求以至烂市的局面埋下了祸根。1985 年黄连价格较高时扩大种植的黄连正好在 1990 年左右开始起挖，延续到 1994 年，由于栽种时黄连价格高，到起挖时价格就降了，加之西药方面的改革，使许多新型抗生素涌进国门或联合引进在国内生产，使国药销售开始萎缩，致使有"中药抗生素"之称的黄连销售量也大量下降。以上几方面的原因促使黄连的年需求量又回落到 600~700 吨，而当时也正是前几年所种黄连的产出高峰期。根据当时有关部门的统计：1990 年黄连产量为 1 800 吨，1992 年为 2 160 吨，1993 年为 1 600 吨，1994 年则在 1 000 吨左右，使黄连的产销比例严重失调，商品黄连积压十分严重，所以黄连的价格又很快跌到每公斤 18~20 元。产区药农不仅保不住成本，而且成品还销不出去。在 1994 年黄连价格最低迷时，产地黄连只能卖到每公斤 14 元，连农伤心至极只好弃种，栽培面积也因此减少到历史最低点，冷水的黄连甚至跌到了 10 元每公斤，连农根本无法保本。大面积的弃种引起了国家的重视，中国药材总公司牵头收购了部分好货储存。随着弃种和国家的收购，使部分人又开始看到了商机，在这种情况下，1999 年黄连价格开始回升到了每公斤 42 元，并持续涨到了 70 多元。直到 2000 年初，由于当时的大面积减种，可采挖成品和库存已消耗完毕，导致黄连价格又被拉升到每公斤 110 元左右，在 2000 年中期时黄连曾被炒到了 280 元每公斤，其间最高价格达到每公斤 240 元，创历史最高。

二、莼菜

（一）莼菜在冷水乡的发展

莼菜属睡莲科莼菜属中的栽培种，是多年生宿根水生草本植物。按莼菜的花和食用部分的色泽，分为红花品种和绿花品种。红花品种有西湖红叶莼菜、太湖红叶莼菜、利川红叶莼菜，其花冠、叶背、嫩梢、卷叶均为暗红色。绿花品种有太湖绿叶莼菜和富阳绿叶莼菜，其花冠淡绿色，嫩梢和卷叶为绿色，其叶背的叶缘为暗红色。冷水乡种植的莼菜为利川红叶莼菜。

莼菜属须根系，主要分布在 10~15 厘米的土层中。茎椭圆形，有发达的通气组织，分地下匍匐茎和水中茎两种。匍匐茎萌生须根和叶片，并发出 4~6 个分枝，形成丛生状的水中茎，水中茎可再分枝。嫩梢有透明的胶状物包裹着，为食用部分。秋末，水中茎顶端形成粗壮、节间较短、绿色或淡红色的休眠芽。在环境适宜时，休眠芽萌发长出新根和叶，成为新株。叶互生，初发的叶片卷曲，有胶状物包裹。叶展平后呈现盾圆开，全绿色，大都浮于水面；叶长 5～10 厘米，宽 3.5～6 厘米，叶面绿色，光滑，背面暗红色；叶柄长 20～30 厘米，水深处可达 100 厘米。花为两性花，萼片、花瓣各 3 片，子房由伸长的花柄托出水面开放，授粉后花柄向下弯曲，将花没入水中。果实近纺锤形，内含种子 1～2 粒，种子卵圆形，淡黄色，长约 4 毫米，直径 3 毫米左右。种子发芽力弱，以无性繁殖为主。

莼菜营养价值丰富，据测定，每 100 克鲜莼菜中含蛋白质 1.4 克，脂肪 0.1 克，碳水化合物 3.3 克，纤维素 0.5 克，还含有维生素 E、维生素 B_{12} 以及锌、硒、锗、铁、钙、磷等多种矿物质和微量元素，其中蛋白质和锌的含量在植物蔬菜中属最高，成为植物蔬菜中的"蛋白王"，是植物中的"锌王"。同时，莼菜富含 18 种氨基酸，其中 8 种为人体所必需，尤以天门冬氨酸（276 毫克）、谷氨酸（122 毫克）和亮氨酸（86 毫克）含量丰富，营养价值极高。莼菜色泽碧绿，滑而不腻，清脆香醇，美味可口，可炒，可作汤，可凉拌。

同时莼菜还有着药用价值，据《本草纲目》记载，莼菜性寒，有清热、润肺、利尿、消肿、健胃、止泻等功效。早在明代，李时珍已将莼菜作为一味药物用来治恶疮痈疽——将莼菜茎叶捣烂外敷，可治一切痈疽恶疮。据日本报道，莼菜叶背分泌的一种类似琼脂的黏液，含大量的多糖，对实验动物的某些移植性肿瘤有抑制作用。国内报道，莼菜含的多糖是一种较好的免疫促进剂，它不仅能增加免疫器官——脾脏的重量，而且能明显地促进巨噬细胞吞噬异物的功能。由于临床上大多数有恶性肿瘤的病人的巨噬细胞功能显著下降，而莼菜所含的多糖通过人体中介作用，强化机体的免疫系统，能增强免疫功能，从而达到防治癌症的目的。研究证明，从莼菜中提取的多糖具有抗感染、抗肿瘤、降低血糖脂、抗消化性溃疡、抗血栓、抗粥样动脉硬化、抗病毒以及具有健身、润肤、美容、抗癌等重要的生物功能。

莼菜生长需要有特定的水温、土壤、光照、水分条件，只有在适宜的环境条件下才能生长发育良好。莼菜耐寒、喜温、怕热。其地下茎能忍受零度以下的低温，在无霜期 180～210 天、年平均日温 10.87～11.5℃ 的区域均能生长，其生长发育期长达 200 天左右。莼菜喜温，春季气温到 15℃（水温 13℃）时，地下茎上的顶芽先萌发、侧枝上顶芽相继萌发伸长并发生小叶，同时地下茎各节向下发生须根。莼菜生长最适宜的温度在 20～30℃，水面温度达到 40℃时生长缓慢或停止生长。当气温降到 15℃时生长逐渐停止，休眠芽形成。

图 2-6　广袤的莼菜田

　　莼菜的适应性很强，在土层深厚，肥沃而疏松，保水保肥及氮肥供应能力强，有机质含量在 2%~3%，pH 为 4~6 的酸性或微酸性土壤中生长最好。

　　种植莼菜需要良好的水源，有河流或小溪等长流水的地方对莼菜种植尤为重要，因为有此条件，便于对莼菜田进行加水、换水。同时，莼菜要求生长环境中的空气相对湿度较大，一般在 85%~90% 为宜。另外，光照太强或光照时间过长对莼菜生长发育不利，其生长需要的是散射光，只有在较弱的光照下才能正常生长发育。

　　冷水乡的气候属高山气候，多数时间处于阴天或多云状态，年平均日照时数偏少，具有莼菜生长的光照条件，同时高山气温较低、空气湿度大、土壤肥沃，具有适合莼菜生长的水温、水分及土壤等条件。冷水乡从 1995 年开始种植莼菜，当时湖北省利川佛宝山人黄朝吉到本乡原竹林村的大洞沟组（现天河村的大洞沟组）和原青坪村的大坪、青坪（现八龙村的双坪组）发展 49户，共种植莼菜 100 亩，并在天河村大洞沟组设点收购。1996 年，经时任村支部书记的谢远玉引荐，佛宝山莼菜收购商周德华又到青坪村收购莼菜，从而使莼菜生产逐步得到巩固和发展。现在在八龙村绝大多数水田里几乎都种莼菜。尤其是在双坪组，由于地处一个比较平的坝子里，里面的水田全部都种植了莼菜。这些莼菜田和临近的凤凰组的莼菜田连在一起，形成蔚为壮观的一大片。他们和西南大学进行了校地合作，在莼菜的育种和加工等方面进行研究。到 2002 年，全乡栽培莼菜 471 亩。从目前的发展趋势看，冷水乡在未来三年，将发展成为莼菜栽种总面积达 2 500 亩以上的自营出口生产基地。

（二）莼菜的经济价值

莼菜的药用价值与营养价值决定了莼菜的经济价值，产品出口吨价在20 000元以上，是一个很好的出口创汇项目。冷水乡的莼菜主要是出口日本。由于莼菜的保鲜期很短，因此村民在采集后会在村内的莼菜加工厂（有两个，一个在双坪组，一个在双坝组）进行初步的加工，即给莼菜进行清洗，并放在铝锅中烫一下，以便莼菜能够放更长的时间；而后，把莼菜送到黄水，再通过高速公路运到重庆的江北国际机场空运至日本。这也就是说，在冷水乡采摘的新鲜莼菜两天之后就能在日本人的餐桌上见到了。摘莼菜的季节性强，因此在大量收获的时候必须雇请临时工采摘，每采摘1公斤莼菜便可获得1元的工资，一个正常劳动力一天可采摘35~55公斤。

刚采摘的莼菜售价大约是2元每公斤，在冷水乡我们发现大部分成年劳动力一天的采摘量是50公斤，由于采摘莼菜并不需要耗费大量体力，所以很多的孩子也会和大人一起采摘。这样也可以节约请人采摘的费用。莼菜由于生长于水中，人的皮肤不能长时间的与水接触，采摘时，村民需要穿上水裤，水裤的价格是15~20元，去乡镇赶集都可以买到。水裤的型号有很多，以保证不同的人群使用。

（三）栽培与管理

1. 莼菜栽培

莼菜适宜栽种在海拔1 200米以上，地势平坦，排灌方便，土壤有机质丰富，理化性状良好，淤泥层厚度20厘米左右，pH 4~6的成片田块中。其栽培包括整田、选种与栽种等程序。

（1）整田：将选作种莼菜的田的田埂加宽、加高、加固，做到田埂不垮不漏，美观大方。同时，按栽种水稻的整田技术进行二犁二耙整平，要求耕作深度达到20~30厘米。

（2）选种：选择3年以上无病、无伤、健壮的地下匍匐茎或水中茎作为种源。选用黄色或白色的粗壮地下匍匐茎段，或选择粗壮、老龄、色泽绿，带须根的水中茎段作为种源。要做到新挖新栽，当天不能栽完的要防止脱水，将种茎泡在水中。

（3）栽种：一般在春季移栽，3月下旬至4月中旬移栽效果最佳，秋季也可进行移栽。移栽采用平按和竖插。将种茎剪成2~3个节一段，按田块肥力程度进行疏密栽种。瘦田按 33 厘米×33 厘米、肥田按 66 厘米×50 厘米、中等肥田按 50 厘米×50 厘米的规格进行移栽。平按深度约 3 厘米，竖插深度约 7 厘米。

2. 莼菜管理

莼菜管理包括除草、施肥、管水和病虫害防治。

（1）除草：定植 10 多天后，以及莼菜萌芽前，要拔一次杂草。此外，在其生长期间，结合采收，也需随时拔除杂草。

（2）施肥：采用有机肥与化学肥混合施用，以有机肥为主，化学肥为辅，一次施足基肥，少施或不施追肥。如施用追肥，最好是施化学肥或饼肥，不能施用硝态氮肥、碱性肥料、重金属含量超标肥料和未腐熟的有机肥料。

A. 有机基肥的施用时间和方法：有机基肥在入冬前或初春一次性均匀施入田中，并用推耙推压，使肥料充分混入泥中。一般每亩用饼肥 200～300 公斤；用其他有机肥混合施用时，每亩用量为 1 500～2 000 公斤。

B. 化学基肥的施用：以化肥作为基肥施用，最佳的时间是在每年第一次采摘前 20～30 天内。需均匀施入田中。施肥时可将含 N、P、K 的三种肥料与适量三元复合肥混合施用。

C. 化学肥施追肥：在每次采摘结束换水后施用，每亩施 1.5～2.5 公斤的尿素和 5～10 公斤的过磷酸钙。

D. 饼肥施追肥：在采摘结束换水后施用，每亩施饼肥 3～5 公斤。

E. 莼菜质量差施追肥：在阴天或晴天上午 10 时以前或下午 4 时以后施用。施肥时放掉田水，施用化肥或饼肥后需泼清水冲洗莼菜叶面，然后再灌水至原来水的深度。

（3）水质管理。

A. 水位管理：入春后，莼菜田应保持浅水，有利于水温回升；萌芽阶段水深应保持在 15～20 厘米，随着莼菜生长和采摘再逐步加深水位，到盛夏水深应保持在 50～60 厘米，冬季越冬防冻时，保持水深在 30～40 厘米。

B. 水质管理：

a. 进水口和排水口对角设置，以便注排水时水体充分交换。

b. 每采摘一次换部分水。换水时间选在每次采摘结束后，补充追肥以前，放出 3～5 厘米深的老水，添加 6～10 厘米深的新水。

c. 每月一次彻底换水。每月在最后一次采摘结束后彻底换水一次，然后再施入追肥。彻底换水时，放掉老水深的 1/3～2/3，然后灌到原来的水位。

d. 当水温达到 30℃时，有条件的地方最好保持长期微流水。由于温度过高，莼菜生长缓慢。当地居民很少在盛夏时采摘莼菜。但在盛夏前每 3~5 天换水一次，盛夏至 8 月下旬每 7~10 天换水一次。

（4）病虫害防治。

莼菜的主要病虫害有青苔、水藻、蝌蚪、螺蛳、烂叶病（叶腐病）、黑节、根腐病等。其中青苔、水藻、螺蛳、蝌蚪对莼菜的危害称生物危害。病虫害防治按照"预防为主，综合防治"的植保方针，坚持以"农业防治、物理防治、生物防治为主，化学药物防治为辅"的无害化控制原则。

病虫害防治方法有农业防治、物理防治、生物防治和化学防治四种。

农业防治包括：一是施用充分腐熟的有机肥，少施化学肥；二是及时添换清水，保持水质清澈透明；三是合理轮作，莼菜种植 4~6 年后，可改为养殖 1~2 年食草、食螺鱼类；四是适时更新换代，5~8 年进行换种。

物理防治有人工清除杂草、青苔、水藻、螺蛳、蝌蚪以及病害植株、过密植株等。

生物防治可以在莼菜田中投放少量鲫鱼，控制病虫的生长繁殖，以减少虫害。

化学防治就是用波尔多液、杀虫双、敌百虫、漂白粉、爱福等化学药物杀灭青苔、螺蛳、蝌蚪、锥实螺及防治根腐病等。

（四）采摘与加工

莼菜春季移栽后，到 7 月的中下旬，莼叶基本盖满水面时即可采摘，以后每年 4 月下旬至 10 月分次采摘，4 月下旬至 7 月中旬为采摘旺季，所产莼菜占全年总产量的 80%。采收时在莼菜田里手工采摘带卷叶的嫩芽。采摘的莼菜不能用铁桶盛装，铁桶盛装会导致新鲜莼菜的果胶脱落，以致重量减轻带来经济损失。在 5~7 月每 2~3 天采摘一次，8~10 月则每 5~8 天采摘一次。

莼菜的采摘，由于其特殊性质，其果实采摘部分生长在其叶子下面的水中，需要人工用手将表面的叶子散开后再采摘（见图 2-7），基于现代的科技发展水平，暂时还没有相应的采摘工具的出现。当地采摘莼菜的工具主要有如下几种，见图 2-8。

莼菜产品加工工艺流程：清洗→高温杀青→冷却→分级→保鲜→成品检测→产品包装→入库。

图 2-7　采摘莼菜

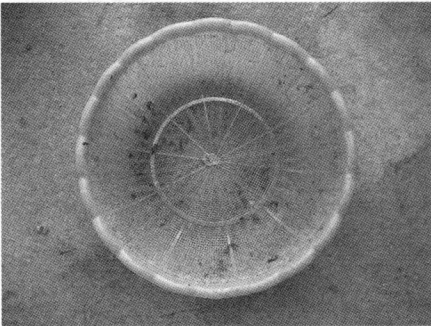

图 2-8　莼菜采摘工具

冷水乡境内的莼菜收购商在收购点只从事清洗、高温杀青、冷却几道工序，然后便装桶外运。

清洗：就是对收回的鲜莼菜进行清水漂洗，清除杂物和泥沙等。

杀青：即将清洗的莼菜倒入铝锅开水中浸泡 2~3 分钟，并不停地搅拌。待莼菜转绿后即捞出。

冷却：将杀青后的莼菜迅速捞出放入带流动水的冷却池里降温，待莼菜降至常温后方可用桶封装，并随即外运。

三、烤烟

（一）烤烟生产的历史及现状

本乡从 1978 年开始第一次试验种植烤烟，到 2002 年已有 25 年的历史。由于烤烟生产过程中具有投资小、见效快、种植技术简单、效益好的特点，因此烤烟生产受到烟农的青睐，成为财政增收的支柱产业。

1978 年从湖北引种试种 15 亩，由于当时未掌握烤烟生产技术，根本不知道烤烟生产的季节要求，故试种失败，并因此错误地认为冷水乡不适宜种植烤烟。

1982 年，乡政府再次从湖北省引进烤烟种子，并请来专业的技术指导，当地部分种植户逐渐掌握烤烟生产要点，并收到良好的效果。这样，其他农户也了解到种植烤烟能带来一定效益，种植面积逐渐扩大。当年在太平村希望组（原水坪村一组）种植 538 亩，产烟 84 105 斤，亩产 78.5 公斤。但由于当时烘烤技术差，烘烤出来的烟叶不是黑烟就是青烟。不过自 1982 年种植成功后，逐年都有人种植，只是因土地下放到农户的最初几年种植面积有所减少，如1985 年，全乡种烟 270 亩，产烟 23 000 斤。1987 年开始，在全乡范围内进行大面积种植，在 1990 年，全乡 397 户种植烤烟 1 187 亩，产烟 107 000 斤。到1995 年，全乡种烟 3 600 亩。2002 年全乡 1 400 个种烟农户种植烤烟 6 523 亩，产烟 115.9 万斤，烟农销售收入达 442.8 万元，种植面积、烟叶产量和销售收入都达到历史最高（见表 2-4）。在种植烤烟的 24 年中，销售行情最好的是1996 年，当时由于市场紧缺的原因，在地中经霜打后变质的烟叶被晒干或风干后，收购商也全部收走。

烤烟生产初期及中期，本乡的烤烟品种有富贵 1 号、J28 系列品种（板子J28、歪嘴 J28 等）、303、中烟 90、翠白 1 号等。近些年来，本乡主要栽培品种有云烟 85、云烟 87、K326、K346。

表 2-4　烤烟生产发展变化表❶

年度	种烟农户 （户）	种植面积 （亩）	总产量 （万斤）	均价 （万元）	烟农销售收入 （万元）	创税 （万元）
1985	82	270	2.3	1.41	3.25	0.65
1990	397	1 187	10.7	1.51	16.15	3.23
1995	920	3 600	33.48	1.8	60.26	12.05
2002	1 400	6 523	115.97	4.35	442.8	88

烟农在长期的种植生产中，根据烤烟生产的季节要求总结了"六个 20 日"，根据生产及烘烤等技术要求总结了"八个百分之百"。其中，"六个 20 日"为：2 月 20 日播种结束；4 月 20 日假植结束；5 月 20 日大田移栽结束；6 月 20 日进入团棵期；7 月 20 日开始烘烤；9 月 20 日烘烤结束。由于近年采用大棚漂浮育苗已不需要假植，小苗膜下移栽必须提早季节，烤烟生产季节已经没有完全按照"六个 20 日"进行操作，这里也不对"八个百分之百"进行阐述。此外，1998 年至 2002 年烤烟生产的种植面积和总产量可参见表 2-2。

（二）播种和育苗

1. 苗床育苗

（1）苗床选地：烤烟苗床地应选择在背风向阳、地势平坦、光照充足、土层深厚、结构疏松而肥沃、排水通畅、靠近水源和大田、距村庄和农户住地有一定距离又便于管理的生茬地。不要把重茬地、蔬菜地、盐碱地、易缺水或排水不良的地块选作苗床地。

（2）苗床制作：苗床地选好后及早翻犁，应在前作物收获后随即灭茬，进行秋耕或冬耕。苗床长 10 米，宽 1.0~1.2 米，埂高 0.15~0.2 米，沟宽 0.3~0.5 米。要求用烟草专用复合肥 2 公斤、腐熟饼肥 3~5 公斤、发酵的农家肥 200 公斤撒入苗床，与土充分混匀，淋足清水，然后用斯美地进行盖膜、熏蒸消毒 10 天以上。

（3）播种：播种前，必须将斯美地消毒的苗床揭膜通风 5~7 天，在 2 月中下旬播种。播种前浇足底水，然后将包衣种子拌细土撒入，播种后喷洒清

---

❶ 参见《石柱土家族自治县冷水乡志》，第 51 页。

水，再撒一层细土，盖上踏膜，插拱，盖上拱膜。

（4）苗床管理：从播种到幼苗2片真叶期，必须密封塑料膜，防止幼苗或种芽受低温冷冻危害。当膜内温度超过30℃时，可在苗床头进行短时间通风降温，调节膜内温度和空气，同时注意苗床是否缺水。幼苗2片真叶后，随着外界气温的回升，晴天中午要及时揭膜通风降温，以防烧苗，同时又要防止揭膜时间过早。在烟苗十字期和烟苗有4~5片叶时进行两次间苗，使烟苗分布均匀，大小适中，无过大、过小及病、残、弱的烟苗。

2. 假植

假植，顾名思义，不是真正的种植，而是进行育苗。如同玉米用肥球育苗。区别在于，将事先播种生长到两瓣叶的烟苗再用肥球育苗。其具体步骤如下：

（1）选地：烟地宜选择在地势平坦、通风向阳、排水良好、前茬非茄科、十字科、葫芦科等农作物、肥力中等或中等偏上、通透性好的土壤种植。用净土、好土种烟。

（2）营养土发酵及制作苗床：及时将土杂肥运到烟地与适量过筛的本土混匀，盖上塑料膜进行堆沤发酵。假植前，按育苗时制作苗床的要求每亩制作1丈苗床。

（3）假植：假植一般在4月中下旬进行，烟苗标准为四叶一心，健壮无病苗。假植前，每亩用2.5公斤专用苗肥与发酵的营养土混匀，配制成的假植营养土以手捏成团，落地即散为适度。每亩假植1 300株左右的烟苗。

（4）假植苗床管理：假植后立即浇定根水，及时设架搭棚遮盖，避免阳光暴晒，注意通风以免烧苗，当新叶长出了三四片时，应摘去二三片黄叶，使茎秆发育。同时，在假植时与假植7~10天后要进行两次剪叶，以促进根系发育和保证大田烟株的整齐度。

（三）大田移栽与大田管理

1. 开厢提埂施基肥

将深翻梳理好的烟田按1.1米开厢，厢中牵绳开15厘米宽、5厘米深的沟，条施土杂肥及35公斤复合肥、15公斤钾肥等基肥作底肥，或牵绳以0.55米为距进行窝施底肥，然后将埂提好。若种地膜烟，实行"露脚式"边提埂边盖膜，将地膜拉直紧贴厢面。栽植膜上烟的地块，膜四周要用土压实；栽植膜下烟的地块，将膜的一边压实，另一边用泥块压住，以便栽烟时边揭边栽。

2. 栽烟

施足底肥的地块，按施底肥的窝或沟再挖窝，每亩窝施剩余的 15 公斤复合肥，施入窝底与土拌匀后栽烟，施定根水。

（1）栽植膜上烟，先将栽烟器从膜上插入垄埂 13 厘米左右，合拢手柄，随即按标准从栽烟器内施入穴肥，与土拌匀，然后放入烟苗，取出栽烟器，扶正烟苗，保证埋茎 8 厘米以上，每亩用 5～10 斤硝铵兑水或兑清粪水浇定根水。填平烟窝，恢复地膜，用细土盖严破口。

（2）栽膜下烟，将未盖严一边地膜揭开，在垄面打深约 13 厘米的窝，然后下苗浇定根水，封土固苗，将地膜复位盖严。也可在垄面打窝栽烟后才盖地膜，栽一行盖一行。栽烟后，烟苗心叶与地膜应距离 6 厘米左右，在烟苗上方膜面处扎直径 0.1～0.2 厘米的小孔 3～4 个，待烟苗叶片生长顶膜时才破膜将烟苗引出膜外，用细土填平洞穴、压严地膜。

3. 烟田管理

烟田管理有地膜管理、保苗、中耕、培土上厢、灌溉、打顶抹芽（化学抑芽）、病虫害防治等。

（1）地膜管理：栽后盖膜、压膜要严密，以利于保温保湿，烟苗顶膜要及时破膜放苗。在移栽 40 天左右可揭膜并结合追肥培土，加强田间管理。

（2）保苗：烟苗移栽后，普遍检查一次烟地，发现缺苗及时补栽，确保全苗。对弱苗、小苗等二三类苗多施提苗肥，对少数大苗可将其下部叶掐去一部分或摘除 1～2 片，以控制其生长，确保大田长势整齐一致。

（3）中耕：一般栽后 7～10 天、15 天、25 天时进行，做到"头次浅，二次深，三次不伤根"，同时，每次中耕松土要注意"窝边浅，行间深"。

（4）培土上厢：在团稞期培土上厢去脚叶。将烟地行间或厢沟土壤培土至烟株基部，形成高厢，习惯称上大厢。

（5）灌溉：根据土壤干湿度确定浇水数量和次数，一般在移栽期、还苗期、旺长期要注意浇水，移栽后必须浇定根水。

（6）打顶抹芽：根据烟株长势及土壤肥力确定打顶时间，有现蕾打顶、现芽打顶和盛花打顶等几种方式。整块烟地 50% 中心花开放时进行一次性打顶，一般留叶 20 片左右。肥力较高、施氮较多、烟株长势旺盛的采用盛花期打顶，留叶 20～22 片；土壤瘠薄、长势差的在 50% 左右现蕾时打顶，留叶

18~20 片。打顶 2~3 天后用化学抑芽剂抑芽，选在晴天上午，用药时尽量使每个腋芽或叶腋都接触到药液，对较大的腋芽（超过 2.5 厘米长）用手抹去后再用药。

（7）病虫害防治：境内烤烟常见的病害有猝倒病、炭疽病、气候型斑点病、花叶病和黑胫病，常见的虫害有地老虎、烟蚜虫、烟青虫。

对猝倒病、炭疽病，一般用波尔多液预防，发病后用稀释 100 倍的甲基托布津喷雾。对气候型斑点病可用甲基托布津灌根，或用代森锌可湿性粉剂、波尔多液喷雾治疗。目前，对花叶病与黑胫病无需特别撒施药物进行治疗。对虫害一般用敌百虫或氧化乐果进行杀灭。

（四）烘烤

除从 2000 年起开始有少数烟农采用热风循环烤房进行烘烤外，多数烟农一直采用传统烤房烘烤。

1. 撒烟

烟叶的采收要求采熟，主要遵循"下部叶采青，中部叶青黄各半，上部叶采黄"的原则。一般移栽 55 天以后开始采收，在上午或雨停后采收，如遇干旱天气则在早上采收露水烟。采收烟叶应注意以下问题：

（1）采收数量要与烤房容量相配套。

（2）采收人员要统一采收标准，做到每次采收同一品种、同一部位、同一成熟度的烟叶。

（3）采收时避免挤压、摩擦、暴晒，不损伤和搅乱烟叶的堆放层次，放置荫凉处不宜堆放过高以免起热烫烟。

2. 编烟

将 1.5 米长的烟竿两端各留 10 厘米空竿，每竿编烟 90~120 片，要求将烟叶大小、成熟度、部位、颜色基本一致的编在一竿。编烟时，下部叶和含水量大的烟叶适当稀编，上部叶和含水量小的烟叶适当编密些，并要两片一束，叶基对齐、叶背相靠编紧扣牢，间距均匀一致。

3. 上房（装烟）

尽量做到当天采收，当天装烟点火，装烟时将成熟度稍差的烟叶装在上层，成熟烟叶装在中间，过熟烟叶装在底层，在观察窗周围装具有代表性的烟叶，同时烟叶含水量大的适当装稀。

4. 烘烤

按照变黄、定色、干筋三个阶段进行控位升温，同时在烘烤过程中要掌握"四看四定"与"四严四灵活"的原则。

"四看四定"：即看鲜烟叶质量，定烘烤技术；看烟叶变化，定干湿球温度；看干球温度高低，定烧火大小；看湿球温度高低，定气窗和进风洞开度大小。

"四严四灵活"：即烘烤技术应用同鲜烟叶基本素质相适应要严，具体掌握要灵活；干湿球温度与烟叶变化相适应要严，各阶段持续时间长短要灵活；确保干球温度在规定范围内要严，烧火大小要灵活；湿球温度适宜且稳定要严，排气窗、进风洞开、关要灵活。

（1）变黄阶段：装烟后关严天窗、地洞和门窗，加热升温，以每小时升温1℃的速度升到36~38℃，湿球温度控制在35~36℃，稳温一定时间，在温度上至42℃以前底层烟叶变黄发软。

（2）定色阶段：变黄后，干球温度以2~3小时升至54℃，稳温到烟叶大卷筒，烟筋变黄。若烟筋变黄慢，升温不能过快，在45~48℃，稳温延长时间，使烟筋变黄，部分烟叶小卷筒。湿球温度稳定在38~40℃。

（3）干筋阶段：以每小时升温1℃的速度由55℃升温到68℃，最高不超过70℃，直至烟叶完全干燥，湿球温度稳定在40~42℃。

为保证烘烤成功，在定色期应主动烧大火、开大天窗来能动控制温度与湿度，不能机械地通过烧小火、关小天窗的方法来定色。

5. 出房、回潮

烟叶烘烤成功后，完全打开天窗、地窗和门窗，使空气流通降温，然后将烟竿拿出房放到地面使其回潮。

（五）扎把与销售

待烟叶回潮至手触不断不碎后，将烟叶从烟竿编绳中取下，然后按烟叶部位、长短、色泽、破损程度等不同标准进行分择，合理堆放，及时扎把。扎把时，将同一部位、同一色泽、长度基本相同、破损程度一致的烟叶每20片左右扎在一起，捆绑把头的烟叶与应扎烟叶一致，不能扎黑把头，同时还要注意不扎大把头。

烟叶收购坚持按国标❶收购，烟农自觉按国标进行分级扎把，以国家标准级别和统一价格在指定地点进行销售。

四、畜牧业❷

(一) 饲草饲料

在冷水乡 74 平方公里的乡境内有着极为丰富的饲草资源。一是在 52 700 亩森林中含有一定数量的天然草料，其饲草面积可达 20% 左右；二是天然草地草坡面积有近 2 万亩；三是在 9 463 亩耕地面积中农草地在 5 000 亩以上；四是以稻草、玉米秸秆、红苕茎叶、洋芋茎叶、各种类叶、瓜叶、蔬菜脚叶等农作物茎叶作为饲料。

境内有酒厂两家，其酒糟是天然饲料。另外大多数农户有钢磨（电动磨），可将玉米、谷糠及下脚粮粉碎后作饲料。同时，人们饲养牲畜时，由于各种因素的影响导致饲料短缺时，还会去集镇上购买成品饲料。

(二) 畜禽饲养

境内农户饲养的畜禽有牛、猪、山羊、鸡、鸭、鹅。在家禽中，鸭、鹅的数量极少。

多年来，冷水乡党委政府十分重视畜牧业的发展，鼓励农户饲养牲畜，引导群众从养殖耕牛作犁土动力、畜禽粪便作有机肥料、畜禽肉产品供自食或销售所带来的经济效益等方面，认识到饲养畜禽的重要性，并通过周转金、小额贷款帮助农户发展畜牧业。至 2002 年年底，仅河源村菜子坝的杨华明经营的具有年出栏生猪 250 头以上养殖规模的养猪场，就出栏了生猪 110 头。在 1985 年，全乡生猪存栏 1 980 头，出栏 960 头；饲喂的牛存栏 860 头，出栏 78 头；山羊存栏 370 只，出栏 38 只；饲喂家禽 1 870 只。以后逐年发展，到 1995 年，全乡生猪存栏 2 180 头，出栏 1 158 头；牛存栏 1 532 头，出栏 212 头；山羊存栏 2 688 只，出栏 1 560 只；饲喂家禽 8 250 只。在 20 世纪 90 年代，山羊的饲养得到发展，后来又逐渐减少。到 2002 年，全乡仅有山羊 300 只，当年出栏 63 只（参见表 2-5）。

---

❶ 国家烤烟四十级标准（GB 2653—92），见附录。
❷ 参见《石柱土家族自治县冷水乡志》第五章。

表 2-5　冷水乡畜牧业生产情况

年度	生猪（头）		牛（头）		山羊（只）		家禽（只）
	存栏	出栏	存栏	出栏	存栏	出栏	
1985	1 980	960	860	78	370	38	1 870
1990	2 150	1 020	1 100	92	1 460	560	3 480
1995	2 180	1 158	1 532	212	2 688	1 560	8 250
2002	3 513	2 490	2 660	700	300	63	13 400

（三）兽医站与疫病防治

兽医站设在冷水溪街上，有砖木结构房屋一间，前期有兽医人员 4 人，现有兽医人员 3 人。一般由乡人民政府分管农业生产的领导分管畜牧工作，配合县畜牧局加强对兽医人员的管理和对防疫工作进行指导。

兽医人员在春、秋两季按全县的统一要求集中时间对全乡的畜禽进行统防统治，平时应养殖户要求出诊治病，逢赶集到兽医站坐班解决养殖户的实际困难，发展畜牧业生产。

第五节　对冷水乡农作物种植的文化生态学思考

一、水稻的反思

"文化生态学探讨环境、技术以及人类行为等因素的系统互动关系，以社会学的方法分析特定社会在特定环境下适应与变迁过程。"[1] 从上面的介绍中，我们可以看出冷水乡在发展自己的农业过程中并不是一帆风顺的。由于海拔的原因，水稻始终不能取得高产，适应冷水乡环境的稻种选择范围狭窄，而且多山的地形使得水田的面积十分有限，人均水田仅 0.36 亩。稻谷产量长期不能满足需要，即使是在双坝、双坪等水田比较多的村子，稻谷产量也就基本实现

---

[1] Robert MaC · Netting. Cultural Ecology. in Encyclopedia of Cultural anthropology, Vol. 1, edited by Davidv Levinson & Melvin Ember, New York: Henry Holt and Company, 1996: 267。

自给。在水稻产量不足的情况下,人们只能用玉米和洋芋代替部分口粮。冷水人虽然早有种植黄连的经验,但是在计划经济时代,国家规定的黄连收购价格只有 10 元一斤,人们也无法由此经济作物的生产获得更多的收益来改善生活。在这些因素的共同作用下,使得当时的人民虽然一整年都很辛苦地劳作,但是生活却还是很困难。而在以粮为纲、黄连生产受限制的情况下,解决粮食的自给问题就是在创造财富。正是在这种思想的驱使下,政府开始在全乡推广良种水稻以解决问题,但是正如前面所说的那样,在脱离环境制约的情况下盲目地推广良种,结果是产生了事与愿违的效果。正如唐纳德在《生态人类学》里所说的那样,从生态人类学的角度来看,"环境决定论的主题已基本被人与环境的模式的出现所取代,这一模式认为环境起着一种'限制性的'但非创造性的作用,或者说,认识到了复杂的共同的相互作用。但是,环境决定人类生物差异的解释继续表现出强有力的、决定性的影响"❶。也就是说,这一时期冷水乡的经济发展实践表明,人类只能适应环境,而无法随心所欲地用人力去改造自然。

二、黄连与烤烟

1. 黄连的发展与烤烟的引进

计划经济时代的结束和市场的开放,使人民的生产有了更大的自主性,加之多年种植黄连的经验,冷水人开始了小户的黄连种植。到了冷水黄连农场被撤销时,全乡的在地黄连已达 907 亩。在亩数扩大的同时,由于市场的开放,20 世纪 80 年代上半期黄连的价格已经从 10 元多一斤涨到了 30 元一斤(1985年)。但是 80 年代黄连的无组织交易扩大也为 90 年代的猛跌埋下了祸根。市场经济供求关系规律开始成为人们发展经济背后的推手。冷水乡政府似乎意识到了这一规律的存在。无论是出于避开单一经济作物的目的,还是出于防患于未来的黄连价格下跌,总之,在开始扩大黄连经营的同时,冷水乡政府也开始指导乡民尝试种植其他经济作物,而烤烟就是其中的一个重要品种。

冷水乡的烤烟同样是从湖北引进的,初期种植进行得并不是很顺利。从1978 年到 1982 年,经过了 5 年的学习和适应,冷水乡的烤烟才开始步入正轨,面积达到了 280 亩(主要集中在海拔较低的太平村)。在太平村种植烤烟成功后,冷水乡开始了政府主导的大范围推广,但由于政府犯了不顾环境制约而盲

---

❶ 唐纳德·L·哈迪斯蒂著. 生态人类学 [M]. 郭凡,邹和,译. 北京:文物出版社,2002:3.

目发展的错误，从而使烤烟种植的推广出现了一些问题。从 1987 年开始，政府强制要求按人数种植烤烟，从而在五年之内使当地的种植面积倍增。但是当时烤烟种植的推广并非是件容易的事情，到 1987 年时，由于市场的开放，黄连的价格还在节节攀升的阶段，农民很不情愿种植烤烟；即使到了 90 年代黄连价格开始下跌了，不少村民仍旧不愿意接受种植烤烟。

2. 种植烤烟的抱怨

八龙村的烤烟种植是在 1991 年开始的，八龙村的土质条件不太适合种植烤烟，但是迫于政府的压力和当时正值黄连的价格低迷期，村民虽然不情愿但也种植了烤烟。不过，八龙村的烤烟并没有给该村村民带来好的收入，有的还损失不少，许多人现在对当时种植烤烟还心存抱怨。

一位当年督促别人种植烤烟的干部、现一家小店的老板说：

"九几年的样子，上面一刀切强迫种植烤烟，不种植烤烟就把田土收回来，人们没有办法只有种。那个时候（烤烟）收入还不如黄连，产量低，土质不过关。说实话，那个种烤烟硬是比种黄连还苦。那个时候我们是干部，天天去督促别人种烤烟。说实话，当时自己都不想种，更别说喊别个'住'（种），但是没有办法的。在面积上种到那个多，但实际上产不出那个多烤烟，就到湖北那边去买烤烟回来完成任务。"❶

双坝组 53 岁的袁叔说：

"种烤烟种亏了。政府当时强制推广，每个人必须种植一亩，家里面没有地了还是开荒种植的，有一年挣了三四千，但是有一年只有四五百，连肥料钱都不够。由于土质不好，面积小，被周边树荫到了，所以产量不好。种烤烟种亏了。"❷

可见烤烟的种植对于八龙村的人来说是段极不愉快的经历。由于种植烤烟需要很高的技术，八龙村村民不可能在短时间内掌握。而且如前面所讲的，村内的条件不适合种植烤烟。八龙村田多、土少，而且土地多在山边缘，过于陡峭，不适合烤烟的种植。同时加之天气的原因，八龙村的烤烟并没有带来预期的效果。这和人类学中的"过度适应"有着相似的表现。"'过度适应'给当地村民的生存与发展带来负面影响。有幸的是，经过充分挖掘利用传统的规约

---

❶　2008 年 7 月 21 日访谈小店老板笔记。
❷　2008 年 7 月 23 日笔记。

制度和外来的生态知识，如今这一'过度适应'的状况已得到扭转。"❶ 下面的章节我们将会陈述这种扭转。

3. 莼菜引进的无奈

20世纪90年代是黄连价格的低迷期，尤其是在面对1994年黄连价格最低迷时，冷水乡的黄连甚至跌到了5元一斤，连农根本无法保本，"连贱伤农"，冷水乡黄连栽培面积也因此减少到历史最低点（全国的种植面积也处于历史最低点），有的地方甚至大面积的弃种。面对残酷的现实，村民们开始了自己的探索，莼菜就是在这样的情况下来到冷水的。1995年，湖北省利川佛宝山人黄朝吉到天河村和八龙村发展49户共种莼菜100亩，并在天河村大洞沟组设点收购。1996年经时任村支部书记的谢远玉引荐，佛宝山莼菜收购商周德华又到青坪村（现八龙村双坪组）收购莼菜，从而使莼菜生产逐步得到巩固和发展。双坪组的莼菜种植虽然是由村支书引进，但是这次没有像强制推广烤烟那样，谢远玉先是自己示范，并在自己的亲戚家里推广，然后让村民自愿参加。由于八龙村的天气和地形十分适合莼菜的生长，先种植莼菜的农民收获颇丰，其他人看到了利益，也纷纷加入，故莼菜生产规模逐年扩大，尤其是在八龙村，现在的水田里几乎都是莼菜，而传统的水稻则是很难一见了。双坪组和临近的凤凰组的莼菜田连在一起，莼菜田超过了百亩，同时他们和西南大学进行了校地合作，在莼菜的育种和加工等方面进行研究。2002年，全乡栽培莼菜471亩；而到2008年7月，仅八龙村就有莼菜田3 000亩，增长速度不言而喻。

4. 烤烟的"噩梦"

再继续谈论烤烟和黄连的关系。由于黄连的生长周期较长，所以价格在20世纪90年代持续低迷，价格维持在十几元一斤。而当时的莼菜种植才刚刚开始，只有小面积种植。而此时的烤烟却保持了较好的价格，尤其是在1996年，由于市场紧缺，地中经霜打后变质的叶子晒干或风干的次等货收购商也要。由于1996年良好的烤烟市场形势给种植户带来巨大的收益，也使烟农种烟的积极性高涨，即使1997年的一场雨灾让全乡内的烤烟严重减产，也没有降低农民种烟的热情，1998年烤烟面积甚至增至4 604亩，而同年黄连新植亩数仅为70亩。由于20世纪90年代初期黄连种植面积的不断减少，供需失调，1998年的后半年，黄连价格开始涨到了25元一斤，后稍有回落。在1999年又

---

❶ 付广华. 生态环境与龙脊壮族村民的文化适应［J］. 民族研究，2008（2）：44-45。

开始了新的上升趋势，价格涨到了 35 元一斤。在利益的刺激下，农民又开始对黄连恢复了信心，同年新植黄连 405 亩。但因多年的低价引发的减种形势，造成了 2000 年后在国家的黄连库存用尽后价格开始一路暴涨，迅速地突破了 50 元一斤，并在 2000 年末和 2001 年初时抬升到了 140 元一斤，达到了历史的最高值。

而此阶段的烤烟则开始不容乐观，由于连续两年受灾，在种植面积没有扩大的情况下，产量从 2000 年的 3 355 吨急剧降至 2001 年的 330 吨和 2002 年的 579 吨（当时三年的单产统计：2000 年为 1 184 斤/亩，2001 年为 144 斤/亩，2002 年为 177 斤/亩）。可见当时受灾之重。乡志里对 2002 年的那次灾害进行了记录，"2002 年 8 月 5 日 18 时左右，原学龙村的 4 个组和原喻槽村的 4 个组遭受多年未见的冰雹狂风袭击，当时的喻槽、学龙两村（现为玉龙村）五个组烤烟受灾，两个村中的 5 个组共 225 户的 1 950 亩烤烟受灾，1 700 亩成灾，有 1 300 亩烤烟绝收，直接经济损失达 150 万元"。❶

5. 对冷水农业未来发展的思考

2002 年以后，由于黄连种植面积的盲目扩大，使得黄连价格又开始下滑，在 2003 年，虽然黄连价格有短暂的上升，但由于黄连不在抗击非典的药物范畴内，所以价格并没有因抗击非典而上升。2003 年以后，黄连价格最终稳定在了 40 元左右，政府也对烤烟的强制种植做法做出了反思，并在县里的领导下，"开始了'四个转移'，即由高海拔区向低海拔区转移，零星分散区向相对集中区转移，不具备种烟条件的农户向条件优越的农户转移，不适宜种烟的土地向最适应种烟的土地转移"❷ 的调整。冷水乡的烤烟生产也开始向海拔比较低的太平村转移。鉴于在莼菜种植方面获得的巨大利益，乡里开始对八龙村的莼菜发展进行新的规划，除了与西南大学进行了校地合作外，还申请得到了农业部的拨款，成立了生态示范农业生产区，近期还在计划发展生态旅游业。自此，冷水乡的经济作物基本出现了"三足鼎立"的状态，以黄连、烤烟、莼菜为主进行发展；并且因地制宜，根据村落不同的自然地理条件优势做出不同的规划，使乡内的经济朝着更加合理、更加健康、更加适应自然环境的方向发展。

"可见无论从自然的角度还是社会的角度上看，人与环境的各种构成因素

❶　冷水乡党委政府 . 石柱土家族自治县冷水乡志［M］. 2004：29.

❷　冉茂忠，黄淑英，等 . 石柱土家族自治县概况修订本［M］. 民族出版社，2007：89.

都不是孤立存在的，也不是偶然聚合在一起的，更不是静止不动的。它们之间相互影响，相互制约，息息相关。聚落形成社会而又生存在生态系统中的人类，对环境的任何开发利用都意味着对生态系统的干预和生态环境的改变，同时生态环境的改变又促使人类改变自身的生活生产方式，正是两者的互动促进了人类社会的发展。"❶ 另外，通过冷水乡的实践，我们认识到，人类是不能随心所欲地改造自然环境的，只有适应自然环境的发展规律进行适度的改造，人类才能与自然环境和谐相处，"天人合一"地和谐发展。

---

❶ 孙振玉．人类生存与生态环境［M］//人类学高级论坛 2004 卷．哈尔滨：黑龙江人民出版社，2005：287。

第三章　八龙村农副业生产与
农业发展的关系[*]

本章主要论述八龙村的农业经济，以及农业合作社、农民贷款、农村劳动力等与农业经济发展直接相关的内容。

与中国其他经济上并不富裕的农村地区相比，八龙村具有一些鲜明的特点，特别引人注目的是：当地远距离外出务工者很少。这种情况在经济欠发达的农村地区堪称罕见。其原因与当地的农业生产情况有直接关系：八龙村最重要的经济作物是黄连，正是黄连的普遍种植及其效益将大量农村劳动力留在本地。当地农民很少外出务工的另外一个重要原因是，冷水乡近几年不断有较大型的基础设施建设，这些工程也为当地农民提供了大量的工作岗位。

因此，笔者必须强调：八龙村的经济生活有其相对独特性。当地外出务工者少等一些社会、经济方面的现象，与其地理环境、农业传统有直接关系，由此产生的一系列现象当然不具有普遍意义。

但另一方面，在当代中国的背景下，八龙村与大多数农村地区类似，都面临着一些共同问题。比如：经过了近30年的发展，农村以单家独户为生产、销售基本单位的发展模式面临越来越多的困难；在市场经济的背景下，农业生产的无序状态与恶性竞争日益普遍；农民贷款、融资极其困难；终端消费者购买的农副产品，即便其销售价明显上涨，但农民往往不能从中获得可观的经济收益，甚至收入还有所下降……这些问题是普遍性的，并且还有着或多或少的相互联系。从这一方面而言，八龙村的经济发展状况又具有普遍性意义。

归纳而言，笔者所关心的是八龙村这样一个具有特殊条件的村落，在发展中会遇到什么特殊问题？当它遭遇到中国农村发展的一些普遍问题时，其具体境

---

* 本章作者为中山大学马克思主义哲学与中国现代化研究所杨宇斌博士。

遇如何？当地的农民作何选择？八龙村的情况能为我们提供什么启示与反思？

第一节　八龙村的经济结构与特征

"八龙村位于冷水乡新场镇西部，东邻河源村、南邻天河村、西邻黄水镇三坝村、北邻枫木乡石鱼村，面积18.65平方公里。"❶

该村平均海拔1 250米，属中亚湿润季风气候区，四季分明，年平均气温11.7℃。一月份最冷，平均气温0.9℃；七月份最热，平均气温21.7℃。主要特点是春季升温快而气候多变，常有寒潮；夏初多阴雨；夏末秋初多伏旱；秋季多绵雨低温，冬季多霜雪、较寒冷。冷水乡属黄水山原区，雨量充沛，云雾多，光照不足。年平均降水量为1 372.6毫米。年平均日照时数1 315.7小时。无霜期为180~185天。气候变化对农作物有一定危害。❷

《冷水乡八龙村村级规划（2006—2010）说明书》记载，八龙村"有林地15 492亩，耕地面积2 028亩，河流4条"。而根据石柱县林业局2008年的森林资源调查显示，八龙村有森林13 370亩，其中公益林6 849亩，商品林6 521亩。❸根据《石柱土家族自治县二〇〇七年农村经济统计年报》显示，八龙村截至2007年年末，实有耕地面积1 972亩，其中田1 058亩，冬水田10亩，土田914亩。《冷水乡八龙村村级规划（2006—2010）说明书》于2006年10月定稿，而根据笔者调查期间所获取的资料，八龙村的林地和耕地面积都少于此说明书上的数据。笔者在调查中了解到，由于近几年进行了农网改造和道路建设等工程，八龙村的林地和耕地确实有所减少。

冷水乡属中山黄棕壤区，大体分为五种土壤类型：暗紫色水稻土、山地黄棕壤、冷沙黄泥、灰棕紫色土、腐殖质黄棕壤。八龙村的夹槽地带为暗紫色水稻土。土层较厚，颜色暗紫、黄褐质地沙壤，母质成份复杂。pH为5.5~6，易耕作，保肥和抗旱力强。但由于日照少、辐射弱、土温低，且山间冷泉浸渍，多形成冷浸烂泥田，种植水稻产量不高，但适合莼菜生长。

---

❶　资料来源：《重庆市石柱县新农村规划——冷水乡八龙村村级规划（2006—2010）说明书》，第3页。

❷　以上环境和气候数据来自《石柱土家族自治县冷水乡志》和《重庆市石柱县新农村规划——冷水乡八龙村村级规划（2006—2010）说明书》。

❸　以上数据见2008年3月15日定稿的《冷水乡全乡森林分类汇总》。

八龙村的山地则为腐殖质黄棕壤。耕地少，土层较薄，质地轻，颜色上层暗棕、下层黄色，性酸，pH 值为 5.5，有机质占 3.2%，无碳酸盐反应，适宜漆、水杉等林木和黄连、天麻等经济作物的生长。❶

据《冷水乡八龙村村级规划（2006~2010）说明书》记载，八龙村有基层党支部 1 个，党小组 5 个，党员 52 名。有村民委员会 1 个，村民小组 5 个。共有 383 户，1 335 人，外出务工人员共 55 人。

而《石柱土家族自治县二〇〇七年农村经济统计年报》上的统计结果则是：八龙村共有 383 户，1 232 人。经营农业的总户数为 380 户，1 190 人。劳动年龄内有 541 人，劳龄内人数中有学生 26 人、丧失劳动能力者 34 人。超过劳龄而参加劳动者有 155 人。这样算来，总计有农业劳动力 636 人。外出务工总数为 52 人。其中，在石柱县内务工者 6 人，在石柱县以外且在重庆市范围内务工者 31 人，在重庆市以外地区的务工者 15 人。整体而言外出务工者数量不多，并且重庆市范围内的务工人数占总外出务工人数的 71%。

根据笔者调查所了解，八龙村以农业生产为主业。除了三处小规模的个体杂货店外没有其他商业，除了最基本的莼菜加工业外没有其他工业。养殖业以家庭自养、内部消费为主，但该村有一个全乡唯一的蛋鸡养殖场。

第二节　八龙村经济作物概况

在我们进行调查的 2008 年，黄连是八龙村最重要的经济作物，莼菜位居其次。当地农民的农业收入主要依靠以上两种作物。

表 3-1　黄连播种面积和产量统计表

指标　单位	药材总播面积	黄　　连						
		播种面积	年初在地面积	年内新栽面积	当年收获			年末在地面积
					面积	亩产	产量	
计量单位	亩	亩	亩	亩	亩	公斤	吨	亩
冷水乡	4 690	2 990	2 060	930	850	176	150	2 140
八龙村	1 410	1 060	760	300	300	167	50	760

资料来源：冷水乡人民政府填报的《石柱土家族自治县二〇〇七年农村经济统计年报》，农年统计 14 表。

---

❶ 以上两段关于土壤的资料主要来自《石柱土家族自治县冷水乡志》和笔者的实地调查。

表3-2　其他药材播种面积和产量统计表　　　　　　（亩）

单位＼指标	山茱萸面积	苡仁面积	其他药材面积
计量单位	亩	亩	亩
冷水乡	0	0	1 700
八龙村	0	0	350

资料来源：冷水乡人民政府填报的《石柱土家族自治县二〇〇七年农村经济统计年报》，农年统计15表。

根据以上资料，八龙村还种植有除黄连以外的其他药材，但该统计表上并没有列出这些药材的名称。笔者在调查期间了解到，冷水乡还种有少量紫菀、金荞麦、玄参等药材，但实际种植面积很小，而且种植的历史也很短。在八龙村则基本没有农户专门种植除黄连以外的药材。

另外，笔者在调查中了解到，八龙村的实际黄连种植面积要远大于以上乡政府的统计数据，约为4 000亩。实际亩产量也要大于统计的结果，平均亩产为400~500斤，即200~250公斤/亩。

表3-3　莼菜等经济作物播种面积和产量统计表

单位＼指标	辣椒		生姜		魔芋		莼菜	
	面积	产量（鲜）	面积	产量	面积	产量	面积	产量
计量单位	亩	吨	亩	吨	亩	吨	亩	吨
合计	190	23	0	0	0	0	3 020	3 250
八龙村	50	6	0	0	0	0	2 500	1 250

资料来源：冷水乡人民政府填报的《石柱土家族自治县二〇〇七年农村经济统计年报》，农年统计15表。

根据冷水乡政府的统计，该乡的莼菜种植主要集中在八龙村，这与笔者调查的结果一致。但实际的莼菜种植面积应该在2 000亩以下。

表3-4　蔬菜播种面积和产量统计表

单位＼指标	蔬菜		叶菜类		瓜菜类	
	面积	产量	面积	产量	面积	产量
计量单位	亩	吨	亩	吨	亩	吨
合计	2 080	2 725	1 040	1 725	260	275
八龙村	450	480	250	325	50	10

资料来源：冷水乡人民政府填报的《石柱土家族自治县二〇〇七年农村经济统计年报》，农年统计16表。

表 3-5 蔬菜播种面积和产量统计表　　　　　　　　续表

单位 \ 指标	块根块茎类		茄果菜类		菜用豆类	
	面积	产量	面积	产量	面积	产量
计量单位	亩	吨	亩	吨	亩	吨
合计	330	305	180	205	230	185
八龙村	50	100	50	30	50	15

资料来源：冷水乡人民政府填报的《石柱土家族自治县二○○七年农村经济统计年报》，农年统计16 表。

蔬菜种植并非是八龙村重要的收入来源，该村的蔬菜通常种于房前屋后的零散地块，并且以家庭内部消费为主。但随着交通条件的日益改善，反季节蔬菜种植（高山淡季节蔬菜种植）将会成为当地农业经济的一个重要增长点。

一、烟草种植的兴起与衰落

我们的实地调查和冷水乡政府的统计数据都显示，目前整个八龙村已经没有人种植烟草了，但烟草曾经在八龙村的农业经济史上占据重要地位。

20 世纪 90 年代初期，八龙村曾经普遍种烟。这与政府的行政命令有关，而且当时莼菜种植还没有兴起，黄连价格也偏低，当地农业收入极其微薄。而烟草的种植、加工、收购有统一的计划调控，并由专门单位负责收购，价格、等级都明确规定，是国家专买专卖的产品。与其他农业经营相比，在销售方面有着不可比拟的稳定性和可靠性。因此，在当时种植、加工烟草成为了当地农民增加农业收入的一个现实选择。

但在 20 世纪 90 年代中后期，八龙村的烟草种植急剧萎缩，这主要是两个原因共同作用的结果：

第一个原因是黄连价格的上涨。正如上文所述，黄连价格偏低是推动农民种植、加工烟草的重要原因。在 20 世纪 90 年代中期，当地黄连的销售价格在每市斤 6~8 元，远远低于种植黄连所需投入的生产资料和劳动力成本。但从 1998 年开始，黄连价格明显上涨，每斤黄连的销售价格为 15~20 元。随后黄连价格连年走高，到了 2000 年，每斤黄连的价格在 80 元以上。曾经大量种植烟草的农民就是在 20 世纪 90 年代中后期因追逐利润转而种植黄连。

第二个原因是烟草种植、加工的技术要求高，体力消耗大。当地一些农民与笔者聊天时说：种烤烟比种黄连还（辛）苦。根据笔者所掌握的资料，种植烟草的技术要求确实高于种植黄连。但最苦最累、难度最大的还是收割烟叶并进行烤制的过程。从田里采回来的新鲜烟叶非常沉重,单单运输已经十分费力,运回来的烟叶必须当天烘烤。一房烤烟要不间断地烘烤整整七天,必须持续监控、调节烘烤温度。在烘烤一房烟叶的过程中还要准备另外一房烟叶的烘烤。所以白天既要管烘烤,还要采摘烟叶,晚上仍然要管烘烤,因此睡觉也不能踏实。烟叶烤出来后,还要进行分级才能拿到烟叶收购点去交售。交售期间如果人太多的话就要排队,有时候等一天还卖不掉,第二天还要再拿去卖。这样的过程要持续将近三个月的时间,这对烟农的精神和体力是极大消耗。一旦烤烟的过程没有控制好,就会极大影响其价格,最坏的情况是整房烤烟分文不值,而由此带来的全部损失只能由烟农承担。

因此,也有农民认为,种植、加工烟草的风险高、效益低。田土上种了玉米还可以作为口粮,但烟草如果卖不了钱的话就一无是处。从这个角度而言,种植烟草还不如种植玉米划算。

由于以上两个主要原因的共同作用,20 世纪 90 年代后期,八龙村大多数农户都不再种植烟草,到了 2000 年,烟草种植、加工在该村彻底绝迹。

二、以药材为主的其他经济作物

在《重庆市石柱县新农村规划——冷水乡八龙村村级规划(2006～2010)说明书》中,该村规划利用种植黄连后的土地来发展中药材种植业,如金荞麦、紫菀、黄栀、杜仲、厚朴等。修建药材加工厂一座,并探索产品加工业。八龙村的环境、气候、土壤等条件确实适合除黄连以外的一些中药材生长。但笔者调查发现:因为缺乏相关的种植知识和技术,缺乏稳定可靠的进货和销售渠道,缺乏相应的资金支持,并且由于历史上长期种植黄连的传统习惯,八龙村基本没有农户专门种植除黄连以外的药材。

第三节　八龙村的黄连经济

冷水乡平均海拔 1 350 米,属黄水山原区。气候温和,降雨充沛,日照偏少,夏无酷热,春秋阴雨连绵,土壤湿润,森林茂密,适宜黄连生长,素有

"连乡"之称，栽种黄连已有数百年历史❶。20世纪90年代以来，黄连一直是八龙村最重要的经济作物，当地农民的生产、生活主要就是围绕它来进行安排。黄连价格的变化对八龙村、乃至对整个冷水乡的劳动力流动起着决定性作用。因此，笔者认为八龙村的经济状况足可简略地概括为"黄连经济"。

一、黄连的栽培加工

黄连从采种、育苗、移栽，直到收获，前后至少需要7年。简略而言，栽培过程有采种、搭秧子棚、平整苗床、开厢排水、播种育苗、苗床管理、搭黄连棚、移栽黄连秧，然后是持续5年的施肥、除草、管理。移栽黄连秧后的第5年至第7年皆可收获。收获时先用铁耙抓出黄连，剪去叶子和根须，经日光暴晒，将附带的泥土尽数抖落干净，再用火炕烤，最后经槽笼冲撞，方可得到黄连成品。因此，黄连从播种到形成可销售的成品需要7~9年。

笔者在调查期间，听到最多的一句话是：黄连有多苦，种黄连就有多苦。这正是"黄连经济"下连农❷最深切真实的感受。

搭黄连棚、窝泥、整地等是极其累人的，也是栽种黄连必不可少的准备工作。搭棚通常在每年的秋末冬初进行，此时玉米、水稻、莼菜、土豆等有关的农活已基本结束。实际上，在其他时节也会有人搭建黄连棚，但一般规模较小，而且并不普遍。连农在自家的林地中选取一片没有种植过黄连，或者已经数年没有种植黄连的地（因为黄连忌连作），以弯刀和斧头将林地上的树木尽数砍除，农民称之为"开山"。在砍伐的树木中，选取可用于搭棚的木料，制作成"黄连桩""杆子"与"横杆"。通常采用当地最常见的树木——柳杉——为搭棚木料，取其树干笔直且不易腐烂。如果木料不足，就要从自家的柳杉林中另外选材，砍伐、加工成合用的材料。

黄连怕强烈阳光直射，只有在弱光散射条件下才能发育正常，所以种植黄连要求遮阴，初种植时荫蔽度要达到85%。因此人工种植黄连必须搭棚遮挡阳光，棚顶还需以带叶树枝覆盖，以保证其正常生长。

为了增加黄连产量，黄连还不能直接种在仅经过"开山"的林地上。要用树枝、干柴搭出一个柴堆，用薅锄将黄连棚内的地表泥土全部刮去约12厘米厚的一层，将刮出来的地表土覆于柴堆之上，再把柴堆点燃熏烧上方的泥

---

❶ 以上资料由笔者从《石柱土家族自治县冷水乡志》整编而来。
❷ 在石柱县，"连农"是很常用的名词，指种植黄连的农民。笔者在下文也将采用这一名词。

土，这一过程称为"窝面泥"。

以上所有劳作都被连农视为搭黄连棚的程序。仅这一套程序就需要 2~3 个月。有个别家庭甚至到了大年三十还在山上搭黄连棚。

搭棚完成后，把棚下剩余的泥土挖松，清除石头树根等杂物，再以纵向棚桩为中心，开箱理沟。最后把经熏烧的"面泥"混以肥料和农药后，均匀覆盖于棚内泥土上，至此方可将经过培育的黄连秧子种于棚内。

栽秧后通常需要 1~2 次补苗，确保全苗成活。黄连秧种到棚内后需要 5~7 年的持续管理。管理期间以定期除草、施肥为主。在早些年，清除杂草几乎是黄连种植中最繁重的劳作，清除一亩杂草往往需要一个成年劳动力至少 10 天时间。2000 年以后，随着化学除草剂的普遍使用，除草所需的时间才大为减少。现在为长势良好的黄连进行除草，一亩地只需要数小时的劳作时间。种在棚内的黄连每年至少需要施肥 2~3 次，这也是个艰苦的工作。黄连通常种在陡峭的山坡上，山路崎岖难走，除了少数养有骡和马的家庭外，肥料和工具等只能靠农民用背篓运至山上。

笔者调查发现，除草剂的使用可算是具有深远影响的技术革新。在普遍使用除草剂之前，为黄连除杂草是极其繁重的工作，也导致除了栽种和收获的时节外，一年内的大部分时间仍需要农民持续地管理，否则必然影响黄连的产量。因此家庭的主要劳动力都被束缚在黄连棚内，只要每年种植两亩黄连，就难以分出足够的劳动力来发展其他产业。但除草剂的使用极大减少了除草所需的劳动时间，在种植黄连的同时，也为从事其他产业或发展农业的其他门类提供了可能。

总之，表面上看来种植黄连的成本低、投资少，效益似乎很高。但事实上黄连的种植过程需要耗费大量劳动力，而在黄连的价格形成过程中，劳动力成本往往被忽略。由于近些年来当地不断有公共工程施工，冷水乡有大量劳动力被吸引到这些工地上，使得雇工价格偏高（一个成年劳动力在工地上工作一天，可以有 50~100 元的收入）。在农民可承受的价格范围内，基本上不能雇帮工。由于计划生育政策的作用，当地生育率不高，并且青少年往往在外地读书，因此八龙村的一个家庭往往只有两个成年劳动力，在"黄连经济"之下，劳动力短缺成为一个普遍问题。

二、分田到户前的黄连种植

实行家庭联产承包责任制前，八龙村的经济收入主要靠交售黄连得来。每个生产队都有 5~6 人被分配去专门种植黄连，每队共种植 3~4 亩。专门种黄连的社员与其他种田的社员一样，根据工作量获得相应的工分。销售的情况也与现在有别，当时石柱县有专门的公司对黄连进行统购统销。黄连卖出后，属同一生产队的所有普通农户都可以分得一点现金。在当时，无论是个人还是生产队，种植、交售黄连基本上是获得经济收入的唯一途径。由于劳动者生产的积极性不高，而且缺少化肥与除草剂，改革开放前当地黄连的最高亩产量不超过 300 斤，一般情况下亩产只能达到 200 余斤。在化肥和除草剂都已普遍使用的今天，当地黄连的亩产量在 500 斤以上。

随着 1980 年家庭联产承包责任制在当地实行，田、土、山场分到各家承包经营后，部分农户开始小面积种植黄连。

三、八龙村的黄连种植情况

根据冷水乡政府 2007 年的统计数据显示，八龙村的黄连种植面积占了全乡黄连总种植面积的 30%，有 1 410 亩。事实上，确切的种植面积很难统计出来，因为绝大多数黄连都分散种植在山上，与种在平地田土上的作物相比，测量难度极大。而且黄连不能在同一片土壤上连续种植（即忌"连作"），这一特性使得统计其面积的难度更大了。

根据了解，八龙村是冷水乡种植黄连最多的村之一（冷水乡天河村也种有大量黄连），该村的黄连种植量确实占了全乡的 30% 以上。但实际种植面积应该远远大于乡政府统计的数字。

笔者在八龙村的所有小组进行了户数不等的访谈，访谈对象都表示，自己家的在地黄连有 10 亩左右，而且据他们了解，其他农户的种植情况也基本如此。实际上，种有 10 亩以上黄连的家庭不在少数。八龙村前任党支部书记刘世明告诉笔者，该村总计有黄连 4 500 亩。曾经担任村长的肖龙堂认为，八龙村共有 3 500 亩黄连，平均每户有 10 亩。现任八龙村村长张德会则认为，该村每年新栽的黄连最少也有 500 亩。

鉴于黄连种植的 5~7 年内均可收获，笔者认为，除去育秧阶段的黄连，八龙村的实际黄连种植面积应在 4 000 亩左右。但这也只是通过估算而得出的数字，仅供读者参考。

该村的黄连种植为何能达到这样的规模。其原因有二：

（1）20 世纪 90 年代末期开始的黄连价格上涨。这段时期黄连销售价格的上涨极大激发了农民种植黄连的积极性，直接导致了黄连面积的猛增。尽管近几年黄连价格明显下降，但从20世纪90年代末开始大量增长的黄连种植并没有明显减少的迹象。

（2）除草剂的普遍使用。2000年后开始普遍使用的化学除草剂也是黄连面积大增的重要原因，使得有两个成年劳动力的普通农户1年新种2亩以上黄连成为可能。杂草与黄连争肥，而且各家各户缺乏足够劳动力清除杂草，一直以来都是限制黄连更大规模种植的一个根本因素。现在有些农户仅靠两名，甚至仅仅靠一名女性成年劳动力就能管理14亩以上的黄连，正是由于他们使用了除草剂。

四、改革开放以来的黄连价格波动

黄连的价格波动对当地劳动力流动和农民的经济生活有决定性影响。近20年来其价格波动极大，农民就像在不可预测的无边大海中坐着一叶小舟，只能任凭波涛起伏，听天由命。

20世纪80年代初期，随着土地制度改革，田、土、山场分到各户，有条件的农户开始小面积种植黄连。到了20世纪80年代末，1斤黄连的价格在20元左右。此后价格开始下滑，90年代中期，每斤价格长期保持在10元以内，最低时1市斤黄连仅卖4元。

1998年黄连价格开始上扬，1斤可卖10~20元。1999年1斤黄连卖20元以上。2000年每斤价格为80~100元。一直到2003年，由于非典型肺炎在全世界蔓延，市场对消炎类药品的需求激增，黄连曾卖出过150元/斤甚至更高的价格。

2004年黄连价格从60元/斤不断下滑。2005年价格在30~40元/斤。2006~2008年在20元/斤左右小幅调整，最低的时候1斤只能卖17元。

五、黄连在当地经济生活中的地位和影响

黄连在冷水乡有过数百年的种植历史，一直以来都是当地重要的经济作物。虽然八龙村有条件发展其他产业，但由于交通不便、信息闭塞等原因，真正形成规模的产业屈指可数。除了劳务收入以外，形成规模且在经济学上有重要意义的产业只有种植业。八龙村农民的经济收入大多来自种植、销售黄连和莼菜，就目前而言，后者的重要性仍不如前者。

20世纪90年代的初、中期，八龙村外出务工者较多。随着90年代末期黄连价格开始上涨，大量打工者回乡种植黄连。一直到我们进行调查的 2008 年，当地外出务工者仍然维持在一个较低的比例。受到价格高涨的刺激，广南县的黄连种植规模急速增长，云南、四川等国内一些气候和环境适宜的地区也开始种植黄连。这一批大量种植的黄连上市后，黄连价格应声而下，近两年持续在 20 元/斤的范围内波动。

因此，在 10 年前的黄连涨价中受惠最多者，并非是受其刺激回乡种植黄连的农民工，而是在此前黄连价格低迷时仍然坚持种植的农民。因为即便直接购买黄连幼苗进行种植，也需要 5 年时间才能收获上市。一直种植的农民才可能在黄连涨价期间直接受益。这一批农民，通常年龄较大，受教育程度较低，没有现代工业或服务业所需的技能，或者有家人留在农村需要照顾。总之，他们没有选择外出务工，而是留在当地继续务农。

原冷水乡党委书记杨海华告诉笔者，在黄连价格仍处于高位的 2000 年，地方政府已经注意到产量过剩的问题，并且出台了一些政策，试图对种植面积进行控制。事实上，要限制农民种植和生产黄连，现行法规无法提供直接依据。因为搭黄连棚需要砍伐森林，而森林在一定程度上受国家保护。当时就以森林保护和木材管理的名义，限制黄连棚的数量和面积，其目的就是要减少黄连种植面积。

当时规定每户只能种植 2~3 分黄连，杨海华书记说，县政府对于连农能够老实地按照规定种植并不乐观，只是希望通过限制性政策来引导农民不要过多种植黄连。与之配套的是以育林基金、林木砍伐费等名义，对种植黄连（因为种植黄连几乎必须要砍伐林木）征收 490 元/亩的费用。但事实上这些措施没能发挥有效的限制性作用，从 2004 年开始，黄连价格明显下滑，到 2006 年，每斤黄连的价格跌至 20 元左右。由于黄连产量的持续过剩已经导致价格持续下跌，限制种植的政策已经失去现实意义，从 2005 年开始，所有政策上的限制和收费都取消了。笔者认为，这项收费的取消应该和中央政府推行税费改革也有关系。

杨书记最后总结：为了依法行政，在当时只能通过森林保护的名义来限制老百姓种植黄连。在黄连价格高涨时，老百姓并不在乎额外多交一些费用。一旦黄连价格疲软，老百姓就不愿意交这些额外的费用了，对政府而言，也失去了征收这些费用的实际意义。政府的初衷就是给连农一种导向和信号，让他们认识到黄连已经种植过多了，但到最后只是政府多征收了一笔钱，根本目的没有实现。

在调查期间，也有农民向笔者谈及此事。他们认为，当时政府对种植黄连征收额外费用是"不对的"，政府就是为了从农民好不容易获得的利润中分一杯羹。他们说："当农民能够赚钱的时候，应该放开来让农民搞。"

现在回过头来评价这个事情，笔者认为，地方政府能够有意识地对农民的生产进行引导，似乎不能说是一件坏事。但除了征收冠以各种名目的费用、罚款以外，是不是能使用更为有效的办法呢？当时政府与老百姓之间的互动和沟通是不是能够更为直接呢？在市场经济环境下，政府应该怎样行使权力，政府与老百姓应该如何互动，仍然是需要长期探索的现实问题。在这个过程中，需要的是现实的操作能力、耐心和智慧，单从理想主义出发的谩骂和指责只能是有害无益。

无论怎样，有种植黄连传统的八龙村，不少农家还是在当时的涨价中受益。我们调查时所见的新式砖房多是因为黄连涨价、连农积累了足够资金而建起来的。

另外，笔者还想介绍一下黄连特殊的储蓄作用。

正如前面所说，正常情况下，移栽后的黄连秧还要生长至少5年才能上市。不过实际上在第4年和第7年都可以将其挖出，进行加工并销售。举例来说：如果价格过低，有些农民觉得销售黄连并不合算，而且家庭对这一部分的资金需要并不迫切时，可以不将黄连挖出，并继续进行施肥和除草。长到第6或第7年的黄连会更加粗壮，相对而言亩产量更高。但不会让黄连生长到8年以上，因为一般农户没有足够的劳动力管理如此大量的黄连，通常也没有如此财力把黄连一直留着不卖。而且到第8年，黄连叶子会开始枯黄，黄连本身也将慢慢死掉。如果农民比较迫切地需要较多资金，可以把第四年的黄连也挖出，进行加工销售。当然，不足5年的黄连其药效和产量都会有所降低。种了4年的黄连亩产通常只有400余斤。

由于黄连的生长特性，对连农而言它可以起到一定的储蓄作用，这种作用是蔬菜、粮食、水果等作物所不具备的。假设1个农户每年种植2亩黄连，以7年算（不算育秧所需的2年），该户就拥有14亩在地黄连。再假设平均亩产量为500斤，每斤黄连卖40元，如果把第5年至第7年的黄连一并挖出，有3 000斤以上的收成，销售出去有120 000元以上的收入。如果把第4年的黄连也挖出，就有4 000斤的收成，约160 000元的收入。

由于当地农民从合法渠道获得贷款极为不易，农户之间相互借款也有各种实际困难。因此在确实缺钱的情况下，将黄连起出进行加工销售是连农理所当然的选择，也是实际存在的情况。因为黄连的主要药用部分在根部，虽然收挖的最佳时节在每年的 10~11 月份，但在其他时候挖取也无不可。因此跟蔬菜、水果等作物相比，黄连对农民而言更像是一种"活期存款"。而且黄连加工后适宜于长期保存，如果农民觉得价格过低，仍然可以将加工过的黄连存放妥当，留待价格合适或需要资金的时候再行出售。

近几年黄连价格的低落，虽然还没有迫使大量农民外出务工，但确实也影响了八龙村的农业经济发展道路，促使了冷水乡唯一的蛋鸡养殖场的出现。这方面的详细情况将在下文"新兴的养殖业"一章中专门介绍。

第四节　莼菜种植的兴起

八龙村出产的莼菜也是占有重要地位的经济作物。目前而言，其经济上的重要性仍不如黄连，但冷水乡政府已经把支持莼菜产业作为工作重点。在冷水乡人民政府撰写的《石柱县冷水乡莼菜基地建设项目可行性报告》上写道："在我乡，莼菜生产是农业生产的重要组成部分，也是全乡农业产业化发展的主要项目，同时，该项目也是我乡广大农民群众脱贫致富的首选项目。"当地的普通农民也对此有所期待。

一、莼菜的生长环境

莼菜生长需要有特定的水温、土壤、光照、水质条件。莼菜耐寒、喜温、怕热。其地下茎能耐零度以下的低温，在无霜期 180~210 天，年平均日温 10.87~11.5℃的区域均能生长，其生长发育期长达 200 天左右。莼菜生长最适宜的温度在 20~30℃，水面温度达到 40℃时生长缓慢或停止生长。当气温降到 15℃时生长逐渐停止，休眠芽形成。在土层深厚，肥沃而疏松，保水保肥及氮肥供应能力强，有机质含量在 2%~3%，pH 为 4~6 的酸性或微酸性土壤中生长最好。种植莼菜需要不受污染的清净活水，同时要求空气相对湿度较大，一般在 85%~90% 为宜。另外，光照太强或光照时间过长都对莼菜生长发育不利，其生长需要的是散射光，只有在较弱的光照下才能正常生长发育。

可见，莼菜生长良好所要求的条件较为苛刻。在冷水乡，只有八龙村最适宜莼菜生长。按照冷水乡政府 2007 年的统计数据，八龙村的莼菜种植面积占了全乡种植面积的约 83%（参见表 3-3）。

二、最早的莼菜引进

根据《石柱土家族自治县冷水乡志》记载："本乡从 1995 年开始种植莼菜，当年，湖北省利川佛宝山人黄朝吉到本乡原竹林村的大洞沟组（现天河村的大洞沟组）和原青坪村的大坪、青坪（现八龙村的双坪组）发展 49 户共种莼菜 100 亩，并在天河村大洞沟组设点收购。1996 年，经时任村支部书记的谢远玉同志引荐，佛宝山莼菜收购商周德华又到青坪村收购莼菜，从而使莼菜生产逐步得到巩固和发展。"

随着越来越多的农民对莼菜有所了解，且其经济效益开始显现，1999 年已经有农民自发种植莼菜，2002 年整个八龙村已经普遍种植莼菜了。到 2008 年，已经有 90% 以上的水田被农民用来种植莼菜。

三、莼菜种植全面取代水稻

由于海拔和气候的原因，八龙村种植水稻产量较低，以往家家户户普遍种植水稻时，还要搭配玉米、洋芋（土豆）等粮食作物才能基本满足家庭的口粮需要。随着莼菜的经济价值日益显现，并被越来越多的农民所知，他们将莼菜种在了泥土肥沃并且取水方便的水田里。到 2008 年，莼菜种植早已全面取代水稻种植，成为了除黄连以外当地最重要的经济作物。那么，莼菜的经济价值到底如何呢？

每年新历的 4 月下旬至 10 月下旬都可以采摘莼菜，通常采摘旺季在 5 月上旬至 7 月下旬，进入 8 月，采摘的农民就不多了。莼菜生长最旺盛的时候在 5 月和 6 月，一般而言持续 50 天。在此期间，每隔 2~3 天就可以对同一株莼菜采摘一次，一个普通劳动力一天能摘 100 斤以上的莼菜。只要有 3~4 亩处于高产期的莼菜，就可以保证两个劳动力在 50 天内每天都有莼菜可摘。

农民采摘回来的莼菜在当天就必须运到收购点销售，在莼菜生长旺盛的时节，还会有一些外地客商上门来向农民收购。农民交售莼菜的价格一直以来都相对稳定，长期保持在 0.8~1.2 元/斤，一般不超过 1.4 元/斤。因此农民只要投入一定量的劳动，种植莼菜能带来多少收入是可预期的。

在理想的情况下：假设莼菜价格在 1 元/斤，1 个劳动力在莼菜生长的高峰期每天都摘到 100 斤莼菜，50 天下来就有 5 000 元的收入。如果有两个劳动力摘 50 天，总共就有 10 000 元的收入。如果种植同等面积的水稻，即便一年能种两季，除去化肥、农药等各种投入，无论如何也达不到种莼菜的收入水平。种植莼菜，只需要少量农药、化肥，除了采摘以外，只需管好活水的流入。长势良好的莼菜田里很少有杂草，并且在4月到8月以外的时节，莼菜田基本上不需要管理。因此，种植莼菜，除了土地和劳动力的投入外，其他物质性的投入是很少的。

显然，在八龙村的条件下，莼菜种植取代水稻种植具有一定的必然性。

还有一个因素很容易被忽略，尽管它对于莼菜的种植推广也有明显的作用。这个因素就是——除草剂的使用。当然，种植莼菜并不需要除草剂，因此此处指的是使用在洋芋、玉米地里的除草剂，尤其是在黄连种植中使用的除草剂。

因为正如在"八龙村的黄连经济"中所述，在普遍使用除草剂之前，为黄连除杂草是极其繁重的工作，从劳动力上制约了农民发展其他产业。而且莼菜的特性是在其生长的高峰期必须投入密集的劳动力进行采集，否则其经济效益便要大打折扣。在八龙村，黄连才是农民的主要收入来源，正是因为除草剂的普遍使用，使农民可以在夏天投入更为大量的劳动力用于采摘莼菜，而不必担心影响黄连的收成。因此笔者认为，这也是莼菜能在八龙村普遍种植的重要原因。

四、莼菜种植在八龙村的经济地位

莼菜的生长并不需要很多管理和投入，按照农民的说法："只要把水管好就行。"除了采摘期的3个月时间，基本上不需要管理；除了土地的投入以外，几乎不需要其他投入。因此与黄连相比，莼菜种植确实是成本低、投资少。

即便莼菜种植已经全面取代了水稻，但它在经济上只是起到一种补充的作用。根据笔者的调查了解，八龙村仍然有少量家庭没有种植莼菜，但确实没有不种植黄连的农户。当地农民普遍认为，虽然近几年价格低迷，但黄连仍然是他们经济收入的根本。正如前文所介绍的，整体而言八龙村存在着劳动力短缺的问题，很多农户都没有足够的劳动力来尽量采摘自家的莼菜。他们愿意种莼菜，首先是为了不让田地荒着，在夏天，因为家庭劳动力普遍短缺，他们只能在空余时间去摘莼菜。从笔者的角度而言，莼菜的经济效益并没有完全发挥出来。只要从莼菜田里获得的收入能满足自家一年里买口粮的需要，多数农民已经感到满意。用农民的话说："莼菜只需要忙两三个月，等于是赚点油盐钱。"

在观念上，八龙村的农民也普遍认为种植黄连是主业，而种莼菜只能算是副业。由于有种植黄连的长久历史，对于一些农民而言，种黄连已经成为了一种习惯、风俗，甚至已经形成一种依赖。一般农民并不能明确说出此地的黄连种植始于什么年代，肖龙堂先生就这样向笔者介绍："从盘古开天以来就开始种黄连，无论哪个朝代，国内国外，总是要用（黄连）的。"黄连在任何时候都能销出去，能换到其他东西。"无论价格贵贱，总是能养活人。"

虽然如此，莼菜种植确实改善了农民的经济状况。在普遍种植莼菜之前，当地农民只能靠销售黄连和外出务工来获取经济收入，并且因为家人患病或支付小孩的学费等原因，每年都有农户提早挖出、销售黄连，才能应付各种支出。种植莼菜之后，虽然因为缺乏劳动力，其经济效益没有完全发挥出来，但由于它销售价格稳定、投入少、效益高，明显缓解了农民的经济压力，必须提早挖取黄连的情况已经很少发生了。单单是一亩莼菜的收入就足够三四口之家一年买米的支出还有余，除此之外的收入，就可算是额外的"零花钱"了。只要种上莼菜，农民都明显地感觉到与以前种水稻的时候相比，经济上要宽裕得多。甚至还有农民向笔者和其他调查队员反映：莼菜对"家庭、邻里和谐有很大帮助"。

五、致富之路？——莼菜发展面临的问题

《石柱土家族自治县二〇〇七年农村经济统计年报》显示，八龙村经营农业的总户数为380户，有莼菜2 500亩，平均每个农户约有6.6亩的莼菜。按照前任村支书刘世明先生的了解，八龙村有1 850亩莼菜，如此算来，平均每个农户约有4.9亩的莼菜。根据笔者调查了解，一个普通劳动力在不干其他农活的情况下，能负担约1.5亩莼菜的循环采摘。按照一个家庭有两个农业劳动人口来计算，在两人不干其他农活、每天采摘约10个小时莼菜的情况下，能较好地把约3亩莼菜的经济价值发挥出来，最理想的情况下也不会超过4亩。所以，单靠八龙村的农业劳动力（636人），充其量只能发挥954亩高产期莼菜的经济价值。

因为近几年黄连价格下跌，雇工种植、管理黄连的现象基本绝迹。而莼菜种植则不同，在高产期，一个普通劳动力一天可以采摘一百斤以上的莼菜，当天便可以换得一百元以上的现金收入。因此，无论是将莼菜田出租，还是雇工采摘莼菜，都有利可图。

承包莼菜田或者是受雇采摘莼菜者，以湖北省利川市人为多，也有一些冷水乡人氏。八龙村的莼菜种植面积占全乡80%以上，因此有些邻近村落的农民会到八龙村来承包2~3亩不等的莼菜田，或者在采摘期到来时接受雇

用。另外，还有极少数八龙村人氏因为仍没有种植莼菜，或因为种种原因家里的莼菜田产量很低，或者由于分家等原因家中田土过少的农民，也会承租莼菜田。

已经栽种好的莼菜田，2008 年每亩的承包价格在 400~500 元，通常一年承包一次。受雇采摘莼菜者，并不像做修筑公路的工作，每天固定收取数十元工资，而是按照当天所采摘莼菜的售价来收取提成。如果自己解决吃住问题，受雇者可以分得他所采摘莼菜总价格的八成，雇主获得其余二成。如果需要雇主负责其吃饭和住宿，受雇者则可以分得所采摘莼菜总价格的七成，其余就由雇主所得。雇工通常只在莼菜生长最旺盛的 50 天期间出现，其余时间基本没有雇工。

刘世明先生是八龙村的前任党支部书记。他对当地的莼菜发展历程有深入了解，并且主导了八龙村莼菜专业合作社的形成。他说：按照现在的市场行情和经营模式，虽然在水田里种植莼菜比什么都不种要强，但种莼菜实际上没有办法致富。因为采摘莼菜只能依靠人力，无法用机械代替，虽然表面上看似收入高，但实际上很艰苦。每年采摘莼菜的三个月对劳动者身体有很大损害，容易引起风湿等疾病。❶ 种植黄连虽然很辛苦，但毕竟对身体的损害较少。如果黄连每斤能卖 30 元，种莼菜的人就会明显减少；如果每斤能卖 40 元，就会没有人种莼菜了。由于目前莼菜的利润不大，很可能将会逐渐式微，除非农民销售的新鲜莼菜每斤能卖到 2 元以上，这样才能保证莼菜行业继续发展。

图 3-1　采摘的莼菜

❶ 莼菜是睡莲科植物，生长在有清水流入的田里，水深达到成年人的大腿。农民采摘时需要穿上隔水的防护服装，弯下腰于水田中采摘其嫩芽。

笔者也认为，即便莼菜的普遍种植已经改善了农民的经济状况，但要说它能使得农民脱贫致富还为时尚早。一个原因是当地整体劳动力缺乏，导致莼菜的生长潜力没有完全发挥；另外一个原因，就是采摘莼菜对身体的损害。除此之外，还有一些重要的限制性因素，就是莼菜的销售和加工问题。当地一些头脑灵活的村民已经在设想甚至开始试图解决这些问题，这一方面的详细内容将在第七节"农民要'组织起来'"中介绍。

六、莼菜产业发展前景

其实，刘世明先生的观点只能代表一部分八龙村农民，因为具体条件不同，即便面对一样的市场价格，还是有农民会做出不一样的选择。

笔者在调查中了解到，即使莼菜价格维持在 1 元/斤、甚至是 0.8 元/斤，仍然会有人种莼菜，也有人卖莼菜。有大量农民因为个人和家庭的原因——比如患有疾病、年龄较大、家里有小孩或老人需要照顾等——并不愿意外出务工，莼菜就成为了他们重要的收入来源。另外，因为黄连需要数年时间才能收获，一旦种有此物，家里至少有一个主要劳动力无法外出务工。对这些家庭而言，种植莼菜是理想的副业。不管怎样，单就经济效益而言，莼菜是明显高于水稻的。按照他们的说法：种莼菜"多少总能得到些钱，帮助生活"。

另外，因为长久以来有种植水稻的传统，笔者发现当地农民对于田土普遍有着珍惜之情。只要情况允许，他们必然要把田利用起来，不会任其荒芜。有些人家即便没有时间采摘，仍然种上了莼菜。他们对此事的解释很简单："不种莼菜田就荒了。"当然，这在年纪较大、且长期务农的农民身上才表现得较为明显。在改革开放后出生的年轻人身上，这种对土地的感情要淡漠很多。

正如上文所介绍的，种黄连、挖黄连、搭黄连棚等最繁重的劳动通常都在春季或冬季进行，与采摘莼菜的时节并不矛盾。而且由于除草剂的使用，管理黄连所需的时间已经大为减少，因此农民并不认为莼菜会与主业黄连形成时间上的冲突，反而能起到较理想的补充作用。

新鲜莼菜的保质期很短，2003 年初步铺设完成的"八龙村扶贫公路"对于莼菜外运有着积极作用。此外，枫冷路（枫木—冷水）、石柏路（石柱—柏洋塘）的陆续铺设并开始发挥作用，2009 年沪蓉高速公路石柱段（该高速路在冷水乡有出入口，且该段最大的休息站就设在冷水乡政府附近）全线开通，2008 年开始施工的渝利高速铁路等公共交通设施将会发挥越来越显著的作用。

运输条件的根本改善将使得新鲜莼菜的外运日益便捷，并且大大降低其运输成本。

莼菜对于生长环境要求很高，这一方面制约了其种植规模的扩大，另一方面也使得莼菜产业可以在一定程度上避免遭受与黄连类似的命运——农民为了追逐利润而普遍扩大种植规模，使得黄连价格大幅下跌并持续低迷。因此莼菜的价格一直以来都相对稳定。随着石柱县黄水镇太阳湖景区的开发，曾经是全县莼菜种植面积最大的万盛坝莼菜基地将会消失，冷水乡，尤其是八龙村，将会成为石柱县第一大莼菜生产基地。

不仅其销售、加工的经济效益得到各方重视，莼菜的生态景观效益也已经引起乡政府和县政府以及外地投资者的关注。打造"莼菜生态观光园"已经列入冷水乡政府2009年的工作计划。

由于以上原因，莼菜产业正朝更多样、更深入、更具组织性的方向发展，如果现在就断言种莼菜的人会越来越少，恐怕还为时尚早。

当然，采摘莼菜对身体确实有极大损害。采莼菜需要弯腰劳作，一整天下来自然腰酸背痛、腿脚麻木。八龙村的莼菜生长主要依靠清净的山泉水，该村的平均海拔为1 250米，水温较低。虽然采摘时都有塑料制的防水套装，但由于下半身需要长时间泡在冷水里，很容易罹患风湿病。采摘莼菜所用的保护套装一般高至成年人的腰际，而且使用塑料材质，不利于透气，人体自然散发的湿气、热气不能排出。在这样的条件下劳动，下半身感觉又湿又冷，除了会导致风湿、关节疾病外，还很容易引起皮肤疾病，按照农民的说法，就是"会把身子都捂坏了"。另外，因为采摘者要低头查看莼菜，太阳光线经水面反射后，长时间刺激采摘者的眼睛，也会引起眼睛发胀、酸痛而流泪。

因为劳动强度大、时间长，对身体的损害严重，年龄达到50多岁、60岁以上者通常就不去采摘莼菜了。虽然莼菜在2000年以后才在八龙村普遍种植，但它对身体健康的摧残已经被所有种植者所诟病。如果这种劳动条件不能得到改变，长此以往很可能会导致一种综合性职业病的形成，说不定这种疾病在将来就会被称为"莼菜病"。

另外，有少部分农民向笔者反应，由于当地种植黄连、洋芋、玉米都普遍使用了除草剂，渗透在泥石中的除草成分通过山泉或下雨冲刷，进入了种有莼菜的水田，已经导致其中的莼菜不能正常生长。这种情况虽然并不普遍，但随着除草剂继续大量、普遍的使用，这种极大地便利了农民生产的化学物质也许对于莼菜产业正是一个长远而致命的危害。笔者认为，相关的科研机构在研究莼菜如何提纯复壮时，也应该细致研究除草剂对于莼菜的影响，并且希望基层政府和农民在发展莼菜产业的同时，能够重视这一现象，采取适当的应对措施。

第五节　作为生活补充的粮食作物

粮食作物在八龙村只是生产、生活上的补充，已经没有农户把粮食生产作为主业。虽然如此，八龙村仍然种有一定数量的粮食作物，本章就专门对此进行介绍。

一、八龙村的粮食种植概况

水稻曾经是八龙村最重要的粮食作物，但现在只有个别水田零星种植。小麦、高粱等在冷水乡都没有种植，据《冷水乡志》记载："早在八十年代和九十年代初，❶ 冷水小春种有一定数量的小麦，但由于产量低逐年被淘汰。"马铃薯（洋芋）和玉米已经成为了八龙村最重要的粮食作物。各种豆类和花生也是当地常见的，但通常不会专门辟出一片田土来种植，而是种在黄连棚的旁边。种植黄连需要使用大量的肥料，在周边种上各种豆类正可以更充分地利用土地肥力，不需要另外使用肥料，且不会影响黄连的生长，这种种植方式是农民在长期的生产经验中总结出来的。

八龙村在新中国成立前就种植黄连，并一直延续至今。但长久以来黄连的种植面积较小，产量很低，经济效益也不高。因此历史上当地以种植粮食作物为主业，种黄连只是作为副业，起到补贴生活开销的作用。从 20 世纪 90 年代中后期黄连价格上涨以后，种植黄连成为了八龙村农民的主业，对其投入了大量的劳动力、时间和生产资料，种植粮食作物反而成为了副业。尤其是 2000 年以后莼菜种植的普遍推广，绝大多数农户的口粮不再由自家生产，转而从集市上购买，粮食作物的重要性就更不被重视了。

---

❶ 此处指 20 世纪的 80 年代和 90 年代。

表3-5　农作物（粮食）播种面积和产量统计表

指标 单位	全年农作物 总播种面积	粮食作物合计			
		面积	亩产	产量	比上年增减
计量单位	亩	亩	公斤	吨	%
合计	28 605	15 350	197	3 023	-10.8
八龙村	7 510	3 100	216	670	-7.22

资料来源：冷水乡人民政府填报的《石柱土家族自治县二○○七年农村经济统计年报》，农年统计7表。

八龙村的粮食生产中，小春以洋芋为主，在20世纪90年代初以前有少量小麦；大春以玉米为主，占大春粮食总产量的80%，还有一定数量的红苕（红薯、番薯）、大豆和黄豆等其他粮食作物，另有少量水稻。

表3-6　小春粮食作物与大春粮食作物统计表

指标 单位	小春粮食作物（洋芋）			大春粮食作物（水稻、玉米等）		
	面积	亩产	产量❶	面积	亩产	产量
计量单位	亩	公斤	吨	亩	公斤	吨
合计	6 650	228	1 519	8 700	173	1 504
八龙村	1 500	240	360	1 600	194	310

资料来源：冷水乡人民政府填报的《石柱土家族自治县二○○七年农村经济统计年报》，农年统计8表。

表3-7　大春粮食作物播种面积和产量统计表

		面积（亩）	亩产（公斤）	产量（吨）
水稻	合计	700	146	102
	八龙村	50	300	15
玉米	合计	6 120	208	1 275
	八龙村	1 200	208	250
红苕①	合计	250	124	31
	八龙村	100	200	20
大豆	合计	800	60	48
	八龙村	100	60	6
杂豆类	合计	830	59	49
	八龙村	150	127	19

资料来源：冷水乡人民政府填报的《石柱土家族自治县二○○七年农村经济统计年报》，农年统计9表、10表。

---

❶　洋芋产量按5公斤鲜货折合1公斤粮食计算。

二、种在黄连地上的洋芋和苞谷

由于受气候及地理条件的限制，水稻、黄豆、红薯在冷水乡产量较低，种植面积较少。而玉米、洋芋因为种植技术简单，产量较高且稳定，因此成为种植面积最大的两种粮食作物。由于生长环境和品种的原因，当地的老种洋芋虽然体量较小，但品质很好，富有香味，蒸熟食用口感松软，若用来炒或凉拌则爽脆香甜，得到调查队员们的一致称赞。

因为黄连忌连作，理想情况下需要间隔3~5年，在此期间八龙村的连农会在种过黄连的土地上种洋芋或玉米，这并不影响下一造黄连的生长，还能起到尽量利用土地肥力的作用。虽然按照笔者的分析，八龙村整体上存在劳动力不足的情况，但按照统计数据显示，仍然分别种有过千亩的洋芋和玉米，很重要的原因是这两种粮食作物种植技术简单，适合在山地生长（因此可以种植在山坡的黄连地里），一般不需要灌溉，在海拔较高、气温较低的地区也能正常生长。

另外，笔者调查得知，当地种植玉米和洋芋也已经普遍使用除草剂和化学肥料，这就大大减轻了管理所需的时间，也在更大程度上保证了它们的产量。

以前因为水稻产量低，而且经济收入不高，农民很少另外购买粮食，都以洋芋和玉米作为口粮，补充大米口粮的不足。20世纪90年代以后，烤烟种植和外出务工的兴起，还有随后黄连价格的上涨，以及莼菜的种植，都直接改善了当地农民的生活条件。现在，除了少数仍然种植水稻的家庭外，八龙村农民的主食已经全部由集市上购买的大米来满足，即便食用玉米也是为了偶尔改换口味，不再作为主食。种植的玉米主要用来喂猪，也有少量运到集市上销售。因为普遍不再种植水稻，只有少数农户饲养水牛、黄牛，因此玉米的叶、梗、壳等也没有用作饲料的必要，通常都是作为燃料烧掉。

洋芋虽然不作为主食，但确实还是当地饭桌上常见之物。除了经常放进米饭中一起蒸熟进食外，还可以加上其他材料来炒、炖煮等，吃法多样。洋芋已经成为当地饮食文化中的重要组成部分。当然，吃不完的洋芋也有用来喂猪的。

三、零星种植的水稻

冷水乡长久以来有种植水稻的传统，当地人也说不清水稻种植的历史可以追溯到什么年代。笔者根据田间地头的熟土层判断，当地种植水稻的历史肯定在百年以上。

由于冷水乡海拔高、雨水多、平均气温低、日照偏少，水稻成熟较晚且产量不高，普通良种高产水稻在当地成熟过于迟缓，反而不易获得好收成而被当地群众淘汰。由于这种原因，正常情况下一亩水稻每年只能打300余斤大米。黄连价格上涨以后，因为部分连农收入大增，有足够财力购买大米作为口粮，就开始逐渐有农户不种水稻了。

现在仍然种植水稻的农民，收获的大米全部供自家消费。为了取得更高的产量，这些农民在水稻的育苗阶段也使用薄膜覆盖，并且普遍使用化学农药和化学肥料。由于冷水乡位于重庆市和湖北省的交界处，他们都种植从湖北购买的新型高产水稻。通过这些办法，水稻每年的亩产能达到600斤以上。一般而言，只要种植两亩水稻，就足够两个劳动力一年的口粮了。

虽然新稻种的产量比传统稻种高出很多，但在种植上要求更高的技术和投入。按照八龙村凤凰组的水稻种植者张云生的说法："关键是打药打到位（时机合适）。"每年要打3~4次农药，否则连亩产300斤都没有。除了病虫害多一些以外，还必须使用薄膜覆盖。张云生说："老品种不麻烦，撒下就行。"

即便是种植水稻的农户，也并不认为水稻的经济效益比莼菜高。比如张云生家实际上种有4亩莼菜，而且2007年莼菜毛收入达到10 500元左右，减去肥料、人工等开支，纯收入有7 000多元。他仍然种了2亩水稻，因为家里劳动力不够，而且又不想让田荒废。比较而言，种植水稻所需要的劳动力明显要少于莼菜种植。他家有两个成年劳动力，还有两个儿子分别在成都和石柱县城学习，管理4亩莼菜已经感到很勉强，如果另外两亩水田也种上莼菜，单凭家里现有的劳动力根本没有能力采摘和管理。

如果单纯从可能的经济收入上讲，莼菜要远远高于水稻，但如果把现实的人力资源短缺和采摘莼菜对身体的损害也加以考量，种植莼菜确实不一定是最合适的选择。

第六节　新兴的养殖业

八龙村的养殖业以自家饲养、内部消费为主，但该村有全乡唯一的蛋鸡养殖场。

以 2007 年为例，冷水乡 2007 年末大牧畜存栏数为 2 658 头，其中"从事劳役的"有 1 394 头；而八龙村大牧畜存栏数为 637 头，其中"从事劳役的"有 356 头。其他具体数字参见表 3-8 至表 3-10。

表 3-8　2007 年末八龙村牧畜存栏统计表　　　单位：头、只

指标 \ 种类	黄牛	水牛	马	猪	羊	鸡	鸭	鹅
合计	514	100	23	850	235	5 400	2 500	8
能繁殖的母畜	385	50	12		165			
从事劳役的	275	60	21					
当年生仔畜	50	30		150				

资料来源：冷水乡人民政府填报的《石柱土家族自治县二〇〇七年农村经济统计年报》，农年统计 19 表、20 表。

表 3-9　2007 年八龙村牧业产品产量统计表

单位 \ 指标	年末养蜂数（箱）	年内禽蛋产量（吨）	年内蜂糖产量（公斤）
冷水乡	944	15	2 460
八龙村	310	6	1 000

资料来源：冷水乡人民政府填报的《石柱土家族自治县二〇〇七年农村经济统计年报》，农年统计 20 表。

表 3-10　2007 年八龙村自宰和出售的畜禽肉产量统计表

单位 \ 种类	猪		牛		羊		鸡	鸭	
	数量（头）	产肉量（吨）	数量（头）	产肉量（吨）	数量（只）	产肉量（吨）	数量（只）	数量（只）	产肉量（吨）
冷水乡	4 100	287	1 220	98	1 285	19	2 860	260	4
八龙村	780	54.6	260	20.8	165	24.75	1 350	200	2.025

资料来源：冷水乡人民政府填报的《石柱土家族自治县二〇〇七年农村经济统计年报》，农年统计 21 表。

一、八龙村的养殖业概况

虽然石柱县号称全国长毛兔养殖第一大县，蚕桑业也是该县的重要产业，

但正如 2007 年经济统计年报所反映的，冷水乡完全没有养殖长毛兔，也没有栽桑养蚕。主要原因是地理环境和气候并不合适。

与稻作地区的农村类似，八龙村在过去基本上每家每户都会养鸡、猪、牛。但 2000 年后当地曾爆发大规模的鸡瘟，很多人家的鸡都死了。到 2008 年暑假我们去调查时，当地养鸡的总体数量确实较少，一些家庭根本没有养鸡。这些没有养鸡的家庭就只能到周边的商店或集市上购买鸡蛋和肉鸡。

八龙村多数农户家里都养猪，但很少自家用母猪繁殖，而是在春节后从集市上购买小猪回家饲养，养到腊月时宰杀，饲养时间一般为 10~11 个月。不能在短时间内吃完的猪肉就全部制成腊肉，挂在专门的储存室或厨房内。平时家庭内部消费所需的猪肉，靠这些腊肉就能基本满足。通常每家每年饲养 1~3 头猪。饲养五六头猪就算很多了，这种情况往往是因为家庭人口较多，或者请客频繁，必然需要更多肉食。猪的食物主要是自家种植的玉米，有些家庭还使用小量从集市上购买的饲料。因为整体而言八龙村面临劳动力不足的问题，调查期间笔者发现，有个别家庭因为忙不过来，已经不养猪了。

在仍然普遍种植水稻的时候，八龙村的农户都饲养了黄牛或水牛。由于 2000 年后当地的水田基本上改为种植莼菜，除了栽种莼菜前的整田阶段外不再需要犁田，因此牛的饲养数量随着水稻被取代而大量减少。据笔者的调查及估算，在八龙村，家养牛只的数量不超过 100 头。现在仍然养牛的人通常年龄较大，因为已经很少有犁田的需要，养牛往往就是为了销售，或者是收集牛粪作为肥料。

除此之外，八龙村还养了一定数量的骡子，笔者在调查期间没有发现养马的家庭。骡子因为体力、耐力较好，而且能走崎岖山路，通常都用来将肥料、工具等各种物资运送到山上，供种植黄连之用。由于农户家里普遍购置了摩托车，较长距离的物资运输一般都使用摩托车，使用骡子拉运物资并不常见。

冷水乡环境污染少，年平均气温仅 11.7℃。由于海拔较高，夏季气温宜人，七月份平均气温为 21.7℃，特别利于家禽、牲畜育肥。根据笔者调查，当地气候条件对于饲养鸡、鸭、猪、牛、羊等特别有利。尤其因为夏季气温不高，细菌滋生缓慢，家禽、牲畜患病的概率较少。因为育肥时间长，禽畜的体量普遍比忠县、石柱县城、重庆市区等地要大，肉质也更为可口。该地境内森林、草地、草坡面积广阔，玉米种植面积较大，客观上能为禽畜提供大量饲草和饲料。

因此，虽然冷水乡八龙村的养殖、畜牧业目前仍不发达，但当地确实具有发展这些产业的良好条件，如果还能进一步带动、引进相关的加工企业扎根于此，对于更充分地利用当地自然条件、提高整体经济实力都会有良好作用。

二、八龙村唯一的养鸡场

冷水乡的养殖畜牧业并不发达，但有意思的是，在八龙村却有全乡唯一的蛋鸡养殖场，这个养鸡场完全由农民自发筹建、经营，从2008年上半年开始，同时饲养的蛋鸡达到14 000只。这个"富祥养鸡场"在八龙村无人不识无人不晓，由两兄弟合伙建立、经营，兄长名叫沈学富、弟弟名叫沈学祥。养鸡场的名字就是从两兄弟的名字中各取一字而来。沈氏兄弟家在八龙村碓窝坝组，养鸡场则在八龙村双坝组公路边，占地面积为两亩，是以每亩一万元的价格从双坝组农民申绪谋处购得。

沈学祥于1993年外出打工，时年19岁，高中还没毕业。他在上海、荆州、东莞、重庆等地打过工，在与笔者聊天时他说："如果没有这种经历，就不得行。"（如果没有这些外出打工的经历，就不会有今天。）由于当时黄连价格持续走高，2001年8月，在家人的一再动员和催促下，他带着妻儿回到八龙村种植黄连。但从2004年开始黄连价格明显下滑，所以实际上他在种植黄连上并没有赚到很多钱。在种黄连的同时，他还在空余时间做一些小生意，比如倒卖药材、黄连、莼菜，等等。因为沈学祥的妻子是湖北荆州人，对种植黄连很不适应，2004年他就在八龙村的双坝组承租了由村委会管理的一处物业，销售各种杂货和生活用品，主要由妻子负责经营。

因为他家的商店有销售鸡蛋，根据行情，沈学祥判断出这个行当能赚钱，于是在2006年萌生了开养鸡场的想法。另外一个重要的推动因素，就是黄连价格的低迷，沈学祥本身是个勤奋而且头脑灵活的人，虽然每年都新种4亩以上的黄连，但按照农民的说法是"不管钱"（不赚钱）。年富力强的他自然迫切寻找"管钱"的门路。

经过一番打听和考察，沈学祥到石柱县城向当地最大的养鸡专业户拜师学艺，学成后于2006年8月开始建养鸡场，到2007年2月饲养的第一批鸡开始产蛋。到2009年，"富祥养鸡场"仍然是冷水乡唯一的养鸡场，全乡包括湖北柏洋塘（又名"白羊塘""百羊塘"）所销售的鸡蛋都由这里供应。场内常年有大鸡、中鸡、小鸡共14 000只。鸡场有两名全职工人，每个工人每月的工资为600元，两人吃饭、住宿都在鸡场解决，由沈氏兄弟免费提供。

蛋鸡养殖场的主要产品当然是鸡蛋。沈学祥告诉笔者，因为八龙村夏无酷暑，气候温和，这里生产的鸡蛋相比起其他地方体量要更大，水分更少，黏性更大，蛋味更浓。

他们的鸡蛋绝大多数销往各地的批发商，也有一些农民上门来购买少量鸡蛋，只是售价要比批发价相对高一些。批发商会预先打来电话，说明需要多少鸡蛋。然后两兄弟就分头开自己的摩托车去送货。一辆摩托车每次能运四箱鸡蛋，养鸡场刚开始销售鸡蛋的时候，公路的路况很差，他们一次只敢运两箱鸡蛋。有时候石柱县的黄水镇、沙子镇等地也会有批发商专门开车过来购买鸡蛋，沈家兄弟就相应地在每斤鸡蛋的批发价格上再减一角钱，作为对运输费的补贴。

因为周边只有他们一家养鸡场，因此鸡蛋销路很好，当天生出来的蛋多数在当天就能销售出去。鸡蛋这一类日常生活食品的销售价格调整比较频繁，所以沈氏兄弟需要通过各种途径了解市场最新行情，最常用的办法就是用手机与各地的关系户保持联系。沈学祥一直都想通过电脑网络来查询各地的最新销售情况，虽然购置电脑并不困难，但由于地形复杂等原因，除了乡政府驻地铺设有电话线路以外，全乡的大部分地区都不能使用固定电话。因此他认为即便有电脑，也没办法连接到因特网。

在2008年笔者调查期间，因为路况和运输工具（当时整个养鸡场只能靠两兄弟的两辆摩托车来运货）的制约，他们的直接送货范围只能在八龙村的周边乡村，最远只能到与冷水乡相邻的柏洋塘，因此极大地限制了销售的范围和数量。不过根据笔者在2009年4月了解到的情况，沈氏兄弟已经购买了一辆货车，还在湖北省利川市设立了销售点，销售情况有了很大改善。

除了鸡蛋以外，养鸡场还有另外一种附属产品，就是产蛋量已经下降的淘汰鸡。淘汰的蛋鸡作为肉鸡处理，价格比专门饲养的屠宰鸡低30%以上。据沈学祥介绍，因为其他地方"热狠了"，一般蛋鸡淘汰时只能长到3.2市斤，因为冷水乡夏无酷暑，他家的淘汰鸡都在3.8斤以上，5斤重的鸡都有，以4.5斤重者为多。这些鸡主要销售到重庆市忠县。因为长期在笼内饲养，蛋鸡的脖子、胸部在啄食饲料时与笼子摩擦频繁而脱毛，外观不好，因此别的地方不愿意要。但忠县的买家反而对淘汰鸡感兴趣，他们只在乎鸡的重量和是否患病，并且愿意开车过来收购。

除了鸡蛋和淘汰鸡，"富祥养鸡场"还有一种数量巨大的副产品——鸡粪。按照沈学祥的说法："这里的特色就是鸡粪变钱，无污染、无臭味。""富祥养鸡场"确实是笔者所见过的最干净、臭味最小的养鸡场。别处的鸡粪因为没有人要，大量积压无法处理，所以往往污染环境，臭味熏天，令人作呕。但这里的鸡粪和鸡蛋一样，都是供不应求，一车（装满一辆手推车）鸡粪卖8元钱，仅仅是卖鸡粪的钱已经足够支付两个工人的工资。由于鸡的生理特点所限，它摄入的饲料中有大量成分无法吸收，有40%～70%的营养物被排出体外，因此鸡粪在所有禽畜粪便当中养分含量特高。用农民的说法就是"肥狠了"，一旦使用过多，反而不利于作物生长。因为八龙村——包括冷水乡周边乡镇——种植了大量黄连，黄连是多年生喜肥草本植物，所以大量的鸡粪正好能满足连农们的需要。加上购买方便，随买随有，价格便宜，他家的鸡粪对当地农民有很大吸引力，甚至有湖北专门种植白菜的农民专程开车过来购买。

沈学祥很清楚鸡粪的好处，他告诉笔者：普通磷肥、碳铵等化学肥料的效果只有3个月，而使用鸡粪则可保持5个月的肥力，长期使用化肥的田土，必须要逐渐增加化肥的使用量才能维持肥力，否则作物的产量就要下降，另外还会引起土壤板结的问题。用农家肥就不会有这些问题。只要使用恰当，鸡粪对一切种植的东西都有好处。他清楚地知道鸡粪的价格优势，即便近几年化肥价格大涨，他也没有提高鸡粪的价格。他认为，只要能把鸡粪处理掉，不引起环境污染，能卖得一些钱就行了。他说："总要让农民得点便宜，生意应该这么做。又不是卖金子，不能什么都想着赚钱。"由于这些原因，"富祥养鸡场"的鸡粪才能变废为宝，而且供不应求。

沈学祥得意地告诉笔者，他家的养鸡场刚建立的时候，乡政府的人员和西南大学的教授都很担心，认为会对周边的莼菜田造成污染，后来事实证明并不存在污染，因为他们并没有排放污水，也没有大量积粪。

沈氏兄弟在2009年已经购买了新货车，在湖北省利川市又设立了销售点，可见他们经营有方。在建立鸡场的时候，两兄弟已经预留了空地准备日后扩充规模，他们打算再积累一笔资金后，在空地上建起新的养鸡房，这样一来养殖规模就能达到20 000只鸡。如无意外，相信两年内这一扩充计划必然能够实现。

虽然"富祥养鸡场"在冷水乡只能作为一个特殊个案，但它的带动和示范作用已经深入人心，对于基层政府将来制定产业发展策略和工作部署，以及其他农户的经营选择和发展思路上必然会有深远影响。

第七节　农民要"组织起来"

在中国农村，家庭联产承包责任制激发了农民的生产积极性，解放了农村地区的生产力。自此以后，农户开始了独自适应市场经济、独自应对市场风险的过程。

八龙村的农民也同样必须面对这样的过程，应对由此引发的一系列问题，他们进行了怎样的选择？在试图解决这些问题的时候，他们遇到了什么限制性因素？他们的应对措施产生了什么效果？本章以八龙村的"莼菜专业合作社"为例，试图具体地回答以上问题。

一、直接起因——莼菜发展中的触动

莼菜产业发展所面临的问题，除了当地劳动力的普遍缺乏、采摘莼菜对身体的损害以外，还有销售和加工方面的限制。

在八龙村，采摘的旺季通常在每年新历的5月上旬至7月中旬，生长最旺盛的时候在5月和6月，一般而言持续50天。进入8月，采摘的农民就不多了，并且不再进行管理。由于缺少活水流入，随着田里水分自然蒸发，莼菜就会被淤泥覆盖。

我们2008年7月初到冷水乡开始进行调查时，只要天气晴朗，走在八龙村的干道上，最常见的情景是：蓝天白云和青山作为远景，近处则见清洁的水面上绿色的莼菜叶片呈圆盾形展开，缀满了一片片水田。但从8月开始，原来是水面的地方就陆续变成一片片黑褐色烂泥塘，其中依稀能看见莼菜叶子的轮廓。

根据八龙村的气候环境，每年的4月下旬至10月莼菜都能正常生长，并且可以持续采摘。因为8月份以后莼菜生长速度减慢，采摘周期变为5~8天一次，随着采摘量的下降，收购莼菜的活动就陆续停止。即便仍然有农民愿意继续采摘，也没有办法把莼菜销售出去了。

5~6月是莼菜生长的最高峰，还有不少外地收购者到八龙村加入收购的行列。各收购者为了保证达到一定的收购量，会适当提高收购价来吸引农民向其交售莼菜，每斤价格能到1.2元以上。但随着生长高峰的过去，外地收购者就会离开，只剩下八龙村的一些收购点还继续运作，莼菜价格就会相应回落。一般农民由于没有外运和加工的手段，莼菜一旦采摘上来必须在当天就近交给收购者，只要放过一个晚上，莼菜就会变质，成为废物。所以莼农几乎没有向收购者讨价还价的余地，收购价格降至8角钱也必须卖出，这种情况每年都会出现。八龙村的普通农民一直对此感到不满。

冷水乡的农民知道此处的莼菜远则出口到日本、韩国，近则销售到国内主要大型城市。他们都认为莼菜产业利润丰厚，但大部分利润都被"大老板"赚取了，农民是付出最多、最辛苦的生产者，但却"赚不到钱"。他们对此的认识是：只要做农民，就不可能发财。种黄连、莼菜都不能发财，"做生意"者最发财。

根据笔者了解，经过加工、包装的莼菜，其零售价达到每市斤9元以上。相比新鲜莼菜每斤1元左右的价格，确实不可同日而语。

由此可见，少数头脑灵活、眼界开阔的八龙村人试图通过"农民专业合作组织+农户""营销大户+农户""外地企业+营销大户+农户"等模式，达到的最低目标是提高莼菜收购价格，延长收购时间。更高的目标，就是把加工和销售环节的利润更多地留在八龙村人手中。

经石柱县工商部门批准，2007年12月，八龙村的莼菜专业合作社正式成立，专门负责收购、加工、销售莼菜，现有14名成员。

二、"组织起来"困难重重

虽然酝酿多时的莼菜合作社已经正式成立，但因为销售渠道、资金实力等方面的不足，一直以来都没有正式运作。

八龙村现任支部书记刘小伟告诉笔者，如果按照1元/斤的价格收购新鲜莼菜，直接转运售卖，每斤能赚取3分钱纯利。要想有更大的利润，必须经过加工。新鲜莼菜只能保存24小时，加工后可以保存1~2年，才有可能待价而沽。这就需要引进投资或者集资，才可能建起像样的工厂，进行莼菜加工。建设一个半成品加工厂需要8万元的资金投入，如果经营得当，一年时间就可以收回成本。

刘支书认为，必须要有1~3个有实力的农户牵头并管理协会事务，农民可以采取自愿入股的方式，分享经营的红利，当然也要分担风险。一般农民不入股也可以加入合作社，由合作社统一收购成员的莼菜。这等于是把合作社作为成员们唯一的交售对象。

笔者认为，如果莼菜合作社没有加工莼菜的能力，最多只能保证收购莼菜的价格更加稳定，收购时间适当延长。如果要达到前任支书刘世明的设想，即把新鲜莼菜收购价格提高至每斤2元，就必须具备加工莼菜且将之制成各种商品的能力。除此之外，还有更重要的一环，就是要占据销售渠道。销售领域是商品利润形成的最重要环节，不仅仅是商品能否卖出去的关键，一般而言，商品的主要利润就是通过销售环节而获得的。八龙村农民虽然没有学习过现代经济学，但这些道理他们都懂，并且用淳朴的语言直接表达了出来："（就算）莼菜价格上涨，'小串串'（收购者）、加工厂都赚不多，只有'大串串'（转卖成品的大商人）赚得最多。"

具备完整的产业链条，即有能力涉及从莼菜种植开始，到收购、加工乃至终端销售的整个过程。只有这样才可能获得尽可能多的利润，并且把一部分利润转移给八龙村的莼农，才可能大幅度提高已经维持了多年的莼菜收购价格。

但要达到这样的目标，尚需要面对一些问题。

（一）农民对合作化的不信任乃至恐惧

在调查过程中笔者发现，由于缺乏宣传，而且也没有正式运作，八龙村多数农民并不知道有"莼菜专业合作社"这样一个组织。经过笔者简单说明之后，他们都坦诚地表达了自己的看法。基本上青壮年农民都希望合作社能带给他们好处，但一些50多、60岁以上的农民对此不抱希望，并且也表明自己并不愿意加入什么合作社。与这些持保留意见的农民进行深入交流后，笔者了解到，他们对改革开放前的合作化和集体化运动仍然心有余悸，反而更愿意保持现状。这些农民对于人民公社时期的低效率、磨洋工、一平二调等记忆尤深，导致了对类似事物的不信任乃至恐惧。

笔者认为，在农民合作组织的现实操作中，对这些由于历史原因而态度消极的农民，应该使用另外一种工作方式和思路。一切新型的合作化组织，都应该吸取历史上的教训，并引以为鉴。无论是合作化还是集体化，都应该从农民、农村、农业的实际需要出发，不能由政府越俎代庖、大操大办，更不能以搞运动的方式推广普及。

（二）难以限制外地客商进来收购

在整个产业链条上，一个组织能控制的原材料越多，其议价能力必然越强，就越可能更大程度地获取利润。控制八龙村的莼菜资源，是合作社发展壮大的重要条件。要达到这个目的，可以从两个方面进行考察：一是限制外地客商的收购行为；另一方面，就是保证农民把所有莼菜交给合作社。笔者先介绍前一个方面。

每年到了莼菜生长的高峰期，必然有外地客商进入八龙村收购莼菜，这些客商以湖北人为主。由于收购者众，为了保证一定的收购量，他们形成了一种竞争关系，每斤新鲜莼菜的价格往往达到 1.2 元以上，甚至可以达到 1.5 元。生产高峰过去后，外地客商也会离开，莼菜收购价格就回落至每斤 1 元左右。外地收购者的到来虽然短暂拉高了新鲜莼菜的价格，但一些八龙村人对他们并不欢迎，认为他们"搞乱了"市场和价格。

因此，当地一些能人向乡政府反映了这个情况，希望"上面能管管"，他们也向笔者抱怨，说乡政府没有处理这些事情。笔者知道有些农村地区存在这样的情况：地方政府通过行政力量来保证 1~2 家企业垄断当地的农产品资源，或者地方上有一些利益团体排挤打击外地客商，为此甚至不惜制造流血冲突。类似的情况在八龙村并不存在。

笔者认为，这正表明了冷水乡政府一贯依法、合理行政，八龙村民风淳朴，不存在欺行霸市的黑恶势力。在市场经济之下，交售、收购、销售等方面存在竞争都是正常的，由此引发的一系列社会问题，应该尽可能在经济领域内公平、公开、公正地进行处理，从根本上应该不断改进市场体系和组织形式。社会主义国家历来有政府权力过分侵入社会领域、经济领域的问题，笔者认为行政权力应该慎用，并且要用得其所。当然，这些方面需要在实践中不断磨合、调整。

至于地方势力排挤打压外地客商，已经属于违法犯纪的行为，无需多论。

因此，限制外地客商收购莼菜，在构建和谐社会和完善市场经济的大背景之下，并不是一个可行的办法。

（三）农民难以抗拒高价收购的吸引

八龙村的一位能人告诉笔者，当地的莼菜产业不能做大做强，"主要是农民不齐心，谁出价高就卖给谁"。这也导致了一直以来没有外地老板在八龙村投资发展莼菜产业。建立完整的莼菜产品生产线需要大笔资金，如果不能保证收购到足量的原材料，肯定会导致产能浪费，或者将大大提高原材料成本。这肯定是外地投资者所不愿看到的。莼菜合作社同样必须面对这个问题。

农民们也向笔者表示，虽然农民自由自主地交售莼菜，对本地莼菜产业的发展没有好处，但确实不同的农户会有不同的需要。在目前情况下，要求农民都以一个价格或只向一个收购者销售莼菜，事实上并不可能。为什么每年都有收购价格仅为 0.8 元/斤的时候？因为确实有农民因为经济上的原因，即便遇上低价也要销售莼菜。莼菜并不像黄连，可以留在土里继续生长两年，或者经过初步加工后就可以长期保存。如果不摘莼菜，当大量嫩芽长成叶片铺满水面，莼菜的产量就要下降；采摘下来的新鲜莼菜，由于一般农户缺乏起码的加工手段，必须在 24 小时内卖给收购者，否则将一文不值。莼菜的这种特点完全不利于种植者向收购者讨价还价。

既然限制外地收购者的行为并不可取，笔者认为，对此问题有两个应对办法：一是始终以最高价格吸引莼农交售莼菜；二是与莼农签订购销合同，并且保证双方都遵守合同规定。时至今日，农民已经日益成为市场经济中的独立个体，农民必然要通过计算、比较才会做出对他们最为有利的选择，这是无可指责的。

（四）产业发展所需要的资金无法筹集

要建立完整的莼菜产业链条，势必需要大量的资金，最快捷的办法是引进外来资本，这一直是八龙村农民所盼望的。到 2009 年，八龙村仍然没有任何招商引资的案例，当地农民很希望乡、县政府能改变这种现状，他们才可能从中受益。

但有一个事实需要注意：外地来此投资的企业必然以自身营利——并且是最大程度的营利——为目的，农民的福祉并不属于他们的主要关注范围。即便引进了外来资本投入到八龙村的莼菜产业，经营过程中所获得的绝大多数利润只可能被资本的所有者获得，并不可能明显提高农民种植、采摘莼菜的收入。如果能延长莼菜的收购时间，保证每斤莼菜的收购价格为 1.2 元，就已经是比较理想的结果了。

正如笔者在前文中所陈述的，要想把莼菜收购价格提高至每斤 2 元，只能靠本地的企业和组织，它要有能力涉及从莼菜种植开始到收购、加工，乃至终端销售的整个过程，并且它还要愿意主动地把一部分利润转移给莼农。一个必须解决的问题是：建立这样一条产业链所需的资金从何而来？

如果要由村集体来出资，显然并不现实。八龙村在实行家庭联产承包责任制以后，由村委会管理的集体资产已经少得可怜。到 2008 年，八龙村的集体财产只有分别位于双坝组和凤凰组的两栋房子出租，每年的租金收入在 2 000 元左右。前些年实行税费改革后，村委会能运用的资金只有从乡财政下拨的一些办公、行政经费，除此之外基本没有其他正规的资金来源。

向信用社申请贷款，更是难于登天。一方面是当地信用社要求贷款需有相应价值的抵押物；另一方面，当地农民申请万元以上的贷款极其困难，相关情况将在"八龙村农业经济的发展困境"一节中详细介绍。

对于农民集资入股的方式，刘世明和刘小伟等人不抱希望。在笔者曾经做过调查的所有农村地区，农民对于基层政府普遍怀有不满，认为政府人员多多少少会有权钱交易或贪污行为。只要是与大笔资金有关的工程和项目，他们都会认为其中必定有什么不可告人的勾当。八龙村的能人们都很清楚：无论做什么事，现在的农民基本上不会同意拿出钱来，都怕钱被贪污掉，所以向农民集资根本不可能。因此莼菜专业合作社计划只要求成员把莼菜交售给指定的收购者，并不一定要入股。

因此刘小伟支书就希望"由几家有实力的大户牵头"，让合作社真正运作起来，让农民看到合作社的优胜之处，从而能有越来越多的农民自愿加入。

（五）生产、加工、经营所需要的技术和人才缺乏

当地一些头脑灵活的农民曾向笔者慨叹：这里发展困难就是由于缺乏人才，农民普遍文化程度低，不知道合适的经营门路。所以农民年复一年地辛勤劳作，也不能过上好生活。可是直到 2009 年，八龙村除了初级的农业生产外，几乎没有其他产业，根本不可能吸引相关人才流入。虽然当地外出务工者较少，但受过高等教育的年轻人在大学毕业后基本上都在外地工作、生活，他们的知识和技能并没有对八龙村产生什么实质性影响。

虽然冷水乡政府里配备有一名专门的农业技术员，但据八龙村的农民反映，该技术员没有发挥作用。

八龙村想要发展自己的莼菜产业，必然也需要具备相关知识和技能的人员。莼菜加工的工艺流程可大致分为：清洗→高温杀青→冷却→分级→保鲜→成品检测→产品包装→入库。到 2008 年，八龙村有三户人家经营莼菜收购和加工，但都只具有生产半成品的能力，即经过清洗、高温杀青、冷却、分级后加入醋酸保鲜，再装进容积为 60 升或 50 升的塑料桶里，然后向各地的莼菜公司发货。这些莼菜经营者都没有相关专业的教育背景，主要是通过生产实践中的了解和摸索，才逐渐掌握了加工技术。

除了生产加工领域的专门人才缺乏，在经营和市场推广方面的人才也非常缺乏。以上就是到 2009 年 4 月为止，八龙村发展莼菜产业的人才条件。

（六）销售和出口渠道已经被先发展的地区和企业所占据，受制于人

正如前文所介绍，冷水乡的莼菜于 1995 年从湖北省利川市引进时，莼菜在太湖、西湖流域已种植多年。这些最先种植莼菜的地方早已具有成熟的加工、生产技术和良好的市场营销体系。因为浙江、湖北等地发展莼菜产业最早，国内的销售渠道几乎完全被他们占据，向日本、韩国、新加坡等国家出口莼菜的证照和渠道同样被他们占领，石柱县的莼菜企业无一具有自营出口权。冷水乡的莼菜产业想从中分一杯羹，殊为不易。

在石柱县内，冷水乡的莼菜种植面积虽然较大，但在销售领域毫无优势。该县的黄水镇万胜坝早在 1991 年试种莼菜成功。黄水供销社在 1996 年对莼菜进行加工和销售；在 1997 年，与利川市的企业达成协议，通过他们开始向日本和韩国出口莼菜产品。

石柱县经营莼菜的企业中，现有"山之莼""联福""福吉利""绿精神""晶绿"五个市级绿色食品知名品牌商标。其中黄水供销有限公司生产的"山之莼"和黄水福吉利莼菜厂生产的"福吉利"牌莼菜，均获得国家 AA 级有机食品认证，号称"填补了重庆市没有有机食品认证的空白"。❶ 这些品牌中没有一个是属于冷水乡的企业。

到 2009 年，冷水乡的莼菜产业仍然停留在输出新鲜莼菜和半成品的阶段，主要输往石柱县黄水镇和湖北省利川市，另有少量输往浙江省。通过这些地区的企业，冷水乡的莼菜才得以出口到国外，或者进行深加工、精加工，再包装上市。

三、对现实困难的分析和思考

单家独户进行生产经营的农户以各种形式组织起来，共同面对市场经济下的各种挑战，以及促进农村公益事业的发展，越来越显现出其现实必要性，确实是社会发展的趋势。通过八龙村莼菜专业合作社的案例可见，在实际操作中，各种各样的合作组织要挂牌成立并不困难，真正困难的是这些组织如何才能发挥实际作用？在发挥作用的同时，又如何保证各个农户的合理利益得以公平、公正地体现和表达？

笔者曾经有这样一个困惑：既然黄连才是八龙村的经济支柱，为什么没有

❶ 中国石柱网 http：//www. zgsz. gov. cn/ShowArticle. asp？ArticleID＝2749.

建立黄连合作组织，反而先建立了一个"莼菜专业合作社"？通过一个月的调查，特别是对原冷水乡党委书记杨海华进行过深入访谈后，笔者了解到，莼菜的可种植范围较小是重要原因。

从 2007 年开始，石柱县的莼菜种植面积已经在全国居于前列，甚至有资料显示，从 2007 年开始，石柱县已经"成为全国乃至全球最大的莼菜基地"。❶ 而冷水乡的莼菜产量在 2008 年约占全县产量的 1/3，随着黄水镇太阳湖景区开工建设，这一比例还要提高。因此，八龙村的莼菜专业合作社如果运作良好，对于全县的莼菜生产和价格形成，都将发挥很大影响。

而黄连的情况则不同。虽然石柱县的黄连产量占全国产量的 60% 以上，足以对黄连价格形成起主导作用，但是石柱县内种植黄连的乡镇较多，境内至少有 13 个乡镇种植黄连，县黄连公司另外还有 1 400 亩黄连。冷水乡的黄连产量仅占全县产量的 1/10。❷ 因此，即便冷水乡能形成一个黄连生产合作社，也并不能左右市场。要达到这个目的，最起码需要一个包括全县的合作社在内的这么大的范围，怎么保证这个机构有效运转呢？

当然，地理范围广并不是问题，困难的地方在于我国农村独立的经营单位多，并且规模普遍较小（这种情况在南方地区尤其明显）。如果采取公开、民主、自愿的方式，所需要的协调工作极其费时费力。长期在基层工作的杨海华书记对此深有体会："西方发达国家的农业专业合作社、协会为什么组织起来比较容易？他们毕竟都是农业资本家啊。比如（某个地区）有几千亩土地，可能就我们几个人、几十人坐在一起商量就把问题解决了。然而在中国几千亩土地你说要多少人开会来统一思想？要多少人把意识提高到一定程度这个事情才能干成？"

资金、技术、人才等方面，也许并不是农村公益事业或农民合作的最大障碍。改革开放前，政府通过强制性的政治手段将民众组织起来，并且长期禁止民间各种传统、自发的组织成立。由于基层政府和广大民众已经习惯了自上而下的组织命令，随着这些由政治强制力所保证的明确命令的消失，绝大多数基层政府和民众便陷入茫然和迷惑：除了人民公社式的组织方法，还能通过什么

---

❶ 资料来源：石柱县政府公众信息网 http：//sz. cq. gov. cn/wsbs/ShowArticle. asp？ArticleID = 2784. 中华人民共和国商务部驻成都特派员办事处 http：//cdtb. mofcom. gov. cn/aarticle/zonghsw/200706/ 20070604776513. html. 重庆市政府公众信息网 http：//www. cq. gov. cn/zwgk/zfxx/72671. html. 湖北日报 （数字报）http：//ctdsb. cnhubei. com/html/hbrb/20071111/hbrb161833. html.

❷ 资料来源：《石柱土家族自治县人民政府关于 2009 年中药材产业发展的意见》。

方式把人民组织起来？

近年来在政府主导的"社会主义新农村建设"中，中共中央和国务院明确要求"培育农村新型社会化服务组织""大力发展农民专业合作组织"。因此在农村大量出现了各种所谓的"合作社"和"协会"，表面上看来，似乎一片繁荣兴盛景象。但笔者在实地调查中了解到，这些组织所起到的实际作用往往没有各种宣传、报道中描述的那么理想。

在经济方面的合作、组织形式，目前为止较为人们所熟知的"公司+农户"或"公司+专业合作社+农户"，等等，都需要外来资本和企业发挥主导作用。这些企业，尤其是股份制企业，必然以自身最大程度的营利为目的，农民的福祉并不属于他们的主要关注范围。对普通农户而言，由于缺乏互相博弈的机制和能力，在签订合同和具体经营的过程中，往往出现不利于农户的情况。另外，基层政府为了实现所谓的"产业转型"和"做大做强"，也出现了利用行政权力搞强买强卖和摊派各种农用物资的行为。对于这些披着"贯彻、落实上级指示"的光鲜外衣却侵害农民利益的做法，要给予足够的重视和警惕。

笔者认为，农村的自治和农民的合作不能当成政治任务、形象工程。尤其是各级地方政府，不妨抛开对数字的执著和迷信，尽量减少对探索的空间和时间的硬性规定，让农民、基层政府、企业等个人和组织，在民主和公开的前提下摸索、磨合，形成真正合理合适，能适应一个组、一个村、一个乡乃至一个县的组织形式。

第八节　八龙村农业经济的发展困境

鉴于八龙村的经济结构单一、规模较大的经营单位屈指可数的现状，笔者在调查期间向所有访谈对象都问了这样一个问题：你们有没有发展其他产业，比如种植或养殖其他东西的想法？村民肖龙堂这样回答：想倒是想，但没有门路。其他产业都没有形成规模，吸引不到资金，也不能从正规渠道获得贷款，没有什么办法。他在 20 世纪 90 年代曾饲养了 80 头山羊，但因为没有经验，也缺乏技术指导，大多数羊都陆续死了。养羊投入了 6 000 多元，最后卖羊的收入只有 600 多元。

因为缺乏资金、经验、技术，村民不敢干别的。这是八龙村普通农民的共同答案。

一、"带来变化最小的就是新农村建设"

调查期间，有农民向笔者抱怨：（社会主义）新农村建设带来的变化最少，基本是没有改变。八龙村的村长张德会说：大多数农户的经济状况仍然是"老鼠滚米汤，只够糊嘴"，这种农户在他所属的凤凰组占了80%。

笔者将近几年冷水乡修建基础设施和产业扶持方面的成果、计划，选取一些列举如下：

冷水乡政府将2008年定为"道路建设年"，全乡新建、整治农村公路36公里。冷水至黄水旅游连接路完成路基工程。冷湖路（冷水—湖镇）开工建设，枫冷路、八龙村扶贫公路已经验收，石柏路（石柱—柏洋塘）完成总量的80%以上，实现初通。截至2009年4月，沪蓉高速公路（冷水段）已经贯通，超过计划进度，年内全线正式通车。2008年6月11日，冷水乡政府驻地从天河村冷水溪搬迁至河源村菜子坝、沪蓉高速公路出口附近。渝利高速铁路石柱段（经八龙村碓窝坝组）前期工作完成，于2009年1月16日正式破土动工。

2008年，在对口支援的石柱县公安局资助下，八龙村的双坝组和凤凰组新建了蓄水池和用水管道，减轻了这两个村民小组的一部分人畜用水困难。

由于八龙村的莼菜田被列入了石柱县"莼菜原产地域保护工程"，县农办于2005年投入350万元实施综合开发。2006年，县国土资源和房屋管理局注入项目资金500万元，结合新农村建设，进一步完善土地整治。另外，县农业局投入70万元，对莼菜基地实施围栏保护，并购买鱼苗投放到莼菜田，实施莼田养鱼项目实验。❶ 据笔者所见，在大片连起来的莼菜田中有长长的水泥人行便道，最大的一片莼菜田边上还有类似于高速公路的金属防护围栏。

近年来，冷水乡政府不仅在硬件和设施上进行投入，而且对莼菜品种和种植技术也开展了实际研究。2003年10月，重庆西南大学和石柱县签订了县校合作协议。石柱县作为全国三大优质莼菜基地之一，由于人工种植莼菜数年，其原有的优良品性出现退化，产量逐年减少。2005年5月，县农业局与西南大学联合启动了"石柱莼菜提纯复壮暨丰产栽培关键技术研究和莼菜良种扩繁示范项目"，由西南大学园林园艺学院刘朝贵教授具体负责。2005年5至6月，分别在冷水乡八龙村、枫木乡石鱼村、黄水镇万胜村等集中种植地区，选

---

❶ 资料来源：中国石柱网 http：//www. zgsz. gov. cn/ShowArticle. asp？ArticleID＝11244.

取叶大、茎粗、裹胶质肥厚、色泽鲜艳、适宜加工的红叶莼菜 250 公斤、绿叶莼菜 180 公斤，在冷水乡八龙村双坝组（原双龙桥组）农户周昌大家租用水田进行种源培植。当年筛选出性状优良的红叶和绿叶莼菜两个品种 5 个株系。至 2007 年已培育优良品种 3 个，平均亩产量达到 1 741 公斤，比一般莼菜品种增产 470 公斤。该项目开展期间还培训了农民 250 人次，发放莼菜丰产栽培技术资料 200 份。

另外，为了将生态农业、特色农业和休闲观光结合，冷水乡政府委托西南大学编制了覆盖八龙、河源、天河三个行政村，总面积 12 034 亩的"冷水乡莼菜生态观光园"，并已通过了县级专家和行政评审。在 2009 年的工作计划中，冷水乡政府为了抓住黄水区域旅游发展机遇，打造旅游门户，提升形象，正在策划整合莼菜生态旅游观光花园和温泉两大优势资源，开展"中华莼菜第一园"项目。计划在莼菜生态旅游观光园区内建设重庆市唯一集温泉和冰雪浴于一体的度假村，现已进入招商引资阶段。

随着交通条件的根本性改善，冷水乡政府计划 2009 年开始实施建设"10 万亩无公害高山错季蔬菜基地"，利用冷水乡独特的地理环境和气候条件，以水田种植莼菜，旱地种植无公害的错季节蔬菜。在已获得"无公害蔬菜基地乡"和"绿色食品"认证的基础上，实施"菜篮子"工程，建立以冷水高速公路出口为中心，覆盖整个七曜山脉 1 100 米以上的海拔山区的 10 万亩无公害高山淡季蔬菜基地，依托高速公路的便捷物流，使产品近销石柱、涪陵、利川、宜昌，远销重庆市区、武汉乃至上海。❶

村民说新农村建设没有带来变化，主要是针对自家的经济收入而言。虽然这些工程不一定都是以社会主义新农村建设的名义，但据笔者所见，确实也改变了八龙村的面貌和农民的生产生活条件。因为冷水乡山多平地少，因此道路基础设施的建设难度大、工期长，需要投入更多的人力物力。笔者亲眼看见蜿蜒于高山深谷之中的施工现场后，对于中央政府和重庆地方政府改善农村基础设施的决心，有了直观而深刻的领悟。

基础设施得到改善，是农村的生产生活状况得到根本改观的基本条件。笔者认为在新农村建设过程中，基础设施建设是极其重要的，在此基础之上，"生产发展、生活宽裕、乡风文明、村容整洁、管理民主"之类的要求才能有所依托，并逐渐落到实处。

---

❶ 资料来源：冷水乡 2009 年《政府工作报告》。

新中国成立后的土地改革，以及改革开放后家庭联产承包责任制的推行，从实际效果而言，都使得当时被长期禁锢的农村生产力得到了突然的释放，农村生产力水平和农民生活水平确实在较短时间内有了明显提高。这种制度性的根本改变惠及大多数人，能够在短期内普遍推行，并且取得明确效果。

但新农村建设却大不一样，它只是对农村已经具备的软件和硬件进行逐步的改善、充实、提高，是一个循序渐进的过程，自然无法一蹴而就。在目前的条件下，不可能带来生产的爆发性发展。对于多数农民而言，新农村建设短期内不具有直接提高他们经济收入的效果。前两次制度性变革带来的生产力解放直接惠及大多数农户，农民的生产积极性得到极大释放，故有立竿见影之效。而新农村建设的重点和难点是解决基础设施落后的问题，在此基础之上，适宜于农村和农业经济发展的制度条件和组织条件才能真正建立起来，并且持久地发挥正面作用。但是这种影响并不是每个农户都能适应，都能抓住这一过程中所带来的机会，毕竟农民真正接触、了解市场经济的时间还不长。在这个过程中，有能力、有关系、有资本、有技术的农户肯定更容易享受到新农村建设的实惠，首先发展起来。而大部分普通农户很可能在几年之内都不能直接利用逐渐改善的条件，使家庭的经济收入、生活状况在短期内得到根本改善。

不仅是基础设施的建设需要时间，各种人力物力投入的效果得以显现也需要时间，尤其是广大农民对于"新农村"的适应和利用更需要时间。但正如杨海华书记所言："真正能够长久、持续地解决三农问题，还要靠新农村建设。而且各项政策措施还要按照市场经济发展的规律去落实、解决，这才是长效机制，才是真正的'造血'而不是'输血'。"

二、贷款难

笔者在调查期间了解到，八龙村的农民要从金融机构获得合法贷款极其困难。这一节，将详细介绍富祥养鸡场两位老板虽然付出了很多努力，但最后仍然贷款失败的过程。

沈学祥告诉笔者，要从信用社贷款几千元还是比较容易的，也不需要抵押。但对于他们而言并不值得，因为从申请到取得贷款至少需要一个多月时间，从亲戚朋友处借钱还更为便利。不过一般农民为了买化肥、做小生意或治疗疾病等原因，去贷款几千元的情况仍然可见。但是申请上万元的贷款就困难了，如果要贷款10万元，实际上至少有1万元得不到，因为动用人际关系、送礼请吃饭等就必须花出一部分钱，否则贷款几乎不可能办下来。

在 2006 年开始建设鸡场的时候，他们不知道有相关的项目补贴，也没想过要申请。沈家的想法很简单：不管有没有"上面"的补贴和帮助，也仍然是要发展蛋鸡养殖的。

鉴于养鸡场开办以来经济效益相当理想，为了扩大经营规模，从 2007 年开始，沈氏兄弟就希望得到政府扶持，取得一些发展项目补贴或优惠贷款。

2007 年 4 月，他们得知国家有专项资金用于支持养殖业发展，沈氏兄弟就正式申请了这一项目。据沈学祥了解，肉鸡养殖规模达到 8 000 只以上，或者蛋鸡养殖规模达到 5 000 只以上就符合申请资格。申请通过后可以直接获得资金，但能得到多少钱他并不清楚，因为当时下发的文件上没有明确规定，而对于养猪的具体项目资金是有明确规定的。申请过后，县里相关部门一直没有过来验收，到 2007 年底忽然来了消息，说县里第二天会派人来了解相关情况。但第二天恰好下起了大雪，县政府工作人员要求冷水乡派车接他们过来，但当天乡里没有派出车辆。从此以后便一直没有相关人员来视察的消息。在 2008 年，沈家兄弟还多次向乡政府打听此事的进展，得到的答复是会尽快处理，但一直都没有进一步的消息。

沈家认为，这个项目款比银行或信用社的贷款更重要，因为这是国家支持农业发展无偿提供的，并不需要还贷，更不需要支付利息，这对于农民是很有力的帮助。同时，沈家认为他们应该得到这样的项目款，虽然没有这个支持他们也不可能放弃发展自家的生意。据他们了解，周边湖北省、石柱县的养殖户都得到过这些项目的资金支持，以富祥养鸡场的条件，为什么反而得不到呢？

2008 年，沈学祥听说为了扶持养殖业、畜牧业，发展相关产业而申请大额（三四十万元以上）贷款者，可以得到政府补贴利息。但需要乡政府开具相关证明，上交到县畜牧局，对方再到当地调查、评审。他在 2008 年 4 月曾经到县里询问，得知确实有这项政策，但因为要求很高，整个石柱县都没有人能享受得到，沈家就放弃了申请。

其实在 2006 年建设养鸡场期间，沈家就希望能获得贷款，当时冷水乡的主要领导人曾到此视察，沈家向其反映了这个愿望，领导人当场就同意协助他们。虽然后来沈氏兄弟又询问了多次，最后还是不了了之。

为了尽早扩大养鸡场的规模，沈家决心要获得正规的贷款。由于经营状况不好和保安条件不佳，冷水乡的信用社在 2006 年 2 月份就撤销了。至 2009 年 4 月，冷水乡仍然没有正式营业的合法金融机构。因此，2008 年 2 月，沈学祥只有到黄水镇的信用社申请贷款，得知需要以下文件：（1）营业执照；（2）申请人的身份证；（3）申请人的结婚证；（4）用于抵押的房产证。

由于开办养鸡场并不需要营业执照，所以鸡场开办以来，沈氏兄弟一直没有进行申请。为了获得贷款，沈学祥便到石柱县工商局申请执照。沈学祥说，工商局的工作人员告诉他，办营业执照需要交800元，他觉得价格太高。经过一番讨价还价，最后交了330元，取得了正式的营业执照。工作人员告诉沈学祥，如果是申请商店一类的执照是不可能讨价还价的。在这个过程中，他并没有动用关系，也没有请吃饭或送礼。

由于沈学祥与妻子在湖北省荆州市领取结婚证，而且相关证件留在了妻子在湖北的老家，所以两人的结婚证由荆州的亲戚邮寄过来。

最大的问题在于房产证。黄水信用社规定，用于抵押的物业必须是黄水镇街上的房子，冷水乡的房子不能用作抵押。为此，沈家通过关系，找到一名在黄水街上拥有物业的人，并且对方也愿意借出房产证。

经过估价，对方的房子价值20万元人民币以上，沈家打算以对方的名字申请，从信用社处贷款20万。沈家计划：贷款中的8万元用于建设新厂房，其余部分用于购置鸡苗和各种设备。沈学祥与借出房产证者签订的合同规定：如果最后获得贷款10万元，就支付对方5 000元酬金；如果获得贷款20万元，就支付对方1万元酬金。并且5年后要把房产证归还，即沈家必须在5年内将贷款本金和利息还清。该合同在黄水镇司法局进行了公证。

为了借得用于贷款的房产证，在请各方吃饭、赠送礼品等方面，沈家共花费了约1 000元人民币。

当沈学祥把这些手续都准备妥当，再次到信用社申请贷款时，对方告诉沈学祥，冷水乡的信用贷款应该到沙子镇的信用社申请，黄水信用社不负责冷水乡范围的业务。

沈学祥认为，黄水信用社之所以不批贷款，就是因为他没有额外给相关人员好处费。虽然此次贷款失败，在这个过程中用于购买礼品、请客吃饭等开销，总共花费约两千元钱。但沈家对贷款仍抱着一丝希望，还是动用关系去了解沙子信用社能否贷款。得到的反馈是：只要有城镇的房产作抵押，是可以批出贷款的，但只能贷款3万元，因为这是"上面"的规定。沈家认为，如果正式申请贷款，沙子信用社还要派人过来视察养鸡场和黄水的房产，还要请人重新评估其价值，整个过程下来招待和送礼的花费可能需要几千元。而贷款却只有3万元，远远不能满足养鸡场扩充的需要。沈家经过一番盘算后，最终放弃了申请贷款。

由于贷款没有成功，沈学祥把借来的房产证归还给对方，并且于双方在场的情况下将合同销毁了。

沈家最后只得向附近的农户借钱，从 15 户人家共借了 17 万元。借出现金的农户中，最多者借出两万元，最少的借出两千元。由于觉得沈家信用良好，而且养鸡场开办以来一直营利，当时还有农户主动上门问他们需要借多少钱。

在修建新厂房的同时，还要保持养鸡场正常运营，当时沈氏兄弟的资金最为短缺。这个时期有 5 万元以上的借款利息为 1 分（即每年需要支付总额 10% 的利息），后来随着资金紧缺状况的改善，其余借款的利息降为 5 厘（即每年需要支付总额 5% 的利息）。还有 2 万元由亲戚借出，不收利息，这些亲戚过来养鸡场时，沈家兄弟就送他们一些鸡蛋或鸡粪作为答谢。

沈学祥告诉笔者，向农民借钱虽相对容易，但也有"恼火"的时候。出借方家里一旦缺钱就会找沈家要回借款，不管签订的合同如何规定。这种情况会使得养鸡场的资金链突然陷入紧张。沈学祥说，今后就算要扩充经营规模，也不会再借钱了，还是自己慢慢积累资金到足够数量再进行投入。这样才能不受制于人。

虽然中央政府和各地方政府近年来在农村金融领域投入了不少资源，但根据笔者在冷水乡的调查发现，当地没有任何金融、信用机构。除了万元以下的小额贷款相对容易获得外，为了达到规模经营，申请数额较大的贷款则极为困难。所需的手续对普通农民来讲相当苛刻，申请过程费时费力。审批的过程、允许放贷的数额似乎都没有明确标准，农民根本不可能有所把握。如果不使用金钱等各种方法建立起申请者与决策者的关系，则申请贷款这件事似乎就跟赌运气没有本质区别。富祥养鸡场为了扩大经营规模申请信用社贷款的过程，在笔者看来，就是普通农民投入了自家的人力物力进行一场胜算不大的赌博。

三、无门路，无经验技术

在冷水乡调查期间，笔者有一个感受：八龙村的农民相当勤劳，很能吃苦。笔者专门调查过黄连经济和莼菜经济后，这个感受就更深刻和具体了。长期在冷水乡工作的政府官员和公安民警也告诉笔者，在冷水乡的各个行政村之中，八龙村的民风最朴实和善，农民最勤劳刻苦，从经营农业获得的收入也最多（相比其他村的农民由于征地获得大量赔偿，或到村里的煤矿打工）。

八龙村的农民并不怕辛苦，就怕赚不到钱。正值青壮年的农民往往不满足于种植黄连和莼菜，他们希望在本地从事一些新产业，比如种植一些当地原来没有重视的作物，或者从事规模养殖、特种养殖，等等。但他们所面临的最大问题是："没有门路，也没有经验。"虽然种植黄连极其辛苦，而且近几年其价格长期在 20 元/斤左右徘徊，连农也深以为苦。但他们仍然普遍种植大量黄连，其中一个重要原因就是："没有其他门路。"

笔者在调查中发现，普通农民对于媒体的宣传和基层政府倡导的产业计划并不特别感兴趣，甚至还存在一定程度上的怀疑和抵触。尽管中央电视台的第七频道每天都在播放各种农民致富经验，但八龙村的多数农民对此类节目关注不多。在他们看来，如果确实有那么多致富门路，中国就不会有这么多贫困农民了。

在几年前，各地基层政府已经开始推行所谓的"产业结构转型""种植结构调整""发展规模经营"，但也伴随出现了政府瞎指挥、搞摊派、强买强卖的现象，给一些农民造成实际损失。还有一种情况，这些政府的工作安排或工作成果主要存在于口头上或者文字上，与实际效果并不吻合。尽管与冷水乡或石柱县有关的一些文件和报道上，有政府大力推行产业结构调整，发展莼菜种植之类的陈述，但农民对此并不认可。他们告诉笔者，政府并没有实际地引导农民进行结构调整或转型，"都是农民自己搞"。而莼菜的普遍种植也是农民的自发行为，并不是政府积极推动的结果。

即便政府只是宣传种植某种作物，一些农民也会认为提供新技术、新品种、新渠道、新经营方式的机构都跟政府人员有"勾结"，他们才可能为了这些事情积极奔走。这种对于基层政府和地方宣传机构的怀疑，在笔者进行过调查的其他农村地区也有程度不同的存在。这种存在于普通农民之中的负面态度，不但不利于干群关系和谐，而且也给基层政府开展实际工作带来一些障碍。当然，这种状况的形成是较长时期内各种矛盾和负面信息积累的结果，在此就不展开了。

即便知道一些切实可行的经营项目，单靠个体农户的力量，也往往不具备基本的经营条件，比如：技术、资金、货源组织和销售渠道等方面的欠缺。沈学祥是富祥养鸡场的两位老板之一，他就有繁殖、饲养野猪和规模养殖土鸡等设想，但由于缺乏以上条件，至今为止仍然停留在设想阶段。

从基层政府的设置而言，冷水乡有 3 个人的工作范围与农业直接相关：（1）一位分管农业的副乡长，除农业外，还负责劳务、扶贫、统计、农电等工作。由于乡政府人员不足，近两年该副乡长主要负责冷水至黄水互通连接路的协调服务和拆迁理赔工作。（2）一位"农服中心主任"，主要负责新型农村合作医疗、新农村建设、城乡建设、扶贫工作。（3）一位"农技员"，名义上专门负责农业技术推广等方面，实际上还负责高速公路、铁路的征地拆迁，以及协调服务工作。该名农技员的办公室在"高指办"（高速公路和高速铁路工程指挥协调办公室），事实上他的主要精力也放在了高速公路和高速铁路的协调工作上。

八龙村村一级的机构设置，最主要的是村支部书记、村委会主任、村文书，还有一位计划生育助理员，以及5个村民小组的组长。没有专门负责农业工作的人员。

对普通农民进行农业生产实际指导和提供咨询的，应该是乡政府里专职的农技员，但因为政府实际工作的需要，他并没有在农技推广、指导上发挥应有的作用。从乡政府的人员配置和工作安排来看，乡党委和政府似乎认为就现阶段而言，道路基础设施比农业发展更重要。当然，笔者也了解政府的工作存在阶段性，基础设施建设引起的拆迁、协调工作极其繁重，并且道路、用水、用电、通讯等基础设施确实对于农民的生产生活有决定性影响。笔者希望，当道路建设等阶段性任务完成后，乡政府能把对农业的重视落到实处，并且创造条件使专门为了农业而配置的岗位能发挥应有作用。

四、工人在哪里

笔者在前文多次写到八龙村存在劳动力短缺的情况，当然，所谓的短缺是对特定家庭而言。如果希望家里所有山地、旱地、水田能带来尽量多的经济收入，当然会认为当地劳动力短缺，雇工困难，影响了经济发展。但如果只要求维持温饱，并不渴望种植尽可能多的黄连和莼菜，以求获得更多的经济收入，这些家庭也就谈不上劳动力缺乏了。正如双坝组的罗宣华组长所言："想多来钱劳动力就不够，不想多来钱劳动力就够。"

作为一种社会现象和经济现象，笔者还是认为：整体而言，当地的可雇用劳动力相对稀缺，使得雇工成本较高。这一现象已经限制了普通农户在特别忙碌的时节，比如搭黄连棚和种黄连的时候，以可接受的价格补充家庭劳动力的相对欠缺，这就进一步限制了农民的经济收入增长。

八龙村的水田虽然已经普遍种植莼菜，但笔者也看到，每个村民小组都有一些莼菜田荒芜，有些田块的杂草已经把田的表面覆盖，只有走近观察才能发现这里原来种植了莼菜。经过笔者询问，得知这些莼菜田基本上都是由于种植者家里"忙不过来"才放弃管理的。另外，还有一些水田在不种水稻之后就一直荒着，并没有种植莼菜，其根本原因也是农户家里不能分配出所需的劳动力。

除了田地荒芜以外，面对家庭劳动力不足的问题，有些农民也以不同的方法应对。比如双坝组组长罗宣华，由于他家的劳动力只够应付种植黄连，所以家中的3亩莼菜田全部出租，每年收取1 000元至1 200元的租金。比如凤凰组的张云生，他家共有6亩水田，因为家里劳动力不足，如果全部种上莼菜就必然导致荒芜，所以他只把其中4亩田种上莼菜，2亩田则种需要劳动力较少的水稻。每年水稻的收成基本能满足家中两个成年人的口粮所需。

在下文中，笔者将介绍一个案例，内容是一户人家承包了40多亩水田种植莼菜，但因为请不到足够的工人，所以至2008年一直亏钱。

罗红根家在八龙村碓窝坝组，她家在2004年从该组的农户中承包了42.6亩水田，合约规定的租期为20年，每年的租金为220元/亩。由于租下的是水田，所以她家当年还要雇工种莼菜。

她家与黄水镇的"石柱自治县黄水供销有限公司"签订了购销合同，以每斤1.15~1.2元/斤的价格，向该公司交售莼菜。按照合同规定，如果一年内交售的莼菜达到2万斤以上，黄水供销公司将按罗红根家承包的水田面积，每亩给予110元的补贴。

罗红根家历年的莼菜交售情况如下：2005年虽然可以采摘莼菜，但因为种的时间不长，产量还很低。2006年也只是自家抽空采摘莼菜，共摘到数百斤，因为还是"新莼菜"，产量不高，请别人来摘并不划算。2007年开始请工人采摘莼菜，共摘到16 000余斤，是目前为止最多的一年。2008年莼菜产量普遍下降，而且黄水供销公司的莼菜销售也不理想，因此她家的莼菜全部交给在八龙村双坝组承包了莼菜加工厂的杨家福，全年共交售5 000余斤。

到2008年为止，罗红根家一年内交售的莼菜并没有达到过2万斤，因此也一直没有得到黄水供销公司的补贴。

40余亩的莼菜田，全部需要雇工采摘，工人主要来自湖北。如果不需要她家提供吃住，采摘者可以获得总收入的80%（即每采摘1斤莼菜，需要支付工钱8角）；如果需要罗红根家提供吃住，则采摘者可获得总收入的70%（即每采摘1斤莼菜，需要支付工钱6~7角）。

罗红根家承包莼菜田的固定成本需要多少呢？她家共承包了42.6亩水田，每亩租金为220元，每年总共需支付租金9 372元。要保持莼菜的正常生长，还必须除杂草、施农药、施肥料等，每亩1年需要50元以上，因此她家每年还需要额外投入约 2 130 元。因此,她所承包的莼菜田,每年在租金、管理、物质等方面的投入在 11 502 元以上。

因此,即便是莼菜采摘量最大的 2007 年,罗红根家所承包的莼菜田仍然要亏损 3 500 元以上。

她家亏损的直接原因是莼菜采摘量不足,所获得的纯利连 40 多亩田的租金都不足以支付。当然,采摘量不足并非由于莼菜产量过低,因为高产的莼菜每亩产量在 3 000 斤以上。亏损的根本原因是"人手不足"——无法雇用到足够的工人采摘莼菜。罗红根告诉笔者,从 2006 年高速公路开工以后就很难请到工人,连湖北的农民都被吸引到修路工地上了。

需要多少劳动力才可以避免亏损呢?罗红根说,在莼菜产量较高的 3 个月内,平均每天只要能有 6 个工人采摘莼菜,即 3 个月内能采摘到 6 万斤以上的莼菜就不会亏钱了。目前的情况下,要避免亏损,唯一的办法是把承包下来的田全部归还,她只管理自家的 6 亩莼菜。由于雇工困难,任何为了致富而承包莼菜田的计划都必然失败。

碓窝坝组原先还有另外一户人家承包了约 50 亩水田,像罗红根家一样计划大规模种植莼菜。可是事与愿违,由于连年亏损,该户人家已经把所有莼菜田归还给出租方了。

近年来,八龙村及其周边地区不断修建道路基础设施、河堤、人行便道、天然气运输管道等,就地解决了大量富余劳动力的转移问题,在提高农民务工收入的同时,还带来了其他方面的影响,如导致当地可雇用劳动力相对稀缺,雇工成本提高,甚至"请不到工人"。一部分冷水乡农民长期在这些工地上劳动,还有一部分农民在主要的农活忙完后,就会抽出时间到工地上打零工。由于男性、女性都可以收取数额相等的工资,每天的工钱最低也有 50 元,因此吸引了大量农民务工。用农民的话说:"比种黄连、种莼菜都划算。"这也是八龙村的农民远距离外出务工较少的重要原因,也导致了普通农民难以雇请到零工。

请零工难的情况,从 2006 年高速公路正式动工以来就变得极为明显,并且延续至今。用工者不仅请不到冷水本乡人,连外地人(枫木乡、湖北省等周边地区)都请不到了。这给八龙村的农业带来了极大影响。

在雇请工人的事情上还有一个值得注意的现象:由于"面子问题",即被雇者在雇主面前会有低人一等的感觉,如果雇主与自家比较熟悉,就很难接受相互间的雇佣关系。因此这里的农民通常不会为同属一个组的人打工,反而宁愿到工地上修路。

当然，这并不代表邻居和亲戚、朋友间不能互相帮助。比如换工，就是一种容易接受的互助形式。笔者以实例来说明其运作方式。

前任村支书黄运武年逾80，妻子已经去世，长期跟大儿子一起生活。他家每年都新种2亩黄连，但儿子在冷水乡小学教书，没有时间做农活，因此包括种植黄连在内的大量工作都要靠儿媳来操持。因为种植黄连的过程需要大量劳力，在2006年前，包括除草和搭黄连棚等大量劳动都需要雇用临时工帮忙。但2006年后由于请不到工人，只能靠儿媳一人更加努力地劳动。但毕竟搭黄连棚的劳动强度极大，不是普通妇女能胜任的工作，要精壮男子才能干。每年到了搭黄连棚的时节，黄家就请亲戚中的男性过来帮忙，由黄家负责提供吃住。作为回报，儿媳需要到对方家的黄连地里除草。由于这个过程并不直接涉及金钱，而且需要以不同形式的劳动作为回报，笔者认为这是一种"换工"行为，这个说法也得到了农民们的认可。

对于所谓的"劳动力短缺"，也可以有另外一个考虑的角度。雇工困难很大程度上是相对于价格而言，比如在周边地区可以轻松地找到报酬为50元/天的工作，那么以低于50元/天的价格来雇工当然就很困难了。因此，"劳动力短缺"可以转化为另外一个问题：需要额外劳动力的产业，是否值得付出市场所需要的劳动力价格？具体而言，种植黄连是否值得支付50元/天以上的工资？答案当然是否定的。包括刘世明、张云生、肖龙堂等人都向笔者表示过这样的一个观点：黄连价格至少要达到40元/斤以上，甚至要到60~70元/斤，才能考虑雇用工人。而2007年和2008年的黄连均价只有20元/斤。正如张德会村长所言：现在请工人就好比"媒人贴个女儿来嫁"。莼菜的情况其实也类似，如果每斤新鲜莼菜能卖2元以上，就有可能向采摘莼菜的工人支付1.5元/斤的报酬，这样的工资水平与修路的报酬相比，吸引力自然大得多。

不过这样一来，就涉及黄连和莼菜的价格形成机制，对这些问题进行更深入和细致的探讨、分析，并不是本篇报告所能完成的。

第九节　黄连经济的影响和特点

笔者以"黄连经济"来概括八龙村的基本经济特点，作为本章的结尾部分，本节将对黄连经济的影响和基本特点加以总结。

一、对农民的束缚

从栽种幼苗的时候算起，黄连通常需要 5 年的生长时间。由于栽种时间长，需要持续管理，在一定程度上限制了连农远距离、长时间的外出，也限制了连农将主要精力投入到其他方面。这对于当地的劳务经济发展，以及长时间地从事其他行业都是一个制约因素。

对不了解黄连种植的读者，笔者还想补充说明一些情况。由于黄连所需的种植时间长，一旦种植了黄连，尤其对种植面积较大（每年种植 2 亩以上）的农户而言，就很难在一两年内放弃种植。黄连毕竟和果树、油茶之类的作物不一样，它的经济效益只能一次性获得，不可能在一定时期内持续产生效益。这就导致农民一旦开始种植，就只能每年种植新黄连，只有这样才可能使黄连的经济价值持续得到体现。黄连的此种特性，笔者认为，会导致连农产生一种选择作物上的"路径依赖"——由于当地历史上有种植黄连的传统，这就使得农民在选择作物时倾向于黄连；除非有另外一种作物的经济效益大大超过黄连，并被事实证明是适合在当地种植且风险较低的，否则年复一年地种植黄连就是连农的最佳选择。

由于人工种植的黄连需要全年进行管理，而且每年都要为新种植的黄连搭棚，每年都要"剪黄连"（挖取新鲜黄连并进行初步加工），等等，连农几乎没有农闲时节。只有出现下大雨或大雪等人力不能控制的恶劣天气，严重不利于农民生产劳动时，八龙村的农民才不得不"休息"。这种没有农闲的劳作周期也是"黄连经济"影响下的产物。

前文介绍过的搭黄连棚、窝泥、整地等工作的劳动强度很大，普通妇女只能做一些辅助性工作，不可能独力承担。因此种植黄连的家庭，主要的男性劳动力一般都会留在家中，以便承担起相应的工作。在少数一些家庭里，当男性劳动力确实无法兼顾这些粗重劳动时，在 2006 年以前这个问题会以雇用男性临时工的方法解决；近几年由于劳动力价格大为上升，相反黄连价格却持续低迷，这个问题则一般通过换工解决。总之，由于人工种植黄连的需要，男性劳动力有着特别重要的作用和意义。换句话说，"黄连经济"对于男性劳动力的束缚作用要明显得多。

二、"逢贵莫赶，逢贱莫懒"与黄连低价的恶性循环

正如前文所分析的，由于种植面积和产量相对过剩，黄连价格近年持续低

迷，在每斤 20 元左右波动，连农明显感觉到种黄连已经不怎么赚钱了。但黄连的实际种植面积仍然保持着较大规模，这其中的原因是什么？

长期以来，石柱县农民中流传着这样一个说法，"逢贵莫赶，逢贱莫懒"。这是农民在长期的生产和销售实践中总结出来的经验。其意思是：某种产品价格上涨时，不要为了追逐利润而一窝蜂地去经营和种植这种东西；当产品价格下跌时，也不要嫌价低利微而弃之不管。前人总结出来经验，是希望后人不要被一时的市场价格波动而裹挟，只顾眼前利益而招致更大损失。

社会经济的正常发展，需要基本的产销平衡。在西方传统经济学理论中，市场经济的重要特征就是以"自然形成"的商品价格来反映供求关系，各种市场主体根据价格的变动来决定各类资源的优化配置。因此"逢贵莫赶，逢贱莫懒"是符合这样一套经济理论的实际应对措施。

尽管这样的说法广为人知，并且深入民心，但是现实中人们是怎样做的呢？

20 世纪 90 年代的初期和中期，由于黄连价格长期低于 10 元/斤，农民种植黄连的积极性并不高，八龙村外出务工者较多。由于 90 年代末期黄连价格高涨（每斤黄连价格曾达到百元以上）的刺激，大量打工者回家种植黄连，广南县的黄连种植规模急速增长。云南、四川等国内一些气候和环境适宜的地区也开始种植黄连。这一批大量种植的黄连上市后，黄连价格应声而落，2006 年至 2008 年持续在 20 元/斤左右波动。

但是，在 10 年前的黄连涨价中受惠最多者，并非受价格上涨吸引回乡种植黄连的农民工，而是在此前黄连价格低迷时仍然坚持种植的农民。这批农民通常年龄较大，受教育程度较低，他们由于各种原因继续种植黄连，反而等来了黄连价格急剧上涨的机会。但是，这批农民并非掌握了当时的黄连供求信息，也不是因为对市场经济有什么深入了解和研究。因此，笔者认为他们这次"成功"主要是因为运气好。

所有的连农——不管是原来就坚持种植黄连的农民，还是返乡种植黄连的农民——都从这样一个历史事件中受到启发，对于"逢贵莫赶，逢贱莫懒"有了真切体会。因此，即便黄连价格已经陷入低迷，农民种植黄连的热情仍然不减。他们以为，种植黄连的收益几乎已经到了入不敷出的困境，必然会有大量农民放弃种植；随着市场供应的减少，或者又出现了疫病流行，市场对各类消炎药的需求激增，黄连价格必然又重新上涨。只要自家能够做到"逢贱莫懒"，咬着牙坚持种植，总有一天会时来运转，大赚其钱。

　　如果只有少数人抱有这个美好愿望，并且黄连产量确实因此明显减少，那么这些善于反思的农民确实能够"守得云开见月明"，愿望将会变成美好的现实。但如果大多数连农都坚持"逢贱莫懒"，那么结果会怎样？这样一来，难免会进入一个惨淡而残酷的状态：黄连价格将持续低迷，甚至还可能进一步下跌。到时，种植黄连最多的农户，将最先面对入不敷出的困境。不管怎样，只要"逢贱莫懒"仍然持续普遍地发挥作用，连农的收入状况将无法改善，甚至会普遍恶化，最终陷入一个"共输"（与"共赢"相对）的局面。

　　遗憾地是，笔者认为这个"共输"局面已经初步浮现。

　　就八龙村的"黄连经济"而言，从市场经济中总结出来的"逢贵莫赶，逢贱莫懒"已经成为一个"魔咒"，使得连农陷入了价格越低越坚持种植的恶性循环。

　　总而言之，黄连市场价格的剧烈波动，表明了市场信息的不对称。目前这种自由、单家独户的经营模式带有明显的盲目性。农民与市场经济的磨合与互动，仍处于一个初级阶段。

三、对连农身体健康的影响

　　种植黄连对于农民的身体健康有不良影响。八龙村海拔较高，平均气温低，而且气候潮湿。黄连多数种在山坡上，连农常常需要起早摸黑地长时间在山上劳动，由于早晚山上湿度极高，而且气温更低，连农普遍都患有风湿病和关节炎。这一类疾病通常会直接损害患者的活动能力，进一步加剧当地劳动力的需求不平衡。

　　正如前文所述，采摘莼菜对农民的身体健康有极大的损害。笔者认为，在农业经济的发展中，应该细致调查相关产业对人身的影响，不能单纯考量黄连或莼菜的经济效益，还要综合考量其环境效益和健康效益等。以系统全面的调查、比较和权衡为基础，制订出具有长远眼光的产业发展计划和配套的社会政策是非常重要的。

四、黄连种植对生态和植被的影响

　　不了解实际情况的人，可能以为人工种植黄连必然严重破坏产地的森林植被：毕竟种植黄连前需要把山地上的草木全部铲除，而且搭黄连棚也需要耗费木料。事实上，笔者一进入冷水乡境内，就被山上成片的柳杉林所吸引。在山间小道行走，两旁全是高大挺拔的杉树，恍如置身北美或欧洲的大森林。

生长在八龙村的农民告诉笔者，在 20 世纪七八十年代，冷水乡还没有大量种植黄连，"山上的绿化还没有现在好，树都只有人把高（即与成年人身高相仿）"。虽然原来山上植被也算良好，但高大的树种很少。"后来国家给钱让乡里购买树苗，再发给农户。""当时搭黄连棚还差树（合适的树种和木料不足），现在树都用不完。"因为种黄连都采用柳杉为原料搭棚，因此连农会主动收集起柳杉的种子，并且在自家的山地上大量种植。除了专门种植的大片柳杉林外，连农也常常在种有黄连的地上种植柳杉，由于黄连地的肥力充足，柳杉长得更快更粗。

黄连棚也可以用水泥制的原料搭建，八龙村曾经有连农尝试使用，但后来放弃了这种貌似环保的做法。因为一根水泥桩有七八十斤重，运到山上极其不便，而且"搭棚的树木不差（不缺乏）"。后来这些水泥制品都被用于修路、搭桥、垒围墙了。笔者也认为水泥制件并不能真正起环保作用，黄连棚经过数年的日晒雨淋往往会腐朽破落，把黄连挖出之后正好让朽木作为肥料回归自然。由于黄连不能连作，大自然有足够的时间进行物质循环和肥力恢复，因此木材是最适宜的可循环绿色材料。但水泥废料却无法分解，反而会破坏山林生态环境。

虽然表面上种植黄连无害于当地的生态环境，但笔者认为，以搭黄连棚为目的而大量种植柳杉却有着生态隐患。

柳杉已经成为冷水乡的优势物种，但这种优势地位是人为造就的，并非自然选择的结果。当地自然生长的植物对种植黄连没有好处。虽然柳杉最适宜于黄连种植业，但它在当地自然状态下的繁殖竞争力不强，因此连农以人力"帮助"柳杉取代了山上原先自然生长的大量植物。当然，农民并非从保护生态多样性和植被保持的目的出发，而是从经济利益最大化的角度选择树种并进行种植。

原先的自然植被经过长期优胜劣汰的考验，植物层次丰富，能充分利用各种养料和阳光雨露。最重要的是其植物具有多样性，能最好地面对各种微生物和昆虫造成的生物灾害，不容易造成植被的大量丧失。但在大片的杉树林下，植物种类的单一性极其明显。由于其生态特性，不仅容纳不了其他乔木和灌木，连杂草都难以生长。虽然目前来看柳杉生长良好，如果一旦出现专门针对柳杉的某种昆虫或病菌，对于整个冷水乡，甚至所有大量种植黄连的地区的山林植被将有毁灭性的损害。

第四章　八龙村农业劳作对
村民生活方式的影响[*]

　　从马克思、恩格斯的《德意志意识形态》、马克思的《路易·波拿巴的雾月十八日》及《〈政治经济学批判〉序言》中使用了"生活方式"概念并进行初步的理论陈述开始，生活方式研究经历了从作为解释阶级、地位的变量到自身成为研究对象的发展过程，从以生活方式为研究对象转向以消费为研究对象的趋势，以及从注重整体性和群体性的"方式"到侧重个人化的"风格"的演化过程。

　　马克思、恩格斯把"生活方式"当成是解释阶级、地位的概念的同时，认为生产方式决定生活方式，他们的概念中"生活方式"不仅包含了衣食住行等日常生活，也包括了生产生活在内的整个社会生活。此后的韦伯、凡勃伦的生活方式研究也是在这一基础上进行的。❶

　　中国从 20 世纪 80 年代开始生活方式研究，几乎是和社会学的重建同时开始的，但是主要理论来自苏联学者对于马克思主义的生活方式理论的进一步解释。改革开放的步伐唤醒了人们心中长期被压抑的、追求正当生活的愿望，现代化的启动和人民对改善生活条件的信心，自然又把回答"怎样生活"的问题提到了日程。正是在这种时代背景下，生活方式研究应运而生。❷ 20 世纪 80 年代被普遍接受的"生活方式"的概念为：由一定的生产方式决定的，为一定的自然环境所制约，在一定世界观指导下的个人、群体或社会为满足自身需要而进行的生活模式。❸ 鉴于本文主要是根据实际调查得来的资料和数据对八

＊　本章作者为李铖。

❶　高丙中. 西方生活方式研究理论研究叙略［J］. 社会学研究，1998（3）.

❷　王雅林. 走向学术前沿的生活方式研究［J］. 社会学研究，1999（6）.

❸　李鑫生. 近年来我国的生活方式研究概观［J］. 东岳论坛，1988（3）.

龙村的人们生活方式进行描述，而不是对生活方式的理论进行探讨，所以在这里也采用这个概念。

本文中把生活方式作为个人、群体和社会活动的总和，它涵盖了一个群体和个人的生活的几个方面，不仅包括人们生产劳动、收入等的内容，也包括了人们的消费、闲暇生活等内容。本书把作为生产劳动对象的农作物的改变与生活方式变迁相联系，一方面是为了突出劳动生活在人民生活方式中的重要意义，同时也是为了以此为参照，说明在不同作物种植时期的生活方式变迁过程。

八龙村民的生活方式从 20 世纪 80 年代到现在，经历了几次大的转变。第一次是改革开放和家庭联产承包责任制；第二次是市场经济带来的，黄连价格经历了低迷—暴涨—平凡的剧烈波动；以及贯穿整个时期的农业种植作物的转变，经历了水稻—黄连、黄连—烤烟、黄连—莼菜的转变。这些大的转变直接影响了当地居民的生产劳作、收入、消费及休闲娱乐生活的各方面。

第一节　生产劳动生活

八龙村民的生产劳动生活是以农业生产为主的，人们除了睡觉外的大部分时间都被用于生产、劳动、生活。

村民的生产劳动生活的变化是围绕劳动对象，即农作物的变化而变化的。从 20 世纪 80 年代到现在，八龙村村民的主要种植作物有三种：水稻、黄连和莼菜。其中最为主要的是黄连。

一、水稻种植

水稻一直以来都是当地人民的主食，而且在 2000 年以前，八龙村的村民都是大面积地种植水稻，基本上能够达到人均一亩田。但是这种规模的形成并不是说当地人们乐于种植水稻。相反，当地土质、气候和水质并不适合生长杂交水稻，栽种的都是本地的稻种，而且产量偏低，通常亩产谷子只有 500 斤左右。即便如此，为了生活也必须种植，至于增加产量——人们是通过扩大种植面积来达成的。所以在 2000 年以前，当地人的水田里种植的是水稻，而且稻田耕作是最主要的劳作。当地种植的品种是"红米稻"（产的米呈红色）、白米稻和糯米稻。

2008 年 7 月 14 日，笔者对沈思奎的母亲进行了访谈，记录如下。

问：你们以前种植水稻的哈？

答：种啊，以前都是种水稻嘛。后来（改）种蓝菜才没有种的。我们这里土质水源不好，产量低，一亩才（产）500 斤谷子，弄成米才 300 斤的样子。这里种不出杂交水稻，种的都是那种红米稻，就是那种弄出来的米是红色的。

问：你们以前都只种红米稻么？

答：也不是只种那个，还有白米和酒米（糯米）。但都是本地的那种，杂交水稻种不出来啊。产量太低了，都不够吃。

问：都不够吃啊！那你们一直买米吃哦？

答：也不是完全不够吃，全部"住"（种）出来还是勉强够吃的。

问：你们现在都是买米吃吗？你们买米吃了好多年了哦？

答：我们买米吃有差不多 10 年了。

2008 年 7 月 21 日，一位 45 岁左右的小店老板告诉笔者说：

"这个地方水稻不行啊，产量不行，但是一直在种。以前种得多哦，基本上人均一亩，自己种的基本上够吃还会剩点。这里产量低，但是种的宽（面积大）。你看现在那些蓝菜田嘛，以前全部是'种起'水稻的，那个是主要的活路哦。现在也是种蓝菜才没有种的。"

水稻生产是比较复杂的，本地的产量低，所以更需要精耕细作。水稻的栽种靠的都是人力和畜力（水牛），没有机械化生产。在农历三月的时候农民需要育秧，在秧子弄出来之前或者之后，需要犁田，并且还要把田弄平整。等到四月下旬五月的时候水稻就可以插秧了，这时最为忙碌，因为通常当天"起"的秧子需要当天栽种下去，所以这个时期也是换工最频繁的时候。在栽种完成以后，只需要除草、施肥和杀虫就可以了。到农历八月九月的时候收割，这个时期又是比较忙碌的时候，要赶在天气好的一天把全部的水稻收回家里，这个时候会迎来第二次的换工大潮。

二、烤烟种植

种植烤烟对于八龙村村民来说，是一段不愉快的回忆，在 1987 年，政府为了发展地方经济，将从湖北引进的烤烟种植技术，开始在冷水乡推广。八龙村的烤烟种植是在 1991 年开始的，但是由于八龙村的环境条件不太适合种植烤烟，因此，烤烟种植并没有给该村村民带来好的收入，有的还损失不少，所以人们现在对当时种植烤烟的事还心存抱怨。

一位当时督促别人种植烤烟的干部、现在的一家小店老板跟笔者抱怨说：

"九几年的样子，上面一刀切强迫种植烤烟，不种植烤烟就把田、土收回来，人们没有办法只有种。那个时候收入还不如黄连，产量低，土质不过关。说实话，那个种烤烟硬是比种黄连还苦。那个时候我们是干部，天天去督促别人种烤烟。说实话，当时自己都不想种，更别说喊别个"住"（种），但是没得办法的。在面积上种到那个多，但实际上产不出那个多烤烟，就到湖北那边去买烤烟回来完成任务。"

2008 年 7 月 23 日在双坝组访问袁叔（53 岁左右），他也抱怨说：

"（我们）种烤烟种亏了，政府当时强制推广，每个人必须种植一亩，家里面没有地了还是开荒种植的，有一年挣了三四千，但是有一年只有四五百，连肥料钱都不够。由于土质不好，面积小，阴到了，所以产量不好。种烤烟种亏了！"

烤烟是在正月的时候播种，到了二月份的时候像种玉米一样做成肥球，三月份清明节后将肥球移植到地里。到了七月份开始收烤烟，收回来烤，最后还要拿到政府指定的地方出售。烤烟的栽种和烘烤过程都很需要劳动力、时间和技术。尤其是烤烟的烘烤，通常要通宵达旦，而且如果技术把握不好，烤烟没有烤制好，损失会非常大，有可能血本无归。

三、黄连种植

作为有"黄连之乡"之称的石柱县，黄连是当地的经济支柱，而对于八龙村的村民来说黄连就像生命一样重要。他们不知道是什么时候开始种植黄连的，只会说从很早很早以前就开始种了，祖祖辈辈都是种黄连的。有的老人回忆说民国时期就有种植，新中国建立以后也一直在种，只是不同时期种植规模不同而已。

黄连适合生长在海拔 1 200~1 600 米的高山上，八龙村的气候很适合黄连的生长，可以说黄连是上天赐给当地村民的礼物。八龙村村民一年的农业生活主要是围绕着黄连的生长和种植进行，一年四季、年复一年的劳作都离不开那一片一片黄连棚下的土地。黄连一般生长在山地里，地成斜坡状，但是坡度不宜太陡，因为太陡就没有办法搭棚。黄连是生长期较长的药用植物，一般要栽培五年后才能起挖。但是为了赶行情或者经济困难，有的时候三年、四年也起挖，不过，生长三四年的黄连产量很低。

黄连的种植需要经过育苗、栽秧、生长、起挖四段，这个过程中又伴随着开山、挖棚、搭棚、施肥、除草和种树6件事情。另外，在黄连种下后，如果生长不好，还要补苗，即在没有成活的黄连苗的地方重新种植上新苗。栽秧两个月后及时补苗，第二年春或夏再次补苗，以确保全苗。育苗需要两年时间，即今年冬天把黄连籽撒下去，次年春天黄连发芽，下一年的春天才能够拿来栽种。栽种下去以后又需要5年生长时间。所以，一株黄连由撒籽到收获需要7年的时间。为了保证每年都能够起黄连，就必须每年栽种。栽种的成本是当下的，而在5年后能够卖到什么样的价钱是不确定的，这是黄连种植的一大特征。

最后，黄连起回来以后，还要经过剪、晒、炕、槽笼四道工序，一亩地的黄连要经过二三十个"活路"（天）才能卖。当地人的黄连不用自己弄到集市上去卖，有很多人在起黄连的季节上门收购，只要双方觉得价格合适就可以成交。所以，在销售这个环节，由于中间商人的存在，人们不用花费太大的力气。

从图2-2~2-5中可以看出，黄连的活路一年四季都有，但是主要还是在栽种和起挖用的时间最多，且需要赶时间。黄连秧子必须在三伏以前栽种下去，等到三伏以后天气变热，黄连的成活率就会降低，因此农民都会赶在三伏之前把黄连秧子栽种下去。起挖黄连的时间多集中在十月和十一月，在这两个月里通常没有其他农活干，所以农民多在这个时候起黄连。除草、施肥是种黄连的日常工作，但新的黄连地里草会相对较多，除草次数也会比老黄连地多。冬天的时候还需要搭棚挖棚，为明年的栽种做好准备。

黄连需要一年四季的劳作，当地人经常说的话就是"农村人，一年四季都有做不完的活，但主要都是在弄黄连"。如沈思奎就说：

"农村人，一年四季都有做不完的活路。我们这个高山上，其他的又不产，就靠黄连管钱，主要就是弄黄连嘛。头一年冬天（十月以后）挖棚、搭棚，等到二年的三到六月种黄连秧子，要在三伏前种下去，然后要除草、施肥，在五到十月都可以起黄连，但是一般都在九到十月份起，那个时候划算些。一块地每年要除草三四道（次），一天干大概一个小时，施肥三四次。虽然黄连到了第三四年以后草就少了，但是如果没有管好，有'折DOU'（就是种上后死了），黄连没有盖满泥巴的话（就是黄连地表完全被黄连覆盖），草还是很多。肥料每年都不能少。挖棚、搭棚累得很，一般都是男的，女的干不来。不过都是一起干，她们可以砍树枝，铲草啊。"

八龙村的张叔也说：

"搭黄连棚累得很，要三四十天到两个月的时间，'楔桩桩'（搭棚时把木桩固定在地里）女的是干不动的，还是要男的才行，她们没得那个力气的。栽黄连秧子一个人栽一亩要20天，除草第一年4次，第二年3次，第三年2次。"

黄连的劳作之苦不止在于种植黄连要等到5年以后才能成熟，而且栽种黄连的日常生活也非常辛苦。由于黄连种植多在山上，交通又不便利，地远的人家上山去劳作要走一个小时。农忙时，为了节约时间人们就不回来吃饭。对此，我们也问了村民。

问：你们最忙的时候一天是那个（怎么）过的？

沈思奎：最忙的时候一般天一亮就起，大概五点多。起来做好饭，把猪喂了。七点钟上山，中午在山上吃。自己带"鼎罐"或者高压锅，在山上煮饭吃。吃完又直接干活，到天黑（八点）的时候回家，做饭吃，把猪喂了。这边猪喂生的，一天只喂两次。十点的时候就睡觉了。

问：哪个（为什么）不回来吃呢？

沈思奎：太远了，走起不划算。要走一个多小时的，还不如在山上吃。

根据村民的叙述，一个人在黄连种植搭棚时的生活时间分布如下图：

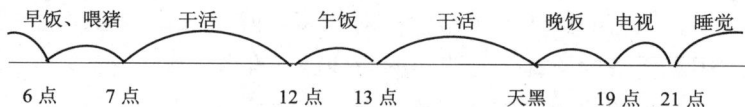

图4-1 冬季搭棚栽种时节生活时图

黄连种植最忙的是栽种和起挖。在三月到三伏以前虽然都可以栽种，但是在栽种黄连的时候还有很多其他的劳作。起挖是五到十月份，但是最划算的是在九到十月份起，在其他月份起都是没有钱用了或者有其他的情况。但是下雪以前必须把黄连起回来。于是在这些农忙时节，换工现象还是比较多的。

2008年7月17日，在路上遇到一位碓窝坝组的婆婆（50岁左右），我们跟她聊了一会儿：

问：您家人到哪里去了？

答：坡上起黄连去了。

问：不是说现在起黄连不划算吗？那个（为什么）还要起呢？

答：那倒是哦（是不划算）！但是有啥办法呢，娃儿要读大学，马上要等用钱。一要就是上万，还要生活费呢，哪里拿得出来嘛，只有起黄连噻。（她孙子在四川省达州市达州文理学院读汉语语言文学）

同一天下午，到罗坤安大哥家，在他家门前看到一堆新黄连，我们就问他：

问：这个是你们的新黄连吗？

罗嫂：是啊，来嘛，看哈嘛。你还没有见过的，前两天起的。刚烷干准备去卖的，拿出来晒哈。

问：不是说现在起黄连不划算吗？那个（为什么）还要起呢？

罗嫂：是不划算噻，你看嘛，中间还没有长满。但没得钱儿用的嘛，卖了拿来买点肥料。

问：起黄连一天可以起好多斤哦？

罗嫂：一般还是可以起个十几斤的干黄连。

2008 年 7 月 11 日，访问杨清发、罗洪根夫妇。

问：你丈夫（杨清发）去哪里了哦？

罗洪根：到他舅舅那里"住活路"（干活）去了。

问：你们这是不是"换活路"（换工）哦？

罗洪根：是噻。

问：他去干啥子哦？

罗洪根：搭棚去了。

问：你们"换活路"是哪个（怎么）换哦？

罗洪根：就是活路忙的时候，我先帮你干，然后过几天你再帮我干。

问：你们主要换起做啥子哦？

罗洪根：啥子都可以换。主要是栽秧子（黄连秧子）、挖棚、搭棚，反正就是忙不过来的时候了。像以前种水稻的时候就是栽秧、"搭谷"（收割水稻）的时候哦。

问：你们主要是跟哪些人换呢？

罗洪根：哪个都可以换噻。但是主要还是亲戚和要得好的朋友。

问：你们这种，你今天帮我干，明天我来帮你干。这样其实还是相当于自己干自己的噻，哪个还要换起"住"呢？

罗洪根：（呵呵……）那不晓得，可能是觉得干起快些嘛。

换工即两家人或者两家以上的人家交换活路，今天你到我家里来帮我干活，我负责午饭；然后等我有空了再到你那里去帮你做。这并不是说没有空就不去了，这种交换基本上是责任与义务对等的。除了特别的亲戚外，换工基本上都要在近期以相同或者其他的劳务偿还。从询问了解的情况来看，换工主要是在农忙时节相互之间帮助的一种方式。以前水稻种植、黄连种植换工，现在主要是黄连种植才需要。换工的对象并不局限于亲戚，同一个队（相当于村）的也可以换，但是是关系比较好的人之间换工。换工需提前跟别人打个招呼，而且是不要钱的。

2008年7月12日，我们在双坪组的一块黄连地边遇到一位大姐，也向她打听了换工或雇工等事。

问：你老公出去搞装修，你们家这么多活路你哪个"住"（种）的完了？

答："住"不完也得"住"噻，所以说"住"黄连苦啊。不想"住"了，想出去打工了。"住"不完，忙的时候请人"住"嘛。

问：你们不是有换工的嘛？哪个还要请人呢？

答：换工也换呢，但农活忙的时候，下种啊（载黄连秧子）、"起"的时候找人帮忙，有时候也请人噻。

问：要钱不哦？

答：本村人相互帮忙不要钱，外地人40~50元一天。但是接（摘）莼菜不好请，请不到人。

问：外地人是哪里的人哦？

答：都是湖北那边来的，以前便宜，现在贵了，请不起了哦！

问：你们哪个去找他们呢？他们哪个晓得你们需要找人呢？

答：他们自己找上来，每到了那个时候他们自己就来了嘛。比如头年这时候来给你"住"了，（第）二年这个时候他又来问你噻。

2008年7月21日，在一家小店里跟人聊天，大家都认为换活路一直都存在，一位45岁左右的小店老板说：

"'换活路'一直就有，以前大集体的时候大家一起'住'（劳作），后来分产到户之后就有'换活路'了。像以前主要是插秧的时候，十几家人一起换，比如初一帮你插，初二帮我'住'，那个时候种的宽，一家人忙不过来的。"

八龙村民农忙时的另一种协作形式就是请帮工。请帮工是要付工钱的，其实是一种雇佣劳动。当地人对于帮工的需求取决于帮工的价格和自己的劳动能力以及自家的活路多少。另外，以前请小工的人少，现在经济条件好了，自己做不了的工就请人做，所以现在雇工的现象较多。一位70多岁的老者说：

"请人那个是在改革开放以后才有的哦，国民党时候是请长工、短工啊。请人啥子都'住'，你什么忙不过来，就请别个'住'啥子！"

双坝组周兴大（55岁左右）也说：

"以前一般不请小工，现在经济好了，有钱儿了就可以请小工了哦。家里面5年（生长了5年的）的黄连没有去挖，因为没有劳力了。我的儿子去广东打工死了，媳妇改嫁了，只有个小女儿，现在也去广东打工。所以得请人哦。"

不过，近来由于工资提高了，八龙村民雇工的现象也少了些，关于这一点，在乡政府上班的双坪组张叔（50岁左右）强调说：

"现在人工工资高了，不请帮工，以前15元一天，现在四五十，都是修这个高速公路把工资搞高了。"

表4-1 黄连生产变动情况表

年度	当年种植面积（亩）	年度在地面积（亩）	当年起连面积（亩）	当年起连产量（斤）	连农销售收入（万元）	均价（元）
1986	651	907	276	69 183	138.4	20
1990	570	2 079	651	221 340	354	16
1995	490	2 040	570	233 700	234	10
2002	1 210	3 460	280	112 000	728	65

资料来源：《石柱土家族自治县冷水乡志》。

表4-1为十几年来黄连生产等的变动情况，由此可以看到，在1986年黄连第一次涨价的时候，当时全乡可以起的黄连量只有5年前种的276亩，而

1990 年价格下降的时候，全乡还可以起的黄连就是 1986 年的种植面积；1995 年黄连价格降到历史低点的时候，人们又缩小种植规模到 490 亩，甚至都还赶不上 10 年前的种植规模，这种种植规模持续下降一直到 1998 年的最低点。到了 1999 年、2000 年黄连涨价的时候人们又开始扩大规模，在 2002 年的时候能够起的黄连只有 280 亩，但是当年的种植面积却是 10 年前的两倍多。由此可以看出，当地人们对于黄连的种植规模是随着黄连价格的上涨而增加，但是市场上黄连的价格却是随着黄连产量的增加而递减的。在这种市场机制的价格背景下，加上黄连的特殊生长周期，人们的黄连种植很被动，很需要政府进行有效的宏观调控。

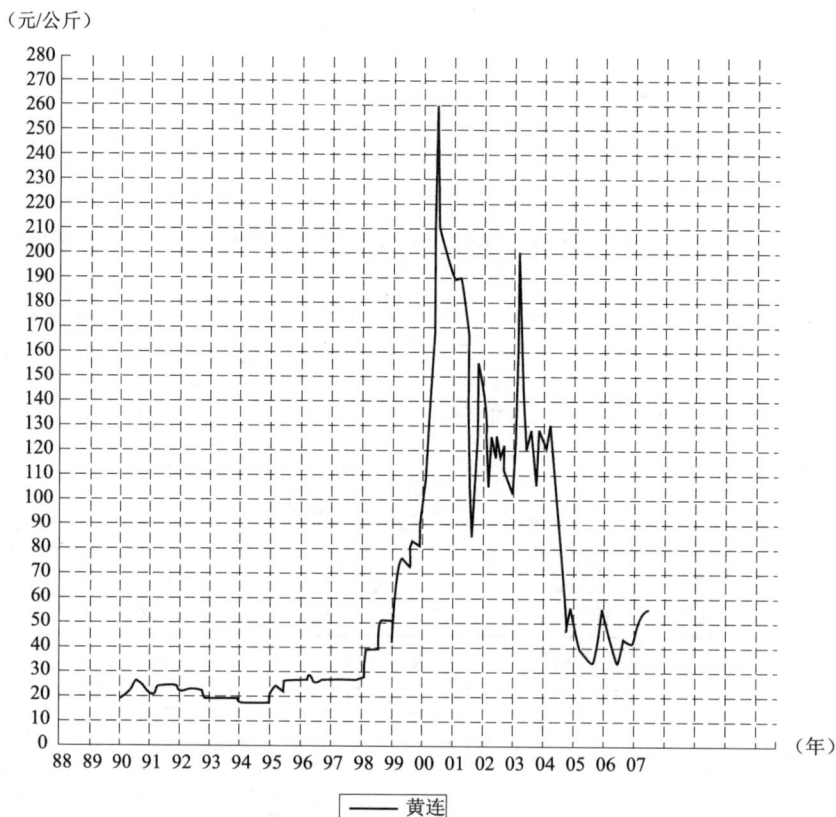

图 4-2　1990—2007 年 8 月黄连价格变化曲线图

资料来源：中药网（以成都荷花池药市价格为基准）。

黄连种植的内容除了黄连劳动生产的过程外，还有就是黄连的种植规模。

黄连种植规模的决定因素有劳动力、土地（林地）、黄连价格、政府政策以及气候。在市场经济条件下，黄连价格是影响黄连种植规模的最主要的原因，人们的黄连种植规模也会随着价格的波动而波动，但是由于黄连特有的生长周期，很容易导致黄连的价格大幅度波动。在 20 世纪 70 年代的时候，黄连价格是由政府定价在每公斤 20 元以下；在 80 年代以后，由于承包到户，农民的黄连种植积极性有很大的提高，而且由于新的黄连种植技术的推广和市场经济的发展，在 1985 年黄连价格上升到 60 元/公斤，迎来了黄连种植的第一个春天。由于市场行情很好，人们开始大面积种植黄连。于是到了 1991、1992 年的时候黄连开始大面积的积压，黄连价格开始下降，到 1994 年的时候下降到 18~20 元/公斤，最低迷的时候，黄连只能卖到 14 元/公斤。黄连价格的下降导致农户再一次降低种植面积，于是到了 1999 年左右黄连价格开始第二次暴涨，在 2000 年涨到最高的 240 元/公斤，后面价格波动在 80 元然后到 60 元，最后到现在的 40 元/公斤，这个时期应该是黄连种植的第二个春天。❶

处在同样的背景下，八龙村村民的黄连种植经历并不完全一样。承包到户以前，在计划经济体制之下大集体的生活受政府控制，整个村的黄连种植都很少；而在刚刚承包到户后，黄连价格并不是很理想，加上人们忙于水稻种植和其他作物的种植以解决温饱问题，对于黄连种植也并不多，有的甚至只有集体分下来的一点，所以在黄连 1985 年左右涨价的时候当地人并没有受益。到了 20 世纪 80 年代末到 90 年代初，政府为了发展地方特色经济开始推广烤烟种植。但是，由于烤烟种植时期政府限制种植黄连，加上黄连价格走低，使得黄连规模很小，只是比以前还略有一定的发展，因为黄连始终都是当地直接的经济来源。另外，当时干部在限制农民黄连种植时并没有完全按政策执行，政府强制八龙村民种植烤烟的政策施行并不太久，所以并不是每家人都完全按照政策要求发展烤烟。这也是黄连种植有所发展的原因。

一位小店的老板就是当年督促村民种植烤烟的干部，他说：

"我们当时就专门负责督促'别个'种植烤烟，但是自己其实都不想种。政策上是有限制种植黄连，但是在实际工作中并没有完全那么做。"

侯国森的老婆回忆说：

"那个时候，政府强制种植烤烟，发展地方经济，黄连限制种植。结果等

---

❶　资料来自中药网。

到烤烟种出来拿去卖的时候还要排队，头天早上去，第二天才卖得掉。一亩地的烤烟才100元。到了后来因为看到农民种烤烟越种越穷，所以就放宽政策，不再强制种植烤烟，黄连规模也不再限制。黄连涨价的时候也想多种点，但是地只有那么多，山林太少了，有些山太陡还不能种。"

碓窝坝组的一位婆婆（65岁左右）也回忆说：

"黄连开始贵的时候，自己家里在种植烤烟，黄连种得很少。等把黄连种出来的时候，黄连又不'管钱'（值钱）了。当时自己的儿子也没有种植黄连，出去学房屋建筑的手艺去了，都没有劳力种。"

村民韩龙山也回忆说：

"刚开始黄连价格低，很多人出去打工。等到后来黄连涨了，又回来了。现在的黄连很多都是那个时候种的，见了黄连涨价，开始几亩几亩地搭。"

双坝组的袁叔（53岁）也说：

"种植烤烟的时候黄连种植很少，限制种黄连每个人一分地，家里面只有几分黄连。而且，当时湖北的人偷黄连很嚣张，甚至会把新栽的黄连秧子也偷去卖了。1999年黄连30元一斤的时候把4年和5年的黄连全部卖了，结果在黄连价格涨到100多时就没的卖的了。卖了黄连就给儿子修的房子，还欠了债。"

表4-2　冷水乡经济作物播种面积和产量

年度 \ 项目	黄连			
	年初面积	年内新栽	当年　收获	
			面积	产量
1998	1 432	70	281	53
1999	1 221	460	291	48
2000	1 390	705	244	33
2001	1 851	948	269	50
2002	2 530	1 210	280	56

资料来源：《石柱土家族自治县冷水乡志》。

由表4-2可以看出，农户从1998年价格极度低迷时到黄连价暴涨疯狂扩张黄连种植规模的过程。1998年的时候，人们的黄连种植积极性已经完全没有了，当年新栽种的黄连才70亩；当1999年黄连价格开始上涨的时候，人们看到了黄连种植的好处，于是黄连种植规模得以增长，当年新种植黄连有 460 亩，比原来的增长了近 6 倍；黄连价格暴涨后开始回落，但是在价格上还是很有诱惑力，人们从 1999 年增加黄连种植，2001 年黄连规模已经比 1999 年翻了一番，而 2002 年还在继续增长，这种情况持续到 2005 年、2006 年黄连价格下降到 40 元每公斤左右的时候，人们才停止进一步扩张，但是几年前种下的黄连还得继续管理，因为并没有成熟。

对黄连种植规模的分析，主要是为了说明人们劳动量的增长和这个过程中收入的变化（收入的变化在后面分析）。黄连种植需要大量劳动力，80 年代人们的劳动力主要投入在水稻种植和解决温饱的其他种植方面，黄连种植的劳动居其次；到了黄连价格低迷时，人们减少黄连种植，有了出去打工的现象；再到黄连价格暴涨，人们大规模扩大黄连种植，于是水稻田开始荒芜，最后到了莼菜种植兴起后，多放弃水稻种植。这个过程中，黄连种植技术除了在 80 年代有所改进外基本上没有大的技术进步。这样，人们能够改变的就是自己的劳动强度，增加劳作时间，所以在黄连种植规模扩张的时候，人们的劳动强度也随着增加了。人们把有限的劳动力投入到最大收益的黄连种植上，可以解释水田荒芜的原因。让一个农民放弃作为生活主食的水稻的生产而去耕耘经济作物黄连，也能够说明人们已经没有更多的劳动力去从事水稻种植，新增的黄连收入完全可以抵偿放弃水稻的损失。

四、莼菜种植

当地的莼菜种植是在政府的努力下全面推广的，到 2004 年八龙村的水田基本上全部改种莼菜或者荒芜了。莼菜的种植相对简单，而且产量比较高。莼菜的种植需要经过三个步骤。首先把原来的水田改造成能够种植莼菜的水田，这个过程投资相对较大，尤其是以前荒废的水田改造。其次是种植莼菜，就像插秧一样将莼菜苗种在水田里；最后是摘（当地人叫"接莼菜"），即把莼菜采摘回来。另外，就是在莼菜生长过程中需要除草。莼菜种下的第一年基本上没有收成，第二年有收成但是很少，第三年开始"大收"。莼菜收获时每三天一成熟，需要三天一采摘，采摘下来当天必须卖出，一个成人一天可以采摘 100~160 斤，小孩有的可以摘到 80 斤左右。

硐窝坝组的杨清发、罗洪根夫妇家里有 40 几亩莼菜田，他们是在 2004 年的时候承包的。硐窝坝组的 42.6 亩水田都被他们承包来种植莼菜。他们请人把水稻田改造成莼菜田，并种上莼菜。自己一般不摘莼菜，让别人采摘，自己以每斤一元的价格收购后再卖出去。有时候也把地包给别人，即包出的那块地只有承包的人才能采摘莼菜，承包费为每亩 400～450 元。他们认为这样比较划算，因为这样还可以赚些钱。他们租种别人的地时签有合同，租金每年每亩220 元或者以大米为报酬。这两年他们没有挣到钱，因为找不到人采摘莼菜，所以现在他们已将有些莼菜田退还了。

我们调查的时候曾看到人们在田间"接莼菜"。第一天去调查的时候下着毛毛细雨，在去的路上，远远地在薄雾之中能够看到一两个佝偻着身体的人在田间劳作。刚开始并不知道他们在干什么，他们都是穿着长及臀部的连裤雨鞋，上面用两根绳子系在腰间。工具很简单，就一个塑料桶和一个有细孔的塑料盆。采摘的时候先将盆拿在手上让它漂浮在水上，另外一只手去采摘，当有一定数量时就可以拿去倒在塑料桶里面。莼菜质感很滑，而且可以采摘的部分在水面以下，当我们自己去摘的时候发觉根本就抓不住，很难摘到。当地人也是花了很长时间才能完全掌握采摘的技巧。采摘莼菜看似简单，但是要长时间弯着腰在田间劳作是很辛苦的，时间久了也很容易引起身体的疾病。

综上所述，在农作物种植变化的三个时期：水稻、黄连——水稻、黄连、烤烟——黄连、莼菜中，当地人的劳动方式和劳动强度是不一样的。劳动方式随劳动对象的变化而变化，但是劳动量的变化除了劳动对象的变化，还与技术的改进、种植规模的变化密切相关。可以知道，水稻、烤烟、黄连全都种植的时期是人们最劳累的时期。当时，水田全部种植水稻；土里面大部分种植烤烟；另外，黄连虽然产量低，但是在 80 年代末该栽种的还得继续种植（以前种植的未成熟），因为当时黄连作为主要的直接收入来源，即使价格不理想也得种植。尽管当时政府限制种植，但由于人们需要黄连换现金来维持必需的开支，故尽管有限制，但仍需种植。在那个时代，同时种植这三种作物使得人们一年到头都有干不完的农活，而且因水稻、烤烟、黄连的栽种时期靠得很近，人们在春季、秋季里的农活特别繁重。

碓窝坝组的一位小店老板（45 岁）对既要种植水稻，又要种植烤烟与黄连时期劳作的艰辛记忆犹新，他说：

"照说，在当时人们的生活是最苦的，水稻是全部种起，黄连也种，另外还必须种烤烟，一年到头忙不完的活路。那个时候你哪里看得到这么多人坐在一起耍哦。而且种烤烟和种水稻在时间上冲突，栽秧子（水稻）的时候正当栽烟草，割谷子（收水稻）的时候正当收烤烟。"

"黄连、水稻、烤烟——黄连、莼菜"的转变并不是一步到位的，中间还有放弃烤烟种植、减少黄连种植到增加黄连种植、减少水稻种植的阶段，最后才到完全放弃水稻而种植黄连和莼菜的过程。当然这个过程也不是完全适合于每个家庭，只能说是当时八龙村的一个整体过程。当政府不再强制种植烤烟的时候，人们很快就放弃了烤烟的种植，但是当时黄连价格依然低迷，所以劳动主要集中在水稻种植上，同时也少量种植黄连以获得现金维持开支。到黄连价格暴涨的时候，人们大力扩张黄连种植规模，而且考虑到黄连收入远远大于水稻种植，也就是买米吃也比种植水稻划算，并且劳动力也有限，人们开始放弃水稻种植，出现了很多荒田。后来伴随着黄连价格的回落，政府又在推广莼菜种植，而且莼菜种植也有比较好的收益，人们又在水田里面种植了莼菜。

从询问了解的结果来看，在 20 世纪 90 年代中期，黄连种植面积并不多，一户也就是 0.5~0.7 亩，等到黄连涨价开始扩大规模，即使是 1999 年种下的，最早也要等到 2003 年才能收成。现在大部分农户的黄连一年能够起两亩左右，是持续种植黄连的结果。也就是说，现在能够收成两亩黄连是由于在 5 年前种植了两亩。从黄连价格变化表来看，在 2002 年左右黄连的价格还比较理想，农户也加大了种植规模。虽然黄连价格上涨使农户种植愿望强烈，但由于受到山地和种植黄连需投入很多劳动力的限制，八龙村的黄连种植能够扩展到现在的规模已经很不容易了。

2006 年以后，黄连价格走向平凡，尤其是到了 2007 年肥料价格上涨，黄连种植的成本增高，这对于农户来说是个苦不堪言的打击。面对这种状况，人们做出了不同的决策。有些人并没有减少黄连的种植面积，因为物价上涨开支大，必须维持某种规模才能维持开支；有些人减少了黄连种植规模，但由于收入不理想，使得人们再次外出务工去找钱，如罗坤万的妻子袁兴莲（35 岁）就说：

"种黄连苦，不想种了，就是想出去打工哦。现在肥料贵得很，种下去的黄连年年都要用那个多的肥料。"

但有的人出去了一段时间后又跑了回来，如侯国森（35 岁）年初的时候去浙江打工，现又回来了。他说，是因为那里天气太热，而且老婆在家根本不能种地，所以又回来了。

还有的人则是抱着对黄连再次涨价的期盼继续坚持着。如碓窝坝组的小店老板说："现在价格是下降了，但是并不能说黄连不值钱了，其实这个东西还是值钱。一斤20块钱，一亩产个400斤，如果我种个三四亩每年还是能够收入很多嚛，只是活路多些了。还有，你以前种下去的已经退不回来了，还是只有种起走。从历史来看，药材这个东西要的人只有那个多，等到少了自然就贵了。"所以他对黄连种植仍持有信心。

相反，从水稻到莼菜是一个让农户更加高兴的转变。从目前来看，它还没有经历像黄连价格那样大起大落的悲与喜，农户也更加乐意谈及。如我们在双坪组的一块黄连地里见到的一位大姐（26岁）说："现在种莼菜和水稻相比，没有以前忙了，经济收入高了，而且不需要啥子技术。种下后除下草，成熟时自己搞，只要不断水就可以了。种水稻时要换活路，种莼菜基本不用。以前农历八月收水稻，现在（不种水稻有了时间）收玉米，给黄连施肥上灰，收入增加后零用钱不打紧，但是来得容易用得快。以前钱看得紧，买米吃，衣服一年一两套，现在米全部要买，衣服春天买一两套，冬夏还要各买一套。"在新疆读专科的张亮说："水稻烦琐，效益不高，莼菜简单更轻松。小孩子还可以'接'莼菜挣些零花钱用。"张叔认为："现在不种水稻了，有时间收玉米，也有更多的时间管理黄连了。而且莼菜又不要肥料。"碓窝坝组的组长沈思武认为："莼菜主要是农历三月到五月收，八九月可以收秋莼菜，但是一般不'接'，主要是那个时候没有好多人收。莼菜一季能够收一万元左右，比种水稻划算多了，即使买米吃也够了。"

总之，对八龙村的村民来说，莼菜种植使得经济、时间上更加充裕。从经济上来看，莼菜种植增加了收入。虽然不种植水稻，但是莼菜的收入足够买入全年需要的粮食，而且还有余，同时莼菜种植资金投入小，不用使用化肥、除虫剂等。从时间上来看，莼菜主要是在农历三至五月投入劳力，而且需求很大，在我们调查期间有人去种黄连秧和给黄连除草，他们说这是因为"接莼菜"耽搁了。但是，到了八九月原本水稻收割的季节，现在基本上不用管莼菜。这样，就多出了很多时间，对于人们休闲、收玉米、管理黄连都提供了很多时间。

从某种意义上来说，由水稻到莼菜的转变是相对成功的。首先，农户普遍尝到了种植莼菜的甜头，"种莼菜比种水稻更划算"，这一方面是由于不需要太多的肥料，成本降低；另一方面，莼菜的收入大于水稻的收入；其次，莼菜种植技术相对简单，人们目前已经能够掌握；再次，莼菜的推广方式是政府鼓励和典型示范，农户有了自我选择的机会。这使得农户心理上能够接受，烤烟种植时期政府一刀切的强制做法带来的心理影响得到弥补。

五、其他农作物种植安排

(一)土豆

土豆,八龙村民称为"洋芋波儿"。在当地,一年可以种两季,几乎家家都种植,产量高,一般的家庭年产上千斤。在很久以前一直就有种植,只是在不同时期种植量不同而已。高山上土豆比较晚熟,但是由于气候差异口感很好,当地人也很爱吃,餐桌上经常有土豆。在调查期间,土豆正值收获季节,家家都有很多,去老乡家里吃饭的时候也品尝了"洋芋波儿饭"的美味。当然,当地的土豆更多的是拿去销售与喂牲口,人吃得少。

2008年8月17日 在碓窝坝组罗二叔家碰到一位40岁左右的路人,就与他闲聊:

问:你干么子去哦?

答:挖洋芋波儿啊。

问:你们一年有好多洋芋波儿啊?

答:我们不多,也就千把斤的样子。别个那些栽的多的噻,好多要起,三、四千斤哦一年,一般的也有个一千多斤。

看样子,八龙村民多种土豆。种植土豆只要把头年收的个大的、品质好的留作种就可以了。土豆通常在正月到二月栽种,为了能够在三月份栽种黄连,人们通常会赶在二月份之前把土豆栽种下去。到三四月份的时候只要施肥就可以了。土豆的生长周期很短,在五六月份就成熟了,可以起挖。接着就可以在七月份种植第二季了。虽然土豆种植相对轻松,但是当地土豆产量较好,人们种植的也很多,所以还是需要很多的劳动。现在冷水乡正在推广种植新品种的土豆,农户拿来种植后政府按协议价回购,这种方式是冷水乡农户增收的一种新方法,不过目前八龙村还没有跟进。

(二)玉米

玉米,八龙村民称作"苞谷",也是地里的主要产物,与土豆套种,亩产500~700斤,主要拿来喂猪或者其他牲口,人们只吃新鲜。玉米的产量虽然比较低,但是为了饲养牲口,种的人还比较多。在强制种植烤烟的时期,因土地都用来种烤烟,故玉米种植很少。放弃种植烤烟以后,人们重新开始大规模种植玉米，产量还不错。

玉米种植和黄连种植的时间差不多，其弄肥球育苗的时候也是黄连栽种的时候，但是由于玉米种植的土地离家较近而且劳动量相对较少，所以种玉米与种黄连在时间上并没有太大的冲突。

（三）各种蔬菜及其他

当地的蔬菜多为反季节蔬菜。由于高山气候，很多菜的成熟要比重庆其他地区晚一个月左右，而且只有夏季时菜的种类比较多，其他季节由于气候寒冷出产较少，春季是当地蔬菜青黄不接的时候。由于与八龙村交界的湖北地区种植了大面积的蔬菜，当地人购买蔬菜相对便宜，再加上村里的土地大部分被拿来种植土豆、玉米和其他作物，因此就没有多余的土地用来种植蔬菜。当地也有人种萝卜，每亩可以产五六千斤，不过多用来喂猪，自己只会在刚出的时候吃点。如在碓窝坝组我们看到一些菜，就问组长沈思奎（35岁）："这些菜都是你们买的吗？"他说："有些不是，土豆都是自己种的。这个季节我们自己的菜也有些出来了，这里的菜都比较迟，而且一年只能长一季。其实别的地方长的四季豆、茄子、海椒、卷心菜啥子的这里都能长，但是不像你们平原的地方那样多。平时也经常买菜吃哦。"我们又问："你们这里的人都是买菜吃么？"他回答说："也不是，年轻人爱买些吃。老人一般都是自己种。"再问："你们不是只种一季嘛，冬天吃啥子呢？"他回答道："冬天可以吃洋芋波儿啊。"碓窝坝组的小店老板说：

"这里自己产的菜基本上能够供自己吃，真的！那种天天买菜吃的人还是很少的，就是那种什么都不种的啊，其他的人也就是这种，比如说现在自己种的海椒（辣椒）没有出来就去买点海椒吃啊。"

总之，当地农民一年四季都有做不完的活路，农业生产是生活的主要组成部分，日复一日，年复一年。怀着对生活的期待，人们世代辛勤地劳作在那片土地上。

六、小结

纵观八龙村近30年种植农作物品种的变迁过程可以看出，影响农作物变迁的原因有很多，有生态环境的、政策的、市场的以及个人选择因素。

表 4-3　农作物影响因素

农作物（因素）	生态环境	政策	市场	个人选择
水稻	不适应	鼓励	无收入	坚持—放弃
黄连	适应	鼓励	波动	规模随价格变动
烤烟	不适应	强制—自愿	波动	最终放弃
莼菜	适应	鼓励	收入好	坚持

　　不同时期种植不同的农作物是多种因素作用下的结果，主要包括生态环境、政策、市场以及个人选择。生态环境指当地特有的地理、气候、土壤、植被以及其他自然因素。政策指地方政府的农业发展政策与方式，如烤烟推广政策。市场指在自由竞争下的市场价格机制，尤其指对农作物价格的直接影响。个人选择则是指当地农户在不同时期所作出的是否栽种该农作物的选择。

　　从表4-3可知，当地的水稻产量较低，水稻不适合在当地种植，然而因为它一直是当地的主食，人们不得不种植，即使是它不能带来直接的现金收入。黄连一直是该村的经济支柱，而且很适合当地生态环境，是上帝对当地的馈赠。然而，黄连特有的生长周期以及市场经济使得黄连的价格波动很大，这与农民的个人选择相结合不断地循环。当黄连价格低廉的时候，农户不断地减少黄连种植规模，如1996年左右；当市场上黄连供给减少时，黄连价格开始上涨，虽然当地农户每年都种植黄连，但是需要生长五年的黄连根本没有办法在价格上涨的时候出售，如2002年价格较高时并没有太多的人有黄连可以出售；人们见到价格上涨于是增加种植规模，这直接导致几年后黄连市场供给增加价格下降。烤烟是不适合当地生态环境的，但是由于政府强制推广，人们迫于压力而种植，虽然在市场行情好的1996年有人有收入，但是人们最终还是放弃了烤烟种植。莼菜很适应当地的生态环境，在政府鼓励下发展得很好，至少得到大多数人的赞赏。莼菜收入比水稻好，也就是说莼菜的收入能够补偿购买日常所需大米的支出，因此人们将水稻田都变成了莼菜田或者荒废了（当然荒废水稻田还与黄连价格暴涨有一定的关系）。

表 4-4　影响烤烟、莼菜种植的主客观因素表

因素 农作物	客观 黄连价格水平	客观 生态环境	主观 政府政策	主观 个人选择	客观 市场	主观 个人选择
烤烟	低迷	不适应	强制	被迫种植	不稳定	放弃
莼菜	低迷	适应	鼓励	尝试	收入好	坚持

影响农作物的各种因素并不是孤立存在的，而是相互作用的结果，为了说明这个问题下面用烤烟和莼菜的种植过程来比较说明。

首先，影响烤烟和莼菜的因素有当时的黄连价格水平、生态环境、政府政策、个人选择和市场状况。将这些因素分为主观的和客观的两类；客观的有黄连价格水平、生态环境以及市场状况，而主观的有政府政策和个人选择。个人选择可以说有两次，第一次是在农作物刚推广时的反应，而第二次是在种植之后的反应。

其次，从表4-4可以看到两种农作物推广的模式：烤烟模式和莼菜模式。烤烟模式即在黄连市场低迷的情况下，政府引进烤烟，采用强制种植并给予很多优惠政策的情况下推广的，在这种政策下人们被迫选择种植烤烟。然而，实践证明烤烟种植并不适合八龙村的生态环境，这不得不使政府被迫放弃推广政策，人们也因此放弃了种植。莼菜模式同样是在黄连价格低迷下政府引进的，不过，推广方式改为试点的方式并对其他农户加以鼓励。从最初参与试点的农户种植情况来看，莼菜不但很适应当地的生态环境，而且有比种植水稻更好的收益，因此莼菜被人们接受并逐渐推广开来。面对黄连经济的不景气，政府为了发展地方经济而引进新的农作物，在推广的时候采取了不同的方式，即强制与试点。"一刀切"的强制推广使大部分人在发现烤烟并不适合当地环境的时候遭受到了损失。试点推广的方式则显得更明智一些，在不知道种植结果的情况下，这显然能够很大限度地减少造成巨大损失的风险。

最后，虽然政府推广两种农作物的目的都是为了发展地方经济，但是结果却大不相同。从对比可以看出，推广什么农作物本身并不是最重要的，而推广的方式却是足以致命的。新的农作物的引进，需要接受生态环境的检验。试点的方式可以使得在发现该农作物不适应生态环境的时候不至于遭受太大的损失，而且，当人们发现新的农作物能够带来更多的收益时，人们会选择种植，并放弃原有其他作物。

因此，政府的主管与农户的主观愿望必须与当地生态环境和市场环境这些客观条件相适应。推广的过程是市场、生态环境、政府以及农户的互动选择与适应的过程。政府在发展地方经济、进行农作物推广时，应该先用试点的方式检验该农作物是否适应当地的生态环境，而农户也可以进行自愿的第一次选择。当试点结果得到肯定时，其他的农户也会选择种植，所以这样的"莼菜模式"无疑是一种更好的选择。

第二节　收　入

一、概况

收入是指农民通过将自己的产品出售所取得的现金收入，不包括农民自产自销的东西。比如，农民自己养的猪以及生产的土豆和玉米，虽然具有经济价值而且产量大，但因为不拿去卖也就不能转化成现金收入，所以不包括在本节讨论的收入之内。

在家庭承包责任制、改革开放和社会主义市场经济条件下，从 20 世纪 80 年代到现在八龙村村民的收入发生了翻天覆地的变化，主要表现为两点：其一，在改革开放以后，在国民经济整体大发展的背景下，当地村民的收入整体在数量上不断上升；其二，由于在不同时期种植品种的不同和各种作物市场价格的变化，对不同时期农民收入构成和总量也产生了很大影响。

八龙村村民的收入从 80 年代到现在可以分为三个时期：烤烟时期、黄连时期和莼菜时期。烤烟时期主要是指 1991~1993 年，政府为发展地方经济在全乡范围内强制推广烤烟种植的时期；黄连时期主要指 1994 年到 2005 年，在 90 年代黄连价格低迷时人们大面积缩小黄连种植规模，在黄连价格上涨时再次扩大黄连种植规模的时期；莼菜时期主要指在政府鼓励发展莼菜种植时，全面种植莼菜增加收入的时期。之所以以农作物名称命名该时期，并不是因为该作物是当时的主要收入来源，而是考虑其分类的代表性。

另外，值得说明的是，从 20 世纪 80 年代到现在，八龙村的黄连种植一直都有，而且一直是收入支柱，只是在不同的历史背景下由于种植规模和价格的不同导致收入上有所不同。同时对于部分人来说，黄连时期和莼菜时期是有所重叠的，因为八龙村不同组的莼菜推广过程不同，双坪组在 1996 年就开始试种，而碓窝坝在 2003 年左右才开始大面积种植。全村完成推广基本上是在 2004~2005 年。

碓窝坝组的小店老板说：

"总的来说一直以来的收入都不瞥（差），我们村在和其他村相比一直以来都是发展得比较好的。而且这里的人们的收入一直以来就是靠黄连，以前种烤烟其实没有挣到钱，现在有了莼菜收入又多了些，但是种莼菜就不能种水稻，要拿钱买米吃。"

双坝组的袁叔（53岁）也说：

"种烤烟的时候，烤烟种亏了，那个时候黄连又种得少，没有什么其他的收入的，很困难。而且那个时候由于湖北的人来偷黄连，都不敢在山上种黄连的。1999年黄连涨价到30元的时候把4年、5年的黄连都卖了，结果到了黄连100元的时候就没有可卖的了。"

双坝组的沈叔（53岁）认为：

"这里的人都是在黄连涨价的时候发家的，1995年左右年轻人看到黄连价格低，就三百二百把一块黄连地卖给别人，外出务工去了。结果那些老实在家里种黄连的人，把黄连地买到的人就在黄连涨价的时候赚了。"

在烤烟种植以前，八龙村村民的收入已经完成了一次飞跃，这主要来自于家庭联产承包责任制的实施。在1983年的时候，八龙村的田、土、山场都承包到户，人民的种植积极性得到提高，农户有了自己的土地，摆脱了大集体的生活，开始为了生计而辛勤劳作。家庭收入有了根本性的转变。这种转变是从不能解决温饱问题到加大生产解决温饱并有少量现金收入。

如双坝组的周兴大就认为（55岁）：

"在1983年承包到户以后生活就好多了，当然刚开始那两年还是不好过，一天基本上还是吃玉米糊、土豆，不过后来自己想办法搞，慢慢就好了，种的水稻也就基本上够吃了，黄连也种的比集体时代多些了。"

双坝组的袁叔也认为：

"在承包到户以后就自由多了，黄连也比大集体的时候种的多了。女的活路也多了，在集体的时候算个"半劳力"，承包到户以后就成"全劳"了，活路多了，家务也多了。"

二、烤烟时期

在八龙村村民被迫种植烤烟的时候，发展情况并不理想。村民在1983年承包到户后开始自由扩大黄连的种植规模，但是黄连价格在1985年涨到60元时，他们的黄连并没有成熟，等到1989年他们的黄连成熟的时候，黄连的价格却降了。1991 年、1992 年种植烤烟也没能取得好的收入，而且那时黄连的价格也不好。因此，整个 90 年代的收入都不理想，但是并不是没有收入，因为黄连再怎么便宜还是可以卖些钱的，手头多少有些现金。而且，烤烟种植也并非完全没有收入，在 1996 年烤烟行情很好的时候，那些坚持种植烤烟的人还是挣了些钱。除此之外，大多数人每年都亏。

从报道人的回忆来看，烤烟种植是段失败而惋惜的经历，不仅多数人没有很好的收入，还把肥料钱也赔了进去，另外失去了多种植黄连、玉米等的机会。有的甚至还要自己拿钱去买烤烟来完成上面指派的任务。如碓窝坝组的侯国森（35 岁）就说：

"1992 年强制种烤烟，但还是有些优惠政策，就是种烤烟的肥料政府先给钱买，等农户卖了烤烟以后还。1996 年行情好，自己种烤烟挣了三四千，1997 年时又亏了，就没有再种了。"

三、黄连时期

1994~2005 年这 10 年，黄连价格的变化给当地人的收入带来了翻天覆地的变化。在这场价格博弈的过程中，不仅从整体上提高了当地农户的收入，而且当地人之间的收入也变得很不平衡。

在 1994 年黄连降到几块钱一斤的时候，人们的黄连种植积极性受到打击，大幅度缩小规模。在市场经济条件下，人们各显神通，各自寻找增加收入的方式。有的仍然坚持发展烤烟直到 1997 年；有的外出务工（这里的人外出务工一般是指到附近去打散工或者到湖北等临近的地区务工）；有的人则去学习其他手艺等。

冷水乡因地理位置比较偏僻，农业产业结构单一，经济不怎么活跃，劳动力外出务工较多，但是自 1999 年黄连价格持续上涨后，外出务工群众纷纷返乡种黄连。❶

1998~1999 年，黄连市场价格开始上涨，这对于一直种植黄连的人来说是最大的喜悦，因为只有一直坚持种植黄连的农户才能在这个时候有黄连产出。不过，也有不少的人因为在 1999 年黄连涨到 30 元/斤的时候，将还未完全成熟的黄连全部卖了，以致于 2000 年黄连涨到最高价格的时候就没有黄连卖了。

---

❶　资料来源：《石柱土家族自治县冷水乡志》。

如双坝组的袁叔在 1999 年见价格上涨，就将生长 4 年和 5 年的黄连全部卖了。不过，对于一般的农户来说，即使只起生长 5 年的黄连去卖，其收入也是很可观的。当然，对于某些人来说，暴富也是从这个时候开始的。因为在黄连价格低迷的时候，有的年轻人为了外出务工，就将正在生长的黄连地以很低的价格卖给别人，而有些中老年人将黄连地买了过来。到 1999 年黄连涨价的时候，当时购买黄连地的人就有很多黄连，因此他们就在这一拨黄连涨价的时候挣了很多钱。这也是为什么在当地人看来，老人会比较宽裕的原因之一，也是为什么在黄连价格上涨的前几年有些人没能很快富起来的原因。

1998~1999 年黄连涨价的时候，人们看到黄连的利润非常大，所以不论外出务工的、去学手艺或者其他原因在当时没有黄连起的人都重新种上黄连了，而这个时候种上的黄连，只有等到 2003 年或者 2004 年才有黄连收成，不过以当时黄连 60 元/斤的价格也足够让农民的收入大幅度增加。所以真正让当地人的经济收入普遍增加是在 2003~2004 年。

如碓窝坝组的一位大哥（37 岁）说：

"1991 年结婚后，我就分家出来，家里只有一亩田，黄连价格只有 10 元左右，不能维持生活就外出务工，所以当时也没有被强制种植烤烟，因为不在家。外出不久就回来了，回来种了两年烤烟，收入不好又外出，并把家里种的几分黄连托给老人照看。在 1998 年黄连 10 几块的时候又回来种黄连，不过只卖过最高 60 元的黄连。"

退休的小学老师杨婶（60 岁）说：

"这里的人都是在黄连涨价的时候发家的，沈思奎家里是那个时候一直在家种黄连没有外出的人，在那时挣了不少的钱，现在修好的那套房子 13 万左右。"

当然，在这次黄连涨价的过程中，有少部分人并不是因为种植黄连出售来获得收入的，而是在黄连好的行情下做生意淘到金的。如韩世富就是这样挣了点钱，他说：由于自己家里的黄连地比较少，每年还不到一亩，但是在黄连涨价的时候，自己通过黄连灰生意挣了些钱。黄连在炕了以后，在灰里面会有一些黄连。由于当时黄连价格很高，人们不在乎那么点黄连，所以他就去以一百元或者二三十元的价格把一堆堆的黄连灰买回来。然后，用一个下午的时间将灰里面的黄连弄出来，这样可以弄出三四斤黄连，当时价格在 80~100 元的样子，相当于一个下午就可以挣到几百元，他通过这种方式挣了大约六七万元。

四、莼菜时期

当地农民在回忆莼菜推广的过程时提到，在莼菜刚开始推广的时候有一定的强制性，但是由于莼菜种植的确是给农户带来了新的希望，经济收入也增加了，所以那一段强制期并没有成为不愉快的记忆。

"1995 年，湖北省佛宝山人黄朝吉到现天河村大洞沟组和八龙村双坪组发展莼菜生产，当年发展 49 个农户种植莼菜 100 亩，并在大洞沟组设点收购莼菜。1996 年，现八龙村支部书记谢远玉同志（当时任青坪村支部书记）到湖北佛宝山引进莼菜生产收购商周德华到青坪村发展收购莼菜，莼菜生产在当地逐步得到重视和发展，种植面积逐步扩大，菜农收入越来越好。"❶

莼菜带来的收入增长的效果很明显，当地人都承认种植莼菜比种植水稻更划算。这也是莼菜推广如此顺利的原因："有了收入，农民自然就愿意种。"但是并不是所有人都在莼菜种植的过程中受益，因为有的人根本没有种植莼菜或者是种植了莼菜根本没有"接"（采摘），尤其是部分不能够下田的老年人。

碓窝坝的组长沈思奎家里没有种植莼菜，因为他老婆腰疼不能去"接莼菜"。双坝组的袁叔家里种植了莼菜，但主要不是为了增加收入，因为夫妻两人都不能下田，身体不行。之所以种只是因为：第一，可以不让田荒芜；第二，如果莼菜成熟的时候能够请到小工的话可以找人接，自己从里面抽成；第三，即使自己不接，如果子女忙得过来子女还是可以接。有类似想法的老年人还有很多。

另外，莼菜的种植收入还存在另外一种矛盾，如果按一家人种植三亩莼菜来算，莼菜一年能给一个家庭带来至少一万元的收入，但并不是每家都种植了这么多，同时也没有足够的劳力来"接莼菜"，而且人们在观念上还是更看重黄连。如双坝组的组长罗宣华说：

"像我的家庭，我老婆风湿不能下田去'接莼菜'，我也不能完全把精力拿来接莼菜。家里有两亩黄连，当接莼菜的时候，正当黄连大面积除草的时

---

❶　参见《石柱土家族自治县冷水乡志》。

候，我就不能去接莼菜……当然不会减少种植黄连，种黄连不会带来啥子后遗症，但是这个种莼菜会有风湿什么的，而且那几个月要完全弯着腰在那里接莼菜，是受不了的。"

五、物价上涨黄连下跌的影响

从 2006 年开始，黄连价格开始下跌到 20 元左右，农户种植黄连的收入水平也跟着降了下来，虽然种植莼菜的收入能够填补一部分损失，但是黄连价格的大幅度下降使农户的收入减少许多。同时，屋漏偏逢连天雨，收入下降又遇上物价从 2006 年以来的上涨（见表 4-5），因此，严重地影响了村民的情绪。在当地人看来，现在黄连种植根本不赚钱，又遇上了肥料和大米价格的上涨，这种状况使得农户对黄连种植很是失望。

表 4-5　冷水乡部分物价表

年度	肥料	米	摩托车油	煤
2006	1 500 元/吨（全部消耗）	0.7~0.8 元/斤	3.5 元/升	270 元/吨
2008	3 000 元/吨	1.4~1.6 元/斤	5.2 元/升	480 元/吨

资料来源：双坝组长罗宣华。

虽然全面物价上涨对于八龙村来说是偶然因素，而且这种情况不只是发生在八龙村，但是在黄连价格下降、生产成本增加而且人们已经放弃水稻种植的情况下，这种物价上涨的情况无疑是雪上加霜。

总之，从 80 年代的家庭承包到 90 年代左右的烤烟种植，再到 90 年代末黄连暴涨，最后是莼菜经济的发展，八龙村村民的收入经历了两次飞跃。第一次是家庭承包后，这次收入增加主要表现在水稻的自给自足和黄连收入从几乎没有到有一定的收入。第二次是在 90 年代末黄连暴涨的时候，持续到 2004 年的良好的黄连价格使得八龙村农民的收入普遍增加。最后到 2004 年左右，莼菜种植扩展到全村。作为经济作物，莼菜又给农民增加了一定的收入，不过这次是发生在物价上涨和黄连价格下跌的背景下，收入的增加基本上被吞噬了。另外在 90 年代左右的烤烟种植时期，由于当地土质不适合发展烤烟，给村民带来的损失大于收获，而且当时黄连价格极度不理想，当时应该是最困难的时期。

第三节　消费生活

一、日常消费

八九十年代的时候，人们基本上还是处在自给自足的时期，除了衣服（买布找裁缝做）、油盐酱醋以及农具外基本上不去买东西。这一方面是由于农户们没有多少现金收入，同时也有当时市场不发达、商品并不丰富的原因。

2008年7月23日星期三　　姓袁　男　53岁左右　　双坝组

以前不买个啥子，哪里来的钱买哦。粮食是自己种的，菜自己也种的有。无非是去理发哦，买点油盐酱醋。要不是赶场去买点农药、锄头，买点布回来"住"（做）衣服哦。那个时候没有钱儿用的时候还把菜拿去卖了买点油盐回来哦。

2008年7月27日星期日　罗宣华　　35岁左右　　双坝组长

我是1993年结婚的，当时基本上不去赶场，赶场就是去买盐、农药、农具，另外硬是不会买个啥子。

从90年代末到现在，日常消费水平有了很大的提高，尤其是随着黄连价格的上涨，人们开始普遍购置洗衣机、彩电、摩托车、手机，像电磁炉、电冰箱也在去年农网改造完成以后进入部分家庭。这些使得农村的消费结构发生变化，不再只是停留在柴米油盐酱醋茶的购买了，增加了其他费用。人们也开始买蔬菜吃，在市场上看到合适的衣服就购买或者专门去石柱县城买。

2008年7月　沈思奎　35岁左右　堆窝坝组

一到六月，买蔬菜花费100元每月，很少买肉（家里有腊肉），米1.6元每斤，3个人每月70斤，电费50~60元，电话费20~30元（自己），肥料3 000~4 000元一年，农具每年100~200元，衣服全年2 000元，煤炭消费1.5吨，现在是480元一吨。

教育消费，小孩子上小学一个星期10~20元，大孩子上初中500~600元每月，学费初中免费。

备注：沈思奎的家庭状况——刚当上堆窝坝组长三个月，在2002年修新楼房一栋，家里有电视机、电冰箱、饮水机（未用）、电磁炉、电饭锅、移动电话三部、卫星接收器（锅盖）、摩托车一台。他家电费消费比较大，主要是用电磁炉，夏天用冰箱，从他家的电费单上看一般每月都是20～30元。

另外，如果把教育支出放入日常开支，这对有正在受教育的子女尤其是读高中、职业技校和大学的家庭是笔不小的支出和负担。在接受九年义务教育的孩子的费用相对较少，主要是伙食费和零花钱；读高中的学费和生活费用就比较贵了，冷水乡没有高中，学生都是到黄水或者石柱县城去读。生活费一般每个月300元左右，但是学费会用掉上千元。孩子读大学或技校的家庭教育开支就更多了，学费一般都在近万元，生活费会在七八百一个月。当然这只是正常水平，有的较富裕或者孩子乱花钱的家庭开支会大些。因此，教育支出对有些家庭来说已是一项沉重的负担，这也是造成部分家庭在暑假期间要去起黄连去卖的原因。

二、婚丧嫁娶消费

婚丧嫁娶在任何时代都是一件非常重大的事情，人们对于婚事和丧事的重视使得婚丧可以成为当时最大的消费支出，所以婚丧嫁娶的支出基本上可以看做是人们在当时能够承受的最大负担。虽然办酒席的总收入通常都会大于支出，但是从长时间来看，礼金基本都是要还的，而酒席的支出还是要自己承受的。

当然，婚丧嫁娶消费的变化并不简单的表现在消费支出数量的变化，而是消费结构也有改变，这与当地的习俗、市场物品丰富程度、时尚流行和个人需求相联系。

如碓窝坝组的一位小店老板说：

"80年代后期的时候，结婚的陪嫁主要是柜子、箱子、家具等家庭用品，以及收音机、手表、自行车、缝纫机，就是'三转一向'，这些在80年代都算高档的了，不是每家都有的。到了90年代就很普遍了。当时酒席上只有猪肉，也就五六个碗。像结婚，老板一般能够接到2000～3000元，办酒席会用掉1000元，因为粮食是自己有的，菜是别人送的；男方不用给女方礼金，只要给12套衣服（至少8套）。

丧事，那个时候开支一般1000元以下，主要是因为棺材是自己生前做好的，只要操办酒席就可以了。

过生日本地人还是要过的，但是一般都不办酒席，像80年代的时候，（过大寿）大家都不办酒席的。"

双坝组的周兴大（55岁）说：

"我是1980年结婚的，当时就只是花费了500块钱，不过那个时候的钱值钱。"

碓窝坝组的侯国森（35岁）说：

"我1993年结婚，当时老丈人买了黑白电视机一台，另外有自行车、收录机、被套、柜子、碗筷、盆子、杯子，但是没有办酒席，因为当时家里没有钱。"

可以看出，人们婚事的消费品是在改革开放后，随着市场物品的不断丰富而变化的，但是结婚消费品还是在讲究实用性的东西上，从箱子柜子、锅碗瓢盆到"三转一响"，主要都是为新婚夫妇婚后独立生活而购置的用品。

三、人情事务消费

在访问过程中，当我们问村民一年要用多少钱的时候，他们通常都会很不明确，通过进一步追问我们会发现，他们最主要的不确定支出就是人情事务的支出。

在最近他们"礼尚往来"的"人情簿子"上我们很容易发现，最大的支出是礼金，多数"人情簿"上的礼金开支为上千元，有的甚至上万。他们自己也承认，人情事务支出是一笔不小的开支。

通过对收集到的"礼簿"的分析以及询问当地人，我们发现了两点：第一是送礼的"礼"的变化，这是由送物与礼金到只送礼金的转变；第二是礼金数额反映出来的社会关系及人们的观念。

"礼"的变化，在人情簿子上可以看到，人们对于送来的物也会折合成一定金额记入礼金里面，还礼的时候可以还全部礼金也可以还等值的物。

在80年代的礼簿上都很容易看到送物的，如花布、面条、鸡蛋、白糖、大米、油、豆腐干、衣服等，而在收集到的2000年以后的礼簿上面，除了礼金与火炮外，一般没有其他的东西了。这种变化得益于市场物品的丰富以及经济的发展，以前酒席的规模不大，需要的物品不多，而在市场物品不丰富的情况下，有钱也买不到必需的东西，所以送物很适合。而现在市场物品的丰富以及酒席需要很多东西并要统一安排，除了邻里送的蔬菜等，真正送礼的还是送现金。当然，他们还是保留了送火炮的习俗。不过，火炮最终也要折合成一定金额记入礼金。

对于礼金数额的分析还可以反映他们社区内部的人际关系以及送礼的观念。

在收集到的人情簿子上，通过礼金的大小可以很容易地判断出送礼的人与当事人的关系亲疏，主要可以分为三类：即男女双方的兄弟姐妹和父母、亲戚、同村的人（尤其是同组的）。双方父母送的礼金最多；其次是兄弟姐妹；亲戚也会根据自己和当事人的关系来送礼。同组或同村的除去前面的人，送的最少。另外，还有一类是朋友，这些朋友多是由于生意或者其他事情交上的，他们所送的礼金也会比同组同村的一般人多些。

其实，对于礼金数量不断增长的分析并不能说明太大的问题，充其量能够看出人们经济收入的增加。因为当收入增加的时候，人们经历了从送物、送粮食到现在只送现金的过程，而且收入增加，酒席开支增加，人们的礼金会相应地增加。但是，当人们收入下降的时候，已经提上去的礼金数量是不会降下来的。这一点，从近几年经济下降但礼金并没有变化可以看出来。同时也可以看到，礼金数量的增加与所处的时代有关，而与个人的经济好坏无甚关系。所以，在这个方面我们应该更多地关心的是他们为什么要送礼？怎么确定送多少的问题？

在调查中，村民对于礼金的认识各不相同，有的说"别人都给你送了的，当然要回送"，有的说"一直以来都是这么送的"，有的则认为"去别人那里祝贺，肯定要送东西，不可能空手去嘛"。虽然村民并不清楚到底为什么要送礼，至少没有一致的看法，但是村里只要有人办酒席请客他们一定会送礼，而且很多人也能够认识到，送过去的礼金别人会在自己办事情的时候回礼，自己收的礼金也一定会在下次别人办酒席的时候回礼，但是人们还是认为应该送。多数人认为，"其实这个送礼就是在别人办酒席的时候相互帮助哈，收到的礼金以后还是要还的"。

另外，八龙村民对于礼金需送多少的确认也有公认的方法。遇到"红事"，如新房落成、婚宴、小孩子的"汤饼之期"、老人寿辰所办的请客，人们都会拿出上次自己家里办事时的人情簿子，看别人送的金额，然后以等额或者再加上一些作为礼金。但是，对于白事，如丧事，人们则不会看礼簿，而是根据当时的一般经济情况来送礼金，因为他们认为白事看礼簿不吉利，而且一般的情况下，丧事的礼金也会比婚宴等的礼金少些。同时，不论什么礼金，都只会和别人送给自己的相等或者略高而不会低，这也可以印证礼金的量是与时代或时间相关而与个体的经济状况无关的事实。

此外，对于为什么亲戚要送高达数千的礼金这一现象，人们也各自有不同的说法。有的说"亲人嘛，当然要多送"，有的说"送了反正要还的，又不怕他（她）不还"，有的认为"自己的子女，父母肯定送的多，反正自己也用不完就给子女嘛"。更有人认为，"因为一个人办酒席，如果收的钱很少，大家就会笑他，说他不会为人。所以亲戚应该多送点嘛"。还有的人说，"送礼都必须在'礼房'，因为如果你直接给他的话他会不好意思收，而在'礼房'别人会看着你送多少，你送少了别个会说'你看他，还是亲戚呢，送那么点点钱'，所以就送的多嘛，才有面子"。

总之，送礼对于送礼人来说，是作为人情事务的开支，对于收礼方来说，是项未来的负债，需要在以后偿还（特殊情况除外）；对同组或者同村的人送礼，是一种参加期会的开支，对于收礼方来说是为操办酒席收取的费用；亲戚之间送礼，是表示亲戚关系的证据，对于收礼方来说，礼金多是自己亲戚关系好的证明。

在送礼与还礼的过程中，人们的关系不断得以延续并表现出来。礼金已经不是或者从一开始就不只是反映人们经济生活水平的工具（凑钱一起庆祝），而是人们展现与维系人际关系和社会结构的一种手段。

四、节日消费

八龙村村民过的主要节日就是清明、端午、七月半、春节。其中开支最大的就是春节。

双坝组的袁叔（53岁）说：

"清明的时候会买点纸、火炮儿，买点酒，吃的会比平常好点，耍上一天。其他的节日也差不多，但是春节开支大些，因为春节时间比较长，吃的穿的耍的都要钱，还有客人来了也要打发钱，一哈（总共）要一千多。孙子拜年都不给钱，只是其他亲戚来了会看情况给点。"

碓窝坝组组长沈思奎说：

"过年的时候一般要个三四千，反正是些吃的哦。孩子的爷爷奶奶会打发他们一千元左右。其实这个都是看家庭情况，想好好过就好好过噻。"

同组的侯国森（35岁）说：

"过年的时候用好多钱不一定，但是比平时多，自己去年过年用了五六百。主要是要买水果、糖、瓜子、花生之类的在家里。猪肉是自己杀的不用钱，但是小孩不一定在过年的时候买衣服，除非真的没有好点的衣服了才买，一般是平时去赶场看到'合适'（价钱、样式都好）的就买。从初一天到正月十五都是过年的时间，要走亲戚。走亲戚也要买礼物，如果是走老丈人家就要把过年杀猪的猪膀子拿一个，还要送酒；去其他亲戚那里也要送肉、酒、白糖。肉是自己家的，酒和白糖都在大队的小店买就可以。过年前会提前10天准备年货，腊月十几就开始，（一年的）最后一场不喜欢去，因为太挤，所以会赶在之前把东西买好。如果别人来自己家里串门，会根据别人带的礼物'打发'钱，但是不会被别人知道。比如来了人，送了40块钱左右的礼物，自己会'打发'50块钱，'反正不让别人上当'（就是不让别人吃亏的意思）。在亲戚走的时候，如果他有带小孩就给小孩，如果没有就假装给水果，然后把钱藏在水果里面。

像过平时的节日就不用那么多钱了。就是在那一天，老人会接女儿和女婿去家里吃一顿，会去街上买点鱼、买点菜，再弄点好吃。如果老人实在是老得弄不动了，就是女儿女婿把老人接过去，耍一天。"

和许多地方的传统一样，当地人很重视春节，从准备时间、节日时间长短、消费支出等都可以看出人们对于春节的期待和重视。而且，节日能够联系家人的感情，在疲劳的农业生活中得到休息的假期，对于人们来说也是件很开心的事情，其中又以春节的休息时间最长，人情交流更频繁。所以说，虽然过节日会有一笔开销，尤其是在春节时，但是人们并不觉得不应该，而是认为这些开销是必需的，应该好好过节日。

第四节　手机与人际互动

在现代生活中，手机已经成为人们日常生活密不可分的组成部分，没有事情习惯性地拿出手机看下有没有电话或者短信；突然想到某人时也会掏出手机拨通电话，或许都不知道要说些什么；看到美丽的风景，拿出手机打个电话与别人分享一下此刻的心情……或许我们都没有想过，从什么时候开始，我们已经习惯在腰间、在兜里、在包里放着手机，当走出家门做的第一件事情不再是看有没有带钥匙而是看有没有带手机的时候，我们并不会留意手机给我们带来了什么、又改变了什么。因为它的进入，就像每时每刻都有无数生命在融入我们生活一样，刚开始是像拥有一切的喜悦，接着就开始习以为常的生活，一切变得很自然了。

手机对人们生活的冲击并不是只停留在城市，它现在也已经成为农村生活中不可或缺的工具。不论是在冷水乡的政府大院，还是在乡间小路之上或者田坎上，甚至在丛林之中，总是能够听到炫动的铃声和那句熟悉的"喂，哪个"。在手机不知不觉中已经完全融入人们的日常生活的时候，这里已经没有了"通信基本靠吼，交通基本靠走的"的尴尬。手机等电器也不再成为经济发展的指标了。

和其他工具一样，手机的使用源于人们对于它的通信功能的认可。八龙村村民最初使用手机（1997年左右）的人并不是为了与村子里的人联系，因为当时在村子里面甚至乡里都没有信号，手机拿到村子里面也只能是个摆设，而且那个时候电话费也很昂贵。但是，那个时候能够拥有手机却是一件值得炫耀的事情。在访问碓窝坝蔬菜店老板的时候，能够看出他在回忆自己当时拥有手机时是多么的自豪。到现在，手机已经成了人人都可以拥有的通信工具，这也就是10年左右的时间。手机的普及源于科技发展使得其价格与通信费用的下降，源于人们收入的增加以及人们生活的需要，对于前面三点来说，我们很能够理解的，但是到底是生活需要手机还是手机使得人们的生活需要它就很难说清楚了。如果手机从一开始就是必需的，那么没有手机的日子为什么也可以有条不紊的进行？如果手机不必要，为什么人们的生活已经离不开它了？或许真的是手机使得我们的生活不能没有它。

八龙村的家庭现在基本都不使用座机电话，几乎家家户户都有手机，有的家庭甚至有几个，有的人已经更新了几个手机了。不过，手机融入村民的生活是一个过程，是一个人们慢慢体会手机带来的便捷与手机价格下降、收入增加的过程。伴随着这个过程，手机改变了那种走家串户传递信息的时代，同时也改变了人们日常生活的封闭状况，扩大了人们的联系范围。

在当地人眼中，手机带来的最大好处莫过于其便捷的通信功能。方便是人们认为手机最大的优点。有的人认为，有了手机，"叫人、找人再也不用到处跑了"；有的人认为，"上山干活带着手机，有事情的话也找得到"；有的人认为，有了手机，"和孩子联系方便"……

人是在不同的圈子之中生活，农村中的生活也是在不同的圈子之间进行，与亲戚之间的往来，同村人之间的互助，朋友之间的交往涵盖了血缘、地缘、业缘三大人际交往圈。当然，在人与人的交往中，这三个圈子的边界不是绝对的清晰，也没有明确的界限，但是它们几乎涵盖了人际交往生活的全部。除了从礼簿上面反映出来的人际关系外，手机也可以给我们呈现出同样的画面。从调查的资料看到，虽然手机具有扩大交际圈的功能，但是八龙村村民的手机通信记录里显示，人们最常进行电话联系的人还是亲戚，这也可以说明，农村人们交往的主要范围还是在血缘关系的范围内。

第五节　休闲生活

一、摆龙门阵

摆"龙门阵"也就是聊天。在冷水乡这个乡土社会中，由于居住格局、交通通信、生活习性的原因，人们很乐意也很容易聚在一起聊天。摆"龙门阵"应该是当地人文化生活最主要的部分。

"龙门阵"具有很强的随意性。从时间上来说，聊天的时间并不固定，劳作的时候、吃饭的时候、走路的时候、农闲农忙都可以；从内容上来说，聊天涉及的范围包括他们能看到的和想到的；从形式上来说，两个人可以聊，一群人也可以；从场所来看，可以在家里、路上、茶馆，或者田头、坡上。

"龙门阵"在乡村生活中扮演了非常重要的角色，是传递信息、交流经验、增进感情、加深人与人之间相互理解、探讨社会状况的一个主要场域。

"龙门阵"的内容非常丰富，想到的、听到的、看到的都可以讲。主要可以分为三类：农业生产、各家闲话、社会时事。农村里，聊得最多的就是与农业相关的事。农业生产一年四季不断，聊天的内容也随着生产的变化而变化。各家闲话并不是说东家长西家短，而是在中立的立场上探讨各家发生的事情，评价别人家或者自己家里的小孩，相互开玩笑等。对于社会时事，包括政治、经济、某些社会现象等。现在聊到的话题多是从电视上看到的内容，不论是新闻还是某些节目都可以涉及，并且会把那些时事与自己或者别人的生活相联系，或者单独地讨论。

当然，"龙门阵"也不是完全没有规则的。它的场地、人群、内容、时间上会有一定的内在联系，聊天的内容也会因时间、场地、人群而变化。在人群上，男人、女人、年轻人、老人和儿童以及宗族中辈分不同的人聊天涉及的内容会很不一样；在同一个屋檐下居住的人聊的内容和在茶馆打牌聊天的内容会不一样；农闲时聊天的机会和时间要比农忙时多。

　　在调查期间，我们也见识过多次摆"龙门阵"。2008 年 7 月 14 日，在一家小店里遇到很多人在摆"龙门阵"，这里面有小店的老板和老板娘、沈思武，还有两个小青年。沈思武本来是骑着摩托车回家的，看到我们在小店里，就停了下来，直接找了个板凳坐下和我们聊天。在我们还没有问他什么的时候，小店老板就说，"莫和他摆，他这个人什么都说"。他真的很"能摆"，什么都说，很喜欢开玩笑。问他是不是跟任何一个人都可以开玩笑。他说，只有与同辈的和比他辈数小的人在一起时才能开玩笑。他给我们说他结婚的经过，其他村有的人有几个老婆的事情，还有本地话中骂人的"背锅铲"的来历，把"龙门阵"弄的气氛很愉快。当天下午我们到了沈叔叔家里，在他们家的屋檐下听他妈妈、他老婆和他的邻居摆"龙门阵"。他们一聊就是四个小时，海聊了很多东西。其中有的是有关农业生活的：如"现在肥料才贵哦，涨到一百三了，黄连又不管钱……"，又如"明天赶场去买点海椒秧来种"，"说到买海椒秧，去年我们去买那个多，在回来的时候在摩托车上抖落得了，回来才晓得掉了"，"你去的时候，带个口袋捆起嚷"……"现在超市的口袋都要钱哦"……有的也涉及了各家的闲话，如"＊＊家，她丈夫死了她哪个过哦"，"哪个过，一个人自己养自己嚷，各人'住起'（种起）各人'QI'（吃）"，"她还不如回去和自己那边的儿子住，这边的人肯定也不会管她"，"回去那边也怕不得干啊"……"这么个妹儿（旁边的小女孩）点都不听话，喊你妈来把你弄回去"。有的也涉及当下的社会时事，如"我们这个房子住起还好些，你看上次那个地震来了，住在楼房上跑都跑不赢，这个房子（木房子）那个也不会那个快垮嘛"，……"电视上一天都放，看起都造孽得很"，……"有些人就好了哦，电视上不是放的，一个地方帮一个地方，他们汶川、北川、青川由专门的地方扶持呢"，"他们还会不会在原来那个地方建房子哦"……

　　从这些聊天的内容上看，很具有发散性，几乎是没有中心的，也不会一直围绕一件事情一直进行，通常是想到哪里就聊到哪里，当然也可能由于某个人的一句话又回到原来的话题。而且，谈话中会有很多重复的感慨和以前探讨过或者被很长时间探讨过的话题，但这并不影响话题的进行，因为这种探讨并不需要得出结论，通常也没有结论。

如双坝组的周兴大就告诉我们：

"聊天嘛，反正都是想到哪里就到哪里。比如说我看了个么子电视，里面的情节是哪个哪个，以后会是哪个哪个；活路'住'了没有，'住'了好多了，你哪个'住'的。像现在也会有奥运会怎么怎么样子啊。"

总之，八龙村民摆龙门阵时的聊天气氛通常都是很和谐的，因为他们都是站在中立的立场上探讨问题，也不需要得出结论，况且聊天的人都比较熟悉，经常相互开玩笑也不会为玩笑话而生气。这种场景，也是我们调查时获取某些信息的好场所。

二、广播电视

在任何地方的人民都渴求了解自己所熟悉的世界以外的人和事，八龙村在20世纪80年代了解外界的主要手段是广播与电视，90年代就主要是电视，到了2000年以后，由于电视、通信、交通的进一步发展，村民能够了解的事情就更多了。

如碓窝坝组的一位小店老板就告诉我们：

"80年代开始买黑白电视机，但是很少，只有少数的人。那个时候主要是收音机、录音机，基本上家家都有。到了1991年、1992年的时候，有黑白电视机的人开始多起来。但是收到的台少，只有湖北、四川和中央台，就是在外面架一个天线，看的时候里面的人看着电视，外面的人转那个天线，看到有信号的时候就定在那里一直看那个台。到了1999年以后，基本上是在黄连涨价的时候，家家户户都开始更换成彩电，接收器也是那个时候买的，但是那个时候的接收器信号不好，也不能收到很多的台，所以很多家庭买了影碟机，后来电视信号好了以后，基本上就没有用那个东西了。"

当地现在基本上家家户户都有电视，没有的只有极少的几户，而且很多人家有家庭影院一套，都有接收器，他们叫"锅盖"。而接受的都是中星6B115.5°卫星所发出的电视台信号，而且在安装的时候就将外语频道都删除掉了。

碓窝坝组的侯国森（35岁）告诉我们，他是修理电器的，没有开店，自己在家搞，附近的电视"锅盖"基本都是他安装的。因为在搜索频道的时候对不同的卫星要不同的密码，而且县广播局把附有卫星接收器密码的说明书直接发到他这里的，所以别人家安装"锅盖"时都需要他去帮忙搜索，外语频道也删掉了。他说：

"锅盖是我自己最先买的，在 1997 年买的时候花了 1 200 元，因为价钱比较贵，所以当时是一个院子用一个，那后来买的也是这样。不过到了 2000 年左右的时候，锅盖价格下降了，收入增加，而且考虑到与别人合用会出现矛盾，所以现都是一家一个了。"

但是他自己家有两个，可以接受两个卫星的电视信号，其他家都是一个。

现在中星 6B115.5°发的电视频道有：CCTV1、2、4、7、9、10、11、12，中央音乐，中央少儿，河南卫视，宁夏卫视，陕西卫视，湖南卫视，江西卫视，金鹰卡通，江苏卫视，四川卫视，甘肃卫视，贵州卫视，安徽卫视，炫动卡通，天津卫视，湖北卫视，北京卫视，青海卫视，现代女性，内蒙古蒙语，电视指南，内蒙古汉语，先锋记录，重庆卫视，汽摩，浙江卫视，河北卫视，山东卫视，孕育指南，江西卫视，育婴宝典等。

现在，当电视成为大众媒体的主流时，电视也成为农村文化生活的重要组成部分。当地家家都有电视机，由于地处山区，没有有线电视，但是家家安装有接收器，能够收到 40 几个频道，不过由于文化程度的原因，有的家庭只安装了 20 几个频道。

沈造贵（55 岁）在村里任支书多年，2001~2007 年则做村文书，他说："看电视主要是新闻啦、农业节目、海峡两岸，早晚都看天气预报……很准，尤其的中央一台的天气预报很准。"

没有读过书也不认识字的肖龙安（68 岁）说："我一般都是看新闻，战争片，尤其是抗日战争的，天气预报也天天准时看。"

沈思奎的母亲（62 岁）也是文盲，她说："我看些新闻嘛，我们又不认识字，不像你们认识字还可以看其他的。"

沈思武的邻居，在聊天中多次提到电视，"你看那个电视上，上海那个贪官要被执行死刑了"，……"现在别个都是安乐死了"。

罗洪根（32 岁）表示："看电视是各有各的爱好嘛……哪个哪个还会争起来哦，我儿子喜欢的（动画片）看完了，就看我喜欢看的，像有时候我看到《拍案说法》不好看还不是让他看啊！像他老汉儿就喜欢看战争片那些么子，我就看那个连续剧。"

吴胜斌说："我爱看的电视多了，了解新闻，看战争片，封神、三国、西游，还有有教育意义的连续剧。""农忙的时候就晚上回来看，像冬天时间多没得事情就天天看。"

侯玉和的儿子说："我有空时看电视，最喜欢看《山西农业科技频道》……很有用，还是很想尝试哈它介绍的那些，但是没有资本，要是我把全家的钱拿去搞个么子，万一亏了，全家吃么子咯！"

由此看来，看电视节目是因人而异，但对新闻的关注比较普遍，电视成为人们了解国家大事的主要渠道。但是不同的人，不同年龄层次，不同文化程度以及不同性别的人关注的程度不一样。但是作为农村的村民，对于天气预报和农业节目的关注程度比较高。

三、棋牌游戏

象棋是民间娱乐的传统工具，当地人热爱象棋的很多。下象棋主要流行于大集体的 70 年代以及后来的 80 年代，现在下象棋的人少了，现在的年轻人多喜欢打牌，只剩些中年人还喜欢下。

碓窝坝组的一家小店是该组村民聚合打牌的主要地点之一，店老板告诉我们说：

"打牌这个事情早都有哦，只有在'毛老头'的时候才不打。其实那个时候也打，只是不打钱嘛。到改革开放以后，这些人就打钱了，俗话说'抽烟要有嘴儿，打牌要起水儿'嘛。现在老年人就是打起耍，年轻人呢就是为了赢点烟钱……以前还是抓赌啊，也就搞过一年，搞过场，那个也只是抓大赌的嘛，你这个摆在外面打的，一看就搞起耍的，那个来抓哦。"

棋牌游戏当地现在很流行的有象棋、五子棋、桌球、扑克、麻将、"CHUO牌"即长牌，在有的地方又被叫做"八十四"，这些都是当地人热衷的休闲方式。其中最主要的是扑克、麻将和长牌，下象棋和五子棋的人少。

在碓窝坝组、双坝组交界的一家小店里，我们访问了小店的女老板。

问：你们这里打牌都打些啥子哦？

答：都是斗地主、"拉梭底"、"CHUO牌"，还有就是打麻将。

问：斗地主的规则是哪个的哦？

答：一般的规则啊，就是那个样子嘛。五张连牌，三带一，四张炸啊。

问：打好大呢？

答：一般都是打一块钱嘛。

问：那不是好大哦？

答：那也要看哪个打了，要是打"Zhua Jiao"（"插脚"，就是踢别人一脚的意思）的话就有点大了。

问：那个时哪个打呢？

答："Zhua Jiao"（"插脚"）就是，假如你是地主，（我认为我打得赢你）我就可以"Zhua Yi Jiao"（"插一脚"），这样就翻一番，如果下个人也想打大的话，他再"捧一脚"就可以再翻一番；再回到地主时，你还可以反一脚，这样赌注翻了两番，如果有炸可以翻的更多，还是有点大呢。要的打"三配"就更大了哦。

问："三配"又是哪个打哦？

答："三配"就是三可以当任何牌用，比如说你有三个 K，你还有个三，你就可以把三当 K，你就有炸了嚓，炸一次翻一番，那就不得了了。

问：那拉梭底又是哪个的呢？

答：拉梭底嘛就是炸金花嚓。

问：一般打好大呢？

答：五角、一块。五角都是这两年才打的哦，以前都是打一块、五块哦。

问：以前不打五角么？啥子时候开始的打五角的哦？

答：不打，去年冬月才开始打五角，没得钱儿了。

问：你们不是打五块的么？那是啥子时候哦？

答：那都是黄连贵的那几年了，现在一般都只有一块儿了……这里人打牌一般都"人情牌"，凭手气赢底子，不相互打压。遇到外人就会一起打他了，像队上的人带来的亲戚啊，外地来的啊，大家都会去看他的牌。

问：你们这里女的也爱打牌哈？我看那么多女的也一起拉梭底啊。

答：打啊，男的女的都打哦，那个简单嚓。我都会打斗地主、拉梭底、"CHUO 牌"，像拉梭底简单嚓。

问：男女老少都一起打吗？

答：打啊，凑的起人就打。老人不打斗地主，"脑筋"转不快，一般拉五角，打"CHUO 牌"。

问：他们一般啥子时候来打牌呢？

答：落雨天（下雨天）、落雪天，冬天来的时候多。像落雨天嚓，这里早就开始了。像现在农忙时候，一般中午来打哈，等太阳荫了又出去。今天天气温和就没有人来了，除了这几个没有活路的老头。

问：你这么小个地方怎么装的到那么多人？坐都坐不下哦？

答：站起耍噻，落雨天到处都站起的哦。

问：那你们麻将是哪个打的哦？

答：这个我不懂，所以我们这里不打麻将，他们要打的都去那边那两个店。

本地打扑克主要是斗地主和拉梭底、"买卡"，另外就是打"CHUO牌"（长牌）。平时下雨天和冬天打的人比较多，男女老少都打，老人不打斗地主，但是普遍喜欢"拉梭底"；❶ 以前黄连贵、经济好的时候打五块一注，现在一般是一元和2007年开始的五毛做底注。这里人打牌的多是消磨时间和娱乐性质，一般不会发生争执，也不会为输赢太过计较。

图4-3　农闲聚在一起打扑克的村民

桌球店是碓窝坝组的沈思武开的，他说："台球五角或者一元一局，积分的话打6~15号球，谁先打满谁赢；或者发牌打，按你自己发到的牌打，打完就赢。"

八龙村支书刘伟（20岁左右）告诉我们说：

"台球是今年（2008年）才开的，是沈思武在那里收莼菜，当时早晚收莼

---

❶ 地方俗语，一种赌博的方式，也称为"炸金花""打三片"。

菜，中午比较无聊，就买了这个台球桌。去打的人都是在20~40岁的，再年轻点的就是读书放假回来的。"

麻将在当地也比较流行，规则是只碰不吃，打没有字的，除了杠没有翻番的，打小胡，打的年轻人多些，一般打五块、十块。现在在堆窝坝和双坝之间有两个麻将馆。老板抽牌钱是从台上前几局抽，抽满后可以一直玩，所以他们有时候会在店里泡方便面当午餐或者晚餐。

当然，并不是所有打牌的都赌钱和去麻将馆。当地人很多都喜欢打牌，不过经常会在家里与朋友、亲戚一起打，只是偶尔去小店，有的只是去那里看看或者打小牌。现在两个打牌的地方都是在去年和前年才开的，以前的人或者在家里打或者去当时刘世翠开的小店（村小学旁边）。

当地打牌最疯狂的时候也是在2000年左右黄连最贵的时候，他们那个时候到处都打牌，而且打的很大，基本只打拉梭底，因为比打麻将和打长牌都来得快（赢钱快）。

碓窝坝组的侯国森（35岁）说：

"2002年的沈思奎家房子落成的时候，我去那里打牌，拉梭底10元的底，下家必'蒙'（即不看牌就下注），50元发话，一天输了两千。那个时候有期会（机会）就打牌，没有（期会），当时就聚在刘世翠家开的店里面打。打牌就是为了赢钱，都拉梭底，打麻将赢不到钱。而且那个时候大家都打牌，自己不打没得要的。"

现在，打牌在当地人来说一般都是娱乐，但是也有人因为打牌赌博输了很多钱。沈思武回忆自己在前年打牌输了20万，拉梭底500元的赌注，在一个星期就输完了，把本来准备修房子的钱都输掉了。他说现在自己一般都不打牌了。另外，韩世富因为打牌拉梭底200元底注、麻将打10元输掉了在黄连涨价时做黄连灰生意挣来的七八万元。现在因为家庭负担都不打牌了，从他的口气中还能听出一些遗憾。

碓窝坝组的沈哥（23岁）告诉我们：

去年在双坝和碓窝坝之间开了一个麻将馆，里面有三桌自动麻将机，另外有象棋、扑克。玩象棋不要钱，扑克不论怎么打5元一副牌。自动麻将一个上午，打5块钱一炮的，抽4次牌钱，每次5元；如果打10元或者10元以上的话，就是抽3次，每次10元。自己在的杂货铺是1997年开的，现在正在装修准备搞个超市。

今天天气太好，出太阳了，这里没有人打牌。如果是下雨天，屋里面能够容纳 50 个人左右，来的人很多。在冬月、腊月、正月的时候来的人最多，那个时候农活不忙了，来打牌的人也会比平时打的大。在这里打牌的都是周围的人，很熟悉。九几年的时候不流行打麻将，会的人很少，打的也很小。在以前（我自己开麻将馆），这里的人打麻将都是在家里，爱打牌的人家里都会有麻将，只是好坏不一。斗地主都是从这几年才有的，以前都是打'川牌'（长牌），男女老少都会打。这里的人从 15～60 岁的都会打牌，20～45 岁的最多，男女比例可以一比一的样子。现在有的人会在赶冷水场的时候，夫妻骑车去冷水茶馆打牌，因为那里打牌打的大些，至少都是 20 元，而且基本是不认识的人，可以不留情面。"

四、打猎捕鱼游泳

八龙村依山傍水，重峦叠嶂，河流交织，不仅为人们种植黄连、莼菜提供了条件，也为人们捕鱼、打猎提供了场所。和其他地方靠山住的人一样，人们喜欢打猎，只是现在有些变化而已。

一位小店老板告诉我们：

"打猎那'有的是'（到处都有）。以前又没有人管，那个去的人就多了，有的人还以那个为职业。平时都去，春天只是打的到山鸡子，主要还是在冬天。像现在不准嗯，是违法的，大家也就下大雪的时候偷偷地去弄哈。……现在去也要人带啊，都要专门有人带，那个师傅还是一代传一代的，去之前还是要祭山，主要是怕打到人嘛。师傅不去也要分一股，其他人去了都可以分一股。……主要还是用枪，用狗撵，放夹子，那个师傅晓得什么动物往哪里跑，就去那里等到就是了。"

碓窝坝组组长的母亲也说：

"（打猎）有哦，他们冬天三个四个的没有事情就去，在屋头（家里）坐不住。……还是带枪，不然那个野猪，人那个弄的到哦。几个人围起来，以前就是吹叫叫，现在都打手机了。还要悄悄咪咪的。……打的到啊，多哦那个东西，去年下大雪他们打了好几个哦。去了的人都分的到得。……用枪啊，放夹子嘛，下雪看到脚印追噻。"

但也有人表示他不会去，如袁叔就说："不去，那个是违法的嘛，国家保护动物不许打。"

由于河流众多，而且在春夏两季突发暴雨，使得当地河流里面有很多的鱼。下河捕鱼也是当地人很爱做的事情，不只是小孩子，大人也喜欢。由于捕捞很费劲，人们不再沉浸于捕捞过程所带来的快乐。相反，村民更多的是选择用生石灰，更有甚者直接去购买药，如鱼塘精。药的使用，导致河中鱼的幼苗也被杀死，促使河中鱼类的灭绝。

如碓窝坝一家小店老板就告诉我们：

"现这里捕鱼一直是用'you'（药），喜欢捕鱼的人多哦。一听说哪里'Lao'（药）鱼，'Ba'人（大家）都跑起去捡，这里的鱼好吃，比一般地方喂的鱼好吃的多，而且很好耍。（开心的笑）现在这个是违法的了，不过还是去。一般约起几个人就去，主要是夏天。夏天河水浅，药用的少，冬天这里根本不能去。"

人们还很喜欢下河游泳，女的不去河里洗澡，在家里用大木盆洗，但是男的和小孩在夏季还是很爱去。大人都不允许太小的孩子去河里，但是对十几岁的孩子也不太管，只是叮嘱不要去深的地方。由于当地的房屋都没有热水器，很多房子都没有专门的浴室和卫生间，所以有些大人觉得在家里洗澡不舒服，就去河里泡澡游泳。

五、赶场

赶场是农村的一种特别的集会形式。"场"在农村是一个特别的交易聚集地，赶场是人们为了自己的需求而去聚集地进行交易。赶场通常都有约定俗成的日期。八龙村的村民赶的场主要有冷水场和白羊塘场。冷水场是在农历的二、五、八赶，而白羊塘是在三、六、九赶。白羊塘的集市在规模和人流上比冷水场大得多，虽然处在湖北境内，但是与八龙村相邻，人们更倾向于去白羊塘。

场的大小和人们赶场的需求，取决于经济的发展和人们生活水平的变化。在改革开放后，市场经济飞速发展，当地市场上的交易物品也大大丰富了，人们对于市场的需求也随着自己收入和交通的改善而增强。

在80年代到90年代上半期，赶场对大多数人来说主要是为了购买日常生活品的需要，随着经济的发展，赶场对于人们有了不同的意义。现在有人甚至专门在赶场的时候去打牌。

图4-4　赶集

如碓窝坝组的小店老板说：

"以前赶场也就是称盐、打油、买布，其他也没有啥子'住'的。那个时候有些人可能一个月都没有去过一次。现在就不一样了哦，现在的人'事多儿'。去买菜啊、买点农药、买农具，收药材的多去卖点药材，去给小娃儿买点衣服啊，还有有的人就是去为了看哈，什么都不买，有的人就是去'杀馆儿'（去馆子里吃）。现在交通方便嘛，有的人去哈很快就回来了，又不用像原来那个搞半天……年轻人还是去的多些……如果是下力的活就男的去，像买菜这些就女的去。以我看女的去赶场的还是多些。"

碓窝坝组的沈哥则说：

"有的人现在就是在赶冷水场的时候骑车去冷水打牌，因为那里打的大些，而且是些不认识的人，不用顾忌情面。"

赶场对于人们不仅仅是带着钱去市场买点东西这么简单。人们去赶场通常不会一个人单独去，尤其是在以前交通不方便的时候，人们都是走路去，赶场经常都是几个人结伴而行，这样在路上人们可以聊天摆谈。

在赶场时相亲是赶场的一种特别需求。媒人为男方或者女方说媒以后，如果是不认识的或者不熟悉的，双方通常会要求先看人，这时媒人会约定日期让双方在赶场的日子一起去集市。在集市上，双方都可以看见对方，又不用交谈，这样可以避免初次见面的尴尬。虽然通过赶场去相亲并不普遍，但是这也可以说明，赶场并不是简单的物资采购而已。

六、期会

期会，在当地人看来是指婚礼或者葬礼，或者是参加小孩的满月酒，现在甚至包括其他的能够聚到一起的集会，如现在小孩考上高中或者大学，家里也会邀请众多亲戚朋友齐聚一堂，共同庆贺。其中最大的还是婚礼和葬礼的集会。

婚礼期会是最热闹的集会，这个时候，主办婚事的一家要向大家"请耍"，就是邀请亲人朋友在约定的日子里一起到自己家里来吃酒席。参加的人主要是邻里、亲人、朋友。婚礼期会的时间一般为三天，在第二天最热闹。婚礼当天，不同地方的人可以齐聚一堂，村子里的中年妇女通常会去帮着操办酒席，中年男子会帮着布置场地，老人可以聚在一起聊天，年轻人会在一起打牌娱乐，很多小孩子也可以自由的玩耍。参加这种期会是人们都很乐意的事情，因为这个时候可以放下手中的农活，放松放松。

葬礼期会也会聚集很多人，但是通常没有婚礼热闹。但是，随着社会经济的发展，现在八龙村的葬礼期会也和其他农村地区一样，很流行丧事喜办，即"喜丧"。丧事也会有朋友、亲戚、邻里相聚，很多人都会参加，即使不能帮上忙也会去那里，也可以在那里娱乐打牌。

碓窝坝组的组长沈思奎（35 岁）说：

"丧事一般三天，有人逝世以后，村子里 70% 的人都会去帮忙，可以不干农活。在那里也可以打牌娱乐，主要是陪着亡者的家人。下葬的前一天晚上人比较多，会有亲戚请耍狮子锣鼓的人，现在也有请人演唱歌舞的。"

2008 年 7 月 9 日晚上，我们全部人都去参加一场葬礼期会。当天晚上很多人聚在那里，我们去的时候已经有很多人在吃饭，有专门的人负责接待和事务的安排。我们去的时候，刚好有丧家的亲戚请来的耍狮子表演，吃过饭的人聚集在院子里观看，大人小孩都很开心。耍狮子的来了好几拨，他们是由不同的亲戚请来的。在吃过饭以后，还有来自黄水的表演团的歌舞表演，表演的节目中，有哀伤的缅怀亡者的歌曲，也有很热烈、奔放的现代流行歌舞。

期会其实是提供了一个供所有人相聚交流的场所，在那里可以认识新的人和增加人与人之间的了解。沈思武就说自己是在一个期会上认识现在的老婆的。另外，在当地，不论是喜事还是丧事，办酒席的人家自己都不需要管理任何事情，只需要把基本事情交代给"期会总管"就可以了。一个如此大的聚会，需要很多人力、物力、财力，尤其是需要在人和物上的协调，所以会有很多人协作分工，一个人就可以在与别人的协作中认识和熟悉其他的人。

2008年7月16日，我们在凤凰组的袁毕江家里观看他儿子4月份结婚时录制的光碟。袁毕江回忆说，当天他不用管任何事情，大小事务都有期会总管张村长、萧龙堂、刘伟负责。从碟中的画面可以看到，有很多人在厨房忙碌，很多人在布置场地，有专人负责接待，老人则坐在一起聊天……

当地人不是很重视过生日，对于50岁以前的生日，像10岁、20岁、30岁、40岁都不"起酒"（即不办酒席）。在过去，可能是没有钱，如碓窝坝组的一家小店老板告诉我们："在八十年代的时候过大寿时也不'起酒'，没有钱的嘛。"而现在，对于50岁以后的大寿也很少有人办，有的人认为办酒（过生日）很麻烦，肖龙安（68岁）、沈思秀（65岁）夫妇就说，他们在60岁的时候没有办寿诞酒席，他解释说："我们这个老的哪个办酒席哦，我脚痛，跑又跑不的，儿子也没有在身边，他们也不会有时间回来。要是那种儿子都在周围的，那样如果起酒的话还可以。"杨万友（72岁）也说："我在70岁时是办了酒席，本来自己也不打算办的。我的一个兄弟来要时，说我从来没有'起客'，现在70了应该办一次。我觉得很有道理，但又担心自己岁数大了，没有人买东西忙酒席，于是就找儿子商量。儿子说'摆酒席就摆嘛，只要您把钱拿出来，我该跑路就跑嘛'。得到儿子愿意跑路的允诺，我才决定办酒席，并把办酒席的开支交给儿子。后来，酒席收的礼钱有三千多，开支只用了一千多。"

由此看来，现在虽有人过大寿，但多数人还是不重视过大寿，一是酒席需要开支，即使办酒席能够收到礼金，但是礼金是要还的。二是办酒席会有很多事情，要到处去喊人，要买东西等很多事情，老人自己大都忙不过来，如果子女不在身边就不能办。所以，多数人平常的生日一般都没有酒席，只是非常亲的人像兄弟姐妹会聚在一起吃顿饭，玩一天，可以给礼钱也可以不给。

第六节　日常生活其他方面（衣、食、住、行）

第一次去八龙村的时候没有车，我们走在他们新修的旅游公路上，路面并不平整，走起来有点吃力。第一眼看到村落的影子是双坝组路边一栋新修的楼房，外面贴有瓷砖。再走进去一点的时候就看到了道路两边砖木混合结构的瓦房和纯木结构的四合院，人们穿着黑色的衣服，坐在木制长板凳或者木制椅子上面好奇地看着我们。在接下来的日子里，我们几乎每天都会进入到那个熟悉又陌生的村子。通过和他们的交谈和交往，我们渐渐熟悉了他们的日常生活。

他们的服饰其实和我们并无太大的差异，年轻人也会穿着安踏的鞋，邦威的T恤和牛仔裤；中年男人穿的基本都是西装和皮鞋；老年人的穿着很随意，有的衣服款式很老但也是80年代和90年代普遍流行的，而且老人很多衣服也就是儿女从城里或者白羊塘集市上买的。

如小店老板回忆说：我们的服饰其实和你们都一样，在80年代的时候都是自己买布回来找裁缝做，那个时候已经不是只有过年才买衣服了，到了90年代以后就是去市场上买衣服了。又如1953年出生的沈造贵说：我都很多年没有买过衣服了，现在的衣服都是在石柱的儿子买回来的。

八龙村民的主食是大米，比较特色的饮食是"洋宝儿饭"和腊肉。本地的高山洋芋产量很高，也比较好吃，人们很喜欢将洋芋和饭煮在一起，很美味。我们来的时候正值洋芋成熟的季节，在老乡家里吃了很多的"洋宝儿饭"。当地人通常在过年的时候杀年猪，但是在过年时无法完全吃完，于是人们会将猪肉腌制之后，挂在灶头上面熏制成腊肉。腊肉很容易保持，可以终年不坏，这样人们终年不用去市场买肉也可以有肉吃。

当地人的建筑还保留着一定的传统式样，房屋有全木结构、砖木混合结构、砖房结构等。

碓窝坝组的小店老板告诉我们：

"这里的房子在80年代都是木结构的，1999年以前，有了点钱也只是扩建厕所、猪牛圈，到了1999年黄连涨价的时候才开始修葺房屋，那些青砖房子也是在那个时候才修的，而这些新的红砖楼房则在2000年以后才开始修建的。"

从了解的情况来看，年轻人还是很想修房子，老人修房子的意愿没有那么强烈，但是由于交通不便，有些人也没有修。如双坝组的罗宣华（35岁）说：

"这里的人修房子的钱还是有，以前是由于交通不便，没有办法修。现在交通好了，但是物价涨了，尤其像木料、砖、钢材和人工都涨了好多。我2002年修房子的时候才用了7万多，现在要修这样的房子，没有十一二万不得行了。"

另外，本地房子不论是新的楼房或者是以前的吊脚楼，厕所都是与房屋分离的，也就是说，厕所在房屋外另行搭建，一般都建在猪圈或者牛圈的旁边。这主要是因为人们需要以大粪作为肥料即农家肥使用，因此，就需要将粪便储存起来，因有异味所以得远离人居住的地方。

现在八龙村最主要的交通工具是摩托车，除了只有老年人的家庭，基本上家家都有。这主要是因为摩托车比较方便而且当地的公路并不平坦。八龙村现在被一条在去年动工的旅游公路贯穿，公路至今尚未完全完工，但已经让人们方便不少。

碓窝坝组的小店老板告诉我们：

"八九十年代的时候主要的就是自行车、手扶拖拉机，在90年代后期就有人买摩托车，但只是少数富裕的家庭有，真正普遍买摩托车的是在2000年以后开始的。"

另外，到目前为止，有些人已经不止用过一辆摩托车了，比如沈思武就已经是第四辆了。而且，有的家庭甚至不止一辆摩托车，侯国森家里就有两辆。

其实，现在八龙村外出的交通还不是很便利，尤其是要去县城或者是去黄水镇。八龙村没有直达县城的车，必须到冷水乡街上才能坐到车，车费是50元左右，而且一天只有两班。也正因为如此，八龙村民除非有很必要的事情，一般不会去石柱，很多家庭主要的商品都是去湖北利川县城（只要10元的车费）或者白羊塘市场。但是，令当地人开心的是，八龙村的旅游公路正在修建当中，在邻村，有一条石忠高速公路也正在修建，这不仅将促进当地经济的发展，也大大改善了当地的交通状况。（2009年石忠高速公路的一期工程已通车，这样从冷水到石柱县城只需要两小时左右了。）

八龙村现在只有几家杂货店坐落在组与组交界的地方，在双坪与凤凰的交界处有一家小店，在碓窝坝与双坝交界处有三个小店，其中一个正在装修准备改成小超市。小店的商品都是人们日常生活用品，从油盐酱醋、大米到饮料、礼品以及各种零食。碓窝坝有两家店是这两年才开的，另外一家从1997年左右就开始营业了。这些小店满足了人们日常的生活需要，而且小店也是村民聚集的地方，因为村民可以在那里打牌娱乐以及摆龙门阵，商店也因此成为人们活动和聚集的一个中心。

第七节　礼金的功能与意义

一、礼物与礼金

(一) 礼物研究的理论回顾

现代汉语词典中的"礼物",是指为了表示尊敬或者庆贺而赠送的物品,泛指赠送的物品。对于社会礼物的流动,人类学家早已有很多研究。人类学研究的"整体观"(holism)原则是将物置于具体背景中进行考察,判断社会的认知体系。物的意义只有在具体的关系和结构中才具有特殊的功能。❶ 人类学家关于礼物的考察主要集中在三个方面的主题,即互惠原则、感情信仰和商品交换。主要有马林诺夫斯基的库拉交换、莫斯的礼物之灵、列维-斯特劳斯的最好等级的礼物、阎云翔的中国礼物的流动理论分析。在对这些礼物的探讨中,礼物的概念是广义的,通常指包含社会意义交换物品。学术界关于礼物的理论考察起源于人类学者马歇尔·莫斯(Marcel Mauss)。在《礼物》一书中,莫斯提出了礼物回报的内在逻辑——"礼物之灵",礼物蕴含着馈赠者的天性和力量,保留这种东西具有危险性,受礼者必须做以回报,否则将会引起严重的麻烦甚至造成受礼者的死亡。莫斯把这种迫使回礼的力量称为"礼物之灵"。这种超越自然的力量赋予礼物不可让渡性,避免了把礼物化为自利的个人间交易,从而解释了送礼者与受礼者之间精神的、非功利性的联系。❷ 学者马林诺夫斯基(B. Malinowski)提出"互惠原则"来解释礼物交换问题,认为馈赠礼物是因为期待回报,如果没有回报,对方就会终止馈赠,这是一个十分平衡的互惠链条。❸ 古德利尔在《礼物之谜》一书中认为,物的交换虽然表现为"个人行为",但在具体的行为过程和表现意义上,"个人行为"无论是建立在"经济与伦理的代码"之上抑或是宗教、慈善事业至上,其意义都会散布到特定的意义系统中。所以无论是莫斯还是古德利尔,他们都强调支撑物的

---

❶ 彭兆荣,吴兴帜. 民族志表述中物的交换 [J]. 中南民族大学学报(人文社会科学版),2009(1):1.

❷ 林升栋. 礼物、关系、信任 [J]. 广西民族研究,2006(4).

❸ 黄玉琴. 礼物、生命仪礼和人情圈 [J]. 社会学研究,2002(4).

交换背后的那些社会关系和时代特点。阎云翔认为礼物本身不包括一种超自然的特质，但却是传递人情的最有力的工具。或者说，不是礼物之灵而是人的精神将馈赠双方联系在一起，不是物品而是通过物品传达出来的人情是不可让渡的。❶ 他还认为，礼物交换在中国是"个人身份的文化结构"的一种反映，个人被要求通过礼物交换来定位自己在不同种类人处理地方道德世界中社会事务的相关中介。社会学家贝夫（Befu，Harumi）认为，根据送礼者的动机和所要达到的效果，采用"二分法"的分类标准，将礼物分为表达性和工具性两种类型。表达性礼物以交换本身为目的，表达情感、标识身份并维持馈赠者与收礼者的长期关系，它主要变现为人们之间的"由互惠原则支配的随礼"。工具性礼物则是以功利为目的并意味着送礼者与收礼者之间维持的是短期关系，生活中它主要表现为"不对称交换的送礼"。❷ 但这样的分类仅仅只是一种"理想类型"而已。在具体的生活实践中，没有纯粹意义上的表达性和工具性的礼物，礼物的功能也只能是在这两者间流变。在某一时期、某一场合或者地域下，有可能表达性礼物占主导，也有可能是不对称的送礼成为社会风尚。❸

（二）礼金的定义与礼物的关系

从人类学经典中的关于礼物的研究中，并没有明确的概念，但是大都把前工业社会中的非市场性交换物品作为研究对象进行探讨。因此，礼物是个极其宽泛的概念，某一物品成为礼物并不是因为其经济价值或者实际功能，而是因为其被用作非经济性交换时表现了一定的社会性。

陈刚从场域的角度区分了礼物交换中的礼节域和往来域。"礼节域"是已经仪式化的送礼实践，而"往来域"则指大多数尚未仪式化的送礼时间。他的区分为进一步梳理仪式性和非仪式性礼物交换中的人际关系提供了起点。❹ 而本文的礼金是指在八龙村中，期会来宾以户为单位赠送给主人的现金或者实物（折合现金价格一并记入）。礼金登记在礼簿之上，礼簿会被主人长期保留。礼金的赠送很大程度上表现了礼物流动的"互惠性原则""强制性义务"。礼金赠送的时间、方式和场域因素使得可以将礼金归于"礼节域"。虽然礼金没有礼物流动范围那么广泛，但是，礼金作为"人情"在村落中也具有重要

❶ 阎云翔. 礼物的流动：一个中国村庄中的互惠原则与社会网络 [M]. 李放春，刘瑜，译. 上海：上海人民出版社，2000.

❷ Befu, Harumi. Gift Giving and Social Reciprocity in Japan. France-Asie, 1966：55-57.

❸ 郭宏斌. 转型期农村居民礼物不对称交换的社会分析 [J]. 黄山学院学报，2008（2）：55.

❹ 黄玉琴. 礼物、生命礼仪和人情圈 [J]. 社会学研究. 2002（4）：88-101.

的意义。因此，本文将礼金作为礼物的一种进行讨论。

二、礼金的主位的解释

村落是农民基本的生活空间，是乡土中国最基本的组织形式。这一共同地域不仅是人口再生产和繁衍发展的生存空间，还是其语言文化、价值观念、风俗习惯、社会心理等共同意识形成和发展的人文环境。生活在同一村落中的农民是一种以地缘纽带结合而成的社会群体，同祖同宗与骨肉情胜过其他一切关系。这一社会群体在共同生活中创造出一种以家族、血缘和地缘关系为基础，以社会网络为结构，能反映村落制度特征和传统底蕴的文化形态，这就是村落文化。❶

在不同的社会环境下，人与人之间的交往依据家族、血缘和地缘关系，形成以自己为一个中心的特定社会网络结构。并以此网络结构在其地区文化的价值观念下，形成共同的社会心理意识，逐渐发展形成一个隐形的、约定俗成的准则。人们之间不需要强制或压迫，更多地是在回避道德的舆论压力中去实践。在八龙村社会往来中，就形成一些隐形的礼金基本原则。

（一）礼簿金额的格局

在收集到的礼簿上，可以很明显地看出礼金的三级等级格局。通过进一步访问可以得知，这三个等级区间其实直接与来宾和期会承办人的亲疏关系相对应。第一区间登记的是男女双方的兄弟姐妹和父母，第二区间是沾亲带故的人，第三区间则是没有亲戚关系但是处于同一个村子且平时有一定交往的人。通常来说，经济条件允许的话，双方父母送的最多，其次是兄弟姐妹；亲戚会根据亲疏程度和以往的交往选择送礼金额；而同村的人除去前面的送的最少（见表4-6）。当然，随着人们交往范围的扩大，礼簿上有了生意上的或者其他原因而结成朋友送礼的名字。

表4-6 嫁女期会礼金金额表

等级区间	第一区间							第二区间			第三区间		
礼金金额（元）	3 000	2 200	400	300	200	150	100	60	50	40	30	20	10
户数	1	1	3	1	5	1	17	2	26	13	77	110	1

资料来源：对八龙村碓窝坝组吴胜斌的访谈。

---

❶ 任映红. 农村人情礼俗文化队选举公正的影响［J］. 实时观察，2008（12）：44.

（二）礼金的观念

赠送礼金在当地被称为"送人情"，人情开支也是人们最不确定的一项开支。当地人对于为什么要送礼以及送多少有着自己的认识。

有的人认为，"别人都给你送了的，当然要回送"。有的认为，"一直以来都是这么送的"。有的认为，"去别人那里祝贺，肯定要送东西，不可能两手空空的嘛"，等等。这是对于送礼的一般认识，这里面包括了送礼的互惠原则，即送礼是以前收礼的现实义务以及对于传统习俗的遵守。

其次，人们对于礼金的多少的确定有公认的方法。通常的酒席，比如新房落成、婚宴、小孩子的"汤饼之期"、寿辰，人们都会拿出上次自己家里办事时的人情簿子，看别人送的金额，然后以等额或者再加上一些作为礼金。但是，对于丧葬期会人们不会看礼簿，而是根据当时的一般经济情况来送礼金，因为他们认为看礼簿不吉利，而且丧葬的礼金也会比婚宴等的礼金少些。同时，不论什么期会礼金，都只会和别人送给自己的相等或者略高而不会低，这是送礼的一个重要原则。

此外，对于为什么亲戚要送高达数千或者上万的礼金这一现象，人们也各自有不同的说法。有的说，"亲人嘛，当然要多送"。有的认为，"送了反正要还的，又不怕他（她）不还"。有的认为，"自己的子女，父母肯定送的多，反正自己也用不完就给子女嘛"。更有人认为，"因为一个人办酒席，如果收的钱很少，大家就会笑他，说他不会为人。所以亲戚应该多送点嘛"。还有的人认为，"送礼都必须在'礼房'送，因为如果你直接给他的话他会不好意思收，而在'礼房'别人会看着你送多少，你送少了别个会说'你看他，还是亲戚呢，送那么点点钱'，所以就送的多嘛，才有面子"。这些观念可以从各个角度来分析：父母认为给礼金是转移自己财富给子女的手段；兄弟姐妹之间认为这种基于互惠原则的送礼并没有什么损失（迟早要还的）；同时送礼者为了表示自己所送礼金与社会承认的自己与期会承办人的亲疏关系相适应，为了有"面子"而赠送高额礼金；有的是亲戚为了维护承办人的声誉而赠送高额礼金。

在这些观念中，人们把礼金当做"人情"来理解，而中国人的"人情"既是一种社会情感，也是一种可以用于人际交换的资源，是中国人际互动的纽带和准则。❶ 瞿学伟认为，"人情的实质正是在关系中对平衡性的维持，它表现为个体在某种标准压力下的'要面子'行为，同时也表现在关系结构上的'给面子'行为，维持各人面子就是维持住了平衡的关系，也就是讲了人情，而一旦出现了失衡现象，就会意味着其中有人丢了脸，或者没有给面子"。❷同时，就村民理解的"人情"，在乡村社会中是具有一些无可替代的功能：首先，适当的人情交往能使人们的情感需求得到满足，情感生活得以丰富。有来有往的人情互惠造就了乡村中一种浓郁的人情味以及融洽的人际氛围。因此在一定程度上，人情交往也具有减少焦虑、压力和心理调适的作用；其次，在传统农村，由于物质资源的匮乏，人情消费就成为一种特殊的资源转移和重新配置方式。农民通过这种互通有无的资源配置加强了网络联系，也有机会通过他人的网络获得劳务、信息等特殊资源。可以说，人情的又一个重要功能就是社会支持网络的建立和保持，它给人们提供了物质资源和社会情感的资源。

三、礼金的变化

礼金主要指人们在参加婚礼、葬礼、小孩诞生礼等期会的时候，参与者送给期会承办人的礼物或现金。在八龙村，人们称此为"送人情"。期会是指在当地社会中举行的婚礼、葬礼、满月酒、寿辰等人生礼仪的集会。因其举办时间会提前通知，并且会有很多人参加，故名"期会"，即约定时间的集会。承办方会将参与者送来的礼金记载在"礼尚往来"的人情簿子上面，送来的物品会在做实物记载的同时将其折合成市场价一并计入。下面为八龙村礼金的情况。

表 4-7　1982 年汤饼之期礼金簿

礼金	10元	8元	5元	4元	3元				
户数	2	1	9	5	20				
礼物	花布	面条	鸡蛋	白糖	大米	油	儿童毯	衣帽	米
户数	2	11	5	1	3	1	2	2	2

资料来源：对冷水乡八龙村凤凰组张村长的访谈。

---

❶ 朱晓莹. "人情"的泛化及其负功能：对苏北一农户人情消费的个案分析 [J]. 社会，2003 (9)：1.

❷ 瞿学伟. 中国人际关系的特质：本土的概念及其模式 [J]. 社会学研究，1993 (4).

表4-8 2001年新居落成礼金额

金额（元）	10	15	20	30	50	60	100	150	1 000	1 500	2 000	3 000	3 500
户数	4	7	91	30	29	6	6	2	1	1	1	1	1

资料来源：对冷水乡八龙村碓窝坝组吴胜斌的访谈。

　　从表4-7可以看出，1982年参加期会的人们存在着送物尤其是食用物品折合现金作礼的行为，而且这也被广泛的认可和接受。但是，到了2001年时，礼簿上除了炮仗（礼簿上记作"宝盖"）之外，极少有送物的了，而且也不会送食用物品。另外，从两个表格反映的情况看，礼金是不断上涨的。这两点都可以看成是经济发展的结果。

　　首先，由送物和现金到只送现金的变化，得益于商品市场的不断发展、商品的不断丰富以及期会酒席的客观需要。表4-7表现的是在家庭联产承包责任制以前，处于计划经济体制之下的商品物质极其匮乏，而且存在着有钱也不能够买到所需物品的尴尬（需要政府按规定发放的票证才购得到）。因而，举办期会所需要的大量物资凭一家之力是无力承担的，而且农户家里也不可能存有如此丰富的物资。因此，送物则成了一种重要的支撑手段，虽然每家也不多，但每户拿出一些则可以维持酒席的消耗。而且，商品经济的不发达使得人们没有太多的现金收入，也促使了"送物"这一现象的出现。另外，从酒席规模来看，80年代的酒席上面只有猪肉一种荤菜，而且总共也只有五六个碗（即五六碗菜）。而发展到2002年以后的酒席上会有鸡鸭鱼肉以及其他菜共30几碗。小规模的酒席所需物品种类相对单一，量较少，别人送来的物品便于使用。相反，大规模的酒席对于物质需求种类较多，量较大，如果来宾送物则无法协调。况且，在商品经济发达的情况下购买便利，一方面使得人们不会在家里存储太多酒席所需的物品，另一方面，酒席承办方统一采购则更有利于酒席的安排。

　　其次，礼金数额的不断攀升。从近30年的礼簿来看，礼金是不断上涨的，尤其在2000年以后迅速上涨。虽然没有收集到一个家庭30年的礼簿来佐证这一点。但是，从人们的送礼原则以及不同年份礼簿金额的变化足以说明这一点。人们在参加期会以前，会拿出自己上次办期会"礼尚往来"人情簿子，以别人送给自己的金额作为参考依据，原则上不能少于此金额，也就是必须等于或者高于此金额。至于高多少则由自己根据关系或者当前的经济状况决定。同时，将人情簿子上的近期变化与当地近期经济变化进行比较可以看出，礼金

· 162 ·

金额的大小可以反映经济的状况。1998 年开始，由于黄连价格暴涨，当地的经济收入普遍上涨，而在 2002—2004 年人们收入增加的同时，礼金的金额也水涨船高，达到现在（2008 年）的水平。

由此看来，礼金的变化主要来自于经济发展的结果。经济的发展促使期会酒席规模水平扩大、对物资的要求增加，同时也促使人们放弃实物而只送现金，并且导致礼金的上涨。

四、礼金的社会意义

（一）礼金的"场"分析

从上面的主位的分析来说，人们更多地是将送礼金当作义务在执行，同时也报有一定的动机。礼金在这里已经不简单地表现为一种物资或者具有购买力的现金，而是含有契约意义的交换中介。下面将从礼金发生的"场"、即场域进行进一步的分析，即从整体论的角度出发，将礼金置于其发生的社会场景之中进行分析。

从礼物的场域分类来看，礼金是属于礼节域。礼金发生于期会这种仪式性场域，因此对于礼金的分析就离不开仪式的意义分析。德国出生的人类学家阿诺德·范·根纳普（Arnold Van Gennap）将所有的仪式概括为："个人生命转折仪式"（individual life crisis ceremonials，包括出生、成年、结婚、死亡）和"历年再现仪式"（recurrent calendric ceremonials，如新年、节日）并将这些仪式统称为"过渡仪式"（rites of passage）。关于"过渡仪式"盖尼普提出了一时的三个阶段论，即"隔离阶段"（separation）、"阀限"（liminal）或者"转换阶段（transition）""重整阶段（reintegration）"。在"隔离阶段或者解体阶段"，旧有的身份、地位或思想框架被抛弃，接下来是过渡仪式的一个中间的、转换或者阀限阶段，正在经历转变的主角不属于任何一边，而是处于一种模棱两可的状态，最后是"重整阶段"，主角获得一个新的社会身份。亦即主角首先会被仪式性地从社会整体中排除出去，然后隔离上一段时间，最后重新融入社会，获得其新的地位。人的生命过程与社会化过程在意识理论中被整合到了一起。阿诺德·范·根纳普着重研究了分离和结合阶段，而忽视了对于阀限阶段的分析。维克多·特纳（Turner）又继续发展了盖尼普提出的意识理论，对阀限有着独到理解和新颖诠释。他将仪式区分为"阀限（liminal）"和"近阀限"这两种不同的状态，即围绕着仪式而展开的"阀限前（日常状态）—阈限期（仪式状态）—阈限后（日常状态）"。这一过渡过程是一种"结构—反结构—结构"（structure—antistructure—structure）的过程。❶ 而拉德克立夫·布朗则认为，"人类有秩序的社会生活依赖于社会成员头脑中某些情感的存在，这些情感制约着社会成员相互发生关系时产生的行为。仪式可以被看作是某些情感的有规则的象征性体现。因此，当仪式对调节、维持和一代代地传递那些社会构成所依赖的社会情感起作用时，仪式特有的社会功能就显示出来。"

礼金发生的场域有两个："礼房"和期会。礼房相对很小，包括在期会场域之中。"礼房"是期会承办方专门准备的用来登记来宾送礼的地方。礼簿通常用红色封面，上面写明举办期会名称、时间。登记礼簿由两人负责，一人登记另外一人负责收礼金。送礼金的时间通常为期会举行中某一顿酒席开席前，人们会陆续去送礼。因此，人们去送礼金的时候，当场会有很多人观看，而且送的金额也会有很多人知道。因而有了"因为一个人办酒席，如果收的钱很少，大家就会笑他，说他不会为人。所以亲戚应该多送点嘛""送礼都必须在'礼房'，因为如果你直接给他的话他会不好意思收，而在'礼房'别人会看着你送多少，你送少了别个会说'你看他，还是亲戚呢，送那么点点钱'，所以就送的多嘛，才有面子"等各种议论。这个小的场域一方面避免了直接给予现金的尴尬；另一方面又给了人们表现自己与承办人关系亲疏的机会。自己所给出的礼金必须与社会认可的由自己与承办人关系亲疏所决定的礼金相适应，不然自己和承办人都没有"面子"。

期会场域是比"礼房"更大的一个人们表现社会关系的舞台。当地基本上有满月酒、婚礼（娶亲或者嫁女）、寿礼、葬礼以及新居落成，前四种都属于人生阶段礼仪，这些礼仪都可以表现人际之间的社会关系。这里主要对前面四种期会进行探讨。这些礼仪可以分为三类：满月酒和娶亲是因新人加入社区，寿礼只是人生到达一定阶段的表示，葬礼或者嫁女则是因为社区人员减少。满月酒是在新生婴儿满月时举行的期会，在这里参加满月酒的人一起见证新的生命的诞生。娶妻酒席是在社区或者宗族有成年男子娶入外社区或者本社区的不同宗族姑娘时举行的期会。不论是满月酒还是娶亲都会使得社区或者宗族成员的增加，但对于社区或者宗族而言，不仅要接受一个新增人口，更重要的是对于新人的社会关系的认可。因此，满月酒和娶亲都是承认新成员社会地

---

❶ 张建军. 布傣人的丧葬礼仪及其文化意义与功能 [J]. 广西民族大学学报，2007（6）：35.

位的仪式，娶妻仪式同时也重新界定了社区或者宗族娶亲成年男子的社会关系。对于嫁入社区或者宗族的女子更是一个明确她在这个新社区社会关系的仪式过程。

当地的寿礼并不常见，人们并不非常重视寿礼的举行。通常寿礼举行是在40岁以后逢10举行。寿礼的举行可以看作是旧的社会关系的继续，并对于寿星的社会地位的认可。在传统的农村社区，年龄与经验与知识相联系是获得社会地位的方式之一。同时，寿礼仪式也具有这些社会功能：通过祝寿仪式表明做寿者开始步入老年人行列，家事移交子女执掌，自己开始可以比较自由地度过晚年；通过祝寿仪式表达子女敬老爱幼的传统美德，报答老人的养育之恩；通过祝寿仪式，总结、评价做寿者取得的业绩，同时也激励后辈们奋发向上；通过祝寿仪式来展示家族兴旺、家庭财力。

葬礼是在有人逝世时举行的期会，一旦有人逝世，村子里的人会停下手中的劳务，大部分的人会去帮忙。主人家的人处于悲痛之中，基本上不用参与期会的准备事务。这个场合并不是个完全悲痛的场域，人们也会在主人家打牌娱乐，亡者下葬的前一天晚上也会有很隆重的仪式，如舞狮子、歌舞表演等，许多来宾围着院子观看，大家并不会有悲伤的表情。因此，葬礼也被看作是喜事的一种，即"白喜"。嫁女是与另一个社区或者宗族的娶亲同时举行的，是同一婚礼在女方举行的仪式。葬礼和嫁女期会都是在社区或者宗族有人减少时举行的期会，表现了原先存在的由亡者或者新娘连接的社会关系的断裂，不过嫁女仪式则更突出地表现了一种宗族与其他社区或者宗族新的社会关系的形成。具体而言，丧葬仪式具有以下社会功能：第一，丧葬仪式可以解决社会冲突、构建新的社会秩序。死亡带来的不仅仅是悲哀，同时使得社会结构发生了变化，对于死者家庭结构的变化、村落秩序等都带来了巨大的变化。丧葬仪式的举办，一方面将死亡这一复杂概念编入一个人们根据自身体验即能理解的框架，直接明了地表达"视死如生"，这无论对于个人思想情绪的稳定，还是对于社会结构及其生活秩序的良好运作都是一种重要的深层支柱；另一方面，亡者造成的社会生活结构的空白，从而导致的群体生活秩序混乱，也将因丧葬仪式而得以重构。第二，丧葬仪式有巩固家族、宗族凝聚力的功能。丧葬活动使死者顺利过渡到了另外一个世界，也使生者摆脱了死亡带来的阴影。同时，整个社区的人也参与到丧葬活动中，为死者尽一份力量，即那个活动增强了人们的社区认同，加强了社区凝聚力。第三，丧葬仪式强化了姻亲关系。姻亲关系是两个家庭组成的一种社会关系，既然是组建的，也就有坍塌的可能。而仪式活动则给姻亲关系得以延续提供了场所。

总之，满月酒、婚礼、寿礼和葬礼期会作为仪式的社会存在意义在于确立、延续和重构社会关系。期会具有如此重要的社会功能，这就是人们坚持支付礼金支持举办期会的社会动力。

（二）高礼金的本质

虽然举办期会通常是个体家庭能独立承担的，但是所收的礼金总和一般会大于期会的开支。表4-6的嫁女期会的酒席总共花费大概与第三区间所收礼金持平，其他的礼簿也能看出这一明显的现象。也就是说，所收礼金会远远大于期会开支，而真正支撑期会开支的只是那些与承办人关系最弱的人赠送的礼金。因此，礼金可以分为两个部分：支撑酒席开支的部分和多余的部分。前面已经分析了，支撑酒席开支的部分礼金的意义在于支持具有重要社会功能的期会的举行，它是期会举行的社会基础，因此它的社会功能更多地表现为期会的社会意义。

高于酒席开支的礼金部分占了礼金总额的很大份额，这部分由两个等级格局组成。第一部分是父母和亲兄弟姐妹，他们的礼金通常最高，至于占总礼金的多少取决于兄弟姐妹的多少。高额礼金可以被两个对象所知道：参加期会的人和期会承办人。参加期会的人期望看到的是送礼人赠送了与主人关系相适应的礼金，以此作为评价送礼人与收礼人的"人品"依据。主人通过礼金可以判断来宾与自己的关系亲疏程度，并以此作为日后交往的依据。由此看来，高礼金更多地是已有社会关系的延续，是进一步取得社会认同的过程。第二区间的礼金相对于第三区间来说较高、但是远不及第一区间，这表现了来宾与主人具有血缘或者姻亲联系，但并不是直接、深厚的社会关系。

从客观经济意义上考虑，新婚夫妇、有小孩出生的家庭、步入老年的老人以及丧失亲人的家庭，在经济上都需要一定的支持，而多余的礼金更可以弥补短时间经济周转不灵。当地青年在娶妻后大都会分家，即从经济上独立于父母。因此，男方和女方父母给予子女或者已婚姐姐、哥哥都会给予高礼金的经济支持，这一方面成为新婚夫妇生活的经济基础，另一方面也是对新婚夫妇建立社会关系的支持。但是，这种经济上的支持也是出于社会关系表达的需要，因为只有之前已经存有社会联系或者处于建立新的联系的人才会以这种方式给予经济支持。

总之，高于第三区间的礼金，是已有社会关系的表达，不论是至亲之间或者具有一般关系的来宾，赠送礼金都是出于表现自己与主人的社会关系位置的想法，至亲更有强化这种关系的思想。因为在乡土社会中，血缘关系纽带是人们在社会交往中获得有利社会资源的有力保障。第二区间的人赠送相对高于第三区间的人的礼金则是对于存在的联系的继续维持。因此，礼金的本质是确立、延续以及重构社会关系的礼物性交换。

五、小结

村庄的礼物馈赠所处的社会空间和社会结构是流动的、个体中心的社会网络而非凝固的社会制度支撑的，这种馈赠在维持、再生及改造人际关系方面扮演着重要的角色。❶ 通过对于八龙村礼金的主位与客位分析，可以得出：（1）礼金的直接经济意义在于维持期会开支；（2）礼金在"礼房"场域可以直接表现并让社会见证送礼人与主人的社会关系；（3）礼金对于期会支持的本质原因在于期会所具有的确立、延续、重构社会关系的功能。

---

❶　潘泽泉. 实践中流动的关系：一种分析视角—以《礼物的流动：一个中国村庄中的互惠原则与社会网络》为例 ［J］. 社会学研究, 2005（3）.

第五章　婚姻、家庭与人口*

　　如前文所述，冷水当地村民多在家种田地、种植黄连，外出打工较少。在这样一个相对来说人烟兴旺的小村庄，当地村民的生活状况、婚姻情况是如何的呢？家庭结构、社会网络关系又与城市有什么区别吗？带着这些问题，笔者对八龙村的婚姻家庭做了调查。

　　婚姻是家庭成立的条件，家庭从婚姻开始。婚姻家庭研究是社会文化调查研究的重点内容之一。它包括婚姻与家庭两方面，所涉及的内容非常丰富。通过调查，笔者在婚姻研究中将其分为结婚、离婚、再婚三种情况来做调查，而家庭研究则侧重研究家庭结构的变化及当地的改姓现象。

第一节　婚　姻

　　婚姻，在林耀华先生的《民族学通论》中说："婚姻是两性的结合，而且这种结合为一定的历史时代和一定地区内的社会制度及其文化和伦理道德规范所认同的夫妻关系，婚姻关系的成立，意味着夫妻双方彼此都存在着各项权利和义务。"❶ 笔者根据婚姻状况的不同，将其研究分为了结婚、离婚和再婚三类。

---

　　* 本章第一节、第二节的作者为张洁、王一意；第三节的作者为杨文晶。

　　❶ 林耀华. 民族学通论 [M]. 北京：中央民族大学出版社，1997：301.

一、结婚

（一）通婚圈

由于八龙村处于重庆与湖北的交界处，长期以来，有许多当地人嫁娶湖北人，两地人相处和睦。原因是交通便捷，地理位置相近，地方经济较好。当地人以土家族居多，可以族际通婚，主要是土家族与汉族相互通婚。村内通婚与邻村通婚较多，实行一夫一妻制，同姓不可通婚。当地人将同姓结婚现象称为"背锅铲"，这是骂人的话，也就是笑话同姓结婚的人，让他抬不起头。但是村里还是有一户同姓结婚的家庭。

那是一位姓黄的本地人，他在湖北打工时认识了现在的老婆，也姓黄。两人很快相爱。黄大哥带黄大姐回老家时，之前都不敢说她是姓黄的，而是说她姓王。就是怕家里不同意，被周围乡亲们笑话。

当地通婚年龄从上世纪末以来趋于正常。由于传统观念和封建思想的束缚，在以前十四五岁结婚的较多，早婚现象较为严重。而现在，人们通过先订婚再结婚的方式，在国家政策的规定下进行合法结婚。换言之，当地村民的孩子在十七八岁时就给找对象、订婚，等到了法定的结婚年龄，两人再领结婚证。村里夫妻年龄差异一般在 2~3 岁，也有 5~6 岁的，还有一户家庭男女之间年龄相差 16 岁——男的 39 岁，娶的妻子则为 23 岁。

1. 择偶方式及条件

在八龙村，过去奉行父母包办婚姻，即是由父母来选择女婿或媳妇，当事人没有选择权，择偶受到限制。而作为父母，当时主要的择偶条件就是离家近点儿、家境好点儿、劳动力强点儿，这样子女结婚后也好过点儿。而现在，当地消除了封建残余思想，实行了自由择偶、自主婚姻。大多数男/女都是请介绍人介绍合适的对象。他们一般不叫"媒婆"，就说是介绍人。这种择偶方式是当地现在最流行的。即使男女是自由恋爱，在谈婚论嫁时，也要请介绍人跑跑腿。在村里介绍人是非常受尊重的，从帮忙介绍对象开始，介绍人要忙到男女结婚才算完事儿。

现在父母的意见有一定参考价值，但不能作为子女的最终决定。村里的父母们都反映，"现在都是讲求自由恋爱了，做父母的，只能给他们提提意见，他们要自己欢喜（当地人习惯把"喜欢"说为"欢喜"，"欢"读 huai）才行"。介绍人是必要的，通过介绍两人相互认识、了解，不欢喜就算了。不像以前男女双方都见不到面，父母说好就好。目前当地男女择偶的条件主要有：一是人好，这个"好"因人而异，主要考虑的是人品、脾气、待人等各方面；二是地理位置，如离家距离，就近原则是村民们普遍遵循的一个择偶条件——太远了的不了解人品、家境，也不放心女儿嫁去。还有交通是否便捷、水源、庄稼地好坏等。这是普通男女的择偶条件。当地一位大婶说，女的看男的主要是"正达不正达"（正直、发达的意思），男的看女的主要是贤惠、温柔。男方一般不看女方家庭，女方则要看男方的家庭条件，如地理位置、交通条件、水源、庄稼地好坏等。

而对于上门女婿的挑选，或是再婚男女而言，他们的择偶条件又受到了一定限制。比如对于要招上门女婿的女方而言一般比较被动，不是所有男方都愿意入赘，所以一般而言，男方家境相对女方家境条件会稍差点儿，或是地理位置稍微差点儿，或是家里兄弟多的可能愿意上门。对于再婚男女，他们会汲取第一次婚姻失败的经验，但是由于年龄、家庭条件、小孩抚养等多种问题，他们择偶条件又有不同倾向。当地一位离婚的大哥告诉笔者："想过再婚，但是有孩子的我又看不上，没孩子的又看不上我。"他们在择偶时，首先考虑的是对方能否接受自己再婚的现状，例如，孩子抚养问题、和前妻的关系问题等；其次才是家境如何，人品如何等择偶条件。

2. 结婚礼仪

虽然当地土家族人的生活、生产方式等受到汉族影响，但是也保留了一些与汉族不同的风俗习惯。在结婚礼仪中的很多风俗习惯就存在当地的特色。

听当地的老人讲述，过去，男女双方认识，都是通过媒人介绍（所以当地人大多数把"媒人"叫做"介绍人"），其大致有"提亲——定亲——成亲"三步骤。而由于过去条件限制，成亲之前男女双方都由媒人代为传话，说定亲事。所以在当地以前还有"媒妁"。这是当地的一种习惯法，即男女双方由媒人介绍，只要双方父母满意，谈好条件、达成约定，到成亲时即使对方丑恶、有疾病也不能悔婚。所以在过去成亲之前，有找人充假相亲的现象。

现在的结婚程序主要包括"看人户——定亲——成亲"。步骤虽与过去有类似，但是当中的环节、仪式有的也删节了或增添了。下面主要介绍当地现在普遍性的结婚礼仪。

先从认识说起，无论是男女双方自由恋爱，还是父母介绍，都需要请介绍人出面。一位大哥说："现在思想开放，相互一起耍，比较了解，隔得近，看起了，就请介绍人。"男女双方父母是不能直接提亲或说亲的。当地讲究"嬉男不嬉女"的原则，意思是说亲一般是先给男方说，再看女方意见。所以介绍人一般请与女方有密切关系的人。所谓"哪把钥匙开哪把锁"，这样介绍人能说上话一些。而且在当地所请的介绍人不是一位，而是夫妻两人一起当介绍人，这样便于办事。女方对男方进行考察后，觉得还行，就对男方说"谈到这里一下"，意思就是考虑考虑。经过介绍人两三次拜访沟通后，一般事儿就成了。接下来就是"看人户"了，这是礼仪中的一个重要过程，主要的目的就是让男女双方相互认识，这与过去的礼仪比较是很大的改变。"看人户"，顾名思义，就是要看对方的家庭状况，看人品等。在当地，一般是女方去男方家看，女方的女亲戚可陪同前往。然后双方交换聘礼，早期是送点生活用品，现在都改成送现金了。不过具体的金额没有固定，每家按照自己的实际情况来定。女方家也不好给男方家提出具体的数额，当地人认为，如这样做就类似以前的买卖婚姻，不好。在当地流传一句话，"不开亲是两家，开亲是一家"。村民们认为，既然要成为一家人了，也都不好开口说礼钱，差不多就行了。看人户后，就是男女双方相互交往的阶段，觉得可以，就由男方请介绍人向女方提出订婚要求。然后就需要请村里会看卦算八字的先生帮忙"看期"（就是"择日"，挑选订婚的日子）。日子选定后，就邀请三亲六戚、知名人士和周围邻居来参加。男方还要准备礼金，现在一般是要1万元左右，还要送服装，而在80年代只要送个手表就行。女方也要请自家亲戚一起过男方家参加订婚仪式。到了男方家后，要放鞭炮，请女方家喝茶；等到中午开席吃完午饭后，大家就集聚在"陶屋"（当地人把我们俗称的"堂屋"称之为"陶屋"）举行订婚仪式。首先是请主持人发言，一般是男方请当地有一定才干的、会说话的人来主持订婚仪式。在陶屋里，男女双方各坐一边，介绍人发言，说两人是如何如何地相配，然后男子表态，说对女方的态度及以后的打算，女方也得如此表述一番；再后面是双方父母、亲戚朋友等各抒己见，宗旨是为男女双方日后相处好，等等。

订完婚后，男女双方就可以经常相互走动，但不允许男女双方同居。等到结婚年龄达到法定年龄时，就可以结婚了。对于结婚证的领取，八龙村的支书说，"现在都还是领了证，再办席。以前就没这么规范，有先领证的，也有先办席的，更早些年也有没领证的，而且常会出事。"笔者在调查时听到李大姐说，碓窝坝的一女的10多岁嫁过来，没有办结婚手续，给男方家生了个儿子后突然就疯了；家里人花钱给她治病，治好后她就跑了，听说现在嫁到利川了。这个例子就是因为男女双方没有领结婚证，所以女的跑了，男方家也没办法。

村里很多人都知道这件事，所以村民们都引以为戒，到了年龄结婚时就先把结婚证领取了。他们明白，只有这样，男女双方的婚姻关系才得到认可，也只有这样，男女双方的结合才能受到法律的保护。

一般婚礼大多数都在下半年举行。因为这时农闲，时间较多，节气好，饭菜也不容易坏。男方主要准备车、喜宴等，女方就准备嫁妆。以前择日时也要拿男女双方的"八字"来合，再确定结婚的日期。现在就是双方先选个大致日期，再由看期的人具体确定合适的时间。在当地，婚礼一般要办三天。但是当地说起婚礼过程，都会从婚礼前的那个晚上开始，因为从那晚上开始大家就在准备、在忙碌了。

在婚礼前一天下午，周围的邻居就会陆续来帮忙。主要是搭灶、借东西（如碗、桌子、凳子、蒸笼等）、洗菜、准备调料等。到了晚上，当地有个"过礼"的仪式。介绍人在婚礼前一晚带男方家一个亲戚去女方家拜见、送礼和商量婚礼事宜，俗称"过礼"。男方亲戚要送米和肉到女方家，一般5～8斤，俗称"离娘肉、离娘米"，而且还要给女方来帮忙的人和亲戚等发烟、送红包（一般1～2元）。主要是送给总管（一般请有才干的人，不一定是亲戚、干部）、厨房的人、梳头的、抬礼的（过去没车时，需要以人力抬嫁妆）和"礼房"的人。男方亲戚还会和女方亲戚进一步沟通，女方会对婚礼或财礼方面的事宜向男方提出要求，由男方亲戚和介绍人将意见反馈回去。当晚男方亲戚和介绍人要返回，男方讨论一番，并进行安排。

婚礼当天，首先要请"带宾先生"（就是总管，组织协调整个婚礼过程的人）写红单，公布帮忙人的名单和事务。然后去迎亲。在当地，离婚和丧偶的男女不能接送亲。所谓"姑不娶，姐不送"，这是当地迎亲的规矩。男方带上"七方八走"（"七方"指七斤"宝肋肉"，形状如"方"，"八斤"指八斤猪后脚肉），还有米酒10斤左右，放着礼炮、吹着乐器到达女方家，将礼品和过礼钱送给女方。过礼钱一般1万元左右，用当地的抬盒摆放成喜字、扇形等。女方就请男方的人将嫁妆搬到车上。在以前，女方的嫁妆一般为棉絮、铺盖、柜子之类；现在，除了这些以外，有钱的家庭还把电视机、洗衣机等电器作为陪嫁品。陪嫁物品折算出的金额与男方送的礼金相差不多。一切装上车后，新娘新郎就坐车到男方家。由"带宾先生"请下车，到堂屋里新娘和新郎拜堂，当地俗称"周堂"。也是由当地擅长喊话、有才干的男人，或是一男一女做礼生喊话。他们只拜天地，不拜父母，对神壁鞠四个躬即可。"周堂"结束，"门亲"就位，牵新娘进屋。出门时，新郎新娘都要换鞋，换成布鞋，意思是"不把女方家的灰尘带走"，由男方长者相应换，叫换"踩堂鞋"。下午，铺床。以前要请一对子女多的夫妻来做，通常以男方家的亲戚为主，而且还要会说吉言话的，如"席子四个角，儿子儿孙一大坨"等。现在一般都没人会说了。

第二天，新郎的妹子或侄女等直系的年轻女亲戚要给新娘打洗脸水、扫屋，并给新娘梳头穿衣，完毕后，新娘都会给帮忙的人发红包，一般 12 元，寓意月月红，也有给四季发财的。等新娘梳洗穿戴好后，就请男方父母进屋，给父母磕头，同时还要给父母钱和鞋，父母也要给新媳妇发红包钱，一般 120 元，并说点吉利话。等吃完早饭后，夫妻两人就"回门"。这时一般要未婚的男方兄弟或直系男亲戚陪同，主要是帮忙背点肉回娘家，这个肉就叫"回娘肉"。女方会打发钱给帮忙的人。当天夫妻两人需要回夫家，所以一般离家较远的就不回门。

第三天就是谢媒人。夫妻二人背一个猪头送去给媒人，猪头上应含有猪尾，这表示媒人做事有头有尾；同时也需放一块网子油在猪头上，这表示承认媒人做此事是办了一件好事。此外还要送给媒人夫妻各一双鞋，表示答谢媒人跑路促成此事。当地人对媒人是非常重视的，称之为"媒翁大人"。"媒人是个处路棒，过河丢在杆杆上。"

当地虽然是土家族自治县，但是土家族风俗受汉族文化的影响很大，也发生了一定的变化。比如现在的婚礼一般办两天就结束了。而在 10 年以前，至少都得三四天才结束。

如碓窝坝组沈思武的媳妇李蓉是双河村人，21 岁嫁到八龙村。现有两个儿子，一个 10 岁，一个 4 岁。她说：

"在我们结婚的时候办了三四天。第一天就是请人来弄东西。请'团转'（就是附近邻居之意）的来帮忙。例如，摆放桌椅、买菜、洗菜、做饭、烧肉等，为第二天做准备。第二天就有客来了，主要就是接待来客。第三天才正式结婚，第四天就散客了。过去送礼以实物为主，现在送礼以现金为主。"

在正式结婚的当天，一般是男方请自家的亲人把女方接过来，李大姐说，她结婚时，就是她孩子的伯伯、伯娘、大姑来接的她，一般接亲的亲戚要在女方家吃早餐。抬嫁妆的就可以是外人。一般陪嫁品主要就是一些家具、被条（被子）等。新娘一旦接进了男方家，就要遵照旧风俗当天不能出屋。

3. 婚姻类型

（1）嫁娶婚：即是指男女双方自由恋爱、自愿结婚的婚姻。这是当下社会最为奉行的一种婚姻，它受到国家法律法规的监督与维护。在冷水乡，当地人传统的封建思想、婚姻观念已发生了变化，在国家力量的引导下，一切不合法的婚姻形式都不复存在。村民们有自主通婚的自由，通婚圈也逐渐扩大。即使是通过介绍人介绍，也要男女双方互相同意才能结婚。

（2）招赘婚：即是当地人常说的"上门亲"。这是在当地除嫁娶婚外较多的一种婚姻类型。在当地，男方入赘女方家，俗称"上门"。这种婚姻类型的存在，是因为当地一些家庭没有男孩、缺乏劳动力，于是就通过招婿的方式让男方入赘女方家，以解决家里劳动力缺少的问题。由于当地男方入赘后不需改姓女方姓，所以入赘没有延续家族香火、传宗接代的考虑。还有就是这里的生活条件要比其他地方的好，男方愿意来上门。例如，有一户家庭，家里有儿有女。他家的女婿就是自己要嫁过来的。因为他是湖北水沙坝那里的人，那里地方条件差。他们结婚时，男女双方都是 20 多岁，但是女的比男的大。

据张村长介绍，村里上门的还很多，比如彭连贵，他的妻子比他大 4~5 岁；秦大强是本村本队的，也"嫁"在本村；双坪组的许善国是从湖北"嫁"过来的；李某也是沙子镇关田坝"嫁"过来的。村里招女婿的家庭都一般，女的也很普通。村里人觉得，在儿子多的情况下，让儿子去上门也可以，这可以减少父母的负担。而且上门女婿在女方家的地位也有一定的变化。听一位大叔说，有一次他听见一对上门夫妇在吵架，女方要男方滚，说地是她家的。换言之，上门女婿在女方家多会受到一些委屈；不过也有一些家庭相处得很和睦，这种家庭往往把女婿当亲儿子对待。如碓窝坝的沈叔只有两个女儿。沈叔的大女儿成人后经熟人介绍，招了沙子镇的一男子上门。男方因家里有三个儿子，家境不太好，所以同意"上门"。后来，这赘婿得肝硬化去世。其过世后几个月，沈叔的大女儿又经熟人介绍，招了湖北白羊塘的一男子上门。那家也有三兄弟，也是因家境不太好而愿意上门。沈叔说，他把女婿视为儿子，无论是女儿的第一回婚礼还是这第二回婚礼，其规模都一样，都是沈叔出钱举办，男方只拿了几千元钱过来作为"嫁妆"。

上门时，男方实不用送"嫁妆"，就一个人过来，带些钱在女方家办酒席即可。上门者要入住女方家。在过去，男方"嫁入"女方家会被人瞧不起，家庭地位低下。现在，男方"嫁入"女方家的入赘形式已被周围人所接受，上门者在家庭中的地位也比较平等。在碓窝坝，招赘婚有两例，除了沈叔家外，还有一户杨家招了一位姓吴的女婿。

除此之外，当地在过去还盛行"包办婚""调换亲""血老表""转房婚"等婚姻形式。包办婚：指由父母之命、媒妁之言完婚的婚姻形式。调换亲：在当地又称"秧头亲"，即 AB 两家各有一儿一女，两家对嫁女儿，此就称为"调换亲"。血老表：其结婚男女双方主要表现有两种关系，一是姨娘表，即两姐妹的孩子结婚；二是姑娘表，即和舅舅家的孩子结婚；有的也把与母亲同姓的，但没血缘关系的婚姻称为"血老表"。转房婚：八龙村过去有两例"转房婚"，一是双河村人廖某，丈夫死了，嫁给了丈夫的大哥。二是蔡子坝人何某，丈夫死了，嫁给了丈夫的弟弟。过去，当地人认为这种婚姻转嫁的"都不是外人，可以互相照顾娃儿"。一般而言，是寡嫂嫁给夫弟的多，弟媳嫁给哥哥的少，因为弟媳要年轻些。这几种旧时的婚姻现在都基本消失了。一位村民告诉我："过去地方小，出不去，所以才有这些，现在都出去了，想法都变了，那还存在这些哟！"

过去，村民们普遍认为，摆了酒席就算结婚。因为外人不一定清楚两人是否领了结婚证，所以摆了酒席就算没领结婚证，当地人也算承认他们已经结婚。有的人既没办酒席，也没领结婚证，不过，当他们生了孩子后，当地人也认为他们已结婚。现在通过国家力量的宣传和号召，当地人都已清楚地了解，领了结婚证结婚，才算合法的夫妻，才能受到国家的保护。因为男女双方要是没领结婚证就生小孩，孩子上不了户口。所以，现在的人比以前对婚姻法的了解有所进步。

（二）生育行为

生育行为与婚姻制度和家庭形态息息相关。人口的繁衍受到人类生育行为的影响。在我国推行计划生育以来，人口数量的增长得到了良好的控制。而为了增进民族间平等互助关系，国家给予少数民族优惠的生育政策。随着政策的宣传与执行，以前多生、早生的生育观已发生转变，"养儿防老"的旧思想也发生了转变。

在以前，当地妇女生育年龄普遍要比现在早。主要是因为过去早婚现象较为严重。在调查时，我们常听到年长者说，"现在的孩子，不如我们小时候，我们几岁就会做饭，带弟弟妹妹，十几岁就成家了。现在十几岁的孩子都不懂事儿"。现在早婚现象已基本消失，当地的计划生育工作开展得较好。

从图5-1我们可以清楚地看到，在冷水乡各村育龄妇女统计中，生有两个孩子的妇女占有绝对大的比例，生三个孩子的妇女虽有，但每个村子里都不多，各有几户人家。这说明当地由于享受少数民族政策的优惠，可以生育二胎，所以生两个孩子的家庭占大多数。而从节育措施来看，男扎与上环的比例不相上下。据笔者调查，一般生育一个孩子的妇女都采取上环的措施来避孕，这是因为她们中的大多数都还有再生育一个孩子的打算。当地人认为，一个家庭中生育一男一女是最适合的家庭人口结构；其次，无论是生育了两个孩子的家庭还是三个孩子的家庭，一般实施的节育措施多是男扎或安环。

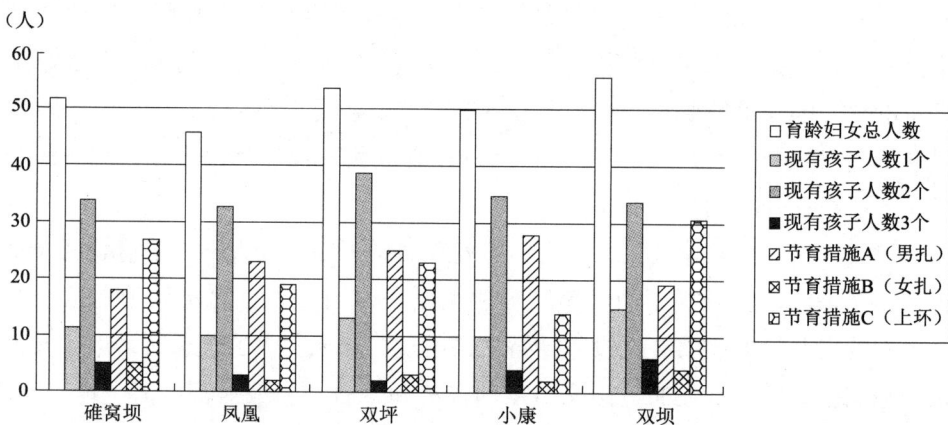

图5-1　冷水乡八龙村各组已婚育龄妇女统计图

在表5-1中，从家中孩子生育的数量看，男女比例趋于平衡，由此可知，当地人重男轻女的思想已有了很大转变。村民们不再因无儿而拼命生育，有的家庭甚至认为生女儿好，女儿体贴人，有孝心。而且现在国家对独生子女、双女户家庭都有优惠的养老政策，即独生子及符合计划生育的双女的父母可享受60岁后每年1 080元的扶助金，而独生女的父母60岁后每人每年可享受1 560元的扶助金等。

表 5-1　2002 年八龙村人口统计表

单位＼数量	户数	人口数	男性（人）	女性（人）
八龙村	334	1 262	676	586
双坪组	67	291	156	135
凤凰组	53	204	107	97
小康组	65	233	129	104
双坝组	78	277	147	130
碓窝坝组	71	257	137	120

注：从表中我们可以看出，村中各组人口数相差不多，男女人数相差在 10~25 人，比例相对平衡。

在避孕方面，女扎一般很少使用，听一位大姐说："女扎后，妇女的劳动力会受到影响，身体会比较弱。"当然，男扎也会对男性的劳动力有影响，但是相比之下要比女性结扎好点，故在当地男扎多些。有些女性去结扎，是因为安环过敏或身体不适才采取此措施。

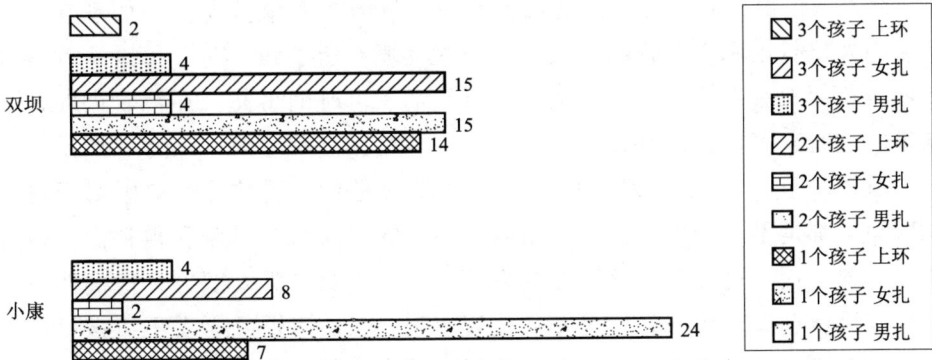

图 5-2　八龙村小康组与双坝组节育措施人数对比图

此外，妇女在生养孩子时还要遵循一些传统习俗。例如，在怀孕期间，妇女家里禁止在墙上钉东西，禁止移动大件物品。生育小孩后，男方要到丈母娘家报喜，提公鸡去就代表生的是男孩，提母鸡去就代表生的是女孩。孕妇生完孩子后 1 个月内，不能吃花椒、味精，不能碰冷水。月子里吃的饭，称"月子饭"，有的一天要吃 4 顿，多的则可以吃到 6 顿。

二、离婚

"千个万个离不得先那个"。这一俗语说的就是第一个配偶是最好的，这句话常在某夫妻闹离婚时劝解他们时说。在当地，村民们多认为离婚不好，"因为两人有共同的孩子，有了个家不容易"，"只要结婚了，能够生活在一起，哪怕受点委屈也可以"。所以在八龙村，离婚的家庭少，但也不是绝对没有。

例如，双坪组张义海、杜小英夫妻现年25岁左右。婚后由于性格不合，家庭不和睦，因此女方提出离婚。但由于条件不符合，法院没有判决他们离婚。不过，他们现在已经分居两年多了，据称分居三年后就可以办理离婚手续。

又如小康组的向招友、毛新梅夫妇因不和已经离婚了，并领了离婚证。后来他们又和好了，但因没去重新登记，后来又没走到一起。

从上面两个案例我们可以看到，八龙村民离婚的主要原因是由于其中一方有生活恶习，夫妻生活不和谐，没有因为不能生育孩子离婚的。在过去，闹离婚者会被人议论，人们会评判谁对谁不对，哪方不对就说哪方。而现在，当地人因外出打工和看电视的缘故，已对大环境有所了解，对于离婚这种事也能比较正面地去看待，不再认为是一种笑话、可耻的事儿。在笔者询问村中离婚家庭时，多数村民都知道有，但却不清楚其离婚原因，认为"那是他们个人屋里的事"。那么离婚后的男女对再婚又是什么看法呢？离婚对于每个家庭而言都是不幸的事。但是离婚后，不幸的男女双方可以获得自由，再寻找自己的幸福，这又是一件幸运的事情。对于离婚的男女双方，他们明白自己都有重新选择的权利，但是多数比较悲观。虽然离婚的男女不再被村里人嘲笑、羞辱，但是离婚的男女多会选择以外出或是外嫁的方式得到心理的平静。他们这么做只是想尽快地将过去的事情忘掉或是断绝一切关系，重新开始新生活。这并没有错，毕竟再婚比初婚而言，会多一些顾虑。有一位已经离婚的40岁的大哥告诉我，他现在离婚后带着个孩子，想再婚，但是没找到合适的，主要是"有孩子的女人自己不愿意要，没孩子的女人又看不上自己"。

在当地男女双方离婚后，财产是一人一半，小孩归男方抚养，也有女方自己愿意抚养就争取抚养权或与男方私下商定。但是在当地女方带孩子走得很少，一是自己的经济条件有限，二是带着孩子被认为是个包袱，不好再嫁。离婚手续的办理，需要男女双方去县城办理。

三、再婚

八龙村的离婚率较低，因此村里的再婚率也比较低。离婚后的男女双方如果再婚一般都不会选本村人，因为怕今后相互见面不好意思。如前面离婚案例中的女方，都跑出去了，或打工，或另嫁他人。对此，村里人说法不一。对于丧偶的男方或女方而言，人们的议论少些。丧偶的男性一般是由于家中事务繁杂，孩子需要照顾等原因而想再婚，他们对感情的要求不高。而丧偶的女性，一般是因生活感情的寄托、需要劳动力等因素想再婚。此外，还有一种原因也会导致再婚，那就是传宗接代。再婚的仪式通常没有初婚时那么热闹，当事人一般都选择从简处理。

从对八龙村的调查我们可以看出，目前中国农民的择偶观、婚姻的缔结以及生育行为等，都较以前更加自主、自由、开放了。封建残余思想在农村已逐渐被清除。在国家正确的政策和方针的指导下，农民的生活条件得到改善，婚姻幸福度的感觉也有所提升。

第二节　家　庭

家庭的构成是以婚姻为依据的。了解了八龙村的婚姻状况，对我们进一步研究家庭生活起到了促进作用。家庭是由婚姻关系、血缘关系或收养关系结合成的亲属生活组织。它是社会组织中的一种基本形式。本节将介绍八龙村的家庭结构、家庭生产方式、消费等多方面情况，同时对村里的认干亲和还宗改姓现象进行分析。

一、家庭结构类型

在当地，家庭结构类型有多种。一是核心家庭，又称小家庭，是由父母与其未婚子女共同构成的，这是当地最为普遍的家庭结构类型，一户家庭一般有4人，父母与两个孩子；二是主干家庭，是由父母和他们的一个已婚子女夫妇及其儿女组成的家庭。这样的家庭人口多在5—7人；三是联合家庭，是由父母和诸子及其配偶与子女组成的家庭。在当地，像这样的大家庭很少，存在的原因主要是子女外出打工，很少回家，所以家中没有分家；四是配偶家庭，其由夫妻两人构成。当地的配偶家庭多是父母与子女分家后单独居住一处而构成的，他们也经常受到子女的照顾。实际上，配偶家庭应属于小家庭或核心家庭，但因为这种家庭的结构中只包含了一对夫妇，缺少小家庭三角结构中的另一端——未婚子女，所以可以把配偶家庭视为核心家庭的不完整型。其次，主干家庭和联合家庭都属于扩大家庭或大家庭，因为他们都是在一对夫妇为基础的核心家庭上的扩大或扩展。如主干家庭包含上下两代人的夫妻，其家庭成员排列构成树干式的结构。而联合家庭包含了同代人，如兄弟夫妇之间的小家庭的联合。所以它们都超出了一对夫妇的范围，故均是扩大家庭或大家庭。

家庭结构的形成一定程度上也受到了居住模式的影响。因为当地人在婚后多为从夫居生活，以男子为宗，如果一个家庭人数较多，容易产生矛盾。分家行为的产生与实施，改变了旧时传统大家族的生活方式，将大家庭缩小，简化成诸多小家庭，这样减缓或消除了家庭成员之间矛盾，有利于家庭稳定、和睦的发展。

二、分家

一般而言，分家指的是已婚兄弟间通过分生计和财产，从原有的大家庭中分离出去的状态和过程。[1] 分家行为，在我国农村较为普遍。中国有句老话："树大分丫，人大分家。"这就说明分家就像大树分枝一样，是一种自然规律。当地村民普遍认为分家是很寻常的事儿，上了年纪的人各在一边还自由些。用当地人自己的话讲就是，"老的要吃软，年轻的要吃硬，不然饿得快"。口味、生活习惯、观念等，老人和年轻人都会存在差异，所以分开吃住可以缓解一家人的矛盾。

如双河村人杨大姐（夫家姓沈）告诉笔者："我们这有生了1个娃儿就分家的，也有结婚了就分家的，没结婚就分家的也有，但很少。每家情况都不一样，分家主要是婆媳吵架、不听父母话、生活习惯等不同所以导致分家。"

河源村的曹支书也说，他们这里分家主要是"观念不同，吃饭口味不同，还有家庭人口多的原因。一般都是年轻人提出分家"。

根据当地的实际情况，笔者将分家划为三个类型，分别是未婚前、结婚

---

[1] 麻国庆. 永远的家——传统惯性与社会结合［M］. 北京：北京大学出版社，2009.

后、生有小孩后。未婚前就分家的属于少数，大多是由于家中兄弟要分家，为公平划分财产与土地，就一起参与分家。这样虽然参与了分家，分有财产，但是当事人仍然可以和父母一同居住，财产与土地依然由父母暂时保管与维护，等到当事人结婚后，就可把属于自己的财产和土地拿走。结婚后分家，是现在多数年轻夫妻认为较合适的方式。现在的年轻人都有自己的想法，希望独立，所以结婚后就与父母分开吃住的现象很普遍。但是分家并不意味着不相往来。子女分家后也会经常回家帮忙、吃饭，小住几日。还有就是生有小孩后再分家，这主要的原因就是家庭空间不足，为孩子的成长等方面考虑。分家后独立门户，年轻人自己做了父母，就更能体会当父母的心情了。

在农村，分家并不能代表家庭关系好或不好，它是一种家庭资源的重组。在麻国庆《永远的家》中，提到"门户的另立是一个独立的新的家庭的产生，也就是家庭再生产的表现"。通过分家，各自另起炉灶，有属于自己家的田地，有了自己的财产，成为了一个独立的家庭。这就是家庭再生产的表现。

那么一个家庭它的财产如何来分配的呢？首先，在此要明确一点，有财产分得权的只能是家中的男性成员。女的如泼出去的水，嫁出去了就不是本家的人了。当然如果家中全是女孩，那分家又依据不同的实际情况而定了。

财产分配的方式与分配模式有关。在当地主要有两种分配模式：一种是家中几兄弟一起分配；另一种是家中几兄弟轮流分配。几兄弟一起分配时，多采用抓阄的方法。由全家人商议，将家中财产及土地恰当划分为几等份，用纸条分别将划分的不同等份内容写上，揉成小堆，各自拿一个，凭运气、听天命，分到什么就是什么。如果需要请公证人，一般就请家中的姑爷，即嫁出去的女儿的丈夫，回来为分家过程做个证明；家中兄弟轮流分配，是指老大结婚后就先分家出去，老二结婚后再分家，依次类推，直到幺儿结束。这种家庭分家一般就是由父母决定财产的分配，随着时代的变迁，分配的财产难以得到一个绝对的平等。

三、认干亲

认干亲，即是因为某些原因将自己家的孩子拜寄给另一家，这一家可以是亲戚朋友，也可以是陌生人，两家关系为亲（qin，阴平）家。一般两家结成亲家后，都被称为"干亲家"。拜寄的孩子就被认做自己的儿子、女儿，但为了和亲生子女区分开，所以拜寄的子女在当地称为"干儿子""干女儿"，干亲家不需要抚养干子/女，但会经常走动，关系如亲戚。子女拜寄的父母，在当地被称为"保爷""保娘"。除此之外还有一些别的称呼，如"细爸""幺爸""妈"等。据当地老人讲："50 年代以前就多给自己的孩子取个小名，寓意好带，好养。或就是'接'给人家带，拜个干老汉，叫'保爷'。"

在当地有一半的家庭认干亲。一是由于当地人迷信，认为把孩子拜寄给别家好养。选择亲家也是有讲究的，一般选择命好的、家庭和睦的、子女多的家庭，这样可以消灾避邪，平安长大，以后的命好。二是由于两家关系好，想亲上加亲，所以拜寄给他们。三是因为感激或是感恩，让自己的孩子拜寄给别家，孝敬亲家，报答恩德。

拜干亲在当地还保留着一些习俗。比如，在拜寄前，要请人去说话。就是去给拜寄的人家说要把谁家的孩子拜寄给他家，问他愿意不愿意？也有人会找村里会算八字的人先给孩子算一卦，看要拜寄给什么样的人。孩子可以拜寄给已婚夫妇，也可以拜寄给未婚男/女，尤其是小姑娘，当地人称为"毛头姑娘"（未满 15 岁的女孩）。在拜寄未婚姑娘为干亲时，孩子要喊她"爸爸"，等姑娘结婚后，孩子才称她为"妈"，喊她的丈夫为"爸爸"。

村里一妇女说，她的干儿子拜寄她时，她自己刚从坡上回来，走到桥上遇到同村的一家人。孩子的母亲就要求孩子跪倒向她磕头，认她做"干妈"。说是他们找算命先生算的，说在这个时候在桥上遇到的人就拜寄给他，才能保佑孩子健康，长命。于是这个妇女就答应了，还给了 10 元钱给孩子作为红包。

现在两家人的关系很好，经常相互帮忙做事，干儿子过年来拜年，送猪蹄。在孩子小的时候，"保爷""保娘"就买衣服、玩具送给孩子，大了就给红包钱。拜寄的程序不是很复杂，就是孩子在父母的带领下到要拜寄的人家家里，让孩子给"保爷""保娘"磕个头，叫一声，然后"保爷"或"保娘"送副碗筷或是给个红包，就行了。

王锦文说，他的干儿子出生后，他的亲生父母就去算八字，信迷信，说孩子命中犯官杀，要拜个杀猪匠为保爷，这样才可以保命，避开此劫。当时王锦文就在当地卖猪，是个杀猪匠，所以张家就把孩子拜寄给他。拜寄时，王锦文要杀一头猪，把猪按在板凳上，插入一刀，在拔出刀时，小孩小就由父母抱着磕个头，大点的孩子就自己跪在地上磕头。孩子喊王锦文叫"保爷"，但是喊王锦文的媳妇叫"爹"（di），因为王锦文的媳妇也姓张，是家门。

当地通常是叫拜寄的男的为"保爷"，女的叫"妈"。保爷要送礼给孩子，一般送碗筷和腰带。送碗筷表示吃饭，腰带寓意长命带。拜寄后，过年过节，保爷过生日，就会经常走动。

王锦文的媳妇没结婚之前，就有孩子拜寄给她。当时叫她为"爸爸"。等她结婚后，孩子又改叫她为"妈"，叫她的丈夫王锦文"爸爸"，没有叫"保爷"。

此外，还有一种较为特殊的认干亲情况，即久没生育的夫妻也有会去找干亲拜寄。当地人认为，通过拜寄给多子、和睦的家庭，就可以保佑他们早生贵子，幸福美好。

四、还宗与改姓

笔者在调查时发现，当地有一些改姓现象。经过询问之后得知，这是一种还宗现象。还宗是指随母外嫁异姓而改姓的自家孩子或是别支的养子还归本宗、恢复原姓。在八龙村，双坪组共有 5 户还宗家庭，凤凰组共有 3 户还宗家庭（见表 5-2）。出现还宗现象的大体过程是这样的：某家庭中男的死了，女方怀上孩子或是已有孩子，带着一起嫁给外姓。孩子小，就由另一家养大，所以跟别人家姓。这种人长大了就可以要求认祖归宗。但也有的不还宗，这是因为自己现在的姓氏势力大些。抱养的孩子一般不还宗。在当地有"三代还宗"的说法，即是说改姓后前两辈可以异姓，报答恩德，但到了第三辈就可以还宗了。但是否还宗还需凭借自己的意愿。不过村里人多认为，如果三辈不还宗就不太好，用地方话来形容就是要遭"背实"（背，bei，去声，意为倒霉，有坏事发生）。还有的人说，"不还宗，就不发人，不发芽，不发财"。所以，当地人一般都会遵循三代还宗的习俗。还宗就是要认祖宗、还原本姓，因此还宗就是要改回本姓。

表 5-2　八龙村还宗人口统计表

项目　单位	具体家庭（父——子）	已还宗（户数）	未还宗（户数）	合计
双坪组	秦大权——陈宽 许先明——冉茂杨 蒋青龙——刘长江 谢从银——谢 胡友成——胡	3 户（秦家、许家、蒋家）	2 户（谢家、胡家）	5 户
凤凰组	张德会——彭波 周成富——谭万红 王锦文——王淑	2 户（张家、周家）	1 户（王家）	3 户

当地改姓还宗的人不少，除了随母亲改嫁出去的孩子归宗改姓外，过去逃荒、走散而被异姓收养的人，或是计划生育政策时因孩子多了违纪、就送给异姓人家带的人，近来多归宗改回本姓。

对于还宗的子孙，原来大家庭或家族、宗族的成员，都是非常欢迎，这可以显示本家庭或家族、宗族的人丁兴旺，家庭或宗族发展壮大。还宗后的子孙也可以享有本家庭的福利，及履行应尽的义务。所以还宗后的子孙可以参与家庭的分家，同时也相应要承担赡养老人的义务。

例如，王彪爷爷那辈由于家庭生计不好，于是王家就将他爷爷"接"（抱养）给了姓谭的一家，于是他爷爷就改姓谭，叫谭本红，按谭家字辈命名，"本"就是谭家的字辈。王彪的父亲就取名叫谭文强。而现在王彪就是第三辈了。根据"三代还宗"的惯习，所以王彪可以改姓回来。

八龙村的蒋青龙家有四口人，但却有四个姓。为什么呢？

蒋青龙的父亲原姓刘，是蒋家抱养来的。他娶的媳妇姓谭，是二婚的，再婚时带了一个女孩过来。因为走第一处（初婚）的丈夫姓杨，所以她的女儿姓杨。谭女再婚后，与丈夫蒋青龙又生一子。由于"三代还宗"的缘故，蒋家这一辈人应该还宗，于是蒋青龙的这个孩子就改姓刘，取名刘长江。所以这个家庭就有蒋、谭、杨、刘四个姓。

据曹支书讲，当地同姓不能通婚的习俗依据的是其原姓，而非改姓后的姓氏。比如，他们曹家的一位老辈子，年轻时不幸过世，其媳妇怀着曹家的孩子嫁到了一户杜家。由于到了杜家后她也没有再生育，所以就让带去的曹家的血脉改姓杜。现在已延续三代了，也没有还宗。但是曹家这边的老人都知道，所以当曹家有子女与这一杜家的子女谈恋爱想结婚时，被曹家的老辈子人知道了，极力反对，所以最后就没有结成。

在冷水乡，还宗现象不是每个村都存在，但是大家都知道这类事。一位大叔告诉我们说，这种现象的产生是与当时的社会历史文化背景有关。在以前，主要是在1958—1962年，全国遭遇大饥荒，农民们自己都吃不饱、穿不暖，生活水平低，所以子女多的人家养不活了就只能送人，所以现在有些人回来认宗改姓。现在生活好了，也实施计划生育了，一家人人口不多，也养得活，所以就没有以前那么多问题了，今后这种现象应该不会再有了。

第三节　农村人口流动的原因及影响分析

一、人口流动的基本情况介绍

人口的流动是民族学人口调查的一个重要方面，人口流动的调查包括很多方面，比如，人口流动的形式（流入或流出）、人口流动的目的（打工、求学或经商）、人口流动的数量（数量的多少是相对而言的）、人口流动的方向（东部、西部、南方或是北方）、人口流动的范围（市内或市外）以及人口流动的原因等。

表5-3　八龙村近十年人口流动情况一览表　　　单位：人

年份	流出总人口	东南沿海	湖北（利川）	石柱县内	内陆城市
1996	2	0	0	0	2（四川）
1997	0	0	0	0	0
1998	4	0	1	2	1（新疆）
1999	1	0	0	1	0
2000	4	0	1	3（经商）	0
2001	2	0	1	1	0
2002	2	0	1	1	0
2003	0	0	0	0	0
2004	2	0	1	1	0
2005	6	2	3	2	
2006	11	4	3	2	
2007	24	10	6	7	1（北京）

根据表5-3反映的情况可知：（1）从人口流动的形式来看，人口以流出为主，流出的具体情况在后面详细说明；而人口的流入主要是结婚娶妻，绝大多数是在市内流动，从市外流入的极少，这里不做进一步介绍。

（2）从人口流出的目的来看，以打工和求学为主，上表所反映的是外出打工情况，外出求学情况后面另有介绍。所以在报告后面所提到的人口流动则主要指外出打工。

（3）从人口流动的数量来看，人口流动的数量相对较少，这是相对于冷水乡其他几个村（参见表5-4）而言。在这里，我们将外出打工人口相对较少的现象称之为人口的"留下"，人口的留下有很多原因，这在第二部分中将重点讨论。

但是，纵向比较后，我们也会发现，八龙村最近几年外出打工的人数呈上升趋势，这里也有很多原因，我们将在第三部分中重点讨论。

表5-4　2007年冷水乡人口流出情况

村名	流出总人数	跨市流出
天河村	70	51
八龙村	24	16
河源村	35	31
太平村	46	32
玉龙村	79	65

（4）从人口流动的方向和范围来看，在2005年以前，人口的流动以市内为主。在这里需要说明的是，我们将流入湖北省利川市的人口亦算作是市内流动，这是因为重庆与湖北接壤，石柱县冷水乡与湖北利川只有一山之隔，并且历史上冷水乡与湖北利川就有密切往来，历史所形成的著名的巴盐古道是其交往密切的证据。在2005年以前，冷水乡还没有修公路时，巴盐古道还是去湖北利川的重要交通要道，甚至现在，一些老人仍旧会从巴盐古道去利川赶场。因此，就实质而言，流入利川的人口只能算是市内流动。在2005年以后，往东南沿海流动的人口开始逐渐增多。

从表5-4还可以看出，在冷水乡的5个行政村中，八龙村跨市流动的人口在总流出人口中所占的比例要比其他几个村低。需要说明的是，一般情况下，跨市外出打工的人多是打长工，而在市内打工者多为打短工。

二、制约人口流动的因素

（一）历史传统的影响

在经过多天的访谈之后，我们发现大部分的人，尤其是年纪较大的人都会提到这样一个观点：我们这里没有外出打工的传统，即使生活苦一些累一些，我们也会守着土地过一辈子。至于为什么会有这样的传统，一位老人在接受访谈时所说的一段话应该具有代表性。

当问到50多岁的王大伯这一问题时，他回答道：我们这里地广人稀，土地足够耕种，所以生活不成问题。在家里种地是自己为自己干活，干多是多，干少是少，并且在时间上也很自由，不会受太多约束。如果外出打工，像我们这种农民，本身就没什么一技之长，并且又没读过太多书，所以出去打工很受限制。有时甚至会上当受骗，万一上当受骗，在外面人生地不熟，也就有苦没处诉，最后吃亏的还是自己。有些上了年纪的人，出去打工更是难上加难，所以我们宁愿在家种地。

这让笔者想到了地理学派的代表人物拉策尔所提出的环境决定论的观点，环境决定论是指"文化形式的外观及进化，主要是由环境的影响所造成的"。❶虽然笔者也像大多数人那样不赞成地理环境可以决定民族性格的理论，但还是认可地理环境对民族性格的形成有很大的影响。看看这里的环境，你不难想象这里的人们会有这样的观念。这里四周山环水绕，环境比较闭塞，再加上2005年以前没修公路，交通通信不便，所以这里真有点"世外桃源"的感觉。因此，"在乡土社会中，传统的重要性比现代社会更甚。那是因为在乡土社会里传统的效力更大"。❷

（二）人口与土地关系现状

农民的生活离不开土地，如果没有了土地，那农民将不再是农民。这里的土地分三种类型，分别是田、土和山地。从总体来看，冷水乡八龙村地广人稀，有足够的土地耕种。但就具体而言，人口与土地关系并不是全都均衡的，这还得从20世纪80年代初的土地承包责任制开始说起。80年代初承包土地是以户为单位，按人口平均承包，所以土地承包初期，人口与土地关系并不会出现矛盾，但经过二十几年的发展，人口发生了巨大变化，但土地还是原来的土地，所以人地矛盾也就开始凸现出来了。表5-5中的数据为1985年土地调整之后的数据。

---

❶ 庄孔韶. 人类学通论［M］. 太原：山西教育出版社，2004：102.

❷ 费孝通. 乡土中国［M］. 北京：生活・读书・新知三联书店，1958.

表5-5　人口与土地关系一览表

序号	户主	承包土地人口数量	承包土地数量			现在耕种人口数量	人地关系类型
			田（亩）	土（亩）	山（亩）		
1	肖长河	7	9	6	10以上	21	4
2	张德清	8	11	8	7	5	1
3	杨再松	8	4	7	10以上	25	4
4	袁必江	6	5	4	8	2	1
5	杨进友	4	6	2	10	8	3
6	袁天友	7	5	3	10以上	9	2
7	黄支书	8	8	4	10以上	2	1

在八龙村，土地承包是在1982年进行的，当时是以户为单位，按人口承包，人口不分男女，只要年龄满十八周岁者都有承包权，参加工作的除外。三年后，八龙村进行了土地的调整，调整的原则是"生不补，死不退；婚进补，嫁出退"。

在八龙村，土地的类型有三种：一种是"田"地，又可以称之为水田，顾名思义，就是可以灌溉的土地，在这里田地一般是用来种植莼菜；第二种是"土"地，当地人就称其为"土"，在"土"地上主要是种植玉米和土豆，有个别的人家因为劳动力不足或是山地不够，抑或是"土"地较多等原因也会在"土"地上种植黄连；第三种即为"山"地，一般用来种植黄连。从表5-5中可以看出，每家承包的田、土和山地的数量差别较大，其原因有以下几个方面：（1）在土地承包之前，政府根据土地的肥沃程度对土地进行了等级的划分，把田和土分别分成了优等、中等和低等三个等级，山地没有划分。在土地承包时，一般要优劣搭配。在等级的换算中：4亩优等田土相当于5亩中等田土，4亩中等田土相当于5亩低等田土。由于每个人家承包到的土地质量不一，因此数量也有差别，并且田、土和山地之间也可以相互补充，比如，某家承包到的土地较少，则可以多承包一点田或山地等，这与下面一个原因有一些关联。（2）在土地承包过程中，因为每家的意愿不同，一些人家想多种一点山地，另一些人家可能会更喜欢多种一点田地，因此每家承包的田、土和山地数量有差别。（3）山地数量差别较大，还有另外一个原因，就是山地的承包是根据目测进行的，因为山地丈量困难较大，就在距离较远的情况下用眼睛主观测量进行承包，所以误差较大。

从上表中我们可以看出，户 3 承包的土地数量较其他人家明显要少，这里也有几个原因：（1）当时承包到的田土质量较好，都为优等，并且地理条件优越，有交通和灌溉之便。（2）田土丈量的失误，这里有无意和有意两种情况。根据当事人的解释，有意的可能性更大，当事人曾提到：土地承包的多少与自己和村干部关系的亲疏也有很大关系。（3）根据笔者自己的推测，当事人也可能对我们有隐瞒之嫌，一方面，户 3 中人地矛盾确实很突出；另一方面，当事人想将矛盾描述的更严重并以此来引起政府部门的重视，从而使矛盾可以得到解决。

从表 5-5 可以看出，在土地承包之初，由于土地按人口承包，人地关系比较均衡，但经过 20 多年之后，各家的人口已发生很大变化，人口与土地的关系也变得复杂。我们将人口与土地关系的类型大致分为四类：第一类为地多人少；第二类为人地基本均衡（相对土地承包之初而言）；第三类为土地较人口少有不足；第四类为土地较人口严重不足。下面将对表 5-5 中人口数量的变化做详细介绍。

图 5-3 为户 1 的家庭结构，在户 1 中，承包土地时的人口为 7 人，分别是户主夫妇及其五个儿子，而现在该家的耕种人数为 21 人。在他们家，土地几十年没变，但人口增加了，所以出现人口多、土地少的问题。

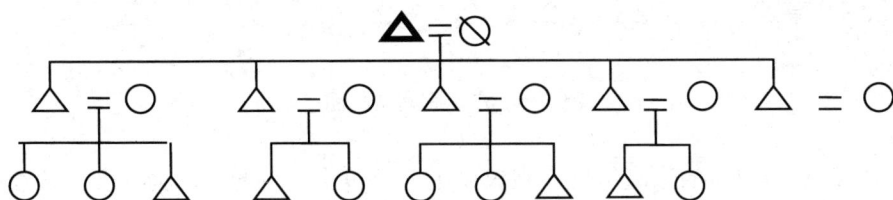

图 5-3　户 1 家庭结构图

注：△代表男，○代表女，=代表婚姻关系，加 \ 表示已死亡。下图同。

图 5-4 是户 2 家庭结构，在户 2 中，承包土地时的人口为 8 人，分别是户主父母、户主夫妇、户主的 3 个妹妹以及 1 个女儿，虽然还有 1 个儿子，但当时未到承包土地年龄。但几十年过去了，户主的妹妹与女儿均出嫁，儿子也娶了妻子、生了孩子。发生如此变化后，该家的人口现只有 5 口，但土地并没有减少，所以该家就出现了地多人少的现象。

图 5-5 是户 3 的家庭结构，在户 3 中，承包土地时的人口也为 8 人，分别是户主父母，户主及其五个弟弟。几十年过去了，户主及其弟弟们都娶进媳妇

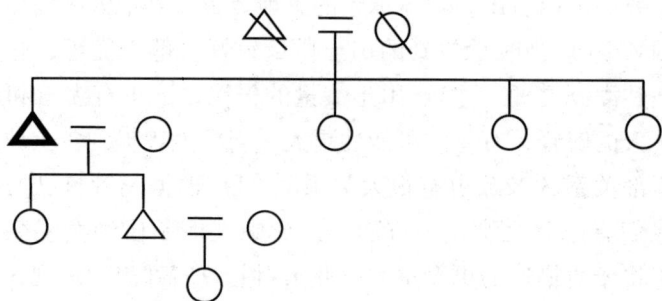

图 5-4　户 2 家庭结构图

并生了孩子，户主也成了祖父，整个以父母为中心的大家庭有 27 人，除了户主二儿子在县城工作，其一户的人口不算入现在的耕种人口数内，该家在八龙村还有 25 人，而土地还是当年承包时的那么多，故现在也出现了人口多、土地少的问题。

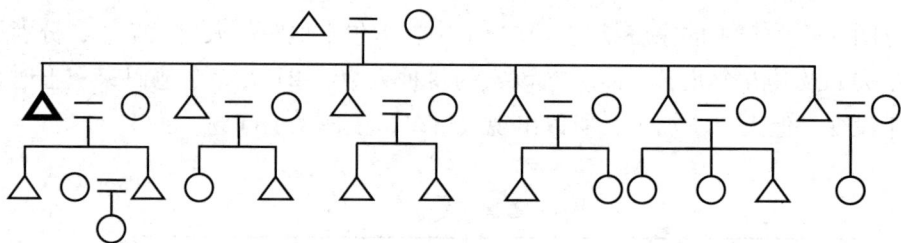

图 5-5　户 3 家庭结构图

图 5-6 为户 4 的家庭结构，在户 4 中，承包土地时的人口为 6 人，分别是户主父母、户主及其三个妹妹。现在户主的父母已双亡，三个妹妹出嫁，儿子在上海工作，所以土地只有户主夫妇两人耕种。他们家人口少、土地多，有时会感到劳力不够，所以会雇用临时工，或是与别人家换工。

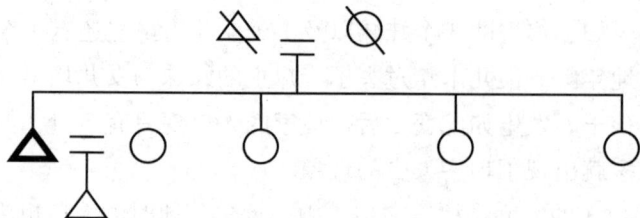

图 5-6　户 4 家庭结构图

图 5-7 是户 5 的家庭结构，在户 5 中，承包土地时的人口为 4 人，分别是户主夫妇及两个儿子。而现在两个儿子都娶了妻子、生了孩子，所以现在他们家的耕种人口为 8 人。由于承包土地时人口少，承包得少，所以现也出现地少人多的问题

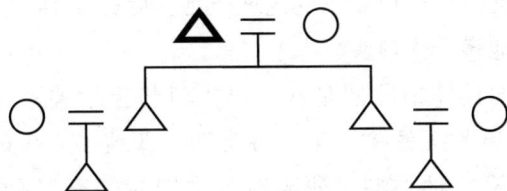

图 5-7　户 5 家庭结构图

图 5-8 为户 6 的家庭结构，在户 6 中，承包土地时的人口为 7 人，分别是户主夫妇及三个儿子和两个女儿，而现在他们家耕种土地的人口为 8 人。其变动的情况为：户主的 3 个女儿出嫁；二儿子在外工作，不算入耕种人口里；在村里则有户主夫妇，其大儿子夫妇及子女，三儿子夫妇及儿子。所以现耕有作人口 8 人，土地与人口的关系处于比较平衡的状况。

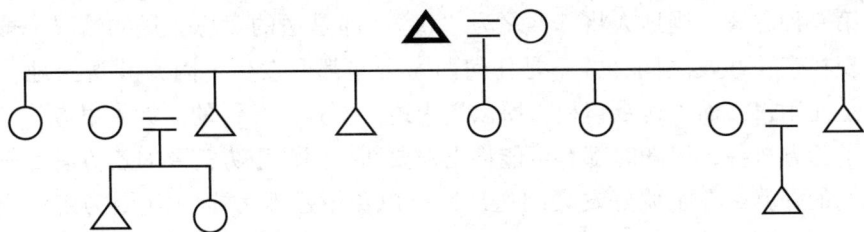

图 5-8　户 6 家庭结构图

图 5-9 为户 7 的家庭结构，户 7 承包土地时的人口为 8 人，分别是户主夫妇、户主三个女儿、两个儿子和儿媳。

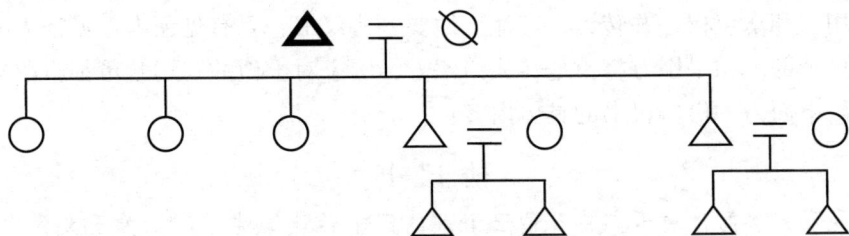

图 5-9　户 7 家庭结构图

几十年过去后，户7家户主的妻子过世，三个女儿出嫁，两个儿子及大孙子都在外地工作，二儿媳在外经商（其实二儿子一家已举家迁出八龙村，只是户口和土地都还保留着）。因此，户7家在家耕地的只是户主、大媳妇及二孙子。但实质上，户主已有82岁高龄，不再下地干活，而二孙子还在上学，也不能算为正常劳动力，所以全家的这些土地实际是由其大儿媳一人经营。因而该家的问题是土地多、人口少。

上面所列几家的具体情况便是八龙村人口与土地关系类型的几种典型代表，在笔者访谈的23户人家中，第一种类型，即地多人少的家庭有6户，占总数的26%左右；第二种类型，即人地较为均衡的家庭有11户，占总数的48%左右；第三种类型，即土地较人口略有不足的家庭有4户，占总数的17%左右；第四种类型，即土地较人口严重不足的家庭有2户，占总数的9%左右。因此，从总体来看，土地是足够耕种的，外出打工人口较少也就有一定道理。

在上面我们已经具体了解了人口与土地关系，也发现在目前情况下，八龙村的人口与土地关系比较复杂。由于人口与土地关系的不平衡，在八龙村也出现了土地流动的情况。流动的方向自然是从土地较多而劳动力相对不足的家庭向人口较多而土地相对不足的家庭流动，其具体的方式有三种。

第一种方式：当地人将其称之为"拼"，即是送的意思。送的情况一般只是出现在亲朋好友之间，并不是任何两家之间都会发生。因为"送土地"送的只是使用权，而不送承包权，所以送土地并不是永久性的。如果甲方将土地送给了乙方耕种，甲随时都有可能将土地要回，因此甲方需要对乙方有足够的了解，最好就是在亲朋好友之间送，这样以免甲乙双方扯皮（因为曾经出现过甲乙双方扯皮的现象）。在2005年地税改革之前，耕种土地是要交税的，而在2005年之后，耕种土地不仅不需要交税，国家还要进行补贴。因此，如果甲方将土地送给了乙方，在2005年之前，交税是由乙方承担，但在2005年之后，国家的补贴要归甲方所有。

第二种方式：将土地进行转让。土地的转让是永久性的，因为转让土地是将使用权和承包权一并转让，转让土地要签协议书，要有见证人，见证人一般为村里干部。如果甲方将土地转让给乙方，国家对土地的一切政策都将落实在乙方。下面为一份协议书的具体内容：

协 议 书

经双方协商，黄玉文将自己三个人的田土转让给沈思利，黄玉文为甲方，沈思利为乙方，甲乙双方协商如下：

一、甲方将三个人的田土转让给乙方耕种。

二、田土地名：（1）田：黄家沟双干子三块半，干坡一连三块，过路大坡半块，赤谷坡半块。（2）土：何家塝茶园大窝土大的一块。

三、甲方转让的三个人的田土给乙方，从即日起，上交的农业税有（由）乙方负责上交。

四、如政策对田土的调整，并有（由）乙方将三个人的承包田土交还给集体。

以上协议，绝无反悔！

协议双方：甲方　黄玉文；乙方　沈思利
（甲乙双方按有指纹）
执笔：沈照贵（当时八龙村村委书记）
二〇〇三年四月十五

第三种方式：将土地出租。土地出租的情况比较复杂，从时间来看，有长租和短租两类；从形式来看，有按人口出租和按土地出租两类。所谓按人口出租是指一个人所承包的田、土和山地一起出租，一般都为长租。所谓按土地出租就是指可以单租田、土和山地中的任何一种，也可以几种同时租，这种方式比较灵活，一般都是短租，并且以租山地为主。土地的租金没有硬性的规定，由租地双方协商确定，租金的多少往往取决于双方关系的亲疏程度。下面有三个租地案例，将进一步说明当地的租地情况。

案例1，全某，在2005年以前，全家四口人，耕种着三口人的土地，土地基本够耕种，但2005年之后，因为修建旅游公路，一共占了他们家5亩多近6亩的田土，所以人地关系出现了紧张，他们就从另一小组的王家租3亩多的山地来种黄连。租金不是现金，而是每年每亩给王家4斤黄连。由于黄连价格不一定，因此，租金也是变化的。另外，国家对该部分土地的补贴仍旧归王家所有，因为该案例中，土地承包是在地税改革之后，不存在承担农业税的问题。租地的方式是短租方式，租地双方的关系一般。

案例2，张家，因为承包土地时家中儿子较多，后来分家（同表5-5中户1和户3情况相同），出现人口多土地少的情况，因此向本组的另一张家租地，他们属于本家，关系较亲密，因此租金也相对较少。他们的租金是这样算：以5年为一周期（即黄连的生长周期），每亩交200元的租金。2005年以前，农业税由租地的张家承担，2005年以后，国家补贴归出租土地的张家所有。

案例3，王家，因为1993年外出打工，将部分土地出租，部分转让。1999

年，因为黄连价格上涨，又回家种地，虽然将出租的土地收回，但转让的土地已收不回，因此土地较少，于是向另外一家长租了一口人的田土，租金为2 500元，时间到土地承包期满。2005年以前的农业税由王家承担，2005年以后，国家补贴也仍旧归王家所有。这一出租土地的方式，就其实质而言，有点像将土地出售的意思，只是出售的是土地的承包权和使用权，并未将所有权出售。

（三）产业结构的制约

在冷水乡八龙村，以种植经济作物为其主要的收入来源，种植的经济作物包括黄连、莼菜和部分的玉米及土豆。在这里需要特别了解黄连的种植、生长及加工过程，这不仅是因为黄连是这里最主要的收入来源，同时也因为黄连的生长过程很特殊，需要充足的劳动力来经营。

一般来说，黄连的经营需要四个过程，分别是采种育苗、搭棚栽连、施肥管理和起连加工，这四个过程全部完成，一般需要7年的时间。因此，种植黄连的劳动量很大，很是艰苦。所以，在我们调查期间，听到当地人说得最多的一句话就是：种黄连苦啊！即使种黄连很苦，但这里人还是会继续种植。从客观上说，是由于当地的气候和地形地势决定的；从主观上看，是当地人不愿放弃。为什么这么说呢？在八龙村，放弃了黄连的种植就意味着放弃了农业，如果农民放弃了农业，也就意味着要背井离乡，走上外出打工的道路。但是，黄连的种植并非轻易能放弃的，在前面我们已经介绍了黄连的种植和生长过程。如果某人要外出打工，并不是说今年不种地今年就可以出去，他还必须等待4年前所种的黄连逐渐成熟，这样，他就得白等5年时间。另外，万一出去了之后，发现打工的效果并不比在家种地好得多，而又想回家种地时，又得等上五六年的时间才能有所回报，这样付出的代价就比较大。同时，黄连的价格很不稳定，有1997年以前最低每斤卖几块钱的时候，也有在2000年每斤、卖100元甚至更高的时候。虽然这几年黄连价格一直下跌，但谁也不敢保证以后不会再次上涨。因此，放弃种植黄连需要很大的勇气。

（四）修建公路与人口的"留下"

公路的修建对八龙村人口的"留"与"流"都是有利有弊的——对人口的"留下"有利的方面则对人口的流出有弊，反之也一样，因此，在这里我们将修建公路对人口"留"与"流"的影响一起介绍。

公路的修建包括了石忠高速公路、当地旅游公路和乡村村道等三条道路的修建，修建公路对当地人的影响主要是从占用耕地、吸收剩余劳动力、影响劳动力价格等几个方面产生的，而每一条道路对当地人的影响都不一样，下面将分别说明。

石忠高速公路的修建虽然途经冷水乡，但并没有直接经过八龙村，因此不存在占用八龙村耕地的情况，另外，修建高速公路都有工程建筑队承包，吸收的当地劳动力也不是很多，以少部分临时工为主。故修建高速公路对当地人最大的影响是在劳动力价格方面。在三条道路的修建中，高速公路的修建是从2005年开始的，据当地人介绍，在2005年以前，当地的劳动力价格只有20~30元/天，但高速公路修建之后，到高速公路上打工者的工资都在50~60元/天，因此从2005年以后当地的劳动力价格也涨到了每天50~60元的水平。

劳动力价格的上涨，直接影响了当地人雇用劳动力的可能。在2005年以前，只要土地充足的人家都会将土地耕种完，即使劳动力不足，也会雇用当地的剩余劳动力来帮忙；但是2005年之后，因高速公路修建引发的劳动力工资上涨，本地种植黄连的大户雇用劳动力的情况开始减少，因为如果继续雇用劳动力来耕种，就会入不敷出。

因此，高速公路的修建，对当地剩余劳动力在本地的转移没有帮助，它反而会促进人口的外流。

当地旅游公路的修建直接经过八龙村，占用当地耕地的情况很多，修路占地进一步加剧部分家庭人地矛盾，从而也会促进部分人口外流。下表是修建旅游公路占地及赔偿情况表。

表5-6　修建旅游公路占地及赔偿情况表

户主	占地面积（亩）	赔偿数目（元）
1	7.57	100 000
2	6.06	80 000
3	5.68	75 000
4	5	64 000
5	4.47	56 000
6	2.92	38 000
7	2.25	28 000

根据上表的情况可知：a. 上表所列的是被占耕地较多的几户，在八龙村的双坪组和凤凰组被占耕地的人家很多，但大部分人家被占的土地面积不大，所以影响也不是很大。b. 占地赔偿的原则——占用耕地（包括田和土两种），每亩赔偿 13 200 元；如果是荒地，赔偿数目则折半；占用山地，赔偿的数目是占用耕地赔偿数目的 90%。

这些失地的农户有三种应对方法：第一种情况，原本土地多而劳动力不足的家庭，占地对其影响不太，所以赔偿金额也不做进一步的投资，只是用于日常消费的补贴；第二种情况，原本土地相对平衡，占地后，土地较人口略有不足的家庭，会拿赔偿金额向地多人少的家庭租地耕种；第三种情况，原本土地较少，修路占地后土地更加紧张，则会拿土地赔偿金做生意或外出打工。第三种情况可能导致人口外流。

另一方面，当地修旅游路所需要的劳动力主要是来自当地的农民，因此，从这一角度说，会转移很多剩余劳动力，又会促进人口的"留下"。但是，修路工程终究是短暂的，而不能做长久之计的打算，在不久的将来，他们也许会走上外出打工的道路。

修乡村道路的影响情况又有些不同，修乡村道路所需的劳动力全部来自当地，但劳动是义务劳动，没有报酬，并且每家每户都要参与。其次，乡村道路也会占用农田，但是，占用的农田得不到补偿。但由于修路毕竟是方便大家也方便自己的好事，所以大家还是很积极地参与。

从上面的分析可以看出，修建公路对当地人口"留下"的促进，主要是通过转移和吸收当地的剩余劳动力来完成的，而对人口流出的促进，则主要是因为修路占用耕地的原因。

（五）分家与人口的"留下"

分家的现象在八龙村非常普遍，笔者也来自农村，不过是北方的农村，虽然在我的家乡分家的现象也很普遍，但却与这里有明显的区别。在我们那里，如果父母有几个儿子，在大的几个儿子成家后，都会与父母分家生活，但是最小的儿子成家后仍旧会与父母住在一起而不分开；如果父母只有一个儿子，则不需要分家，除非两辈人之间有很大的矛盾。在八龙村，无论父母有几个儿子，只要儿子成家，都会与父母分开生活，直到父母行动不便、生活不能自理时，才由儿子轮流照顾，父母过世后，财产也会给几个儿子平分。

那为什么说这样的分家就会阻碍人口的外流呢？请先看下面的表 5-7。

表5-7 家庭劳动力❶情况一览表

户主	劳动力人数（人）	平均年龄（岁）
罗宣华	3	32.7
袁必江	2	54.5
袁兴荣	2	46
刘世明	2	54
张玉明	2	23
张德清	2	56
乔双琼	3	31.7
杨勇	2	28.5
杨进友	2	56

从表5-7中可以看出，绝大多数的家庭劳动力数量都为两人，这样就大大降低了外出打工的可能性。因为，如果外出一个劳动力打短工，另一个劳动力则不能完成土地上的所有工作（在讲产业结构对人口流动的限制时已经提到，种植黄连的很多工作需要几个劳动力共同来完成）；如果两个劳动力都外出打工，将意味着放弃农业，做这样的决定也很困难。这样看来，分家对人口的流出确实有一定的制约因素。

三、促进人口流动的因素

（一）人多地少的矛盾

作为农民，最主要的生产资料即是土地，如果农民少了土地，其生活状况便可想而知。虽然从总体来看，八龙村的情况是地广人稀，土地足够耕种，但人地关系的不均衡现象也客观存在，并且在人口与土地关系中为第四类型，即土地较人口严重不足的家庭占到了总数9%，另外还有17%的家庭土地较人口也略有不足。因此，因土地不够耕种而外出打工就成为人口流动的重要原因，

---

❶ 劳动力有广义和狭义之分。广义上的劳动力指全部人口。狭义上的劳动力则指具有劳动能力的人口，在这里所提到的劳动力是指狭义的劳动力。在实际统计中，考虑劳动年龄和劳动能力两个因素的指标有劳动年龄人口和社会劳动力资源总数。二者的关系是：社会劳动力资源总数=劳动年龄人口+劳动年龄之外实际参加劳动人数-劳动年龄内不可能参加劳动人数。劳动力或劳动适龄人口：年龄处于适合参加劳动的阶段，作为生产者统计的人口。人口学一般以16—64岁的人口为劳动适龄人口。中国一般规定男子16—60岁、女子16—55岁为劳动适龄人口。

这方面的情况我们在前面已经进行了讨论，此就不再赘言了。

（二）黄连价格的影响

由于八龙村最主要经济作物就是黄连，因此黄连的价格的高低直接决定着当地人经济收入的多少，而种地的经济效益的好坏又直接决定了人口的"留"与"流"。请看表5-8

表5-8　黄连价格变动与八龙村人口流动关系表

年份	黄连价格（元/斤）	流动人口（人）
1996及以前	5~8	2
1997	10~20	0
2000	80~100	1
2003	50	2
2004	40	2
2005	30	6
2006	20	11
2007	20	25

结合表5-8，并根据当地人的描述，我们得知，从上世纪90年代到现在，八龙村的人口流动经历了以下几个阶段：

第一阶段是20世纪90年代中后期，在这一时期，外出务工的人数相对较多。原因是在90年代初的时候，随着经济的发展，物价水平也在不断地上涨，但是冷水乡八龙村的主要经济作物黄连的价格并没有随之上涨，从表5-8中可以看出，在1996年及以前，黄连每斤只卖5~8元钱，所以有部分劳动力富余而土地较少的家庭就开始有人外出打工，甚至有一部分家庭举家迁到了其他地方。当时人口流动的主要方向是与重庆市接壤的湖北省利川市。在前面已经提到过，流往湖北利川的人口实质属于是市内流动。

第二阶段是90年代末期至2003年，在这一时期，由于黄连价格上涨，种植黄连获益高，因此人们都乐意在家种黄连而不愿外出打工。

如八龙村的王某说："1998年我们全家去了荆州，当时是亲戚叫去的，说他们那里有很多的地，亩产也很高，当时在这里的地种水稻，亩产只有二三百斤，而在他们那里有很多地并且亩产1 000~1 200斤。并且那时黄连价格也很低，在这里种地不划算。所以就搬过去了，在那里生活还不错，那里全是田

· 198 ·

地，没有旱地，我们在那里种着 20 多亩地，但是太热了，在那里住了三年就又搬回来了，主要是因为 2000 年的时候黄连价格暴涨，每斤达到了 100 多块钱。所以老家人们就劝我们回来了，结果我们刚回来黄连价格就下跌了。不过还好，我们刚回来不久，我们隔壁全家就搬去黄水工作了，他们走的时候就把他们家的地拼给了我们，所以我们现在种的地还算比较多。"

第三阶段是从 2003 年左右开始至今，在这一阶段，外出务工人数又开始逐渐增多。这里有两方面的原因，一方面是由于 2000 年左右黄连价格达到历史最高值，同时，黄连的种植面积也增大到了历史的最大值，在几年之后，黄连成熟，市面上的黄连出现供大于求的状况，因此黄连的价格又开始下跌。另一方面，村民生活和生产的基本消费品价格一直处于上涨的状态，尤其是化肥价格的大幅上涨（参见表 5-9），同时还有 2005 年之后劳动力价格的不断上涨，从而造成种植黄连的成本也大幅上涨，这使种植黄连的经济效益不断下跌，人们又不愿种地而愿意外出打工了。

表 5-9　化肥价格变化情况表

价格种类 ＼ 时间	20 世纪 90 年代	2007 年
磷肥	20—25 元/袋	45 元/袋
碳铵	22 元/袋	45 元/袋
尿素	80 元/袋	130 元/袋

但大多数人还在观望，他们认为，最近两三年黄连价格一直稳定在每斤 20 元左右，从现在种植黄连的成本来看经济效益不是很高，但如果种植黄连的成本不变，黄连价格上涨到每斤 30～40 元，种植黄连还是有利可图的。但如果黄连价格不上涨，同时种植黄连的成本又不下降，那外出打工的人数肯定会进一步增多。由此看来，八龙村的村民是非常理性地计算和盘算着他们的未来的。

（三）修建公路的影响

修建公路对人口的"留"与"流"的影响，在第二节里已有所介绍，这里还需要补充一点，就是修建公路对人们外出打工提供了交通的便利，这方面的影响是直接而明了的。在石忠高速公路修建以前，石柱县是重庆市唯一没有通高速公路的县，从重庆市到石柱县，坐汽车需要花费六七个小时，从石柱县到冷水乡还得花七八个小时，所以很不方便。在高速公路通车之后，从重庆市去冷水乡一共只需要五六个小时，并且，高速公路的修建还为冷水乡去湖北、上海等提供了交通的便利。而这种便利，就为外出提供了更多的可能性。

（四）年轻人思想观念的变化

在八龙村，外出打工的人口中年轻人占很大比重，这与年轻人思想观念的变化是密不可分的。

在八龙村，人们的休闲娱乐方式很单一，在电视电话普及之前，人们的休闲娱乐方式主要是打牌和走亲访友。90年代中后期，当地主要经济作物黄连价格上涨，人们生活富裕，电视电话也开始普及，之后，当地主要的休闲娱乐方式也就变成看电视和打牌。电视在年轻人和老年人中都很受欢迎，但对年轻人的影响更大。一方面的原因是年轻人看电视的时间要多于老年人，另一方面是因为年轻人更容易接受新事物。

导致年轻人思想观念变化的另一个途径是受学校、报刊等的影响。八龙村对子女的教育一直都很重视，在以前限于经济紧张，对教育的重视只能是心有余而力不足，但现在随着经济的发展，经费已经不再是制约当地教育发展的主要因素。当地有很多人上职业技术学校就是很好的例证。上学的人多了，读的书多了，自然在思想观念方面会发生许多变化。

四、人口流动的影响

人口流动的影响包括了两个方面，一方面是对流入地（城市）的影响，另一方面是对流出地（农村）的影响，无论是对流入地还是对流出地，其影响都是有利有弊的。

人口流动对城市有利的影响包括：（1）为城镇提供廉价的劳动力；（2）加速城镇化进程；（3）进一步扩大城市消费。不利的影响包括：（1）农村人口流动使城市基础设施和社会治安受到严重的挑战；（2）加重了城市的就业压力。❶

人口流动对农村的影响有积极的一面，但也存在着消极的一面。

（一）积极方面

（1）促使农民收入的增多。以袁某家为例，他家的正常劳动力为3个，

---

❶ 周博. 浅析我国农村人口流动的原因和效应［J］. 西安航空技术高等专科学校学报，2008（6）：28-30.

耕种的田为 5 亩、土 4 亩、山地 8 亩，粗略的计算，这些土地每年纯收入大概在 2 万元。在大部分的时间里，有两个劳动力就足够经营这些土地，因此他家就会有一个剩余劳动力。假如，这一个劳动力不向外转移，一直在家劳动，但他们这些土地的收入基本不变，因此，平均每个劳动力创造的价值为 7 000 元左右。实际上，他家将这一剩余劳动力转移到了城市，而他每月的工资是 1 800 元，除去每月的吃住和零花费用，净赚 1 000 元，一年即为 12 000 元，这样，袁某家平均每个劳动力创造的价值就在 1 万元左右。因此，人口流动对增加农民收入方面的影响是直接且显而易见的。

（2）农村人口流动改变着农村居民的思想观念。城市是人类文明的产物，城市也引领着人类文明的进步。城市居民信息交流渠道的多样性、快捷性以及城市居民较高的受教育程度等，使得城市居民的思想更活跃、思想更解放，科学、民主意识更强烈。因此，从相对闭塞的村庄走出的村民，一旦走进城市，在城市居民生活、工作氛围的熏陶下，其生活理念、生活方式和生活态度等都发生潜移默化的改变。特别是城市居民相对科学的生活方式和自由民主的生活、工作态度，更是直接地影响着、震撼着进城农民工的心灵。因此，一旦他们返回家乡并通过他们把这些亲身经历的心灵冲击和震撼传达给其父老乡亲，所产生的社会积极效应是无法估量的。❶

（3）有助于产业结构优化，实现有效就业。1978 年我国三大产业在 GDP 中所占份额分别为 28.4%、48.6%、23%，在就业中所占的比重分别为 78.2%、12.6%、9.2%。第三产业的发展严重滞后，大量的劳动力滞留在第一产业部门，形成该产业劳动力的严重过剩。改革开放以来的人口流动高潮推动了劳动力在各产业的重新分布，到 1999 年，三大产业在 GDP 中所占的比重依次为 18%、49.2%、32.8%，在就业中所占的比重分别为 49.9%、23.7%、26.4%。大量农村人口流入城市前大都在家务农，流入城市后转入第二、第三产业，这在很大程度上缩减了从事第一产业人口比重，将产业结构重心调整到第二、第三产业的同时，也加速了第二、第三产业的发展，从而使产业结构趋于合理，有效就业得以实现。❷

（4）促进城乡融合。庞大的流动人口成为城乡经济、文化、技术、信息

---

❶ 王天营. 农村人口流动为我们带来了什么——基于一村庄调查的思考［J］. 中国统计，2007 (11).

❷ 周博. 浅析我国农村人口流动的原因和效应［J］. 西安航空技术高等专科学校学报，2008 (6)：28-30.

交流的中介，有效促进了城乡交融。平均年龄较低的农村人口流动是城乡之间沟通融合的桥梁，他们更容易接受新思想，随时随地把城市文明、城市经济信息、城市人的思想意识、生活习俗等传播到农村，使广大农村人口了解到城市文明，这有利于促进城乡融合，间接起到了促进人口城市化进展的作用。

（二）消极方面

（1）农村劳动力流失。虽然农村劳动力大量剩余，但是大量农民工外出所产生的吸引力，不仅仅是针对过剩的劳动力，这种影响是对所有农民的。因而一部分人在经济利益的驱动下，放弃了农业生产或者是留下妇女和老人在家耕种、精壮劳力外出，个别家庭因在农田精耕细作上欠妥，导致正常的农业生产劳动力不足，农作物总产量出现倒退。

（2）农业劳动力素质下降。率先转移出去的农民往往具有较高素质，男性所占比例比女性大，初中以上文化程度比小学文化程度多，未婚的青年劳动力比已婚的多，头脑灵活、有一定技术和管理专长的人多，这对农业劳动力群体素质的提高产生负面影响。中国农村劳动力的整体素质本来就不高，当那些年轻、有文化和有一技之长的青壮年男性劳动力转向城镇后，剩下的就是儿童、妇女和老人，这对于农业科技的推广极为不利。所以从长期看，外出打工农民越多的地区，其发展后劲越弱，农业劳动力素质的下降甚至有可能加剧城乡差别和地区差别的扩大。

（3）随着农村人口流动量加大，一方面从事粮、油、生猪生产的人数相对减少，粮、油生产总量虽然影响不很大，但猪、鸡和其他副食品的影响较大。另一方面是增加了大量的社会消费人员和消费数量。简而言之，农村流动人员由原来的生产者，流动后变为消费者，这一减一增，必然增加粮食和副食品供应上的压力。如果说五六年前这个问题还不明显，而到现在，流动人员超出农村人口 40% 以上，这个矛盾也就暴露出来了。❶

---

❶ 安新固，吴金腾.关于当前农村人口流动的调查和思考［J］.决策咨询通讯，2008（1）。

第六章　冷水乡政治生活
——乡村政治变迁中
"文化—社会"的冲突与同构

第一节　问题的引出

政治生活是一个特定群体生活的重要组成部分。因此，冷水乡的乡村政治运行状况，也成为我们这次调查的重点对象。

2008年7月，当我们第一次来到八龙村时，当地乡政府的工作人员就告诉笔者两件乡村政治中引人关注的事情。一件是刚结束不久的八龙村村委会换届选举工作。它历时三个多月，经过三次选举之后，才艰难诞生出新一任的村委会主任。另外一件就是，在国家大力推进乡村政治民主的大背景下，八龙村的前任与现任村支书是父子相传。这一下子就引起笔者极大的兴趣。在激烈的选举事件和党支书父子相传的背后，深藏着怎样的逻辑？促使乡村政治变迁的动力是什么？而在乡村政治变迁过程中，作为行动主体的村民所作的具体行为抉择，又会对整个村落社会产生哪些影响？在接下来的一段时间里，笔者围绕着这些问题走家入户，倾听村民们讲述从民国时期到当时的乡村政治故事，试图通过乡村政治历程这个窗口，探讨乡村社会变迁的根本原因。

政治是社区生活的重要组成部分。在功能学派中，无论是拉德克利夫-布朗、马林诺夫斯基还是埃文斯-普理查德，都将政治置于人类学讨论的主导地位。然而，功能主义最薄弱的地方就在于对社会变迁的解释能力较弱。功能主义"对平衡的系统、社会的内部稳定以及永恒的结构形象的强调，导致偏爱安定平衡、'整合良好'的社会，喜欢强调人们社会习俗的功能因素，而不是它们暗含的机能障碍"。❶ 格尔兹认为：

> 功能理论之所以对研究变迁有困难，其主要原因之一，在于它不能平等对待社会过程和文化过程；二者之一几乎不可避免地被忽视或被放弃，仅成为对方的简单前缀和"镜像"。或者文化被看成社会组织的纯粹衍生物，这是英国结构功能主义者和美国许多社会学者的典型观点；或者社会组织形式被看成文化模式的行为体现，这是马林诺夫斯基和许多美国人类学者的观点。在这样的情境下，由于文化模式与社会组织形式不完全和谐而产生的社会变迁的动因，就多半得不到公式化表述。

为了能够更好地解释社会变迁的动因，修正功能理论概念，格尔兹提出：

> 最好先设法区分和分析人类生活的文化面和社会面，把它们看成独立变化而又彼此依赖的因素。虽然只能在概念上区分，但文化结构和社会结构却因此表现得能够以多种模式互相整合。在这样的整合中，简单的同构（isomorphic）模式只不过是有限的个案；这样的个案只出现在那些长期保持稳定的社会中，它们如此长久地保持稳定，使人们有可能在社会面和文化面之间做仔细的调整。在大多数社会中，变迁是特色，而不是反常，在那里我们有希望看到两者之间的某种断裂。我要争辩，正是从这些断裂本身，我们将看到某些推动变迁的主要动力。❷

格尔兹的观点表明，文化具有独立性，它的变化与社会层面的变化并非是同步的。"文化是人类用来解释他们的经验、指导他们行动的意义结构。"❸ 文化层面和社会层面的断裂，是社会变迁的主要因素。

格尔兹关于社会变迁的理论来自巴厘岛的田野调查。而在中国乡村政治变迁的具体情境下，乡村社区同样是一个"文化—社会"互动的系统。经过几千年的历史积淀，在乡村社会中形成了相对稳定的乡土文化体系，这套乡土文化体系是村民们用来定义世界、表达情感、作出价值判断的框架。至于社会层面，具体到乡村政治而言，主要是指村落社会中的政治组织、乡村权威以及人与人之间形成的政治关系。

格尔兹的社会变迁理论缺乏"国家与地方社会关系"的宏观视野，但对

---

❶ 克利福德·格尔茨.文化的解 [M].纳日碧力戈，等译.上海：上海人民出版社，1999：165.
❷ 克利福德·格尔茨.文化的解 [M].纳日碧力戈，等译.上海：上海人民出版社，1999：166-167.
❸ 克利福德·格尔茨.文化的解 [M].纳日碧力戈，等译.上海：上海人民出版社，1999：167.

于中国村落社会来说，乡村社会层面的变化往往不是内生的，而是国家政权力量主导的结果。自从鸦片战争以来，中国社会经历千年未有之变局，特别是20世纪前叶以来短短的百年间，国家、市场等外部力量迅速而有力地改变着乡村社会层面。

"文化—社会"是个互动的系统，但由于文化层面与社会层面的变迁往往不是同步的，当"文化—社会"产生断裂时，在乡村政治中就集中表现为乡村政治的各种矛盾、冲突和动荡；当"文化—社会"能够同构时，就表现为乡村政治的稳定。在国家政权等外部力量的影响下，村落社区的"文化—社会"系统不断发生着断裂与同构，进而导致了乡村政治"动荡—稳定—动荡"的局面，但也正是在这种循环过程中，催发着乡村政治的变迁。

在八龙村的田野调查中，笔者知悉了八龙村诸多人事和政事。在本章中，笔者将以历史为线，分析从民国时期至今，随着八龙村"文化—社会"的断裂与同构而产生的乡村政治变迁。

第二节　民国时期：国家政权建设与乡村"文化—社会"的冲突

在中国传统的政权体系中，"皇权不下县"成为历朝历代的一贯做法。然而，自从西方列强入侵中国，众多的军事占领与经济剥削使国家背上了沉重的财政负担。国家试图通过权力的延伸，一方面加强对乡村的控制，另一方面加大力度汲取乡村资源以实现国家政权的意志。从清末开始，国家已试图通过权力下沉来加强对乡村社会的控制。[1]但全面推行乡村基层政权建设，还是从民国时期开始的。

民国时期，持续的军事斗争使国民政府的军费激增，国家必须加大力度从乡村获取资源，而国家赋税的增加激起了基层社会越来越多的反抗，并激起了共产党革命武装斗争，使国民政府对乡村的控制面临危局。同时，国民政府推行的各种政策，也必须有适当的渠道传达至乡村。于是，在这一背景下，国民政府试图通过保甲制度的推行，全面建设乡村基层政权。随着保甲制度的推行，村落社会中产生了新的政治结构与政治组织。

---

[1] 骆正林. 近代中国乡村政治文化的变迁 [J]. 重庆师范大学学报，2008（2）.

一、保甲制度推行后乡村社会层面的变迁

在笔者与八龙村民的交往过程中，当地人一直强调这里山高皇帝远。在村民们的潜意识里认为，八龙村是远离中央政权的化外之地，所以乡村基层的种种人事，与其地处边陲密切相关。然而，从历史上看，冷水乡一带早在民国时期就已被逐步纳入国家政权体系之中。虽然冷水乡是一个土家族聚居区，然而，在很长的历史时期内，土家族的生活方式、政治经济环境与周边汉族地区并无多大区别（土家族直至 20 世纪 80 年代才被认定为第 55 个少数民族），因此，中央政权的运作模式在土家族地区易于推广。川东地区在历史上一直未实行过类似西南少数民族地区的"羁縻""土司"制度，正说明此地早就与汉族地区共享同一套政治文化体系。

1911 年，中华民国建立。1913 年，四川撤府、州、厅改为县，以 10 户为牌、10 牌为甲、5 甲为保、数保为团。1914 年，设立四川东道石柱县。1928 年 9 月，四川撤道辖县。1932 年，国民政府开始在河南、湖北、安徽试行保甲制度，并于 1934 年 11 月 7 日立法宣布在全国实行保甲制。但当时军阀割据，战乱频繁，国民政府推行的保甲制度并未在全国范围内得到推广。在保甲制度没有得到真正推行之前，川东地区一带推行的是"团首"制度。彭德辉老人回忆说："那时候石柱县没有乡，基本上就是厅，但厅这一级别也是虚的，县下面直接就是团了。团下面并没有保甲或村组这样的行政体系。"

石柱县真正推行保甲制度还是在抗日战争之后。1946 年，当时的四川省政府开始建区、乡、保、甲。在国民政府全力推行保甲制度 12 年之后，这套制度才得以在冷水乡一带实现。1946 年正式推行保甲制度时还未有冷水乡，现在属于冷水乡的地区当时分属于石柱县湖镇乡和黄水乡境内；当时湖镇乡的乡长为杨进则，黄水乡乡长为向大林。现在八龙村的地域以凤凰嘴为界，分属于当时的黄水乡与湖镇乡。保甲制度的推行，直接改变了乡村的社会结构，这种改变主要体现在：

（1）在乡村社会中形成了保、甲的科层体系，乡村社会有了与国家政权接轨的政治组织。国民政府通过乡下设保、保下设甲，初步将乡村基层社会纳入国家政权体系之中。以湖镇乡为例，当时的湖镇乡属于石柱县沙子区，在湖镇乡一级政权下总共设置了 10 个保，每个保下面有若干个甲。冷水乡老的乡政府所在地就处于湖镇乡第四保第九甲。八龙村双坪、凤凰小组一带属于黄水乡的丰竹坝保。

（2）从普通村民中产生了保长和甲长这样的国家政权与普通村民的中介人，在村民中形成了新的政治关系。以冷水乡老的乡政府所在的湖镇乡第四保为例，从 1946 年正式推行保甲制度之后，直到解放前夕，历任保长分别是杨进朝、刘世文、吴秀林和杨试昨。为协助保长的工作，当时还设置了"保队副"这一职务，相当于副保长。杨进朝当保长的时候，"保队副"是许福显；刘世文、吴秀林当保长的时候，"保队副"是杨试昨。担任保长、甲长的也并非是大户人家。保长吴秀林、刘世文家都是无田无土的贫困户，但是他们受过国小教育，有识文断字的能力，从而成为保长人选。

国民政府推行保甲制度的目的是加强掠夺乡村资源，堵塞税收漏洞，缓解国家财政危机，稳定国家经济基础。实质上，保甲制度是国民政府从乡村单向汲取兵源、财源的工具。这种制度的后果就是将本来作为国家与普通村民中介的保长、甲长置于两难的尴尬境地。如果保长、甲长站在普通村民的立场，就不得不违背国家政令；如果保长、甲长站在国家政权的一方，就不得不成为国家的跑腿，得罪自己的亲戚乡邻。在很多时候，保长、甲长不得不倒向势力更为强大的国家政权一方，站在了普通村民的对立面。特别是作为拥有一定权力的保长，更成为一个得罪人的角色。因此，保甲制度的推行，形成了保长、甲长与普通村民之间紧张的政治关系。

二、乡村文化层面改造的滞后

然而，当国民政府全面推进乡村政权建设、通过国家力量改变乡村社区的社会结构时，并未同时改造乡村社区的文化层面。国民政府试图通过开办国民教育、推进新生活运动渗透国家意识形态，以使乡村文化层面的变迁能与社会层面的变迁相协调。然而，由于国力不济，国民教育未能大范围普及；与社会层面的改造相比，国民政府对乡村文化层面的改造显得苍白无力。

如双坪组今年（2008 年）73 岁的杨进凤，从 4 岁开始就去设在西沱镇的国立小学就读，在那里上完了 4 年初小、2 年高小。直至现在，杨进凤大爷仍能流利地背诵《孙中山先生遗嘱》，唱起当年在课堂上学到的抗日歌曲。但是，当时国民教育在冷水乡一带并未大范围普及，而且能接受国民教育的只有少数家境殷实或受到资助的人。

乡村文化层面改造滞后的另一个原因是，当时的乡村社会广播、报纸等匮乏，像湖镇、黄水这样深居内陆的乡村与外界的信息交流更为不畅。笔者在八龙村调查的过程中，询问了多位七八十岁的老人，除了杨进凤之外，没有一人在民国时期读过报纸。因此，各种与现代政权建设相匹配的意识形态和价值观难以影响到普通村民，这进一步阻碍了乡村社区文化层面的改造。

三、"文化—社会"冲突时期乡村政治的动荡

国民政府推行保甲制度是为了加强对乡村社会的控制，然而，由于固有的乡村文化体系根深蒂固，乡村文化层面改造滞后，村民仍遵循旧有的价值观念，这就无法动摇血缘、地缘、礼俗在乡村中的地位，也不能打破乡村士绅在村落中的权威地位。这种"文化—社会"的断裂，反而使原有的乡村士绅有机会利用国家权力下沉过程中新建的政权工具为己服务，进而打破了村落生活原有的宁静，造成了乡村政治的动荡。

当笔者在八龙村听七八十岁的老人们诉说民国时期的政事时，他们经常会提起杨盛梁这个人。民国时期，杨盛梁是石柱一带有名的大地主，杨家的田地从湖北白羊塘到黄水一带都有分布，绵延上千亩。每年杨家收到的田租有谷子几百担，黄连上千斤。1913年，杨盛梁就是地方团练的首领。当时在每个乡均有二三十人的团防（类似于现在的预备役士兵）。他们配备有火枪，每遇到军事情况，就吹烔为号，可迅速集结二三百人。红军长征时期，杨盛梁就曾与贺龙带领的部队有过军事冲突。后来，杨盛梁被推举为石柱、忠县、万县、利川、丰都五县联防主任，并曾于抗战期间赴重庆拜见时任国民党主席林森。1948年，杨盛梁当选为国大代表。

作为大地主，杨盛梁在湖镇、冷水一带具有极高的权威，并能利用自己的权威调动乡村资源。彭德辉说："当时杨家在湖北白羊塘有很多田，有一年，杨家的十多亩苞谷收获之后，征调了上千人，每人都背着负重几十或百八十斤的'大花背'，顺着川盐路将杨家的苞谷从白羊塘背到清坪。背苞谷的人绵延好几里路，一下子就把杨家的苞谷都背回去了。"1945年，当时的黄水乡乡长得罪了杨家手下的人，杨盛梁得知情况之后，直接找到石柱县县长告知情况，并亲自带人来到乡长家中，将乡长就地枪决。

国民政府于1946年在石柱县进行的乡村政权建设并没有削弱杨盛梁的权威，相反，杨盛梁将保甲制度作为自己加强权威和汲取资源的工具。例如，湖镇、黄水两地的保长均由杨盛梁指定，而保长、甲长除了为国民政府派款拉丁之外，也同时为杨盛梁放高利贷、逼债。在这种情况下，保长成为土豪劣绅的帮凶，极大降低了国家政权在基层的公信力。

保长的任务主要有两个，一是派款，二是抽丁。派款的时候，乡政府将征

税额分配到各保，再由各保分配到各甲，最后由甲长去各家征收。当时既收实物税也收货币税。派款是一个月一次，每个月数额不定，每家每户的派款额也不相同，家境富裕的农户派款就多一些，实在贫困、吃不起饭的农户，就不用派款。所征得的税款，有一部分是向上交给国民政府，有一部分是提留给乡政府的，甚至保长自己还要从派款中抽取一部分。在这样的情形之下，当时的苛捐杂税多如牛毛也不足为奇了。保长通常都豢养着几个保丁，以便顺利征税。彭德辉说："当时鸦片烟盛行，历届保长都吃鸦片烟，后来解放前又吃'面面'（海洛因）了。有些歪歪的人，派款的时候他又多派些，米又多派些，他从中抽油。"

解放战争时期，国民党兵源紧缺，为国民政府征调兵源就成为保甲制度的重要功能。当地人将国民政府的征兵称为"拉丁"，当时的"拉丁"政策为"五丁抽二，三丁抽一"。拉兵的时候，就给各保分配名额。但"五丁抽二，三丁抽一"的政策对各家各户并非一视同仁。如果家里有钱有势的，就可以叫穷人来顶，保长也奈何不了他。拉去的壮丁并非都是征调给国民政府作为兵源，很多壮丁其实是被保长、乡长私下买卖给他人。彭德辉的二哥在1947年就被保长拉去当壮丁，被拉壮丁后，直接以三担谷的价格卖到当时的湖镇乡第三保（团坝子）。彭德辉说："很多拉兵其实都不是国民政府要的，这就是吃穷。"

王锦文的父亲说：拉丁主要是由保长负责的。每到拉壮丁的时候，有钱的村民就消财免灾。各家各户给的钱也没有一个定额，如果家里穷的话，就要给3到5块银元，如果家境稍好的话，就要花费10多块银元才能买回自由身。没有钱的村民，只能跑到村庄四周的山林里，用树枝搭上仅供一人容身的小棚子，艰难度日。王锦文的爷爷就曾经被拉过壮丁，在送到西沱的路途中逃跑回来。

除了频繁的派款、拉丁弄得民不聊生之外，民国时期八龙村一带匪患猖獗也是乡村政治动荡的表现。民国时期，川东地区匪患猖獗，电视剧《乌龙山剿匪记》的故事情节正是源于川东地区。现在八龙村碓窝坝组的沈家，以前就曾是土匪。

彭德辉回忆道：从民国三十一年开始，社会就相当混乱，一直乱到1949年。一是偷，偷牛、偷马、偷猪，都很盛行。二是抢，每逢到冬月腊月（农历十一、十二月），抢劫就很盛行。有一条从西沱到湖北的川盐路（巴盐古道）穿过我们这个地方。在我们这边，一个是菜籽坝丫口，还有上面一个摩天坡，在湖北那边就是石门坎。从湖北过来的时候，刚好是一个大坝子（平地）。那些"官卷"，也就是土匪，在中间堵道，把你的东西都抢去。那些土匪，其实都是大地主杨盛梁、保长家的枪、人组成的。但是外面来抢的也不行。比如湖北的土匪来菜籽坝抢，杨盛梁就把湖北的人抓过来，拉到冷水街上枪毙了，因为这是杨盛梁的地盘。

当时的乡长、保长也不负责治安。每年的冬月、腊月和正月匪患最严重的三个月，就由各家各户轮流放哨。当时在菜籽坝丫口、摩天坡丫口和湖北的石门坎丫口都搭了个棚子，每天晚上去两个人。如果一看到土匪，就吹号报警。但等大家赶到的时候，土匪早就跑了。我从来就没听说过有抓到土匪的。

民国时期，国民政府试图通过保甲制度的推行实现国家政权在乡村社会的建构。国民政府在湖镇、黄水一带的乡村政权建设，以国家力量迅速改变了这一地区原有的社会结构。但由于传统文化的强大惯性和国家力量不足等诸多客观因素，国民政府在进行乡村政权建设的同时，并未能培植出与现代国家政权同构的文化体系，乡土社会中的血缘、礼俗、宗族观念仍牢不可破。这种"文化—社会"的断裂造成了乡村政治的动荡，直接表现为国家基层政权被地方权威所利用，吏治败坏，社会秩序紊乱。从文献材料来看，发生在八龙村的事情，同样也发生在中国的大部分地区。乡村政治的动荡是乡村政治发生变迁的动因。作为农业大国，乡村政治是国家政权的根基，当乡村政权发生根本性变迁的时候，整个国家政权的变迁便水到渠成。在石柱县正式施行保甲制度3年后，共产党以"农村包围城市"的战略，结束了国民政府在中国内地的统治。

在上文中提到的地方权威杨盛梁和保长，后来的命运各有不同。

杨盛梁在村落社会中的权威随着整个社会结构的巨变而迅速消失。1949年农历十月十二，刘邓大军进入黄水，石柱县宣告解放。作为大地主，杨家惶惶不可终日。但当时有诸多传闻，说共产党的部队最多只会待三个月，杨家人认为只要等共产党的部队一走，他们就可东山再起。后来传言共产党半年后、三年后、三年半后才走。杨盛梁一直等待的"国军"始终没有回到石柱，他终于没有耐心等下去了。1950年，杨盛梁纠结一批国民党部队残部、土匪在双河一带发动暴动。此次暴动以失败告终，杨盛梁被活捉，最后经审判，被判处死刑。同时被判处死刑的人还有杨盛梁的两个弟弟。在土改之后，杨家的土地、房产均被分给村里其他人。杨家在村落社会的权威彻底瓦解。

保长杨进朝因为替地主拉丁逼债把人逼死，在解放后被教育。吴秀林虽然没有拉丁逼债，但是吃鸦片，得罪人多，也被劳改了。刘世文则因为盗用解放军的军用物资而被枪毙：1949 年 12 月，解放军行军路过冷水，驻扎在曹家湾，后因突然接到命令追击国民党军队逃窜部队，就将部分大衣、枪支放在曹家湾，刘世文将这些大衣、枪支盗走。第二年 3 月，解放军回到曹家湾，发现之前留下的军用物资不见了，就询问当地百姓。当地的老百姓都说是刘世文干的，解放军找到刘世文之后，在一个土地庙里将他枪决了。

第三节　人民公社的威力——国家力量主导下的"文化—社会"同构

民国政府的保甲制度以失败告终，乡村社区"社会—文化"的断裂，产生了剧烈的政治动荡，成为民国政权崩溃的重要原因之一。新中国成立后，保甲制度被废除，共产党以一种全新的方式实现了国家政权在乡村基层的全面构建，并通过各种手段摧毁原有的乡村文化体系。在国家强制力下，乡村社区实现了"社会—文化"的同构，从而在一种政治高压下保持了乡村政治的稳定。

一、从土改到人民公社时期乡村社会层面的变迁

1949 年 10 月 29 日，石柱县宣告解放。当时，解放军进驻石柱之后，并未立即触动当地的政治结构，保长、甲长暂时保留，负责维持地方秩序。也没有立即打压地主，只是推行减租减息活动。但国民党残余部队基本肃清之后，整个四川地区从 1950 年末开始进行全面的土地改革运动。土改运动不仅是通过强力手段对生产关系、生产资料进行变革，更标志着一场翻天覆地的政治大变革的来临。而土改，仅仅是这场政治大变革的序幕而已。从土改开始，共产党国家政权力量开始全面渗透村落社会，并使乡村社会层面产生重大改变。

1950 年 1 月 8 日，国家在四川设立川东涪陵专区，专区下设立县、区、乡。原有的湖镇乡、黄水乡的体制保留。1950 年 4 月 28 日，废民国时期的保甲制为村组制，保甲制度正式宣告终结。与此同时，土地改革运动如火如荼地

展开了。土地改革重新分配了土地，并通过"批斗大会""诉苦"等仪式，在传统乡村社会中截然地划分了"地主—农民"二元对立的两大阶级。

1952年，土改复查石柱县的时候，决定将大乡分割为小乡，湖镇乡的4个村单独划分出来，建立冷水乡。由此，冷水乡才正式作为乡一级行政单位。

1956年，新中国在短短6年时间内就完成了社会主义改造，冷水乡自然也被裹挟在这股社会潮流中。1957年12月，在冷水乡建立了农业合作社。紧随土改的合作化运动则创造了跨血缘的组织形式，将绝大多数的农民集合在跨宗族、跨血缘关系的集体经济组织中。当时的合作社，首先是以换工的方式进行的。例如，今天我帮你家做活路，明天你帮我家做活路，互相帮忙的多是关系密切的亲戚，这与村落社会的互助传统差异不大。之后，则由这些相互换工的各家各户成立合作社，统一劳动。合作化运动在表面上是经济性质的，实质上也是一项政治重建工程，它将村民集中在既定的组织之中，以实现社会体制一体化的目的。

社会层面的改变还不止于此，最深刻的改变在于人民公社制度的建立。在合作社成立后不久，中央发出文件成立人民公社。在短短的时间内，全国各个乡村都成立了人民公社。1958年9月7日，冷水人民公社正式成立。由于黄水、冷水一带都以黄连种植为主，所以在1958年还成立了黄水农场，冷水是黄水农场的分场。1959年4月21日，冷水人民公社改各村、组为大队、生产队，八龙村的前身——双坝生产大队和清坪生产大队就是这个时候成立的。1961年，石柱县建立了一乡一社的制度。人民公社形成了"一大二公"的组织形式，进一步强化了集体组织的地位和作用，同时使基层组织与高度集中的国民经济体系相衔接，以超血缘关系的劳动组织和统一指挥的劳动形式替代了家庭劳动方式。家庭和宗族的基本功能被严格限制，村落社会中的宗族势力被大大削弱。

与国民政府推行的保甲制度相比，人民公社体制的成功之处在于：公社在农村最基层社区建立起了强有力的政权组织，在中国历史上第一次把农民真正组织起来。新中国成立以后，经过不断努力，国家政权组织终于深入乡村基层社区，而且这种深入是以农民的政治、经济解放为前提的，因而得到了农民发自内心的、强大的支撑。随着乡村传统权力中心的解体、消逝，乡村基层社区已基本没有任何有组织的权力能够对人民公社构成真正挑战。而公社的政权组织在不断完善中形成体系。正是凭借这一体系，广大农民史无前例地被国家组织、动员起来了，党和国家的决策、指示，通过垂直高效的政权体系能够在极短时间内迅速传到乡村社会的每个角落，传达给每个农民。[1] 人民公社也使乡村有了完整的政治组织，确立了行政组织、行政权力、行政体制和行政指挥等环节。这种政治组织与国家权力相衔接，以强有力的后盾成为乡村社会不可替代的权威。

人民公社制度成立之后，摧毁了村落中的传统权威，国家不仅直接控制了乡村社会，也实现了对个人的直接控制。通过吃大锅饭、计工分等制度将个人的经济生活完全纳入集体组织中，离开集体，个人的生存都存在问题。当时，谁要是自己在山坡小碎地上种几棵苞谷，就被认为是走资本主义道路而受到集体的强烈谴责。八龙村的村民们唯一还能由自己掌控的就是家庭副业生产。据凤凰组谢家湾的杨秀成老人回忆，在人民公社时期，他家里只养了一头猪，几只鸡，除此之外，任何生产都是由集体组织的。因为家庭养殖业需要粮食，而粮食生产又牢牢掌握在人民公社和生产队的手中，所以即使是家庭的副业生产，也是间接受到生产队的控制的。这样，个人的日常生活被纳入生产队这一国家政权体系之后，国家就实现了对个人生活的控制。

谢家湾的杨秀成以前曾担任过13年的生产队采记员，一个重要任务就是为生产队社员计算工分。当时是以生产队为单位进行集体劳动生产的，所有劳动力分为主劳、次劳和半劳。主劳主要是成年男女，一人一天口粮是一斤。次劳是未成年的青年人以及老年人，一天口粮是八两。正在读书的一些小学生是半劳，一天口粮是五两。婴儿、儿童一天口粮是二两。算工分的时候，一个主劳一天是10个工分，一年是3 000个工分。"打工分"主要是由采记员进行的。如果劳动表现好，就给记满分；如果表现不好，就要被扣分。假如社员对采记员的计分不满，可以向队长申诉，最终的决定权在队长身上。每年的口粮分为基本口粮和劳动口粮，基本口粮是300斤，劳动口粮按工分来算，10个工分折合一斤口粮。

在劳动时间方面，每天早上六点钟的时候，生产队长就在村里吹焗，叫大家起床。然后大家集体吃饭，早饭只有二两口粮，煮成稀饭，很多人都是像喝水一样一饮而尽。不到六点半，大家就全部上坡干活了。一直在地里干活到中午十二点的时候，有一个小时休息吃饭的时间，中午的口粮是三两。下午从一点钟开始，一直干活到六点多。晚上的时候，如果不开会，仍然要做两个小时的农活。一般在4、5、6三个月，晚上要插秧；在八月，晚上要打谷子。

---

❶　何平. 国家构建视野下的乡村政治发展［J］. 内蒙古农业科技, 2008（1）.

清坪生产队的谢远玉回忆说，当时粮食都是通过工分来分配的。粮食分两种来分配，一是基本口粮，就像你们读书的都是基本口粮，没有工分粮。像我们就有工分粮。60%是基本口粮，40%是工分口粮。粮食的分配，以队里全年的粮食总产量为分配量。当时有小村实算、大村实算，一年还有一个结算，都不像现在了。把各个人的工分统计起来，再进行分配。当时有个保管室，全部的粮食，无论好坏，都放在那里，谁也拿不走。

就是经过一系列的政治运动和社会控制之后，此时的冷水乡，不再有民国时期杨盛梁那样的地方权威，唯一的权威就是国家权威。此外，由于大家都是集体劳动、集体分配，基本上也不存在贫富区别问题。因此，从土改到人民公社时期，在乡村社会中形成了一个均质的社会结构。

二、国家主导的文化层面改造

新中国成立后，国家不仅通过乡村基层政权建设将广袤的乡土社会全面纳入国家控制之中，同时也以行政手段重塑乡土社会的文化体系。

国家通过历次政治运动和乡村政权建设，强有力地压制了村落社会中的血缘意识、传统礼俗。首先，土地改革改变了乡村社会的土地关系。土地改革通过没收地主和宗族组织的族田、族产摧毁其物质基础，同时也在村落社会中形成了阶级意识，而阶级意识的强化意味着宗族意识的削弱。其次，合作化运动将绝大多数的农民集合在跨宗族、跨血缘关系的经济生产组织中，削弱了家庭的生产功能，进一步削弱了血缘意识，也削弱了宗族势力在乡土社会的权威与政治功能。再次，合作化运动之后的人民公社进一步强化了集体组织的地位和作用，家庭和宗族的基本功能被严格限制，血缘意识大大削弱。

除此之外，通过普遍建立的乡村有线广播系统和频繁的集体会议制度，国家的政令法规畅通无阻地直达最基层，国家意识形态得以在乡村社会全面渗透，用共产主义思想替代村民旧有的血缘和礼俗观念。清坪村的谢远玉现在回想起人民公社时期的事情仍记忆犹新：

当时上面有什么政策或者通知，大队都是用广播宣传。开始搞的都是话筒，话筒都是拿到山上。我们每天早上起来，把话筒拿到山头最高的地方去宣传，宣传读的都是毛主席语录。到1966年的时候，用的是"三用机"（广播、扩音、收音），"三用机"的好处就是能够拉线广播，每个户都有广播。开始广播都是一个户一个箱子，后来广播都是一个户一个户挂起来。喊上坡、做活路（干活）也比较方便，或者通知开会。早上、中午也好，晚上也好，只收得到中央台、毛主席最新指示。上坡的时候就把它关了。今天做啥子，男的做啥子，女的做啥子，都是用广播通知。像我们这个地方，都是分开男女做活路。女的安排上山去除草，男的安排下田去插秧。还有一部分人去种黄连，现在的黄连还是以前做的。

开会的话，比现在多一些，一个星期两三次；活路不多的时候，几乎每天晚上都有。一切要解决的问题，都是大家开会一起解决。一般是一个队开会。我们村以前有三个队，我这个队就是一队；三个队加起来就是400多人，当时全队的地盘也宽。当时是一个队都有一个队的苞谷场，开会的时候，大家就到苞谷场开会。

当时即使离得很远，都要过来开会；如果不来开会，就要受到批评。你来迟了，就会扣工分。上坡迟了，也要扣工分。干什么事情，都要有统一的时间。当时是队长说了算。比如说是七点钟，七点钟大家都要来，如果来迟了的，或者迟了一个钟头，就要扣半分或者一分。当时都是十分钟一个时段，迟到十分钟都要扣半分。

三、"文化—社会"同构下的政治稳定

与民国时期国家政权在乡村的构建相比，新中国成立后，国家政权成功地实现了在乡村社会的建构，中国的乡土社会在历史上以前所未有的力度被纳入国家政权体系之中。对比国民政府与中国共产党在乡村构建国家政权的历史，有两点不同之处。

一是民国时期军阀割据、各自为政，中央政令难以真正在基层贯彻实施，而新中国成立后，国家政权实现了真正的统一，这就为国家政权在乡村社会的建构扫清了制度障碍。同时，有线广播、会议等方式，也更有利于国家改造基层乡村的文化层面。

二是国民政府在将乡村社会纳入国家政权体系、把国家权力下沉的时候，并没有能力同时将国民党的党组织建设落实到基层乡村，以至于当时在县以下就找不到国民党的组织了。而共产党政府不仅实现了国家政权在乡村社会的构建，还同时把党组织建设到乡村的每一个角落。在党政一体的情形下，这样的组织结构优势在于，它能通过基层党组织迅速将国家意识形态渗透到乡村。这样，就能通过社会层面的改变直接影响文化层面的改变，达到社会层面与文化

层面的同构。

乡村的社会层面和文化层面，在国家力量的作用下被迅速改变，而且，社会和文化两个层面的改造和建构是同时的，所以这一时期八龙村的政治处于一种相对稳定的状态。

四、"文化大革命"：文化层面与社会层面的失调

1966年，"文化大革命"爆发。在"文革"期间，乡村社会的基本社会结构未发生质的改变，1958年建立的人民公社体制继续在乡村发挥着作用。但在"文革"期间，最显著的变化就是在国家意识形态的高压下，乡村的文化层面被过度扭曲了。

"文革"完全以严酷的政治斗争割裂乡村社会中的亲情与血缘关系，使血缘关系对乡村政治的影响降至最低点。❶八龙村的村民们回忆起"文革"时仍心有余悸。有村民说："当时我们父子之间都要划清阶级界限的。""文革"时期，国家意识形态以前所未有的高压形态塑造乡土社会的价值观。

谢远玉说，"文革"的时候，我还在冷水读书，党的那些语录啊，都是那时候我写的。那个时候要背语录，每一天早上起来都要背忠于毛主席，到处都是搞"文化大革命"。靠大家自觉地学。每一个户都学为人民服务，愚公移山，这些都发下来。上面的意思是，《毛泽东语录》，每一个户都要发一套。《毛泽东选集》，一至四卷，每户都有。语录都是节录出来的。

但乡村的文化层面被过度改造的同时，乡村的政治结构仍然没有发生质变，乡村社区仍然沿用原有的人民公社体制。文化层面和社会层面的失调，再次造成了乡村政治的动荡。在"文革"前，人民公社制度统一到一个生产队中，大家在这种组织内还能维持相对和谐的人际关系，基层领导人物的地位也比较稳定。到了"文革"时期，以阶级斗争为纲，在同一集体组织之内的社员也要展开阶级斗争，不仅昔日的社员成为批斗对象，甚至是自己的亲人也成为阶级敌人。在一种集体无序的状态之下，基层政治领导人也成为攻击的对象，当时的生产队长、支书经常成为批斗对象。

直到"文革"后期，乡村中过于强化的阶级意识才得以扭转，文化层面

❶ 苏峰.试析宗族现象在现代中国社会的嬗变 [J]. 长白学刊，2002（6）. 王沪宁.当代中国村落家族文化：对中国社会现代化的一项探索 [M]. 上海：上海人民出版社，1991：51-59.

与社会层面重新恢复到同构状态之中，乡村政治逐渐恢复稳定。

十年"文革"是人民公社时期的一段插曲。总的来说，在国家力量的主导下，乡村的社会层面和文化层面都被迅速改造；两者在总体上是同构的，保证了乡村政治的稳定。直至今天，人民公社制度仍给八龙村村民留下了无法忘却的记忆。笔者在八龙村调查期间，仍能清晰感受到人民公社在村落社会所具有的强大的文化惯性。在八龙村村民的日常生活中残留了不少人民公社时期的印迹。当地村民一直习惯将村民小组称为生产队，将村民组长称为生产队长。村民们在对地域进行区分时，经常说的是"我们这个大队，他们那个大队"，去乡政府办事情时，还有人说"去公社办事"。

第四节　改革开放后"文化—社会"的磨合

1976 年"文革"结束，1984 年 3 月 25 日冷水人民公社撤公社、大队、生产队，改为乡、村、组；冷水人民公社 26 年的历史正式宣告结束，清坪生产大队和双坝生产大队也分别改为清坪村和双坝村。人民公社制度废除之后，乡村社会结构再次发生改变，同时，家庭联产承包责任制与市场经济发展也引发了乡村文化层面的改变。20 多年来，同时发生改变的社会层面与文化层面处于一种不稳定的磨合期中。在不同时期客观因素的影响下，"文化—社会"磨合期中的乡村政治也呈现出不同的表象。

一、实行村组制后八龙村的政治结构

1984 年冷水乡人民公社改为冷水乡之后，冷水乡的行政区划再未发生大的改变。直至 2002 年末，为了削减行政开支，减轻财政负担，冷水乡内的各行政村、村民小组进行了一次大合并。原来的双坝行政村和清坪行政村合并为八龙村。

八龙村现有双坪、凤凰、小康、双坝、碓窝坝共 5 个组，其中双坪组由原清坪村的大坪组与青坪组合成；凤凰组就是原清坪村的凤凰组；小康组由原双坝村的小沟组与杨家沟组合成；双坝组由原双坝村的双龙桥组和风竹坝组合成；碓窝坝组就是原双坝村的碓窝坝组。❶ 目前八龙村内存在两个政治组织，

---

❶　参看《石柱土家族自治县冷水乡志》，20-21 页。

一个是村民委员会（见图6-1），一个是中共八龙村党支部，下面将分别予以介绍。

图6-1　八龙村村委会办公楼

1. 村民委员会的职能与结构

1998年11月4日第九届全国人民代表大会常务委员会第五次会议通过了《中华人民共和国村民委员会组织法》（以下简称《村委会组织法》）。中国现行的地方政权科层体系分为省（直辖市、自治区）、地市、县、乡（镇）四级，乡镇以下不属于地方政权科层体系，实行村民自治。根据《村委会组织法》第2条的规定："村民委员会是村民自我管理、自我教育、自我服务的基层群众性自治组织，实行民主选举、民主政策、民主管理、民主监督。"作为村民自治组织的村民委员会，实质上也在执行行政职能。最能体现村委会行政职能的是村委会需要执行计划生育政策。除此之外，村委会通常还需要执行各种上级下达的农业生产任务。

在农业税费改革之前，村委会的重要行政职能是为国家收取农业税、特产税、土地承包金，实现资源从乡村向国家的流动。在农业税费改革之后，国家每年给予农村补贴，村委会的行政职能就转变为将国家资源发放到村民个体中。

在农村税费改革之后，村委会的行政职能相比以前有所减弱。目前村委会的自治职能主要体现在调解村民纠纷方面。

2. 八龙村党支部

目前，八龙村总共有50名党员，党支部委员会由5人构成。全村的50名党员都被指定在不同的岗位负责。

根据人口统计，八龙村总共有 1 331 人。❶ 而党员仅有 50 人。无论从历史还是现实来说，成为执政党中的一员——在有的村民看来——是高于普通村民的人，党员身份是乡村精英的象征符号；成为党员，也能够拥有更多的话语权。

原清坪村村民黄恩辉说：我要求加入中国共产党，当时的乡长就问我，你想入党，是不是想像一般人那样想当官啊，你入党的目的是什么。我说我入党的目的，一不是想当官，二不是想发财，我入党的目的是以党员的身份监督贪官。只有党员才有资格，本来农民也有资格，但是作为党员，你的身份会更高一些。我入党的时候，他同意了。但村支书说，像我这样的人，怎么能入党呢？既然我入党是为了监督贪官，你不让我入党，肯定是心里有忌讳，你肯定不会支持我。前年、去年我都要求入党。我觉得作为一个党员，素质是首要；当行政干部的话，文凭是肯定要的，但光是文凭还不行，还要素质高。你光是文凭高的人，还不如人家素质高的人好。素质高的人可以为农民办事。当党员必须是高素质的人。

大学生陈宽宏说：当党员很好，就像你当一个大学的什么辅导员啊，必须要求是党员。农村入党的话，讨论什么事情啊，都由党员来决定，队里的事情也是这样商量。

党员秦光学说：党员没什么优惠，但是群众信赖。真的想要做什么官啊，当什么干部啊，最低要求是党员。入党，在村内就是有发言权。

双坝村村民组长罗宣权就说：有些村干部，普通农民说话他不听，党员说话他就听，他怕党员。

清坪村前任支书谢远玉就说：虽然当村长，你就是一个社员也行，但在我以前，我都是从他当社长的时候，就培养他当党员。坚持先当社长，才当村长，然后让他进入支委。那边那个双坝就不像我们这边，搞个什么社员都起来"拉坨坨"，❷ 社员都当村长。村长不是党员可以，但是素质要可以。党员还是随时通过培养，社员一天都在自己的承包地里头，你一天考虑自己的事情。有责任心的党员，拿百分之三或百分之五的精力搞村里的事务，如果是社员的话，就不会这样。这样，他当起村长，群众基础肯定差。他本身没当过社长，也找不到感觉

---

❶ 参看《冷水乡人口统计》。

❷ 即拉帮结派。

当干部。现在一个村 1000 多人、四五个队，确实这种搞起来难度大。群众的看法是，你肯定是"拉坨坨"当起来的，你要是不"拉坨坨"的话你当得起来啊。还有，他的领导方法那些，都没学过。像支部书记这块，每年县里都要培训。

3. 党支部与村委会的关系

八龙村委会与八龙村党支部在同一地点办公。目前，村委会与党支部的会议地点都设在村支书刘伟家里的二楼。会议室面积约有 40 平方米，正中放置会议桌一张，椅子 13 张。墙壁西面贴着各种宣传语录，墙壁东面为村委会的组织架构图以及村民自治的相关法律文件，南面挂着各种会议记录。这间小小的会议室，成了全村最重要的决策地点。

综上所述，在八龙村存在两个政治组织，一个是党支部，一个是村委会。但在事实上，党支部是八龙村的决策机构，并亲自执行计划生育这一国家赋予八龙村最重要的行政任务，村委会是一个单纯的政策执行机构。之所以如此，是因为村委会主任张主任是党支部五名成员之一，服从党支书的领导，而党支部又是由上级乡党委领导的；党支部作出的决策，通过村委会主任执行。通过这样的制度安排，达成了党和国家权力在八龙村的实现。

另外，从空间布局上也可看出党支部相对于村委会在村落政治中的优越性。首先，党支部与村委会的会议地点都设在党支书家中。其次，当党支书由双坪组的谢支书变为小康组的刘支书时，八龙村重大事务的决策地点也由双坪转移到了小康。笔者在与一些村民的交谈中，也感觉到村民普遍对党支部拥有更多的信赖。

当我向村民询问"在村内，有事情要解决的话，找村长管用还是党支书管用"时，小康组的杨绪磁说："哎呀，这个可不好说。你找村长，村长好多的工作都是和村支书协调，村支书他得罪得起吗；村支书还是老大，而且连乡政府也必须配合工作"，"村长权力没有村支书那么大，想解决一些事情还是解决不了，所以还是想有一个好的村支书"。

在调解纠纷的时候，也有一套相应的程序。

党支部书记刘伟说："最麻烦的是调解纠纷。先找小组长，然后是村主任，还不行，就小组长、主任和党支书一起出动。"

小康组的刘世安说："村主任有疑问的时候，通过村委会协商讨论。村主任和村支书意见不同的时候，我还没听说过。平时调解民事纠纷是主任，如果感觉调解的力度要更大，就要找支书；要是还解决不了，还是要找到乡里。"

谢支书说："支部书记还是要通过各方面考察，他不像村长，村长是行政干部。本来按照上面，村民主要还是村长，但在我们这些地方，弄起来那都是支部书记全员当家。村长基本在我们这里是协助支部工作。本来按照上面，村是自治组织，但我们这个地方，还是支部书记。村民有事情，有时找村长还不太行，还必须找支书。"

但村支书并非就一定比村主任拥有更多的权威。在谢支书担任清坪村村长的8年时间里，他实质上是村里的一把手，因为当时的清坪村支书不识字，而谢远玉识字、有文化。因此，在很多具体事务的决策上，谢远玉就比村支书拥有更多的发言权。

谢远玉说："我当村长的时候，村支书不识字，上去发个言也不行，要写个什么东西，也不行。……1982年搞土地承包的时候，当时村支书有些看法，但是在那个时候我都占绝对优势，他不识字，基本上都靠我。"

4. 村民自组织的缺乏与莼菜专业合作社的窘境

笔者在未进入八龙村调查之前，曾认为八龙村会有一些村民"自组织"。然而，在调查的一个月时间内，并未发现八龙村有任何自组织。八龙村目前的非政治组织，实质上均是由党支部、村委会组织起来的。八龙村莼菜生产合作社是目前八龙村唯一存在的非政治组织。

八龙村种植莼菜已有10多年的历史。据刘世明回忆，八龙村最早种植莼菜始于1996年，当时村民从湖北引入莼菜种子试种成功。由于当地的气候与地理环境因素，八龙村传统的粮食作物——红稻谷年产量只有300斤左右，口粮不足，每年到春天都面临着青黄不接的春荒问题。由于种植莼菜一亩至少都有2 000元左右的收入，效益比稻谷高得多，所以弃种稻谷、改种莼菜的农户越来越多。到2002年，全村将近40%的水田都种了莼菜。到2002年，县里正式大规模推广莼菜种植，并补助种植莼菜的农户每亩100元。刘世明说："当时县里推广莼菜项目的时候，大家的积极性高，主要还是莼菜的收益比较高。"由于行政力量的助推和经济利益的吸引，八龙村的莼菜种植得以大范围推广。目前，全村95%以上的水田都种植了莼菜。莼菜已成为八龙村农民除了黄连之外的又一重要经济作物。

莼菜专业合作社是由八龙村前任与现任党支书刘世明、刘伟父子发起的，2008年正式成立。成立合作社的主要目的是减少莼菜销售的中间环节，提高莼菜收购价格。

刘世明谈到成立莼菜合作社的初衷时说：

莼菜到现在已经大规模生产了，但农民的市场意识不足，销售环节不好。莼菜一块钱一斤，这就不值钱了，赚的是苦力钱。它有中间的加工附加值，中间的一些环节，我们甚至纯粹不赚钱，中间那些做生意的人把钱赚走了。莼菜并不是很复杂的一个产业，它只是采集、保鲜、分级。他们生意人拿去卖，最高十几块钱二十块钱，中间的差价很大。农民种莼菜的积极性高，但采莼菜的时候还是有埋怨，因为赚的钱太少了。我的想法是砍掉中间环节，直接跟外面联系。县里没有介绍销路，是老板自己来收。行情好，老板就来收，行情坏，老板就不来收。

外面的莼菜垄断销售，老板收购，都是熟人对熟人。地方上的老板成立了几个收购点。在村里有个莼菜初级加工点，早上7点到晚上7点收购莼菜。初级加工后，把莼菜高压煮熟，用100多斤的大桶包装，直接运到杭州。

党支书刘伟说：

我通过上网发现，现在日本每吨莼菜的销售价格高达五六千元人民币，而我们现在的价格一般是每吨两千三百块左右，中间可以做的环节很多。我们的莼菜是先运到杭州，再销往日本和东南亚。我们希望能够减少中间环节，提高收购价格。

莼菜专业合作社实质上是一个经济合作组织，其目的是将以家庭为基本生产单位的莼菜种植组合起来，形成一个集体组织，在莼菜种植与销售环节上拥有更大的主动权。

但莼菜专业合作社实际运行情况却不尽如人意。目前莼菜专业合作社在八龙村的影响力还不大，仅有14户莼菜种植户加入了莼菜合作社。前任支书刘世明认为，这是由于上级政府没有从实处支持莼菜合作社。他说："乡里和县里，我估计都不支持这个想法。一种不正确的说法，农民和外面直接联系，不好。种莼菜是一个项目，有项目资金，中间可能有抽取。他们在外面联系好，就不跟我们接洽，可能会层层卡我们。"

还有的村民认为，村党支部、村委会的一些人成立莼菜专业合作社，纯属是为了应付上级的行政任务。笔者在八龙村访问了52个人，其中知道村内有莼菜专业合作社这一组织的仅有7个人。知道莼菜合作社的7个人中有5个人是党员，他们是在开党员会的时候才了解到莼菜合作社这件事。而那两个非党员村民，有一个村民的亲戚是党员，他是通过亲戚间接了解到莼菜合作社这一事情。另外一位了解莼菜合作社的非党员村民是谢家湾的杨长秀。他告诉笔者，在八龙村有100亩左右的莼菜场，是由黄水镇一个老板租地种的。后来，黄水镇的这个老板想将自己手中的莼菜场转让出去，杨长秀就想和生意伙伴出资接手。村党支部知道这个事情之后，就赶忙成立了一个莼菜合作社，想通过合作社集资抢先买下莼菜场。杨长秀想和莼菜合作社合资，一起买下这块莼菜场，但党支部不同意，所以杨长秀就不参与了。

杨长秀说：

莼菜的销售前景是很广的，现在我们的莼菜只是出口到日本和东南亚，其实国内市场还是一片空白。如果我能花上200万包下莼菜场，两年内就能收回投资。莼菜合作社那些集资户实力不强，一户就两三万块钱，根本起不了作用。

对于莼菜合作社发挥作用有限这一困境，冷水乡马乡长认为，这主要是由于农民的素质还有待提高，农民还没有意识到组织起来合作生产的好处，同时也承认政府在引导农民成立专业生产合作组织方面的工作还做得不到位。他另外还提到，在重庆市其他县也有成功的专业合作社，比如一些县成立的辣椒专业合作社就发展得很好，这些都是值得冷水乡和八龙村借鉴的。

冷水乡杨海华书记则认为，莼菜专业合作社不能发挥有效作用的原因，在于农民的市场化程度还不够，缺乏相应的市场经济知识和契约精神。例如，本来和外面的公司签好合同是按照1.2元一斤的价格收购莼菜，但莼菜的价格会随着季节不同产生波动；当莼菜供不应求的时候，外面来收购的小老板的收购价格高于签约公司的收购价格，农民往往会毁约，将莼菜卖给那些出高价的小老板，签约公司反而收不到莼菜。但农民却没有意识到，不遵守市场契约往往会损害到自己的利益。由于农民屡屡违约，没有大公司愿意与农民签约，当莼菜行情不好的时候，农民被迫只能以很低的价格出售莼菜给那些小老板。也正因为农民缺乏一定的契约精神，习惯于单兵作战，莼菜合作社难以发挥作用。

二、村落社区文化层面的改变

在八龙村的社会结构发生巨变的同时，它的文化层面同样也在发生变化。文化层面的改变是个复杂的过程。归结起来，主要有两个方面的内容，而这些改变往往又是与社会结构的改变有着密切的联系。

首先，个体独立意识加强。以前人民公社时期，国家通过人民公社这一强有力的集体组织以及宣传教育、集体生产劳动等手段，塑造普通农民的集体主义意识。改革开放后，集体组织对个体的控制大为减弱，一直潜藏在人性之中的个体独立意识得以张扬。最典型的例子就是，以前人民公社时期开会的时候，无论村民们正在忙什么，基本上全村的人都能准时到会；而现在开会的时候，即使村干部挨家挨户通知，来开会的村民却比以前少得多。同时，村民也更为关心自身的经济利益。

其次，血缘意识再次复苏，这是人民公社之后乡村文化层面最显著的改变之一。新中国成立后至改革开放前这30年时间内，国家以行政手段削弱了血缘关系的各种基础。人民公社化运动也造成了村落社会的稳定性、聚合性。首先，人民公社并未带来经济水平的相应提高，经济发展水平的低下使得社会资源总量不高。社会资源总量不高意味着社会不能从宏观上为其成员提供必要的生存资源和发展资源，而要依靠社会成员自己的群体来获得必要的资源。这样，社会成员为获得生存资源，就必须依附在乡村社会中，聚合成一个紧密的团体。其次，人民公社的组织更新并没有改变人们的居住方式，反而限定了人们流动的可能性。人们在"队为基础"的原则下生活、生产、分配和消费，口粮制度和户籍制度进一步明确了固定的地理边界。所以，乡村宗族的血缘关系被人为切断，但实际上还存在，只是未表现出来。改革开放后的家庭联产承包责任制唤醒了家庭意识和血缘意识。"包产到户"的方式不仅是对经济活动方式的改革，而且对乡村社会的组织结构产生了不可低估的影响。"简单明了的包产到户就是注重我们中国社会中的家的特点及其内生能力，因为它唤起了我们这个社会特别是农村社会以家庭或亲缘关系进行生产协作的基础。"❶ 家庭自身和家庭之间所具有的血缘亲情关系再度自然而然地成为生产中的主要人际互助关系，这种互助关系强化了人民头脑中的血缘意识，血缘联系成为乡村农户生产生活互助中的主要人际互助关系。

三、谢支书的个人权威

在改革开放后很长一段时间内，八龙村都处于一种变迁中的"文化—社会"磨合期中，但在乡村政治层面上，直至2000年之前，八龙村仍表现得很稳定。而这种稳定并不是依靠文化与社会层面的协调达到的自然状态下的稳

---

❶ 麻国庆. 走进他者的世界 [M]. 北京：学苑出版社，2001：78.

定，而是依靠个人权威维持的稳定。

（一）谢远玉支书其人

对八龙村乡村政治的兴趣，源于笔者来到八龙村的第一天就听说在刚刚过去的村委会选举中，历经三次才把村委会主任选举出来。笔者想弄清楚在这村落政权动荡纷争的背后，是否蕴含着乡土社会的气息。而随着调查的深入，笔者发现，八龙村的前身，无论是清坪村还是双坝村，其村落政权都是相当稳定的，尤其是清坪村最为显著。每当和八龙村的村民们聊起现在的村委会选举时，他们或多或少都对清坪村的老支书谢远玉执政的时代怀有留念之情。因此，在了解目前频繁的村庄领导人变迁之前，有必要了解过去的村落政治是如何维持一种稳定状态的。而这一切，都从谢支书的个人权威开始。

谢支书今年（2008年）58岁。他17岁从冷水乡读完书回来之后，作为村里的知识分子，他在清坪大队担任文书。从1974年开始担任村长，1982年开始担任村支书，直到2005年才从村支书的位置上退下来。从1974年开始到2005年，在长达31年的时间里，他是如何构建自己的权威的，又是如何利用自己的权威影响乡村政治，使其达到一种稳定的状态的，这正是笔者在田野调查中需要了解的。

能见到谢支书颇为不易。谢支书家在八龙村最为偏远的双坪组，但那里却拥有整个八龙村最为优越的自然环境，群山环绕，林木葱翠，溪水潺潺，水质优良，水田开阔。这样的自然环境十分有利于莼菜种植，因而，双坪的莼菜种植在整个八龙村都具有优势，在2007年曾经有一亩莼菜田创造了年产莼菜过万斤的纪录。智者乐水，仁者乐山，双坪把青山绿水都占全了，如此好山好水诞生一个影响了全村30余年的村庄领袖也不足为奇了。

谢支书家位于双坪小组最偏僻的一个小山的半山腰上，沿着蜿蜒的山路向他家所在的位置向上攀行，一种朝圣的感觉油然而生。想必当年谢支书在任时，村民们有什么事情要找他，也同样要经过一番跋涉才能到达吧。当谢支书的家出现在笔者面前时，仿佛时空倒转了30年。谢支书的家是当地典型的木结构房子，坐北朝南，背靠山坡，面朝稻田。最引人注目的是楼房的墙壁上几条"文革"时期的标语依然清晰可见。当坐在谢支书家的房檐下时，顿感眼界一片开阔，一览众山小。

对谢支书的第一次"朝圣"没有见到他本人，但是他的家已经给笔者留下了深刻印象。次日下午，终于见到了这位曾掌管了一个村庄长达31年的一把手。第一次跟谢支书见面的时候，他刚午休过，精神抖擞，声音洪亮，不过容貌看起来比真实年纪要苍老不少。

跟谢支书的访谈，是从他家里的标语谈起的。谈起过去的事情，他兴致盎然：

"文革"的时候，我还在冷水读书，党的那些语录啊，都是那时候我写的。那个时候要背语录，每一天早上起来都要背忠于毛主席，到处都在搞"文化大革命"。当时也没有怎么组织大家背语录，靠大家自觉地学。每一户都学为人民服务，愚公移山，这些都发下来。上面的意思是，《毛泽东语录》，每一户都要发一套。《毛泽东选集》，一至四卷，每个户都有。语录都是节录出来的。……"文革"的时候，整天搞批斗。当时批斗的时候，我们老支书都被斗了。我们校长也被斗了，我们也斗老师。一般还是支书、村长被斗得多，像队长还是被斗得少一些。学校都是挑校长来斗。当时是上到中央、下到基层，都是挑当头的来斗。

（二）时势与个人才能：权威的建立

在人民公社时期，无论是村支书、生产队长还是村文书，很大程度上都是由上一级的人民公社甚至是县政府（"革命委员会"）决定的，而个人的才能往往又能在普通村民中赢得声望，从而在村民中树立威望。谢支书的经历正是这样的典型例子。

1967年，谢支书17岁时回到清坪村。由于他识文断字，在那个时代，他被奉为村里的"高级"知识分子，因而被冷水人民公社任命为清坪生产队的文书。1974年，他年仅24岁，就被任命为清坪生产队队长。同时，由于他在担任文书的7年时间里，将大队所有人的工分算得一清二楚，不出差错，也赢得了社员的信赖。当他被任命为生产队长时，清坪生产大队的社员一致同意。在人民公社时期，来自上级政权的任命赋予了其作为支书的合法性，自下而上的普通民众的支持，又是他构建权威的必要资源。

但在党支书权力大于生产队长的村落政治结构中，仅仅作为一个生产队长，并不能确保谢在村庄事务中具有绝对的发言权。让他超越当时的党支书、在村里具有全面优势的，是因为他识字、有文化，而当时的村支书是文盲。

谢支书回忆道："'文化大革命'的时候，老支书都还在，当时有什么事情他还求我。老支书也是搞了28年。在清坪村，决定要干什么事情，就是我们两个，但是他完全不识字，很多事由我说了算。当时初中只有县城有一个，这些区乡都没初中。当时我们冷水一年只考取两个。后头我自学，自我发展。"

　　谢支书在村庄具体事务中的决策，切实解决了社员的实际问题，也为他在广大社员中赢得了足够多的尊敬，这进一步确立了他的权威。最典型的就是家庭联产承包责任制的改革。谢支书回忆当时搞家庭联产承包责任制的情形：

　　我们这个队啊，家庭联产承包搞得早。我们这个队的土（主要指山坡上的旱地），早在1978年就签给个人了。因为我们这个队男劳动力少，粮食产量拉不起来。1978年我就把粮食产量拉上去了，吃饭的问题就已经解决了。可能中央通过实验的话，也觉得这个办法可行，也就落实政策了。家庭联产承包责任制，我们公开搞的时候是1983年，把集体的地都承包给私人。到1983年我们真正搞的时候，我们就有很多经验了。分山在1982年就全部搞好了，田是在1983年才搞的。

　　我们队跟其他队不同。其他队的土啊、沟啊都比较零碎一些，我们队的土都比较连成片。承包田地的时候，我们也是搭配产量的，如果产量还不平衡的话，我们还有一些零碎的土地搭配给社员。产量的划分，我是按照3年产量的平均，我就再用其他零碎的集体土地给你补足。当时的洋芋是五斤算一斤，苞谷和谷子都是一斤算一斤。七八分土都可以搞到七八百斤、上千斤了，吃饭的问题就解决了。

　　当时，上面对我们在搞什么不太清楚。当时村支书有些看法，但是在那个时候我都占绝对优势，他不识字，基本上都靠我。要是上面发现问题的话，就说我们走资本主义道路了。

　　集体的东西，当时山和田没有留，但是有山场留下来。当时我们还有几个种黄连的，留了一点。后头我们再搞第二次，把公山处理了。到1984年就没有公山了。到2005年，我没搞了，就没有公山了。当时林权证上说是有200多亩，实际上可能是有1 000多亩。1982年我正式接手村支书之后，我就把公山利用起来。我就找外面几个人来种黄连，本地的女人也来。最多的时候是13个，一般是五六个。一亩面积就给我交200斤黄连。我的公益事业就靠这种集体收入来解决了。

　　我们以前修路，我们的电全是集体建的，都是村里的钱，都不要群众来集资。我们这个地方确实还是可以，粮啊、钱啊，在大集体其实都不差，搞起来也顺利。我们获得四川省的先进集体的称号，后来涪陵地区也给我们荣誉称号，县上也重视我们。集体经济，在全县，我们都是占绝对优势。

现在的村民回忆起谢支书执政的鼎盛时期，仍充满怀念之情。他们认为，在谢支书当政时期，整个清坪政通人和，当时的村干部也比现在好得多。

凤凰组的人说："当时我们开会的次数比现在多得多，而且很多事情都是全体社员集体商量解决，不像现在那样只是由部分村干部说了算。比如我们1982年、1983年的时候搞分田到户，就是全体社员一起开会商量解决的。当时，我们分田地的时候，可以说是全国产量最平均、土地也最平均的。比如，在每一个山坡上，都有各个社员的土地，不会让你一个人占满一个坡。这是最公平的，现在根本做不到。"

（三）权威作为一种资源

当谢支书逐步在清坪村确立自己的权威时，权威就成为他的一种资源。对外，他可利用自己的权威为村庄获得更多的资源；在村庄内部，他可以利用自己的权威掌控村内事务，并不断加强自己的权威。

谢支书在长期担任清坪支书期间，清坪获得较大发展，成为石柱县乃至整个四川省都有名的村庄，成为石柱县的一面旗帜。谢支书说："全县452个村，我们都是前10名的。"由此，谢支书也成为上级领导器重的人。谢支书说："当时我也是乡党委委员。每一次党委开会，就通知去开会，但是不脱产，无偿去的。开会的时候，都和乡上的党委坐在主席台。"利用这一优势，谢支书为清坪村从上层获取了不少资源。

谢支书说："当碰到上头有些政策不符合我们村的实际情况时，我就直接和党委沟通。我和上面的党委书记沟通都很好。说哪些政策适合，哪些政策不适合。我当的时间长了，上面也比较尊重我。我要点钱，上面也比较支持我。

"我在2003年为我们村获得扶贫资金125万元，我都全部用来搞公路。全村并村后的公路都让它通路了。我有接近两个月没搞活路，都把精力花在搞路上。在全县的话，我们村的扶贫资金还是利用得比较好的。"

在村庄内部，谢支书利用自己的权威，带领村民顺利地进行各项工作。

谢支书介绍说："1995年的时候，因为党员活动室开会不方便，我们就集资建房。当时资金只有几千块钱，我集资了将近两万块钱，把统统的东西都盖起来，最后还差木料，我自己补上。资金还不够，我就欠个人情，社员那边，还有其他队，我都欠了个人情，我还有个账。这些都是一两百块钱，我们党员干部，投的都是两百。经济方面，我投入了五百块钱。当时说呢，我还是想要还人情。我现在跟这些人说，只要房子卖，我就找本子，我有个人情簿，给大家还人情；如果不卖，这个房子就出租。这次党支部会议还是决定不卖房子，用来出租。租出了两间，四百一间，中间的一间，都是两百一间。"

除了集资建房、修路外，最能体现出谢支书的权威对清坪村政治影响的，就是他在村长选举的时候具有绝对的威信。谢支书说：

我当了 23 年村支书，村长都是我提的。选举的时候候选人也还要有两个，还要搞一个去陪衬的；如果不搞陪衬的话，你就不合法。随便找一个就行了。反正大家都明白，这个人是我定的。那时候选举，没有哪一次出过问题；只要一选就成功，也不耽误时间嘛，搞起事情也方便。假如一个村长，你把他拿下去了，他本身也不满意。还有，农村都晓得，每个人背后都有一坨人，对你会有看法。他本身素质不好的话，他还要给你搞一坨人来跟你对抗。所以我一直考虑到这个问题。像我们村，有一个人就是素质不行，要写要说都还可以，我们村数他第一；他是在凤凰队做队长的，前几年的事情，年轻的，现在接近 40 几岁。他确实有水平，他要是说一点、写一点都是很随便的功夫。他就是在经济上不过关，群众都看到了。你搞事情不公正，他们下次不相信你了。23 年时间里，换了 3 个村长，这 3 个村长都是我提的，群众也信任我。村长在我们这个队没有，都是在其他队的。这 3 个村长现在都还在。

第一个村长叫杨秀田，现在 60 开外。他原来当的是队长，后来我把他提起来。在我们村的村长，必须要经过队长的锻炼。他是凤凰合作社的。他家庭比较富裕，他当了一两届村长，自己提出不搞了。他不搞的原因有两个，一是要搞好，确实要牺牲自己的利益；二是因为他家在公路边，去他家里的人实在是太多了。

第二个也是 60 几，会唱孝歌，从八几年开始当的，李宗恒。他本来是愿意搞。当时调解民事纠纷的时候，我对他说，你这样搞不，现在纳入法制社会，不行；乡里要你搞你就搞，要你不搞就不搞。有些工作比较拖拉。但是我跟政府说了后，就没出现这个问题。

第三个村长叫张得学，比我年轻，小我三四岁，他是当兵回来的。他一直搞到并村，并村的时候两个村长只要一个村长了，两个支书只要一个支书了。那边的支书过来当村长，我就做支书。那我还要重新学习，但张得学一直是支部委员。

谢支书在村落社会中具有的权威，除其个人因素外，也与当时的乡村选举制度有关。正如冷水乡民政办主任张群生所说："过去谢支书时期选村长之所以没这么复杂，一是时代不同，上面的要求不同；二是他在那个地方还是有一定的威望，他是30年的老支书，威望确实还有。"

谢支书在村庄中树立的个人权威，虽然不是乡村民主政治发展的方向，但在这种个人权威之下，维持了乡村政治的稳定，在一定时期内，为八龙村的发展提供了有利的环境。

"我当支书，我都晓得，不像现在，那时候哪个人有威望、有能力、公正，我心中都有个数。我自己都要把他提起来，我稍微提携一点，群众再选，就起来了。我搞村支书的时候，那些村长都是一选就上的，跟着我还是有四五个村长的。但我的几个村长，他们说不愿搞了，我才放他。这些干部每年换了不少，上来还要摸一段时间，才能把村情摸熟。真的是一届一换，是搞不好的，想搞点事也搞不好。

"像我当了23年村支书，我今年要搞啥，明年要搞啥，我心里有数。长远点，3年还是5年，我们村要搞成什么样子，我都有个规划。假如说你只搞3年就不搞，第二个就上来了，那真的就是混时间。一个又上来了，又来摸情况，刚摸好了，又下去了，这样就是搞不好。干部经常换，不是个好事。还有上面领导对你这个人也不熟悉，比如县里的、区里的、乡里的都晓得你这个人，你要搞点经济搞点建设，就信得过你，给你拨款。你要是只搞3年，3年又下去了，这种情况，也晓得你的威信不行，没有事业心。没有责任心和事业心就不行哦。"

从村民们的反映来看，谢支书在任时乡村政治环境稳定，也确实为乡村的发展带来了很多有利条件。

（四）权威的消退

但在一片稳定的局面中，谢支书的权威也在消退。权威的消退，一方面是由于1998年之后，国家颁布了新的《村委会组织法》。依据这部法律，村委会候选人不需要上级乡政府的认定，完全由村民自己提名，同时，由于市场经济对传统村落社会的冲击，村民的价值观多元化，对谢支书的权威都有一定程度的削弱。另一方面，谢支书个人存在的一些问题，也引起了他人的不满，这也使谢支书的权威受到削弱。

乡政府一位干部（张 QS）说：谢支书的主要问题是报复心理强。比如某个人提了意见，有些是正确的，有些是错误的，他接受能力差，听不进意见。还是属于思想文化水平低，不善于团结同志。他知识是有的，但是缺乏文化。解决一个问题，有没有理由啊，能不能摆到桌面上说啊，缺乏分析的能力。农村的基层干部，在政治上的学习还是差一点。你不学习，就不知道政策。

双坝组长罗宣权说：现在各方面利益多元，大家想的事情都不一条心了。有些问题不公开，有些东西没搞到钱，村民就认为你搞到钱。村里的一些账户没有公开。谢支书就是个例子，本来有笔钱给整个八龙村的，但是他把水渠修在清坪村。因为他在双坪，会考虑一下周边的人。

2005 年，清坪村和双坝村合并成新的八龙村。由于村庄合并之后，两个村委会主任只需要一个，两个村支书也只需要一个。原双坝村的村支书比谢支书年轻，按照当时乡政府的意见，也由于谢支书身患多种疾病，他从村支书的位子上退了下来，这宣告了谢支书时代的结束。

但谢支书退下来之后，由于他还是中共党员，凭借以往建立的权威，他在党支部会议上还是具有相当的权威。

谢支书说："村里修路啊，或者开党员大会，我都发表意见。只要我一发表意见，他们就没得摆龙门阵。我现在身体不好，我以前声音很洪亮。其他那些村长，说话的时候都支支吾吾听不清楚，只要我说话的时候，说话不啰唆，吐字清楚。开干部会的时候，最多个半钟头，把事情都说清楚了，大家领任务回去。反正就是说，其他的一些干部怕你听不清，一个事他得说三五遍，时间也耽搁了。"

但由于时代毕竟不同了，谢支书的权威在时光的流逝中慢慢消退。当笔者问道，假如下一届村长候选人由你来提，是否有可能还像以前那样一选中的？他也表现出无奈："那威险性就大一些。下一届估计比较麻烦了。现在我不是村支书了，现在的支书小伟目前还没有我这种能力。现在另外一个根源——抬人、拉坨坨。"

四、个人权威缺失后乡村政治的不稳定

八龙村过去的这种政治稳定，是在个人权威之下得以维持的。而当个人权威一旦消失，"文化—社会"磨合期中体现得不稳定，就在政治层面上表现出来了。

（一）选举"战争"

八龙村发生在 2007 年末至 2008 年初的村委会主任选举充满了火药味，现任村主任张德会回忆起当时选举的情况时说："这简直就是一场战争！"

如果把这次选举称为战争，那么从 2007 年末开始竞选工作，一直到 2008 年 3 月正式选出村委会主任，则历经了三大战役。

选举工作早在 2007 年 10 月就展开了。按照《石柱土家族自治县第七届村居委会换届选举工作行事历》的安排，全县第七届村（居）委会换届选举工作从 2007 年 10 月 1 日开始，至 2008 年 4 月底结束，具体分四个阶段进行。

按计划，2007 年 10 月 1 日到 12 月 10 日是选举的准备阶段。

在 10 月 20 日之前的具体工作是：建立机构，调查摸底，掌握重难点村居情况，召开指导小组成员会议制订选举工作意见。10 月 17 日，中共石柱土家族自治县县委办公室发出了《关于认真做好县第七届村（居）委会换届选举工作的通知》。这份文件的发出，标志着村委会主任换届工作正式展开。

10 月 21 日到 12 月 10 日的任务是，指导村（居）委会进行任期目标总结、资产清理、届满审计、民主评议村（居）干部等工作。这时候，在冷水乡民政办主任张群生看来，最关键的工作就是清理各村委会的账户，把各村委会的公章上缴到乡政府。因为以往曾经出现过村委会换届后不交账目、不交公章的事情。张群生说："村干部被选下去后，不交账目、不交公章，一方面是因为有些村干部确实存在经济问题，另一方面，是因为有些村干部被选下去之后，面子上过不去，就不愿意交出公章。"

在冷水乡政府的干部们忙着对各村委会进行资产清理、回收公章的同时，各种有关选举的培训和宣传工作也有条不紊地展开。11 月 5 日，召开了全县选举工作动员培训会议。然后各乡在 11 月 15 日前建立选举机构、制订具体的选举方案，并召开乡选举工作动员培训会议。八龙村这时候也开始渐渐闻到选举的硝烟味了。在 11 月 25 日之前，八龙村委会召开了一次选举工作宣传动员会，并选举出了 30 名村民代表，建立了村民选举委员会。在 12 月 10 日之前，八龙村已经做好选民资格登记，并张榜公布。经统计，八龙村应参选人数为 882 人，因各种原因不能参选的为 75 人，预计参选人数为 767 人。这时候，乡政府也开始在八龙村进行各种宣传活动，各类标语出现在八龙村的街头巷尾。选举的硝烟味越来越浓了，有志于参选村委会主任的人也开始盘算竞选计划。

准备阶段之后，2007 年 12 月 11 日~2008 年 1 月 20 日是选举阶段。八龙村委会换届选举正式进入高潮。12 月 11 日至 14 日，八龙村开始广泛宣传村委会成员候选人条件、提名选举方式和时间。12 月 15 日至 25 日，八龙村委会开始组织选民投票提名候选人。12 月 25 日，八龙村共提名了两名村委会主任候选人，分别是上届村委会主任肖龙堂和凤凰组组长张德会。另外，还有三名村委会委员候选人，他们将竞争妇女主任和村文书的职务。候选人名单公布在村支书刘伟家的外墙，正对着村里最主要的一条公路。还有 5 天就要正式选举了，尽管村民们还是按照以往的节奏生活着，八龙村还是如以往一般静谧，但选举的事情已经成为八龙村民茶余饭后的热点话题。村长候选人肖龙堂和张德会各自的竞选团队也开始加紧工作了。

笔者在与村民们的交流中发现，村民们普遍对前任村长肖龙堂在任期内的作为或多或少感到不满，所以，肖龙堂的竞选班子显得更为忙碌一些。

小康组刘姓村民说："原来的主任做事情不大公无私的，肖主任是想当村长的，但是在群众心目中没有选上。"

碓窝坝妇女说："肖村长就是不为农民着想，只想着他自己，比如他的家人啊，他的亲戚啊，反正有什么好处，就是让他亲戚、自己家人拿。雪灾有些救灾款见都没见到。我们家今年的黄连就垮了 10 多亩（笔者：要是垮了黄连棚的话，上面是有补助款的）。这个我不知道，反正到现在我也不知道。反正垮了就自己修好。像我们队有的一家给了 100 块钱。再比如说，一个队有几家拿到钱，我这个队就 5 家拿到钱。我们不知道国家对垮塌的黄连棚有补贴。"

帮肖龙堂拉选票的主要是他的亲戚。在双坪和凤凰组，这块工作主要是由肖龙堂的亲干弟王锦文负责的。由于肖龙堂家在小康组，所以小康组的拉票工作由肖龙堂亲自来抓。在双坝组和碓窝坝组，由肖龙堂的妹夫负责拉票工作。拉票已经成为一种风气，对于八龙村的村民来说，已经是司空见惯了。

老支书刘世明说："现在贿选、拉票的很多。买一包五块钱的烟拉选票。"

碓窝坝沈世海说："选举的时候，是肖龙堂和张德会来选举，两个人都在拉票，平时也是这种搞法。比如明天你投我一票，我就给你一包烟，把人气都拉成了两个派别。他们提前搞工作，比如今天是一号，十号开始选，他今天就开始做工作，就来拉票，还是那样的做法。选举的时候，那些组织选举的干部都没来通知，就是那几个搞活动拉票的人来通知。通知你们什么时候选举，选他一票，还给你一包烟。基本上是他那个队的人都投他的，就像拿钱来打仗一样。他们也到其他队去拉票，就是想抽你选票，否则就上不去。跟台湾那种选举是一样的嘛，这些都是从电视上看到的，积累了丰富的经验，都是采取这些措施来搞的嘛。"

乡民政办张群生说："拉票的情况比较复杂。比如，你来跟我说，要选他，另外也有个人来跟我说，要选另一个。有主张的人，还是管你选哪个，我选我自己的。这样有素质的村民，有还是有，但是不多。"

张德会曾经是凤凰组的组长，后来辞去组长一职。村民们向笔者谈到他时，普遍认为他为人正直、办事公道。这一次他本不想竞选村长，但很多村民将他提名为候选人。在村民的盛情之下，同时，也看到当村长能带来的威望，张德会参与了这场选举战争。既然参加了战争，就不得不遵守战争规则，因而，张德会也搞起了拉票活动。但相比于肖龙堂一方的紧张，张德会的拉票工作则显得较为低调。这一方面是因为张德会已经在村民中有了较好的口碑，另一方面，这也是张德会一贯的行事方式。杨绪磁说："我们选张村长，他主持公道，他不怕事。我听别人说，他是公开的，你不对就是不对。村里修水井，他说这个是什么工程啊。"与肖龙堂一样，张德会拉票的手段同样是五块钱一包的烟。

选举的日期在一天天逼近，在候选人们或明或暗地进行"竞选"活动的同时，乡政府也在村里进行了各种宣传，号召村民们一定要选出自己认为合格的人来当村长。也许是老天爷故意和村民们开个玩笑，12月29日，也就是选举头一天，重庆市气温普降，作为避暑胜地的冷水乡这时候更是飘起了雪花，成为名副其实的"冷"乡。很多人都在担心第二天的天气情况。有村民回忆说："当时看到天气这么冷，我想第二天肯定起不来的，去的人一定很少。"

2007年12月30日，村委会换届选举的日子到来了。这一天雪停了，但天气却比头一天更为寒冷。双坝组的谭女士说："那一天，莼菜田里都结了很厚的冰，摩托车都可以在莼菜田上开了。"按照《重庆市村民委员会选举法》的规定，重庆市全境各村委会换届选举大会的投票时间为12月30日上午10时整到11时40分。因此，尽管天气恶劣，组织选举的乡干部和村干部还是早早地来到村支书刘伟家布置选举工作。村委会的五位候选人也很早来到了选举现场。

与干部们和村委会候选人的积极相比，除了部分村长候选人的铁杆支持者外，来到选举现场的村民并不是很多。寒冷的天气显然把很多村民锁在了家里。特别是双坪组的村民由于路途最为遥远，来得更少。负责组织选举工作的干部们很担心，因为按规定，大会以选民过半数为法定开会时间，超过投票时间的选民，视为自动放弃选举权，不得再参加投票。村主任竞选候选人更焦急，如果自己事先圈定的选票因为天气原因来不了，自己的前期"投资"就要打水漂了。他们开始安排自己的人去各家各户敲门，通知大家来选举。后来干脆把货车、面包车、摩托车等所有能开动的交通工具都利用起来，直接开到村民家中，把村民接来参加选举。

拖到十点半，大部分村民终于都来到了村支书刘伟家前面的那个大院子里，后来陆陆续续又来了一些村民。天气还是那么寒冷，村民们挤在狭窄的院子里，根本没有坐的地方，冷得瑟瑟发抖。

八龙村第七届村委会换届选举大会终于开始了。选举大会的第一道程序是报告选举前期工作；第二道程序是通过投票方法，宣读投票方法，请选民举手表决；第三道程序是通过选举工作人员，确定了这次选举的总监票员。这三道程序对于冒着严寒赶来的村民说无异于一种仪式行为，投票方法是怎样，谁负责监票，都不是他们关心的，该鼓的掌都鼓了，该举手表决的都举手了；他们真正关心的是快点选举，选出一个村长。然而，这些例行公事的程序似乎还是太漫长了。

到中午十二点半，组织选举的干部还在不厌其烦地向村民们讲解选票填写方法。选票填写方法采用了最为简单的形式：选票上早已印有各候选人的姓名，同意的，在选票上的符号栏内画圈，不同意的画叉，除圈以外的任何符号都无效。主任职位只能画1个人的圈，委员只能画2个人的圈，每一职位画圈数不能超过规定人数，超过了应选人数为废票，少于或等于应选名额有效。如果不同意选票上的人员，也可以另选他人。另选他人，姓名必须填写准确，并在姓名下方空格画圈，另选人必须是本村选民。另选他人后应在原选票上的候选人下方符号栏内画叉。同样，选票上的赞成票数不能超过规定名额数，否则当作废票。

宣读完投票方法，投票正式开始。选民按照所属的村小组，划分为五块投。率先投完票的村民，有的直接回家，有的还在耐心等候最后的选举结果。而那些还没有投票的村民，在严寒的威逼下，已经显得有些焦躁不安了。这时候，一些年轻人开始等不了，有的人抱怨太冷了，有的人抱怨太饿了要回家吃饭，还未投票就开始陆陆续续回家。年轻的村支书刘伟这个时候努力劝阻自己的同龄人，希望他们能留下来，至少把票投完，但收效不大。后来一位乡干部回忆说："他有难处，我们也有难处。有些人你喊他回来，他不回来。这不是一两个小时，而是七八个小时的事。"与年轻人的轻易离去不同，很多老年人还是很执着地冒着严寒站在场地中央，他们要等待最后的选举结果。

下午两点，整个投票过程终于结束了。这时候，唱票过程开始，一些冒着严寒执着等待的人，终于等到了这一刻。唱票人开始唱票，小黑板上不断地在各个候选人下面标着"正"字。随着各个候选人名字下面的"正"字以不同的速度向下延伸，两位村主任候选人略显紧张。

唱票结束，选举现场的黑板上画满了"正"字。由于两位村主任候选人的得票相差不大，村民们并不能一下子看清谁的票数多，谁的票数少。计票人员在紧张地计票，一些村民在下面也指着小黑板算票数。

公布票数的时候终于到来了。在村长选举中，张德会的票数最高。有些人开始欢呼，期待选举大会正式公布张德会为新一任的村长，而支持肖龙堂的人则显得有些失望，有人还在询问是不是算错票了。尽管村民们仍在翘首企盼公布最终决定，但组织选举的几个干部们却仍在忙碌什么。十几分钟过后，选举委员会公布了一个决定，除了秦大秀332票当选妇女主任之外，村委会主任和村文书的选举都无效，要择日再选。这个决定一公布，村民们一片哗然。乡干部向村民们作出解释：依据2001年9月1日施行的《重庆市村民委员会选举办法》第6章第31条的规定，候选人、竞选人或其他人获得参加投票的选民过半数的选票，始得当选。获得过半数选票的候选人人数少于应选名额时，不足的名额应当在没有当选的候选人中另行选举。冷水乡八龙村共有选民780名，参加投票的选民667名；共发出选票667张，收回选票667张，其中有效选票665张，弃权票2张。票数第一的张德会，也没能达到半数以上。所以，张德会不能当选村委会主任，必须再次进行选举。

虽然乡干部们已经对此次选举结果进行了说明，但村民们的理解则不同。有的村民认为，这是肖龙堂不服输，故意耍的花招。杨进凤就说："肖龙堂在当村长的时候，经常和乡上的一些干部有来往。乡里有些干部倾向于选择肖龙堂继续当村长，看到肖龙堂票数不够张德会多，就想再搞一次。"村民们带着议论纷纷离去。村委会选举的第一次战役结束了。

按《重庆市村民委员会选举办法》规定，如果一次投票选举选出的村委会成员少于应选职数时，应在3日内另行选举。另行选举仍按差额选举的原则，从前次选举时该职位未当选的候选人中按得票多少依次确定候选人。候选人以得票多的当选，但得票数不得少于参加投票选民的三分之一。

第二次选举定于1月4日举行。像第一次选举那样，各个候选人都在下面做足了工夫。照例在选举头一天或头两天拿到了"选举烟"，但与上次不同的是，这次不少人拿到了三包烟。这意味着，有意于村长职位的有三个人。这多出来的一个人，就是碓窝坝的黄长普。

乡里一位干部说：天河村以前的村长，通过高速路征地补贴，至少拿到了300万以上。如果不是他任村长，修高速路，他是赚不了那么多钱的。后来他赚够了钱，就说我不当村长了，我辞去了。当村长还是有很多利益的。黄长普参选，并不是想把这个地方很好地搞个样子，他是看到别人赚钱了，自己也想搞。当时在碓窝坝有个温泉，他也想通过当村长，发展温泉项目，这样就能下来很多项目。他在乡里有个小舅子，就提议他也竞选村长。当时这个黄长普也是我的同学，我说你四五十岁了，就不要出来折腾了；你文化也不高，也没有当干部的能力；你推出来，老百姓也不相信。但是他通过做黄连生意赚了不少钱，就有资本拉坨坨。后来到碓窝坝考察的地质专家，认为这个地方地质不行，没有把握钻出温泉来。后来再考察，认为在天河村能钻出温泉来。

1月4日，第二次选举战役又拉开序幕了。与几天前相比，这一天天气暖和了不少，但来选举的人却不如第一次多。由于八龙村是冷水乡唯一一个要进行二次选举的行政村，为稳妥起见，乡政府增派了不少干部到选举现场维持秩序。选举程序还是依既定的程序进行。选举中，村民们最津津乐道的是，三个人竞选村长，万一又没人过半票，该如何处理。

第二次选举，参加投票的选民597名，共发出选票597张，收回选票596张，其中有效选票594张。很多选票上既没有在张德会的名字下画"圈"，也没在肖龙堂的名字下画"圈"，而是在选票上写上了"黄长普"这三个字。选举结果一公布，下面顿时哄堂大笑。选举结果为：肖龙堂171票、张德会171票、黄长普171票，三个候选人平票。有史以来，八龙村的村民们第一次碰到如此巧合的事情！

下面议论纷纷。这时候，有村民提议，由乡政府直接任命一位村长就行了，免得再费精力选来选去的。乡干部经过再三斟酌，还是决定进行第三次选举。

第二次选举之后，由于已临近春节，乡政府将第三次选举日期初定在3月。

3月28日，在第二次选举之后两个多月，八龙村委会第三次选举开始了。

在两个多月的时间里，选举已经在村民们的脑海中渐渐淡忘。三月底开春，正是村民们最忙的时候，而且经历了前两次选举的折腾，有些村民已经对选举有些厌倦了。但经过前两次的历练，乡干部和候选人都对动员村民参加投票有了一定的经验。很多本来准备上坡扯黄连草的村民们，被开到家门前的货车、摩托车接到了选举现场。双坝组的谭姓村民说："那天天气好得很，我本来已经到坡上做活路了，但是他们又把我叫下来，所以我就去了。"

按照《重庆市村委会选举办法》规定，另行选举仍按差额选举的原则，从前次选举时该职位未当选的候选人中按得票多少一次确定候选人。候选人以得票多的当选，但得票数不得少于参加投票选民的三分之一。由于有三个候选人，由于有了前车之鉴，乡政府担心又有人突然冒出来拉掉票源，可能已有的三个候选人都达不到三分之一选票，新上任的乡党委书记决定，谁的票数多谁就当选，不必考虑是否达到三分之一选票。

第三次选举结果为，参加投票的选民634名，共发出选票634张，收回选票630张；其中有效选票623张，弃权票1张。最后张德会得票227张，黄长普得票209张，肖龙堂得票159张。历时三个月，三次选举，八龙村终于选出张德会作为新一届的村委会主任。村长虽然"难产"，但毕竟选出了大部分村民认可的人做村长。

当笔者于7月4日到达八龙村的时候，选战的硝烟已经褪去3个月有余，但在一个月的田野调查中，一提到这次选举，又总能勾起村民们记忆，很多话匣子一下就打开了。笔者一直在思索：是什么因素使村主任竞选如此激烈？对这次选举，村主任候选人、普通村民又有哪些行为动机呢？

（二）选举"战争"背后：社会结构与个体能动性

如前文所述，谢支书时期是一种权威时期，在村支书的个人权威之下，村长实质上是村支书一手提拔的。同时，1998年之前的村委会选举法规定，村委会主任候选人的提名程序为：先是群众提名，然后再经乡政府审核认定，最后再将候选人提名送到村里再次选举。1998年《村委会选举法》进行了改革，村委会主任候选人不需经过乡政府审核认定，可由村民直接提名参加选举。因此，在第二次选举中，出现黄长普半路杀出的情况也不足为奇了。

此外，随着交通、传媒等的不断发展渗透，以及市场经济体制下利益主体的多元化，势必也会影响普通村民的价值观。用村民们的话说，"现在大家都不一条心了"。

另外，在农村税费改革之后，取消了农业税和特产税，计划生育政策也比以前稍有松动，这一下子大大减轻了村委会主任的工作量。沈世海回想起自己以前担任村文书的工作时就说："我回来搞 10 年村文书工作了，前年就不搞了。不想搞了，农村工作太累了，这个工作搞起来遗憾，有很多挑战和麻烦。搞村民的工作，那时候要搞计划生育，去跟群众做工作，群众的意识都没跟上。上面的政策是要求少生优生，但是群众要求多生。他的意思就是要求多几个钉子，农村就是要求多生几个男娃，他就是这个意思嘛。农村的认识和政策是相反的。除了计划生育之外，还要做些业务工作。比如党员活动、民兵活动、团员活动都是由村文书来搞。这些活动上面都不给钱，工作不好做就是这些地方啊，上面没得这笔款子给你拨下来。你跟群众做基层工作，搞那些事业啊，这些都复杂，不好做。"而现在村干部的工作轻松多了，正如双坪组的秦大川所说："现在当个村长比以前舒服很多了，什么款都没有了，过去什么款都有，可麻烦了。搞建设啊，签个字就行了，没有多大的麻烦事。民事调解，喊到他，能调解就调解，不能调解就上报。"

同时，由于国家近几年对乡村建设的重视，下拨了大量资源进行乡村基础设施建设，在八龙村，处处可见水泥硬化的田埂、正在修建的旅游公路，这些工作，往往需要基层干部的配合才能进行。人们普遍认为，村干部能从这些工程中获取不少油水。于是，"村长"由一个吃力不讨好的、得罪人的角色，变成了一个"香饽饽"，从而引发了战争一样的村长竞选。当笔者问村民们为何现在这么多人想当村长时，村民们认为，当村长有油水可捞，这是肯定的。"利益"成为一个关键词。

杨绪磁说：当村长工资还是高的，可能是 3 000 块钱吧，一亩莼菜一年下来是 3 000 块钱，当三年村长将近 10 000 块钱。我这样跟你说吧，我这个人比较喜欢说实话。上面要搞什么水利工程啊，搞什么建设啊这些，比如河道、公路这些，一般包工头下来都会撒点钱，这就是外水。真正他的工资没多少。

沈世海说：现在，第一看到这个利益。这里是新农村示范点，改沟渠啊、人畜饮水啊，还有这里要搞旅游观光，要修旅游路啊，都有很多的工程下来，他们都晓得。哪怕他选的时候要花几千块钱，按我们的初步计算，合并村之后，现在一个村长的工资一年是 4 000 块钱。当时选举的时候，他哪怕把 4 000 块钱都贴出来，宁愿不要一年的工资搞合作，但是在这些项目中，他就能挖到钱。一个鲜明的例子就是，我们乡政府那边，修高速公路，那些村长、支部书记是发大财的。那些征地啊、工程啊，都要来找村长出面。本来国家指定要

30 万块钱，但我是村长，他跟私人老板要 60 万，这样他就拿了 30 万。他就是有利益可挖，舍得一身剐。他就是搞了 3 年就不搞了，他明白在 3 年当中，有哪些项目能弄下来。你搞啥子新农村建设啊，就有些空隙可钻。

张群生说：村主任的补贴要大一些，而且村主任要做的工作也没那么多，所以争着当村长的人很多。当村长，有些人是为了政治威望，有些人是为了钱。有一些人就认为，当了村主任，村里搞大发展，自己肯定会有油水。

除了经济收益之外，当村长所能拥有的名誉、地位，也是吸引一些人竞选村长的原因。而这样认为的人，往往就是一些在任的或曾经担任过村干部的人。

刘世明认为，有些人是为了好玩，就为了把原来的（村长）弹压下去。当村干部，难免要得罪几个人。被得罪的那几个人，就要操纵，就要把你弄下去，并不是说要上来搞多大事。

谢支书认为，他现在要搞一陀。现在村里没有钱，他就是图个名誉吧。现在书记、村长没得钱，房租费可能有点钱，其他方面就没有钱了。认真当村长是亏的。可能是包一些工程，可能有一些油水，其余村上没有集体经济。

正是由于当村长所能带来的经济利益和权威，使得现在的村长竞选变得异常激烈。成功当选村长之后，如何维持村长这一职位也是个问题。对村长职位的维护，一方面要与上级行政领导进行互动，另一方面也要为村民处理好内部事务。简而言之，就是要两面讨好，否则，村长位置就难以保住。

黄恩辉认为：这个村长三年一选，一换届就选下去。这个原因就是，其实不是工作上的问题，而是关系上的问题。比如我是个村干部，假如乡干部下来，配合工作的时候，我不喊他坐，也不给他抽烟，当然乡干部对你的印象就不好。在下头，跟群众的关系，如果说你平常有些什么上头的救济款，他得不到，他下次就不会选你。那么你这个东西拿给他，他还是选你。所以这些东西是灵活的，村干部是灵活的，他上下关系配合得好。下头那些农民，不管你哪个搞得好不好，只要我有利益，就会投你。

三年一选被选下去，就是上下关系没搞好。比如上面干部下来，你忙你的活路，不给配合，这样对你的印象就不好，结果在换届选举的时候，乡上的内部会议就会说，某某村的工作能力不行，我们是不是在下头选举的时候尽量把他换了。然后驻村干部又会下来做工作，跟那些社员说，你们这个村，某某村干部工作不行，下次你们一定要选某某，哪个哪个。想做村干部的话，抓住机会配合乡干部，然后说，下一届是不是由我来搞啊。沟通沟通、工作工作一下。

在八龙村，存在一个对比鲜明的现象：相对于村委会主任的频繁更换，八龙村五个村民小组中的村民小组长都非常稳定，有的村民小组长甚至当了十几、二十年。

村民组长与村委会主任比起来，有两个最大的不同点。第一，村民小组长负责的是一个自然村内的事务。在一个自然村之内，地缘和血缘联系的紧密程度都比行政村要强（特别是并村之后，行政村的跨血缘、跨地缘特质更为明显）。在村民小组这一小范围之内，大家的血缘亲疏都差不多，对每个人都较为了解。在这样的情况之下，往往能推选出一个大家认为最合适的人来担任村民组长，而且，只要担任村民组长的人不出现大的差错，大家一般都不会选择另外一个人做村民组长。第二，更为重要的是，在利益得失方面，当一个村民组长远不如当一个村长划算。由于村民组长处于基层中的基层，什么都要管，事务繁杂，而且工作对象往往是自己的亲戚，各方面的工作都难以处理。然而村民组长的收益却很少，一年的误工费仅有不到两百块钱，而村长的收益则要大得多。所以，在很多人争着当村长的时候，村民小组长却无人问津。

沈世海曾经当过碓窝坝的村民组长，他就说：那个组长，一个个队之内，都没得争那些东西。主要还是那个组长不在乎，起不到多大的作用，他只管这个队，他管的面积小。还有，作为组长，是个得罪人的角色，令人讨厌的一个职务。组长现在每年有两千多块钱。我们原来搞的时候，村干部只有七八百块钱，现在合并村了，工资也涨上去了，组长这块还是很稳定的。如果组长是年轻的话，过去还是要收一些款的，通知计划生育啊，通知搞什么活动啊，这个组长就是起这些作用的。组长起的作用不大，就是最多给你一个信息。比如说，上面要搞一些种植业，就是通知你，登记注册。就是起这个作用，但没有什么油水可捞，所以组长大家都不在乎。

（三）"拉坨坨"：竞选过程中的"差序格局"

村委会竞选是对村民选票的竞争，而在乡土社会，最重要的资源就是血缘关系。在竞选过程中，候选人主要通过自己的亲戚关系，一层层将选票聚集到自己的手中。村民们在投票的过程中，候选人与自己的血缘亲疏关系往往也是决定投票给谁的重要依据。

杨绪磁说：我们这个地方，说实在的，山高皇帝远，个别人就是谋私。完全要选一个真正的好干部的话，这一次来说，在群众心目中还算是可以的。像前几届，完全就是你投我一票的话，我给你一包烟或十块钱。当时去选举的人还是相当多的，90%的人到位了。你有你的人，人上托人的关系嘛。比如说，你有点亲戚关系的，你就托上他。还有通过经济上的关系。

小康组沈姓村民说：每一个人都有一坨人。比如，你想当村长，你都叫你的叔叔伯伯亲戚去投票了，每个人都有熟人。比如你有三个选举人，就有三个势力。

沈世海说：在农村这一块地方，存在结帮成伙、派系严重的问题。打个比方说，有几个在社会上混得比较可以的，啥子亲戚就拉出来，选举的时候都搞这种活动。真正不够资格，都把他搂上去。农村搞的就是这些地方。第三次选举的时候，乡里倾向于张德会，但并不能保证张德会就能当选。张德会就采取了一个措施，他在我们这个队有亲戚，把其他人的拉一坨过来。把其他人的基础抽空了，从其他队拉了几十票过去，就把其他人挤下去。

谢支书：当时也有选举村长，三年一选，威信还是靠一个人。当时没有人跟我竞争，那跟现在不同。要是放到现在，现在的年轻人，现在有个问题，他不是想搞好，他是想拉坨坨。今年我们村选了三次，第一次是两个候选人，让我去监票，说我公正。当时是730个选民，各队报起来，是过了半数，但是实际清算起来，又达不到半数。冯主任组织选举，各个队报起来，都没达到半数。当时的村长肖龙堂就说不行，要重新选一次。肖龙堂就是拉坨坨，比如你想当村长，你就起来活动，你的亲戚啊、朋友这些人。

秦大川说：黄长普在双坪这边有些亲戚。他在这边拉票，用不着黄多说，他的亲戚都会来帮他多说几句好话。主要还是亲戚，大家帮帮忙。自己的亲戚当村长还是比较好些，是自己的亲戚，比如找他帮些什么忙啊，上面有些什么扶资政策啊，首先考虑的就是你嘛。

笔者在八龙村的调查过程中，发现在一个村民小组内，亲戚关系都是错综复杂的"亲连亲"关系，全村人都可以攀上亲戚。即使是在一个行政村范围之内，多多少少也能连上亲戚。村里人说："我们这边最远的亲戚，也可以叫表叔。"因此，在村委会候选人拉票的过程中，经常会发现一家同时与两三个候选人都有亲戚关系。面对这种情况，与自己亲戚关系远近就成为一种投票的标准。

俗话说，远亲不如近邻。除了亲戚关系，地域关系也是村民投票的重要考量。由于八龙村以前是由双坝和清坪两个行政村并起来，尽管全村人口仅有1 300余人，但地跨18平方公里。笔者在田野调查中，常感叹步行的不便，从八龙村最南面的碓窝坝组走到最北面的双坪组，约需两个小时。这种分散式的居住空间，对村落的政治结构也产生了一定的影响。村委会候选人之一的黄长普在谈到自己败选的原因时，就认为是自己是双坝组的，没有清坪组的人多。有些村民认为，选一个自己小组的村长，有利于办事情。

陈宽宏：说实话，每个人都是站在自己这边的人这里的，没理由去选其他人的（这边的人即使不是自己的亲戚，也要选这边的人比较好一点）。是啊，毕竟有什么通知下来了，可以很方便地通知。并成大村了，联系起来稍微困难一些，而且这边的人，对自己的亲戚也比较照顾一些。

血缘和地缘关系是候选人拉选票、村民投票的最主要的标准。除了这两大因素之外，八龙村还存在一些业缘因素。比如黄长普的竞选班子里，除了亲戚之外，还有一起做黄连生意的一些生意伙伴。不过相比血缘、地缘关系，业缘关系在村内还是相对薄弱。因为在家庭联产承包责任制实施后，直到目前，无论是种莼菜还是种黄连，八龙村的经济结构基本上是以家庭为基本单位。这种"包产到户"的方式对乡村社会的组织结构产生不可低估的影响。"简单明了的包产到户就是注重我们中国社会中的家的特点及其内生能力，因为它唤起了我们这个社会特别是农村社会以家庭或亲缘关系进行生产协作的基础。"家庭自身和家庭之间所具有的血缘亲情关系再度自然而然地成为生产中的主要人际互助关系，这种互助关系强化了人民头脑中的血缘意识。血缘联系成为乡村农户生产生活互助中的主要人际互助关系，这种血缘关系直接反映到村民选举中。

除了稳定的血缘关系之外，八龙村的地缘关系也极为稳定，目前全村外出打工的人仅有50多人。在这样一个稳定的社会结构之中，能对血缘、地缘关系产生影响的就只有业缘关系以及非血源性的农民自组织。然而，在笔者走村入户的调查过程中，发现八龙村的农民自组织几乎是空白。即使是稍微有点农民自组织性质的莼菜专业生产合作社，在八龙村也几乎没有任何影响力。整个八龙村种植莼菜的农户总共有300余户，然而加入莼菜合作社的仅有14户，甚至除了部分党员之外，其他人根本就没听说过村里还有莼菜合作社这回事。缺乏有影响力的非血缘性农民自组织，在八龙村的政治格局中，就充满了浓郁的血缘味。

第五节　"文化—社会"磨合期里的
公民意识构建

　　八龙村在 1982 年实行家庭联产承包责任制后，直到目前为止，基本上是以家庭为基本生产单位，血缘关系极大地复苏。血缘关系的影响力已充分体现在村民选举中。但从民国时期开始，国家政权就努力在村落社会构建。80 多年过去了，八龙村早已不是与世隔绝的世外桃源。随着交通、传媒的渗透，村民已经初步具有公民意识，这主要体现在部分村民选村长的标准上。张德会是这次选举中拉票力度最小的，有很多村民在选举前没拿到他的烟，但最终还是把票投给了他。

　　杨绪磁说："现在中选的人就没给群众拿过烟，他也没怎么拉关系。他之所以中选，是因为这些群众对他评价比较高。他这个人的性格就跟我这样的性格一样，我这个人就喜欢这样的人。他开党员会议的时候就是说，这些河道建设，还有这些公路建设，搞的是什么，完全是敷衍群众的，只是上面的经济拿了那么多下来。这就是说，钱没有落实到实质工程上来。他就是说这样的话，所以群众比较信任他。在选举那段时间，群众还是有议论纷纷的说法，就是说某某还是可以，在党员会上的发言，确实针对支部书记和村长发脾气，说这些工程搞的是什么。这样就给群众很大的精神鼓励啊，觉得这些人确实可以用。"

　　小康组的刘姓村民说："选举的时候基本上全部到位，选举的时候都在刘伟那里进行。我们都愿意去参加选举，我们都选择有威信、有知识的人，能负得起责任的人嘛。我要选起带头作用、公正的人，必须选一个有思想素质、公道的人，否则只能给人民带来损害。我们选一个干部，起码要懂点法律知识，调解民事纠纷的时候用法律去调解，就不会出错。村支书是党员选。村主任就是我们选，选一个大公无私、有法律知识、有判断能力、起带头作用的人。有些人对选举不关心，是因为没有意识到选举的重要性，没有认识到他是一个合法的公民。我选出一个村干部，选出一个人来为大家服务。农村存在一个认识问题，比如说，以个人意志为主，没有看到发展趋势，是谁的对谁的错。对民事纠纷不公，我就不选你。我这个人就是这样，我从来不倾向于选哪个。只要你这个人公道，为人民服务，起带头作用，我就选你。你不公道，哪怕我这次选你，我下次还是不选你。"

沈世海说："我们大家都在一块的，天天都在一起见面，都有一种感情。这种选举比较有趣。对其他大队的人，认识是认识，但关键是感情。有时候表面上是那样的，但人是一种滑稽的人。表面上是可以，但过去产生一点矛盾，我说选你，但我去投票的时候，我不选你就不选你。有些人，有这种认识，哪个人给我烟我就选哪个，哪个不给我烟我就不选哪个。比如说，你同时得了三包烟，但是你的内心宗旨、内心因素还是决定的。比如你跟哪个感情稍微深点，或者你有点政治素质的话，你认为哪个人搞这个村的工作能够把村里搞起来。没有政治素质的话，就是给烟就投票。真正有政治素质的人，他还是根据你这个人，有没有这个水平搞得起来，还看你平时的言行和表现，是不是能够胜任村委的。

"农民争山场这些纠纷，还是必须通过干部的调解来处理，那就是老虎屁股翘起来的时候，回几口烟的时候啦。过去是你们拿他们的票，现在你要回报他们了，可能是两包烟三包烟都不止了。有些干部比较滑稽一点的，今天你们发生纠纷，你找我来调解，他说我下次来；今天这包烟是我给的，下次你又给我一包烟，这就是回扣。"

在笔者的田野调查中发现，有的村民将为人公道和亲戚关系同时作为选村长的因素。就如秦光学所说的："如果另外一边的人比较公道，不是亲戚，也会选他。最好的话还是又公道，又是自己的亲戚。为人公正是最重要的，其次才是亲戚。如果不公道的话，如果办事情不利于群众的话，肯定不选他。"双坪村的黄恩辉更是认为，真正懂得利用手中选举权利的村民还很少。他说："选村长的时候，如果觉得素质比较高的，他觉得这个村干部确实值得选，他能够为国家为人民办事。这样的人少，1%都占不到。一般情况就是，比如明天选举，我们家有两个人或者三个人，我们是亲戚，我们全部出动。如果没什么关系的话，我就不去了。除非你素质很高，要去选一个人。一般都是关系，选上哪个人，对我有利。"组织过多年村委会选举工作的张群生也说："村民素质差，还是素质差。随便给点钱啊，就随便投了票。不是为了长远考虑，不是为了我这个地方的发展而考虑。"

在了解选举过程时，笔者发现村民们都认为年轻人对村里的政治不关心。最典型的事例就是第一次选举时，由于天气严寒，很多年轻人中途没投票就跑回去了，反而是一些中老年人坚持到了最后。

而在笔者交往过的年轻人之中，他们普遍向往村落外面的生活，对于本村的政治则显得不那么关心。

当问到"为什么在第一次选举中，有很多年轻人中途就回去了"，张群生说：

年轻人就是管你选的谁，选得好，我就跟你搞；选不好，我也没得啥事要你解决。老年人就说你们这样的想法不对，也许你今年没得什么事要他解决，但说不定明年就要他解决一些事情。上面的政策是不是认真传达。也许他天天去打牌啊，你的事情他不认真去搞。年轻人，一是有本事的，就往外面跑，去搞钱。没有本事的，就只好留下。老年人，还是种这些田土，也不好迁到哪里去。年轻人看不来这些干部，管你选哪个。

家住双坪小组的陈宽宏在重庆师范学院读书。笔者碰到他时，他正好刚放暑假回家。他就跟笔者谈道：

我到外面去，感到这里和外面的差距确实很大，所以我一定要走出这个地方。读书走出这个地方的愿望很强烈。我对村内选举的情况不是很清楚，我半年才回来一次。本来我这个暑假准备不回来，在重庆找点工作做的。

当笔者又问他，"假如你大学毕业回来，愿不愿意像刘伟那样回到家乡做个村官"时，他说：

能当的话，还是可以的。像刘伟那样的工作，还是可以的。如果还有更好的工作，还是愿意出去。如果我在外面做得比较好的话，我就留在外面；我在外面做得不好的话，我就回来。

在和冷水乡干部交流的过程中，乡干部感慨："现在要在农村找个有能力、有素质的人非常难。"笔者在调查的过程中也发现，村里有不少人都在外面读大学，他们普遍能说一口流利的普通话，对现在的社会形势有独到的看法。他们在农村长大，比起他们的长辈和其他未到外面上学的同龄人来说，他们应是村里的知识精英。然而，他们很多人都像陈宽宏一样，向往都市的工作和生活，对村内事务并不是很关心。可见，随着乡村逐渐融入整个市场体系，对于城市来说，它能吸引更多质优价廉的劳动力；而对于农村来说，则意味着高素质人才的外流，这将对乡村政治产生深远影响。在现行的政治体制下，农村还是需要一种类似谢支书那样的个人权威型的领袖——如果人才持续外流，在乡村社会中就会缺乏有凝聚力的核心人物。在村民的政治意识、公民素质还未得到普遍提高的情况下，缺乏高素质的核心人物的直接后果就是，大家谁都不服谁，谁也别想干好什么事情，进而造成乡村政治的动荡。

另外一方面，人都是关注自身利益的，如果村长与自身利益没有关联，那么村长的重要性也就大为下降了。有乡干部就说："农民还没有民主素质，他们就是个光头社员，各人只扫门前雪，休管他人瓦上霜。除非你侵犯到我的利益，我就进行反抗，所以选举的时候不在乎自己的选票。所以农民整天就是埋头苦干，搞他自己的那一坨，其他那些，比如说，国家发生的那些灾难、捐款啊，就不关心。他只关心自己的，农民私心利益太重了。只能靠教育、经济的发展来进行。"

从普通村民的角度来说，村民之所以不重视手中的选票，投票的时候经常为了亲戚关系或者一两包烟，就轻易将自己手中的选票出卖了，这里除了村民的素质问题外，还有一个更重要的问题就是：村庄内部的政治事务与他们的利益关系不大。在他们的心目中，村长是谁都无所谓，因为村长并不能为他们解决多大的事情。

在八龙村，矛盾纠纷最多的一块就是田地纠纷。按照纠纷解决的程序，村民若是产生纠纷，首先应找到村民组长，村民组长无法解决的话，再找到村主任；如果村主任还是无法解决，就由村支书、村主任和村文书一起协同出面解决。这就是"小事不出组，大事不出村"。但是一方面，由于村干部的权威相比以前大为降低，另一方面，由于交通、通信手段的便利，村民直接与乡以上的行政机构的联系更为便利，在"官大一级压死人"的潜意识里，村民们认为找上层的人远比找村长解决问题便利得多。笔者在和村民们的交流中发现，如果有村民与乡上或县上的哪些干部扯得上一些亲戚或同学关系，那都是值得旁人艳羡的资源。

双坝组的李何强1988年到1991年在县重点中学石柱一中读高中。高考的时候，他没有考上大学，就回家务农。他现在有一个精神失常的堂兄，年纪50多岁了，还无儿无女，按照低保标准，他是可以评上低保户的。但由于众多原因，他的堂兄一直没有获得低保补助，他就给在县党委工作的高中同学打电话，请同学帮忙。他的同学打电话到乡里，就把他堂兄的低保问题给解决了。

村民认为，要解决问题，直接找到"上面的人"是最快捷的方法，找村长往往作用不大。

当村民们认为找村长办事没什么作用时，就直接影响到他们的选举行为。既然村长不能起多大的作用，那么投票的时候，如果谁跟自己亲戚关系更多一点，谁给的烟更多，就投谁一票。这也同样可以解释，为何村里的年轻人对村委会选举不热心，因为八龙村已无法让他们安心留下，他们也不会对八龙村的政治给予更多关注。八龙村的政治生活，势必随着市场经济一体化以及城市化的进程而脱离其乡土特色。经过公民意识洗礼的新一代年轻人，将会把乡村政治导向一个更为成熟稳定的状态。

综上，本章以八龙村的"社会—文化"关系为主线，勾勒了八龙村的政治变迁。民国时期，由于乡村生活的社会层面与文化层面产生严重冲突，八龙村的乡村政治处于一种高度矛盾与斗争的状态中。而随着新中国成立后国家政权在村落社会的扎根，以及一系列运动式的社会文化洗礼，八龙村的社会层面与文化层面产生同构，乡村政治呈现出了稳定状态。但是"文化大革命"的到来，又再一次打破了乡村政治的平静，乡村政治运作再次处于动态和变化之中。改革开放之后，流动性和市场经济所带来的商业思想渗透，以及土地承包制度的推广，家庭及个人利益取代了集体主义的利益取向。在这种文化理念之下，乡村生活的社会层面与文化层面不断磨合，乡村政治生活更体现出个人或者群体利益博弈、妥协的特点，同时村民的政治权利也在这种政治博弈中得以萌芽。而随着政治文明意识和传播的不断渗入，未来的八龙村政治生态和发展，将逐步步入成熟稳定的状态。

第七章　冷水乡的教育[*]

第一节　基础教育

七月盛夏，正是重庆展示其独特火炉气质的季节，我们调查小组驱车前往石柱县。调查目的地——冷水乡，似乎已经显示了我们是要逃离温度的盛情，进入一个逐渐冷静的思绪。当时，城市内外关于考试和升学的话题还在持续升温，那么，我们即将进入的这个村落会是怎样的情景？是被录取通知书映红的水田，还是夕阳下放牛娃孤独的背影？

初进大山，笔者听到的第一个关于这里的故事，是一个叫作"凤凰嘴"的传说。说很久以前，有个"背子客"（去赶场卖东西的背背篓的人们），从猫儿石背东西到湖北白羊塘去卖，路过此地来歇息，一抬头看见背后的小山神似一只展翅飞翔的凤凰，小山前蜿蜒出来的小路连接着田埂，弯弯如凤嘴，于是这个地方得名凤凰嘴。远远地看，这只小凤凰貌似正在转头回望，最后一瞥山那边坝子里的村落，然后展翅飞向更高更远的天空。这使笔者想起了山村中的大学生，如同天之骄子、山中飞出的金凤凰，带着乡亲们的希望，独自披荆斩棘踏上漫漫求学之路。

冷水乡是一个偏远的土家族聚居地，表象上这个村落与其他村落并没有太大区别，但是教育在这个村落中却有着不一般的意义。教育对于国家来说可能是一种方针政策和治国方略，而对于普通老百姓，说到底还是一个观念问题。从国家大局上看，教育是"立国之本"，但在冷水乡的人们看来，教育则是"立家之本"。

---

[*] 本章作者为王璐。

教育是人类优秀文化传承的主要渠道，也是文明得以延续的唯一手段。一个国家的教育水平和教育质量直接决定了国家的前途命运。我国有良好的教育传统，但是，国家宏观教育政策的制定并不能代表本国真实的教育状况，只有深入中国最基层社会才能了解教育的发展状况和国家教育政策的实施效果。特别是在中国乡土社会的基本背景下，农村的基础教育对新农村建设与中国和谐社会的构建都有重大影响。

本章旨在通过对冷水乡教育历史的追溯和对当前教育现状的调查，探讨传统教育的观念究竟怎样影响了当前的教育现状、整个教育机制在村里的运作、教育形态和有效教育的方式、教育在当地人心目中的意义和功能，并对存在的问题及农村基础教育的后续发展提出思考。

一、学校教育

（一）"村小"的余晖——体制改革前的乡村教育

在一些典型的少数民族社区，民族教育的方式和内容很具有地方特色。但是冷水乡的情况比较特殊，虽然属于石柱土家族自治县，可这里的土家族认同实际上是有特定历史原因的。在 1986 年重庆市成立石柱土家族自治县之前，这里基本不存在土家族认同，按当地人们的说法就是，以前不知道什么土家族，是后来听见上面下来的政策，才"加入"的。当然也有少部分人并没有"加入"土家族，到现在还保持汉族认同。在这样一个背景下，冷水的教育就经过了几个变迁阶段。首先是汉人社区中比较普遍的私塾教育，然后到解放后才成立的村办小学，最后是 20 世纪 80 年代农村体制改革后，恢复六年小学建制，以一个中心小学和几个村小一起构成农村学校教育系统的形式，一直延续至今。

较早的学校教育就是私塾。这里究竟是从什么时候开始有私人办学的具体情况已经不详，村里也仅有几位当时有条件读私塾的老人能依稀记起他们当时上学的情景，笔者访谈过的黄运德老人就是其中一位。

黄运德老人今年（2008 年）84 岁，20 世纪 30 年代时读的私学，就是"先生"办的学校，办学地点在今天河源村的菜籽坝附近，相当于现在上小学。在与老人的访谈中了解到，当时要家庭条件好才可以读书，这个条件好坏主要是以家里的人能吃否饱肚子、是否有剩余粮食为衡量标准。因为当时上学并不是缴纳货币学费，而是给老师送实物（如粮食）当学费。这个粮食交多少并不统一，要看具体学生，学生读书程度不同交的粮数也不同，一般来说读的越高交的越多。也就是说一个先生会教很多学生，这些学生都分别在读不同的内容，他们依自己读书的能力和程度交相应的粮食数。老人回忆道：

> 我们上私学的时候啊，读的就是孔夫子那一套，什么考老爷考秀才啊，就像现在的大学生一样，进去最先就是读"人之初"、《百家姓》，这是最基本的。读了就读《学而》《大学》，然后就是《四书》6本，这个都读完了就读《幼学》，那个就很高深啦。像我上学的时候就要8兜包谷子，就是400斤哦，也有交200斤、300斤的，看学生能不能干，能干的读得多就要的（粮食）多。上学贵哟，要交一斤猪油、一斤烟、一斤盐，把老师供起，老师还要剩点粮食回去养他的家人。意思就是你要把老师养起，请老师来教你。那是有钱才读的哦，饭都没的吃读什么书哦，有的六七十岁连学堂都没见过，门都没跨过。特别是那时重男轻女，女娃要读书那是要家里相当好才行，20几个人上学就只有一两个女娃。

> 那时候不像现在是统一的教材，你们都去上。那时是一个一个的教，比如我在读"人之初"，另外一个人就有可能读《幼学》，读《幼学》的肯定交的包谷就要多些……一个人教20几个学生，天天晚上背书。昨天上的课第二天要站起来背，背不得要挨板子哦，那不是开玩笑的，"黄金棍子出好人"啊。你愿读就读，不愿就各自走……读的时间就不定嘛，有钱就多读几年，像《四书》6本，有的十六七岁才读完。一些人读完《四书》6本就过放手了。……但是以前的地主读的就是官学，没读这个私学，是国民党孙中山时候由国家办的学校。但是普通人家上不起，要到丰都、重庆那边才有的。那读的是为了升官搞那些名堂，有钱的才读得起。

在1984年恢复六年小学建制以前，现今的冷水乡辖区包括团河、竹林、青坪、双坝、龙河、宏武、水坪、喻槽8个大队，称为冷水公社（后更名为冷水乡）。冷水乡就是在50年代开始创办民办学校，据说在这之前的学校当地人叫作"跟读小学"（实际上就是黄运德老人所说的"私塾"）。民办小学即是由当时村里的生产大队负责的村小，每个大队设有一个村小，每个村小由一位教师全权负责。这些教师即所谓的民办教师，他们有各自的土地，在教书的同时还要做农活，即半工半农状态，按当时大队编制的工分制获得工资，并且每过3年村里就会对其进行考核，不通过就会被淘汰。体制下放后这些教师开始自动退下。黄玉文是当时四大队（今天碓窝坝组）的负责教师，小时候在湖北白羊塘上学，后分配在恩施水文局工作，1962 年过来就没回去。1963 年就开始在大队教书，有 15 年教龄，他讲述了当时的教学情况：

> 我 1963 年开始在四大队教学，一个人教小学一至四年级，就教语文算数，图画也教，一个月 15 元工资。校长是全校最高工资，也就是 17 元。一天教四个班，也就是四个年级，但都集中在一个堂屋里，四个年级同时教。40 分钟一节课，一个年级上 10 分钟，总共就 40 分钟，下课休息 15 分钟。上课一个年级坐一排，上一个年级的课就布置其他年级的作业。完全是精益求精的上课，要学生跟好这条路走，莫去走弯弯。……上午教书，下午回家干活，晚上备课。四个年级，每年级的课都当堂布置作业，放学前完成，拿给老师改完就可以回家。……我总共教了 15 年的书，教够了（意思是太累了不愿意再教）。后来是知青下乡来教，我就干脆退下转回来做活路了。知青下来，很是乱，搞了几年……

据黄玉文介绍，当时的八个大队负责教师如下：

一大队：杨进富

二、三大队：杨秀山

四大队：黄玉文

五大队：全克清（后已转为公办教师）

六大队：和光禄

七大队：张兴翠（后已转为公办教师）

八大队不详

这些大队办的学校也并不是独立存在的，它们还是由一个中心学校管理。按以前的行政建制来说，一个公社或一个区就有一个中心校（冷水乡以前就是冷水公社，后来属于黄水区），教师从中心校下来，就分管每个队或每个组上的民办学校。每个队或组的民办学校又各自负责，教师的工资统一由生产队按工分制来计。但是各队民办学校只有一至四年级，上完后统一到中心校去上五年级和六年级，读完就可以上初中。据黄介绍，这样安排主要还是照顾到农村孩子上学方便的问题。一至四年级的学生年龄偏小，走路上中心小学路很远，在自己大队上学就要省事得多，等学生年龄大些比较能走路后，就可以统一到中心校上。

就教学条件来看，当时的教学环境和设备相当简陋，教师的工资也相对较低，并且民办教师由于半公半农的工作性质，生活比一般的务农者辛苦。因此，很多教师在知青下乡和体制下放的时候自动退下了。黄玉文属于前一种情况，笔者访谈过的另一位民办教师全昌发就属于后一种情况。全昌发 1968 年至 1971 年在冷水读农业中学，❶ 1971 年毕业后就开始在村小学任教，负责的是三大队（青坪村，今天八龙村双坪组）。1981 年参加了民转公的考试，但 1982 年就自己退下了，原因是 1981 年国家农村体制改革，当老师工资过低了，还不如回家来专门做农活。

2008 年 7 月 24 日中午，在凤凰组全昌发家，我们访问了他。

问："您当时教书的时候是个什么情况？"

全："我当时就负责青坪村的小学，总共教 17 个学生，一直教到毕业。科目一人包干，学生年龄是不限，愿意读就各自来，一起从一年级教起走。"

问："当时的教学条件如何？"

全："艰苦。我们就是在堂屋里教书，当时那个地方就叫'瓦房子'，后来又搬到'学堂湾'，现在都是荒地了。大堂屋就是教室，桌子板凳都是学生自带。"

问："老师的工资怎么发？"

全："都是大队跟你积工分，一块六一季（一个学期）。体制下放后就是乡政府财政发工资，就是所谓的国家补助 12 元。一直都是 12 元没变过，但我那时已经回来了没拿过那个。"

问："那后来为什么自己退下不教了呢？"

全："工资低狠了嘛。本来大队时候大集体评工分就已经很累了，一个人顶一个班要教到头，回来还做活。体制下放后各自有了田土，工资还是原来那个水平不变，那还不如转来专门做活路。"

这些在每个大队负责的民办教师，基本都在 80 年代初相继退下了，一大原因就是工资问题。在冷水公社时期，由于农村特殊的地理因素，为使学生能够方便就学，就由生产队来负责办学，一个大队办一个小学。但是农村教育资源奇缺，就在每个大队中请学历相对高但不属于国家编制（或者说公办教师）的人来代课，一个人就负责整个大队的孩子读书。由于当时人们的劳动所得都是按照集体计工分计算，所以这些民办教师也是由大队给予同样的标准计工分、发工资。在这样的情况下，民办教师就要比其他人更加辛苦（见图 7-1）。

---

❶　按，冷水乡在 1968 年开始办农业中学，但后来因各种原因不断停办又开办，全昌发就是在开始办学的那年上的农中。

他们不仅要完成大队指定的教学任务，回来还要做家里的农活。本来教书也像农活一样计工分，但是教书的性质使其在责任和技巧上都要艰巨得多，更何况是一个人全权负责。这样一个在表面上的平等待遇所掩盖下的实际的不平等，就使这些教师自动退下了。

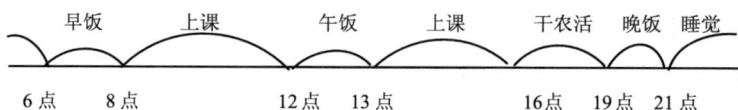

图 7-1　大队民办教师一天的生活作息图

不过，塞翁失马，焉知非福。在民办教师相继退下之时，乡里迎来了教育体制的改革。民办教师可以参加国家统一组织的考试，考核合格后就可以由民办教师转为公办教师。有一部分教师就通过考试转成了专门执教的教师，没有考过的就只得继续当代课教师。代课教师的工资待遇和转了正式的教师就截然不同了。李和祥 1998 年开始在冷水小学代课，当时的村小已经分出五个年级，每个教师负责一个年级的全部课程，但工资却只有固定的每月 180 元。问题是，代课教师们还拿不到现钱，当时还上缴农业税，这部分工资就由乡政府从财政直接扣去。就是这个原因让很多教师在黄连经济上升的时候就回家全职务农了。所以国家教育体制改革就是这些教师重回岗位的转机，通过考试就可以享受国家公务员待遇。因此在 2007 年的民转公考试有将近 1 000 多名教师报名考试，冷水乡基本所有以前教过书的教师都参加了。

"但是我主要还是种黄连，教书只不过是结婚了，多增加点收入而已。后来黄连价高了以后，我就干脆不搞了，退回来专门务农。那时像我们代课老师又没有个奖惩制度，带得再好也是这些钱。后来不带是因为我们这边山上种黄连，活路多，搞不赢。加上那时黄连价钱也比较可以，最好的时候卖 100 块钱一斤，有时候一个黄连都要管 1 块多钱。代课一个月只得 180 块钱，连生活费都不够，有时教师节每个老师发 100 块钱，国庆也发点，连抽烟都不够。工资低，待遇低，又没有机会转正，觉得没意思了。（那现在参加考试还是想回来重新教书？）不是想，只是现在教书这个职业还是可以，待遇也好，我们读书时代觉得这个职业不可以。"

2001 年全县撤区并乡后，就把乡政府管理教育的权限一同并到了石柱县教委，乡政府只负责学生安全和义务教育入学情况的监督两部分内容。也就是说，乡政府再也无权干涉学校的具体教学工作和日常教务安排，只能在地域范围内对学校的安全设施进行监管，并监督村民必须让子女接受九年义务教育，涉及教师工资和具体教学内容都统一由石柱县教委负责。2007年县里再次举办了民转公的考试后，就基本结束了民办教师制度。现在的冷水小学教师已经都是获得承认的国家公办教师，不存在民办教师和代课教师了。从这个分节点开始，冷水乡基本进入了现代教育的模式。

（二）乡土村落的教育之光——现代教育的发展

当天进入冷水乡的时候，沿途风景甚不寻常。看惯了郁郁葱葱的水稻田，还不太习惯一片片睡莲般的莼菜覆盖在阳光下平静却又乍现星光的水田上，似乎以低调婉约的姿态平复了水稻的锋芒。顺着一路绵延的水田放眼远望，直到看见紫红色斑斑驳驳的山麓，才将思绪拉回到目前驻足的黄连之乡。笔者想看看是否有人会出现在这些黄连棚边，却只见干净的澄蓝色天际是这世界唯一的衬托。所有的景致都搭配得那么和谐，就连唯一能够供车行进入冷水的道路也没有一丝城镇的味道——正在维修中的黄土路有过不完的坑洼并且永远不乏碎石子。

颠簸之中思绪游离。同样的色调和景物在汽车的蹒跚前进中被失焦的目光慷慨过滤。突然眼前惊现一栋尚未修建完毕的现代建筑物，与周围低矮的农家屋舍形成强烈对比，表面贴红色瓷砖的庞然大物仿佛是刚刚才拔地而起的。正在纳闷之时，汽车已到我们此行的驻扎地——乡政府。抬头仰望，笔者已置身在新建的乡政府大楼巨大的国徽下面，无意间转头望见了刚刚不远处鲜亮的红色建筑物，与同样崭新、醒目却又有些突兀的政府大楼遥遥相望，相得益彰。后来有人兴奋地介绍，那是新修的冷水小学——龙河村小。

坐落于田地、大山和农舍之间色彩鲜亮的政府大楼不免让人感觉遗世独立，但学校的出现却提醒我们学校不仅是简单的学堂、传授知识的地方，它同时也是社会组织的一部分，与其他组织要素一同形成了社会的内部结构，并通过制度或者权威的渗透而形成一种普遍的规范和社会意识，深刻影响人们的思想观念。旧时传统教育的方式无疑会在某些方面给后来的现代教育发展奠定良好的基础，外部条件的逐渐改善固然也会是重要的层面，但是深层次的归因还得诉诸村民的教育观念——根植于人们心中的观念系统。教育观念在长期的沉淀之下逐渐形成社区的集体意识，最后演变为人们的指导思想。形成因素是多方面的，最直观可见的应该还是家庭之间的比较和政府的重视程度。虽然诸如"经济要发展，教育要先行"这样的标语在农村很常见，但教育在冷水地区人们心目中的地位却更胜一筹。

1. 基础教育概况

冷水乡海拔 1 690 米，属石柱县三个高寒山区之一，石柏公路穿腹而过，泸蓉高速公路在此互通。冷水乡小学校地处渝鄂边界、七曜山麓，1949 年建于竹子营，1952 年迁于冷水街上。教学区除中心校外，下辖团河、双坝、龙河、书长希望、喻槽、大水 7 所村小（教学点），另有青坪村私立学前班。在 1986 年全乡就已经有中心小学（见图 7-2）、团河小学、双坝小学、龙河小学、宏武小学、太平小学、喻槽小学 7 个教学点供孩子们就近上学。

图 7-2 冷水乡中心小学

从 1986 年春季到 1987 年夏季，冷水乡开始办初中班，有一年级和二年级各一个班。小学毕业后即可升入冷水中心校举办的初中班学习。但初中班在 1987 年下半年就取消了，小学生毕业后就只能到黄水镇就读初中。到今天，冷水乡的小学生已经可以到黄水镇黄水中学、西沱中学、石柱县第一职中、悦来中学、南宾中学、石柱民族中学、石柱中学（十一中）、沙子中学等学校就读初中和高中了。

在 2000 年机构改革以前，冷水乡的学校教育都归乡政府管。2000 年撤乡，乡里主管教育的部门也一并撤了，教育就都划归石柱县教育委员会统一管理，所有有关教育的事项都直接跨越乡组织由县里统管。乡政府就只管两个层面的内容，即义务教育的保证和学校学生安全。

表7-1　1998年、2003年、2007年冷水乡小学教育情况表

时间	小学数（个）	村小数（个）	学生数（人）	入学率（%）	辍学率（%）	合格率（%）	升学率（%）
1986	1						
2002	1	6	748				
2007	1	6	597				

（1）学前教育。

冷水乡早在1986年开始设立学前教育班，仅设在中心小学，其余各村小均未设学前班。到2002年，全乡除中心校外，另设团河、双坪、双坝、喻槽等共7个学前班。至2004年，设有菜籽坝、团河、双坝、喻槽、书长、大水6个学前班，共83名学生，2008年达到150名学生。学前班一般只有一个到两个老师负责，依招生的人数而定。比如双坝村小和团河村小2007年只有15个生源，就只有一位教师负责；书长希望小学有66个生源，就有两位教师，分别负责教语文和数学。学校对教师职责的要求描述如下：

教师的主要职责是照管学龄前儿童，让他们养成上学的习惯。一般由高年级的学生将学前班的学生带到学校，放学后由高年级的学生带回家，部分较小的学生由教师义务护送。老师在课堂上除要给学生讲小故事开发智力外，还要教学生养成正确坐、立、行走、写作习惯，教学生识字和进行简单的加减法运算等。

小朋友们除了到法定年龄必须被送入学校学前班接受启蒙教育外，在学期结束的时候也要像小学生一样进行学期考试，接受学习内容的考核。如：

二〇〇八年春学前班测试

一、测试内容及权重

笔试：语文试题50分

　　　数学试题50分

口试：背诵诗歌两首，一首为古诗《草》，另一首自选　　10分

　　　说出10的分合　　10分

　　　唱歌　　10分

　　　跳舞　　10分

　　　队列　　10分

二、测试要求

参加测试的老师应当以公平、公正的诚信心理，端正态度，以教师的职业道

德要求自己，做到测试不马虎，不徇私；阅卷不马虎，不弄假，计算不出错。

三、测试老师

六年级的任课教师以及专职教师共 8 人，有潘峰、廖树林、张德华、全忠、彭飞、张群明、陈云、李远碧。

四、阅卷

参加学前班测试的老师在各学校测试完后，下午集体阅卷，并填好各班成绩统计表，最后将成绩统计表和试卷交教导处。

虽然在教师职责中"照顾儿童，养成上学习惯"是学前教育的主要目的，但从期末测试卷的内容看来，小朋友们一学期学前班结束，不仅需要通过"笔试"还要"口试"。教学生具体的知识成为教学的主要内容和目的。小学教育是基础教育的真正开始。学前教育的目的是为了帮助儿童进入接受知识文化的思想准备，进行一些思维上的培养和观念的引导，而不是超前预览并掌握小学教育的具体学习内容。回归到这个测试题本身，引起我们思考的是，幼儿园的测试究竟能说明什么问题呢？不足 6 周岁的孩子们如果背不了《草》或者语文数学考试不及格又怎么办呢？他们一样要正常进入小学学习而不可能继续再读一年学前班、直到能流利背出《草》为止。而教师们也不清楚为什么用来考察的非要是《草》而不是《鹅》，尽管明确规定六年级的任课教师组成考试小组并"严格阅卷"，以显得教育机构的规范化操作。但这显然是一种小学教育结构体系下的形式操作。目前学前教育被看作小学教育的一部分在国内并不少见，虽然二者之间衔接紧密但绝非同一性质。如果学前教育只是小学教育的预演，那么大可不必多此一举。幼儿园时不知道《草》的孩子在他们上小学时也必定会学到，但他错过的也许是对其进行多元化思维锻炼和学习观念型塑的时机，甚至还会抹杀孩子的学习兴趣。因此，现在会有不少专家学者在惊呼学前教育小学化的危险。

不过这种状况也有其产生的根源。冷水的学前教育和小学教育本是同一系统，共享同一班老师、同一个管理模式，抑或是同一种教育理念和教学内容。他们实际上没有实质性的区分，这种情况是学校为适应现代教育的模式而发展出来的——由于缺乏专业的幼儿教师，只能请小学教师"代劳"。而实施学前教育是由一套适宜儿童身心发展的环境、师资和具有特色的教学氛围组成的。对农村来说，这基本上是奢侈的要求，因此小学化的学前教育形式就不可避免了。

（2）小学教育的教育教学情况。

自 1984 年恢复小学六年制以来，中心小学就设有一年级至六年级完全小学。

各村小一般设一年级和二年级，有时则间断设班，如2008年书长希望小学设一个学前班和一、二、四三个年级，龙河小学设有二、四、五、六四个年级。

早在1985年，全学区包括两个初中班在内，仅有教师39名，其中公办教师11人，民办教师28人。到2002年，全乡小学享受财政拨款的教师有30人，其中具有中专学历的有22人，具有大专学历的有5人，教师学历合格率为90%。从1990年以后，冷水乡补充教师的合格率为100%，校长岗位培训比例为100%。

小学教育基本按照教学大纲对学生进行德、智、体、美、劳等方面的教育，目的是让孩子们养成自觉遵守行为规范和积极思考、努力学习的良好习惯。冷水小学自1999年开始实施九年义务教育（简称普九），投入大量经费办小学教育，村小的大部分危房都经过重新翻修。2002年投资120万元新修中心小学、龙河小学、书长希望小学、大水小学等学校的教学楼共1 080平方米，改善了办学条件。经过四年努力，于2002年"两基普实"工作经国家验收达标。2002年，全乡1 099名在校学生，在冷水各小学就读的有718人，其中女生有327人，入学率达到99.3%。

表7-2　2001年、2002年冷水4—17周岁学生在校统计情况

（单位：周岁、人）

年龄段	2001年在校情况				2002年在校情况			
	总人数	其中女生	小学在校	小学在校女生	总人数	其中女生	小学在校	小学在校女生
4	7	3	7	3	4	2	4	2
5	47	19	47	19	56	22	56	22
6	89	39	89	39	120	54	120	54
7	99	41	99	41	113	48	113	48
8	118	52	118	52	103	44	103	44
9	101	55	101	55	123	54	123	54
10	74	32	73	32	99	48	97	46
11	96	59	85	51	79	35	68	29
12	93	55	55	37	88	50	38	18
13	81	37	21	13	95	50	18	8
14	72	30	11	4	87	39	5	2
15	79	40	3	1	62	22	3	0
16	18	5	/	/	53	27	/	/

年龄段	2001 年在校情况				2002 年在校情况			
	总人数	其中女生	小学在校	小学在校女生	总人数	其中女生	小学在校	小学在校女生
17	14	5	/	/	17	4	/	/
合计	988	477	709	347	1 099	499	748	327

资料来源：《石柱土家族自治县冷水乡志》。此表不含学前班学生。

表 7-3 2002 年冷水小学班次及学生数分布（不含学前班）

（单位：个、人）

年级 学校	学校班级人数													
	一年级		二年级		三年级		四年级		五年级		六年级		合计	
	班	人数	班	人数	班	人数	班	人数	班	人数	班	人数	班	人数
中心校	1	42	1	54	2	98	2	97	2	79	2	77	10	447
团河	1	27	1	19									2	46
双坝	1	25											1	25
龙河			1	22									1	22
书长	1	32	1	26	1	27			1	19			4	104
喻槽	1	28	1	42			1	49			1	19	4	138
合计	5	154	5	163	3	125	3	146	3	98	3	96	22	782

注：2002 年因修建大水小学，该校学生到喻槽小学就读。

表 7-4 2004 年冷水小学班次及学生数分布（不含学前班）

（单位：个、人）

学校名称	学校班级人数													
	合计		一年级		二年级		三年级		四年级		五年级		六年级	
	班	学生	班	学生	班	学生	班	学生	班	学生	班	学生	班	学生
中心校	11	434	2	80	1	54	2	73	2	102	2	65	2	60
龙河村小	4	152	1	37			1	29			1	49	1	37
水平村小	3	81	1	32			1	29	1	20				
喻槽村小	3	53	1	22	1	13	1	18						
大水村小	0	0												
团河村小	0	0												
双坝村小	0	0												
合计	21	720	5	171	2	67	5	149	3	122	3	114	3	97

张主任认为："在农村办学比较难，要依照国家规定，还要考虑实际情况。比如国家规定学生7岁必须上一年级，但是在这里年龄就不能作硬性规定。像团河村小，五六年前最多两个班，现在最多一个班，两年办一次。比如这一年这里办了学前班，下学期就不办了，他那个班就读一年级，下一年再招学前班，隔年招一次。还要让学生五六岁就读学前班，六七岁就读一年级，一年级读完过后，学生大一点了，能走路了就可以到中心校来继续读了。这个是没有办法的，就十多个学生，年年办呢经济上又有困难；不办，学生年龄小了又走不来。天气不好路烂要走一两个小时，还是只得办。"

到目前为止，以这种招生方式入学已经持续了10多年，学生家长都已默认了就读方式。但是很明显，一所中心校和六所村小之中，只有中心校是从学前班至六年级的完全建制，也集中了最多的师资，因此除了在中心校附近的学生可以一直在相对优越的环境中顺利读完小学，其他偏远地方的学生就需要中途转学并走远路。这也是学生家长对冷水的小学教育普遍感觉不太满意的原因之一，但是学校所能解决的也只有盖学生宿舍楼，完善寄宿制。

2. 硬件设施情况

冷水小学中心校区建在冷水乡唯一的一条街道上。冷水街从头走到尾不过300米左右，是每逢二、四、六人们赶冷水场时的商业街，所以街道上有很多商铺和休闲娱乐场所。但却并非繁华之地，因为所谓商铺实际就是一些杂货铺，专门卖些农村日常生活中所需的基础用品和小零食，而休闲娱乐场所其实就是麻将室。中心校就在这样一个"中心地带"。

走入这条耳闻已久的街，只感到人烟寂寥，很明显这并非赶场之日。而此时正值暑假，这条街就显得更加冷清，也许这才是"冷水街"的真谛。整条街呈坡状一直略向下倾斜，每一两家店门口就会聚起一小撮人打牌或观战，不时还激动得大呼小叫。笔者顺势向下，一面四处搜寻学校的大门。第一遍走完时笔者没有发现任何学校的印记，便又走回来重新寻找。学校的门比想象的还要低调，或者说那根本算不上门，就是在街面上整齐的店面之间突然凹进去一个不宽的小巷子，顺巷子往里走几十步便豁然开朗，整个校区一览无余。校园的结构很简单，一栋主教学楼，操场因地形分为高低两块。上面一块是只有两个篮板的篮球场，偶有几个小学生正在打篮球。下面一块的一边则设有五个砖石堆成的乒乓球桌，另一边是由于天气潮湿而长满青苔的空旷地面。

中心小学位于冷水溪场镇旁，学校占地面积11 170平方米，建筑面积3 900平方米。据有关资料，1986年仅有校舍13间，到2002年，中心校除教职工宿舍和住校学生宿舍外，有教学楼 3 幢，利用教室 13 间，其中有 1 间自然实验室和 1 间微机室。另设有校长办公室、主任办公室、档案室、广播传达室、体育器材保管室、教师备课室等。

团河小学位于天河村团河组的团坝子，有校舍 4 间；1986 年设 4 个班，在 2002 年仅设 3 个班。双坝小学位于八龙村双坝组的肖家坝，有校舍 2 间；1986 年有 2 个班，2002 年有 1 个学前班和一年级 1 个班共 2 个班。龙河小学位于河源村新建组的菜子坝，1986 年仅校舍 2 间，设 2 个班；2002 年修建一幢教学楼，有教室多间，设学前班、一年级、二年级共 3 个班。宏武小学位于原宏武村的家堡，有校舍 2 间；1986 年设有 1 个班，1987 年春季停办，将宏武村小学撤销。太平小学位于水坪村的张家祠堂，有校舍 4 间，1986 年设 4 个班。国坝煤矿董事长谭书长捐资 10 万元，于 2002 年在太平村希望组的三叉路建成一幢有 6 间教室的教学楼，同时修好男女厕所和球场；将太平小学更名为书长希望小学，当年设有一年级、二年级、三年级、五年级各 1 个班。喻槽小学位于玉龙村兴旺组的新房子，有校舍 4 间；1986 年设 4 个班，2002 年仍有 4 个班。大水小学位于玉龙村大花组的喻家窝凼，2001 年 8 月从原沙子区栗新乡合并到冷水乡时，仅有教室 2 间，2002 年将该校修建成具有 4 间教室的预制平房，现有 2 个班。私立学前班位于八龙村的双坪组，于 1999 年秋季开始设班教学。

一直以来，冷水中心校都与乡政府一起地处位于冷水中心地带的冷水街上，但是可能由于冷水乡新修旅游路的缘故，乡政府将新址选定在了新公路横穿而过的河源村梨子坪，这代表着未来几年的乡政治经济中心将转移到公路附近地带，因此冷水小学也在筹划着将位于此地的龙河村小重点建设成将来的中心校，这也才有了我们第一次来时见到的两栋醒目的、还在建造中的红色建筑物。不仅如此，去年年底时龙河村小又向石柱县财政局申请拨款 30 万元修建占地面积约 473 平方米的三层学生宿舍楼，以解决 260 名住校学生的住宿问题。就近年来的硬件设施投入情况，小学的陈校长作了简要说明：

"总的说近几年硬件设施的投入还是比较大，2000 年搞普九的时候，村小的危房大多数都是重新修过的，现还有一个没修，但是已经纳入计划。我们现在计划搬迁学校投入也很大，目前龙河村小正在修建的教学楼承包费用就是 50 多万元，总共一千多个平方，以前修楼的话一个平方 500 多块钱，但是现在钢筋水泥涨价以后可能这个价位还修不下来了。另外就是学校的操场原来不是平地，后来也投资修成运动场了。现在学校正在进行的学生寄宿楼的修建项目经费也全部批下来了，只等开工。就说教育用款还是比较有保障的。

但是设备投入方面还不是很满意，但也比较大。去年教委搞了个远程教育设备，我们每个村小都配有了，有两个村小还没有发下去，原因是那两个老师他们没在那边住，发给他怕晚上被人偷了。村小的设备为莫氏3的，中心校是莫氏2的。莫氏2就是有一台计算机、一个卫星接收器，还有一台电视；莫氏3就是一台电视和一台DVD，方便放教学光碟。计算机目前只有中心校有一个微机室，办公方面上面还没给我们配，是我们自己买了一台。方便，现在发文件什么的要用计算机工作，但是现在我们后勤财务、教导组用计算机工作还困难，在教育办公方面的投入不是很大。按现在的标准来说应该是老师办公室都应该配有计算机，而且每个老师人手一台肯定最好。但是话说回来，这些困难都其次，最主要还是师资的困难。"

3. 教师状况

表7-5 冷水乡小学教师学历状况表 （单位：人）

教 师 学 历 状 况				
本科	专科	中专	高中	初中
3	13	14	8	2

表7-6 冷水乡小学教师年龄结构表 （单位：人）

年 龄									60岁以上	合计
25岁以下	26~30岁	31~35岁	36~40岁	41~45岁	46~50岁	51~54岁	55~59岁			
							人数	其中女		
2	9	2	2	3	6	2	2	0		28

表7-7 2008年石柱县冷水小学任课教师情况一览表

年级	学生人数	任 课 教 师 情 况										
		思品	语文	数学	社会	自然	体育	音乐	美术	劳技	健教	微机
龙河小学												
学前	47	刘定坤	刘定坤	刘定坤	刘定坤	刘定坤	刘定坤	刘定坤	刘定坤			
二	26	谭久容	谭久容	黄长友	黄长友	黄长友	彭飞	谭久容	谭久容	黄长友		黄长友
四	39	张耀阳	张耀阳	全克贤	全克贤	全克贤	彭飞	张耀阳	张耀阳	陈俊森	张耀阳	陈俊森
五	30	申先菊	申先菊	陈德文	陈德文	陈德文	彭飞	申先菊	申先菊	陈俊森	申先菊	陈俊森
六	55	张德华	张德华	全忠	全忠	全忠	彭飞	张德华	张德华	全忠	全忠	张德华

年级	学生人数	任课教师情况										
		思品	语文	数学	社会	自然	体育	音乐	美术	劳技	健教	微机
书长小学												
学前	35	陈为利	陈为利	陈为利	陈为利	陈为利	陈为利	陈为利	陈为利			
一	39	陈世虎	陈世虎	陈世虎	陈世虎	陈世虎	陈世虎	陈世虎	陈世虎	陈世虎	陈世虎	陈世虎
三	24	马世成	马世成	马世成	马世成	马世成	马世成	马世成	马世成	马世成	马世成	马世成
四	20	黄文锋	黄文锋	黄文锋	黄文锋	黄文锋	黄文锋	黄文锋	黄文锋	黄文锋	黄文锋	黄文锋
喻槽小学												
四	9	曹万寿	曹万寿	曹万寿	曹万寿	曹万寿	曹万寿	曹万寿	曹万寿	曹万寿	曹万寿	曹万寿
大水小学												
学前	22	谭剑华	谭剑华	谭剑华	谭剑华	谭剑华	谭剑华	谭剑华	谭剑华			
三	14	陈敏	陈敏	陈敏	陈敏	陈敏	陈敏	陈敏	陈敏	陈敏	陈敏	陈敏
团河小学												
学前	10	秦治友	秦治友	秦治友	秦治友	秦治友	秦治友	秦治友	秦治友			
双坝小学												
学前	12	巫仁政	巫仁政	巫仁政	巫仁政	巫仁政	巫仁政	巫仁政	巫仁政			

从 2008 年的任课教师情况表中可以看出，龙河校区有 10 名教师负责学前班及二、四、五、六年级总共 197 名学生的教学工作，除一位教师固定负责整个学校的体育课程外，基本是每个年级由两位教师负责。从任课格局上可以看出，这种教学的分配本质上还是以语文和数学这两大传统分科来安排的。也就是说，每一个年级实际上就是由一名主要教授语文和主要教授数学的教师组成，同一年级内语文和数学永远不会是同一个教师教授（其余五个村小为特殊情况除外），学校也还是以这两科为主要教学的重点，其余的科目只不过是为了符合教委的要求而开设的，因为缺乏特殊专业的师资，教师们则依据个人的偏好来协调分配这些课程。这种情况在冷水中心小学和龙河村小是一样的。而其余的书长、喻槽、大水和团河四所村小的情况就更为明显了，无一例外地是一个教师负责一个年级的教学任务。那么很容易想到，许多科目是教师们比较难以胜任的。陈校长就对笔者说了这个情况：

"就代课的情况上来看，按照我们学校的编制并不存在一个老师就专职上一门课的情况，每个老师都配了有一些其他课程，现在只有体育是专职的。音乐也是专职的，但不是专业老师，只是比我们唱歌唱得好点的来教。没有专业老师但是课还是要按要求开，上面给学校排了课程以后教导处就要经常监督，不论你会不会上都一定要按照上面的课程计划来上。反正尽力而为。有些村小的家长意见很大，就是说，中心校好歹还有个'唱歌课'，村小根本就连个'唱歌课'都没有，老师唱不成歌，不会唱歌。特别老教师唱的都是以前的革命歌，红色经典那种。中心校还是有个音乐教材照上面教，村小就不行，学校只能叫老师管他什么红色经典反正认为是健康的就可以了，能够唱都还是不错了。"

实际上，如果单看表格中学生和教师的人数情况，会让人很直观地想到，首先，农村的地域广阔、交通不便、学生年龄和地域分布零散，使得一个行政乡只存在一个建设完整的小学不现实，因为学生不能方便入学；其次，由于投入的短缺，不可能在每个村组都建成完整的小学，师资和生源都无法满足这种教学形式。所以除去学前班外，只有中心小学能够有条件建成完整的六年建制，其余的偏远村小则只能根据当年的生源来决定开设的年级，不能符合当地所设年级的学生就只能就近到其他村小或者中心小学继续就读。这种条件的制约虽然很难避免，但也不禁让人想到农村基础教育的质量问题。

学校经由县教委管理后，必须按照教委的要求规范小学的学科设置，但是硬性的要求显然与严重不足的师资力量发生了矛盾。使得村小的老师不得不努力适应这种学科建制，身兼数职担负起教学任务。这也许是冷水小学中存在的最严重的问题，师资力量无法充实源于没有新的教师流动到学校，但是学校又要努力按照县教委教学发展的要求，使用国家教育部现行规定的统一教材，设立全面发展的科目，以一直不变的教师队伍来适应飞速扩张的课程设置。这又势必引起另一个问题，由于农村特殊的社会结构和地理环境、生源不多且分布分散、课程的繁多和教师的缺乏，使得在每个村组设立完整村小的设想无法实现，教师们必须集中在一起（正所谓中心校）才足以分担教学任务。那么无论距离学校多远的学生都必须每天步行到中心校上课，更加重了学生的体力负担和求学的艰辛。

7月16日，在冷水乡政府会议室里，我们访谈了冷水小学陈俊森校长。

问：整个冷水小学老师的结构是怎样的？

答：冷水全乡大概6 000人，总共有600多个学生（不含学前班），32个正式老师，其中有5个是以前的代课老师通过去年县里的考试拿到了教师资格证，转为正式老师，另外还有7个代课老师（无教师资格证）。

问：那么现在老师中存在的主要问题是什么？

答：在32个正式老师中，正规师范学校毕业出来的老师只占30%，另外经过师范培训（指民转公教师上岗前要培训一年）的大概占10%，其余大部分是由以前的代课教师转来的，按现在的教学理念来说就是不了解现代的教学方法，只是单纯教授知识，而不是教授方法和思想观念。他们认为好像把具体的知识告诉学生了就是达到了教学目的。而另外正式的那27个老师中也有10个老师是过去的民转公过来的，这批老师的主要问题就是年龄结构偏大。在学校中，年轻人如40岁以下的只占40%，大部分老师年龄偏大，原因就是这部分老师是原来的民办教师转过来的。所以年龄就是第一个困难。

问：具体教学工作上的问题呢？

答：这就更加困难了。比如就那英语来说，包括中心校在内没有一个老师可以教，都不会英语，直接无法上。而体育去年分来了一个专科的老师，那么因为他是专门的体育老师，所以我们现在体育课就没有问题了。对于音乐课来说，虽然也设置了专职，但以农村家长的说法就是"唱歌老师"，音乐课就是没有乐理知识的传授，就只是教会唱课本上的歌曲就行了。美术的话也是基本开不起的，没有老师，都是教语文数学的老师来兼职一下。所以总结起来最大的困难就是专职老师少、课程无法开，有些课就是开设了也不能按照正常的要求去上。

问：那么老师的外流和引进的情况怎样呢？

答：一般是没有老师外流的情况，好的老师如果要到外面去教书要去参加考试，但是这种情况不多。因为我们本身也没有什么好的老师。引进的情况也很难得，一般老师都不愿意到我们这里来。所以很难有好的老师，外面的进不来就只能改造现有的，但是现有的老师年龄和知识结构的原因又不是一两年就可以改造得出来的。

问：对于这个问题，学校主要做了哪些工作来改善呢？

答：办法就只有一个，老师在能力范围内还是尽量多代几门课，基本每个老师都要上不止一科的课，但是像英语这种课就是肯定代不起的了，国家是规定小学三年级以上就要学英语，我们实在无法。别的科目老师还是可以代一下，英语肯定不行。

师资似乎就是这样一个公认的、明朗的却又永远无法得到解决的问题，它似乎走入了一个循环的悖论之中：没有师资的流动，就缺乏新鲜血液注入教学中来，这就让原有的教师团队缺乏一种为了求得生存而竞争的环境，从而也就失去了以追求职业自豪感而积极上进的心态。身兼数职的教学任务使工作千头万绪，既不能最大水平地发挥自己的特长，能够分配到每一科目上的精力又不足以达到国家指标的要求，教学便从此变成了机械式的、无止境的奔走上课，每天重复一样的劳动而毫无追求和乐趣可言。更关键的是，这种远远超出了自身知识能力范围和教学水平的跨越式代课，并不能收获比城里的专职教师更多的工资报酬。教师们于是索性以此为铁饭碗，转而兼营其他的工作，因此不难见到教师们把其他的生意做得有声有色，而作为另一面的教师头衔则正受到家长们的严正质疑。

说到教师做生意，一直是村里家长们的敏感话题。据调查了解，小学中大概有 8 个教师在任教的同时做其他的生意，比如开商店、倒卖黄连、开茶室、为职业学校招生，等等，这些老师时常受到人们的质疑。

教师们做生意很有门道。学校张主任的房屋就在学校里面，便打开一扇窗口，腾出一间屋子作为学校的小卖部，通常经营些很便宜的小零食和玩具，这样既满足小学生的需求，同时也顺便作为家中的副业，由家属掌管。音乐张老师则就近在学校所在的冷水街上经营起一间茶室（实际上就是麻将室），方便课余时间管理，也迎合了当地人的喜好（打牌和打麻将是冷水人最喜欢和主要的休闲娱乐方式）。可能是职业的原因，双坝村小的巫老师首先洞察到冷水初中毕业学生有大量上职业高中的需求，因此与重庆的职业学校建立联系，帮助学校在村里宣传招生。大多数老师平日就忙于做黄连生意。学校的老师一般都不用再继续务农了，额外的生意可以是一笔不小的收入，这是跟以前民办教师的主要区别。

冷水小学小卖部平日就是由张主任的家属张罗，面积有四五平方米，家人就住在店的里屋。据张主任的家属介绍：

"我接手小店有四年时间，就卖些小食品小玩具等七八十个品种，学生放假的时候店就不开也不进货了，平时开店的时候也不是很忙，就是课间的时候忙一下。买东西的孩子并不是很多，有的孩子花钱比较多有的也没有什么钱，都是家里给的菜钱（中午吃饭的时候食堂打菜的钱），更何况这里卖的东西最贵也不会超过 2 元，基本都是 1 角或 5 角钱左右。店里每天的毛利大概有个 300 元左右，但是纯收入可能就是五六十元，有节日的时候（毛利）就可以达到五六百元。小食品和玩具都不赚什么钱，因为学生只有这点（有限），卖再贵就没人买了，像糖这些只有 20% 的利润，作业本利润还要高点，一般就是 30% 左右。前四五年的时候还要更好些，现在不行了……进货的话都是靠别人帮带的，因为我们进货都是在石柱，所以亲自去的话就要给车费，车费成本太高了，一个来回就是70元，让亲戚带的话就付货费就行了。本来白羊塘也可以进，还更便宜些，但是货质量不好也不齐，有人到石柱的话就从那里带货不是更好。"

如果额外做些小生意算是教师们课余生活的一部分，那么休闲娱乐就是另外的重要组成部分。若按照上面对于学校科目教授情况的分析来看，教师的工作并不轻松，每个教师都存在身教数科或数年级的情况，这就相当于不仅在上课期间要忙得不亦乐乎，就算课余也需要针对不同年级、不同科目做大量的备课工作。但教师们的生活状态似乎并不如此般困难。作为一名教师只是其在学校中的身份，但是教师同时也是普通村民，也像其他人一样谋求更好的经济来源，并且也像冷水的绝大部分人们一样喜爱打牌。

学生惩罚也是课堂教学的组成部分，并且在访谈中发现，不同时期教师对学生的惩罚不尽相同。在"跟读小学"时期，冷水人就相信"黄金棍子出好人"，学生每天上课时都要站起来背书，背不出就要"挨板子"。村办小学时期教师也有不同的办法来惩罚。当我们问到"以前老师打学生吗"？有的人回答说：

"打啊，教鞭、竹儿！打架，上课就站起，认错啦就坐下，罚你做作业。到河里去洗澡也要打，打屁股。女娃就打手板，或者拿教鞭蹭一下。包括我以前在白羊塘读书也被打的。有一次是屁股被打惨了，老师还在地上画了个圈圈让晒一个小时太阳。"

"学校还是有学校的纪律，我当时被调去一大队去教的时候，那些学生是最调皮最难管的，17个学生有10个是'将包客'（意味固执调皮），他们上课的时候把脚放到桌子的抽屉里，我去了以后看见他们把脚放到抽屉里就不准他们拿出来，要上厕所也不准，就这样把他们制服了，以后再也没有人敢把脚放进去。管学生还是讲究个方法，一般还是不要采取打的办法，要以理服人。我们那时教的学生又不像现在有个年龄要求，那时候十五六岁的都还有在读小学，有的长得高的都差不多有我高了，打没有什么作用嘛。而且学校也有规定是不允许体罚学生的。"

"老师打人"现象在现在的冷水小学还是存在的，但是学生和家长对于这种惩罚形式的看法完全相反，学生们经常会说老师打人打得"很凶很厉害"，家长们则不无例外地认为老师打人必然是孩子不听话或者调皮，"打得好，就是该打"，甚至有的家长听说孩子在学校被老师打了，提着东西去感谢老师。有位被访的家长说：

> "老师打人肯定有他的道理，肯定是学生犯错误才会遭打啊，何况是老师更不会平白无故（打），我家娃太调皮了成绩也不好，只有老师才管得下他来。有时候我们跟他讲几遍他听不进去，老师才说一遍他就记得了。所以我上次才听他回来说老师打他，我赶紧买些东西去学校，去感谢他们老师，打是说明老师还重视嘛，不然可能连打都不想打。"

4. 学生生活

由于我们调查的时间正时值暑假期间，因此未能有机会目睹小学生们的上课情况，不过这却不失为一个难得的了解孩子们假期生活的机会，也为我们和他们进行深入访谈创造了时间便利。孩子们在休闲中的表现才能反映他们生活的真实面貌。在为期一个月的调查走访中，笔者每天都能遇上几个正在读书的孩子，小到刚读学前班，大到已经在外上大学，他们目前都在家中或玩耍或帮父母做农活，每个阶段的孩子都有不尽相同的学习经历和生活感悟，笔者从与他们愉快的聊天中得以窥见一种不同于自身的成长方式。

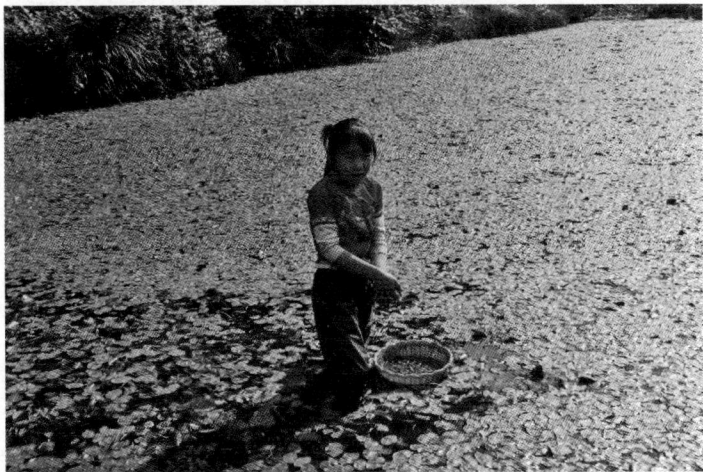

图 7-3　摘莼菜的女孩

下面是与5个正在不同阶段读书的学生的访谈案例。5个学生的个人案例某种程度上反映了5个学习阶段的学习生活情况。

案例一：全仙，女，6岁，家住八龙村凤凰组，2007年9月进入冷水小学学前班，班上由黄老师和彭老师两位教师负责。每天早上6点钟起床，在家吃过早饭后7点钟出门，与邻居读小学的孩子相约走路前往学校，人虽年龄小，但走路非常快，10多分钟就可以走到学校。学前班一般只上午上课，中午12：30就可回家吃晌午（相当于午饭）。下午一般会被家人安排睡午觉或者去团转人家找同龄小朋友玩耍，晚上就与家人一起看电视。初次见到她时，她正在和邻居家来的几个小孩看西游记，见到有客人来便大方地微笑，还不时摆弄下漂亮的裙子，非常活泼可爱。据她的小姨说，现在正是扯黄连草的农忙时间，她的父母每天一清早就上坡了，到晚上才转回来，并且在这边一般上小学以前的小孩都不会被叫去干辛苦的活，所以他们的童年还算比较幸福。小全仙也告诉我，上学前班一点也不累，老师和家长都对自己很好，老师有时也会打人（不听话就打头打手），但爸妈都会觉得老师做得很对。

图7-4　河边嬉戏的小孩

　　案例二：许朝军，男，12岁，家住八龙村双坪组，2002年进入冷水小学读书，每天7点多起床，8点40到校上课，在学校解决午饭。在校小学生无论寄宿与否中午一般都不会回家吃午饭，都是自己带米到学校，送到食堂，中午时由食堂帮忙把米蒸熟就可以吃了，食堂一般也会提供几个荤素搭配的小菜给学生们打，菜价5毛到1元不等，所以小朝军每天早上带些口粮和1元钱左右去上学，如果遇上过节家里就会给2元左右，吃饭剩下的就用来买点小零食。但是小朝军告诉我，自己基本不会拿钱去买零食或小玩具，因为他喜欢玩的自己都可以做，而且最主要的原因是家里还有个姐姐在石柱中学读高中，家庭条件并不是太好。但也许是这个原因，使得小朝军自小就非常懂事能干，第一次认识他们姐弟的时候，他就给我滔滔不绝地讲他们家后山上的植物和动物，乡土知识非常丰富。不仅如此，后面还从其他孩子的口中听说他在班上的学习成绩也非常拔尖。学校下午3点30分左右就放学了，小朝军通常先回家用一个小时左右完成作业，然后就帮家里摘蔬菜，如果没有蔬菜就可以自己自由活动。他的娱乐生活不算是丰富多彩但也是乐在其中，他最喜欢的娱乐场所就是家后面的那座山，常玩的项目是弹枪（一种弹弓）和钓鱼。弹枪是用皮筋和树干做成的，使用时配合小石头，以打松鼠居多，打来的松鼠可以吃。据他的妈妈说，松鼠皮剥下来晒干后还可以卖给老师们，他们很喜欢这些东西。晚上的时光都与电视有关，但是以前姐姐还在家上学的时候就由姐姐帮助补习功课，现在虽然姐姐只有假期回家，但一回来就给他补习英语。

案例三：罗冲，男，15岁，家住八龙村双坝组，2005年从冷水小学毕业进入黄水中学读初中。居住在八龙村的学生要到黄水去上初中都需要统一到一个地方坐车，一般是乘坐长安车，司机每到学生入校日之前就会自己来联系学生。家住双坝的罗冲就是在双河上车，路费为20元/人，一车约载7至8个人，一个小时左右就可抵达黄水。上初中的学生们都是住校，一个月可以回家

图7-5 放牛的小孩

一次，学校称为"月假"，月假一般为 4 天。据罗冲说，他几乎每个月假都会回家，回家后的主要任务就是放牛、上山砍柴和煮饭，其余的时间多半是到同学家玩，看看电视或者聊天，有时也会约着去打球，但绝对不会打牌，因为这是父母严令禁止的。罗冲在校的成绩也比较好，今年刚刚以 569 分的成绩被石柱中学录取，父母将这归因于对其的要求比较严格，比如不准上网吧，不准打电子游戏、不准抽烟喝酒。小罗冲也自认为还比较自觉，很听父母的话，不会让父母失望。

案例四：李朝英，女，18 岁，家住八龙村双坪组，2005 年从黄水初中毕业考入石柱中学读高中。在县城上高中的学生也有 4 天左右的月假，但考虑到路费的原因，朝英上高中后就半年（一学期）才回一次家。朝英说，上初中的时候也会每个月都回家，但都不坐车，自己走路回来，从大清早就开始走，到晚上八九点左右才到家，只有回学校的时候才出 20 块钱坐长安车。初中时每个月回家主要是为了拿生活费，但是到高中后，生活费就由她的妈妈到沙子镇去汇钱。朝英长得温婉贤淑，在校成绩也很好，第一次见到她是在双坪组坝子里的蒄菜田里，长发绾在宽大的帽檐下面，被晒得有些黝黑的肌肤掩不住清丽质朴的笑容。现在正是暑假，刚参加完高考的朝英正在家中做农活，一方面也正在经历着等待录取信息的忐忑不安。她说自从毕业回到家后，能和外面取得联系的工具就只有手机，每天都希望手机可以带来好消息，每隔几天就要到蒄菜田里采摘，其余时间就可以到同学家里玩几天，或者跟妈妈到冷水赶场，或者待在家里帮弟弟补习功课，现在很是期待出去上大学的生活。到我们离开冷水的时候，朝英已经拿到了延边大学的录取通知书。

案例五：陈宏，男，21 岁，家住八龙村双坪组，2006 年从石柱高中毕业考入重庆师范大学，数学教育专业。从冷水到市里上学要转几次车比较麻烦，尽管家就在重庆本地，但是自从上大学后陈宏也像其他外地学生一样长期住校不回家，有时甚至暑假都不回，春节才回家，但不到一个月左右就返校了。陈宏说，去上大学后其实并不是太想家，因为出去才知道还是外面好，主要是发展的出路很多，本来这次暑假都不准备回家的，打算在重庆市里找份兼职打工，但是找了很久也没有找到，所以还是回来了，毕竟想起来父母还在这边，家务什么的还是应该回来分担一下。陈宏在家时的主要任务就是煮饭，帮助父母上坡扯黄连草，当问及他出去上学的时候家里会不会感觉人手不够的问题时，他说，其实并不会有什么影响的，家里爸妈都很能干，爷爷身体也很好，这些农活其实他们自己都能干完了。所以自己一直都希望可以留在重庆市里工作，因为觉得父母太辛苦，农村生活实在太苦。说到这里让我想起，刚见面当陈宏得知我也是大学生时，就迫不及待地问我们有什么出路，就业情况怎么样，他自打上大学起就对自己的前途有很多想法，还笑言如果在外面没有什么发展回来当村官也不错，毕竟大学生当村官还是很有优势，只不过农村的事情有时候还是比较棘手。最后他告诉我，在农村长大的孩子不得不早些为自己的前途打算，要有一点自己的想法，是否走父母的道路继续当农民，然后下一代还是农民，要事先斟酌斟酌。我离开陈宏家的时候，他已经拿起刀准备去帮爷爷刮洋芋，我想，他除了干农活应该就是在盘算如何才能彻底走出去。

从小全仙的天真稚嫩到陈宏的成熟大气，似乎拉开了一本冷水孩子们成长历程的卷轴，他们有着幼年时的乐趣，有来自学业的烦恼，也同样要在学校中度过青少年大部分时光，同样要为将来的发展和出路而奔波。所不同的是，与城市的孩子相比，他们会提前体验更多生活的艰辛，过早地担负起来自家庭的重任，然而也正是这些使得他们坚信只有好好念书才能走出大山，去感受外面的世界和更加精彩的生活环境。这里的孩子们相貌大都长得很俊俏，也比较脑腆，而且内心纯善、言辞诚恳，每次与他们的谈话都是愉悦的经历，但过后却又让人五味杂陈。

表7-8 冷水乡小学校作息时间表

时间		作息	
		住宿生	走读生
早上	6:20-6:25	起床	
	6:25-6:55	早操	
	6:55-8:00	早自习	
	8:00-8:40	早餐	
	8:40-9:20	早自习	
	9:00-9:20	晨会 健康	晨会 健康
上午	9:30-10:10	第一节	第一节
	10:20-11:00	第二节	第二节
	11:00-11:30	课间操	课间操
	11:30-12:10	第三节	第三节
	12:20-13:00	第四节	第四节

时间		作息	
		住宿生	走读生
中午	13:00-14:00	午休	午休
下午	14:00-14:40	第五节	第五节
	14:50-15:30	第六节	第六节
	15:40-16:20	课外活动	课外活动
	16:30		散学
	17:00-17:40	第七节	
晚上	18:00-18:40	晚餐	
	18:40-19:20	晚自习第一节	
	19:30-20:10	晚自习第二节	
	20:50	熄灯就寝	

资料来源：冷水乡中心校教务办公室。

与孩子们聊完后，笔者重新回到空空如也的校园，昔日校园内嘈杂的声音和教室里传出的琅琅读书声现在却化为阵阵让人烦躁的蝉鸣声，往日也许拥挤的食堂和小卖部紧闭大门。校园围墙上的值周工作公示黑板上还残留着第20周（上学期期末最后一周）的字迹，走进桌椅歪斜的教室，鲜红的五星红旗赫然出现，国旗两边又用黄底红字写着"整洁活泼，勤奋求实"八个大字，这是整个教室里唯一鲜明夺目的色彩。国旗下面就是花花白白的黑板，对面的墙上是孩子们用纸一层盖一层糊起来的黑板报，时刻提醒人们这是中国典型的农村学堂。有幸在校园内又见到张主任，笔者得以一览学校的核心地带。主任主管教师、学籍、校园活动和一些制度的运作，办公室的墙上贴满各种表和规章制度，似乎将悠闲自在的假期生活突然拉回到了每天如一的学习环境中。

5. 民族文化教育

与进入社区前的想象多相反，冷水乡的人们并没有想象中浓郁的土家族特色，学校教育所体现的也是国家宏观教育体制下的组成部分，这与其中深刻的历史政治原因密不可分。石柱县自从成为土家族自治县后也在努力打造具有土家族特色的民族符号，同时县教委也提倡冷水小学搞一些具有民族特色的文化教育，但是目前还不存在这个层面的内容，如陈校长对笔者说：

"我们学校民族文化教育这块不是很突出，这边说是土家族，但是似乎是汉化过后的，已经体现不出多少土家族的特点来了。上回上级要求我们学校要教摆手舞，我说这个我都不会跳。主要黄水是个森林公园旅游区，冷水这个地方又处在将来的高速公路旅游路去黄水的出口（交合点）上，所以说要搞得有点民族特色。上面提倡的是说学生课间操要跳摆手操，但是我们学校的课间操是我们体育老师自编的一套音乐韵律操，没跳摆手操。现在只有石柱民族中学在跳，我们还做不到。"

目前在石柱县实践民族文化教育的只有石柱民族中学，主要体现在校服和课间操的安排上。学生的校服是统一设计制作的土家民族服装，这种服装由上衣和裤子两部分组成，质地是腈纶含量比较重的一种布料（一般工作服布），很薄，服装设计也颇为简单，上衣就是长袖对襟扣短单衣，裤子就是净色长裤。服装的主色调有红、绿、黄等，随机发给学生。笔者的访谈对象黄某（18岁）的校服就是黄色的，当问起民族服装的时候，黄某进屋翻了十分钟左右才拿出一件黄色的单外衣，裤子已经不知所终了。拿出来时在场的爷爷奶奶还有他的父亲都惊讶，表示从来没有听说也没见过他发过这么一种校服，黄某也说学校本来是要求学生每天穿，但是他们基本都不遵守，觉得很难看，所以现在学校只有在有什么活动的时候才要求穿了，但是学生们也只是临时随便套一下外衣，穿其他的裤子。

第二节　社会教育

社会教育应该是乡土社会比较广泛的教育方式，由于生产生活的需要，学龄儿童不仅要在学校完成规定的学习任务，还要在家里和村民社会中接受乡土知识的教育。这主要表现在生活常识和生产技能方面。然而，在普通成年村民中，接受过系统学校教育的并不普遍，与生活和生产相关的知识与经验的积累基本都是靠社会教育。可以说，这种教育方式——特别是20世纪80至90年代开始有健全的学校系统以前——在村民社会中是占主导地位的，并且社会教育的方式也在一定程度上决定着人们的思想观念。

由社会教育这种方式所造成的知识和技能的传承和传播，是构成地方性知识的重要组成部分。生活常识和生产技能是最主要的传播内容，在一些村民年轻时候的随身笔记本中我们就曾找到许多相关记录，现总结一部分作为参考：

民间验方类：

1. 避孕秘方：柿子蒂七个，放瓦上烘干研磨，待妇女月经干净后两天用黄酒送服，服一次可以避孕一年（一年内不吃柿子）。

2. 绝育秘方：取棕树根二两，与猪大肠四两同炖，待妇女月经干净时服用，服一次可绝育。

3. 急性结膜炎：活水蛭3~5条，生蜂蜜5毫升，将活蚂蟥放入蜂蜜中，六小时后将浸液装瓶备用，每日一次滴入眼中，一至二次痊愈。

4. 跌打损伤：土鳖（地乌龟）碾细末，用等分的白酒兑小儿（男童）尿冲服，日服三次，每次一钱，最为神效。

5. 劳伤咳血：红散血草适量，泡白酒半斤，一星期后取服，用量酌情。

6. 小儿百日咳：用百分之十的大蒜水溶液兑蜂蜜内服，日服二次，用量酌情。

7. 小儿流口水：将活鱼鳅一条，放于装白开水的碗中，让鱼鳅在白中翻滚，取鱼鳅体外液与白一起吃下即愈。

8. 母猪疯和羊儿疯：凡人发此病，肛门侧有长发一根伸出，头顶又有一根弯曲的红头发时，只需将二根毛拔去即可。又方：猪心子一个，辰砂一钱，甘遂二钱，将二药共碾细末置于猪心内，用干黄牛屎燃火煨热，再将药末取出，以猪心煎汁吞服此药，最为神效。

生产技能类：

1. 刀铲不锈：将新买的刀铲放入淘米水中浸泡两天，然后取出使用，永不生锈。

2. 巧养鲜花：氯化钠（即食盐）少许溶于花瓶之中，可延长鲜花寿命。

3. 羊肉去膻气：羊肉洗净切块后放入开水锅中，再放入醋，一般一斤羊肉放水500毫升，醋25克，水开后水面上浮起血污时取出羊肉，羊肉膻气可除。

4. 补锅不要铁：将破砂罐片（熬中药的更好）磨成细粉，用鸡蛋清调成泥状做饼贴在锅的眼洞上，再放在火上烧两分钟左右，泥沙就和铁锅结成一体了。

5. 喂鸡不要粮：先决定鸡的食量大小，然后挖土坑一个，约二尺深，再铺上松树枝叶，踩紧后，每日泼淘米水二次，五日后，坑内长出大量白虫供鸡食用，母鸡食后3~8个月不吃一粒粮而照常下蛋。如无松树枝叶可用松木锯

未代替。❶

有趣的是，笔者并没有在村民的家中发现诸如此类的原书，尽管每走访一家笔者都会询问他们家中有没有存放一些书籍之类的。很明显，这样并没有多少收获。除了劳作以外，人们已经不剩多少精力来读书了，更何况直到现在冷水乡还是没有一个地方可以买到书籍，只有在冷水街（乡里唯一的一条商业街）上的几个小摊上发现几本"万年历"之类的小册子，不过尽管如此，这些文字也是构成人们知识体系的重要组成部分，这一点将在后文论及。现在的村民家中存放比较多的书就是孩子们目前或以前上学时用的教科书，包括一些作业本。这些都很有可能是从冷水乡恢复小学建制、实行九年义务教育以来才积起来的"存书"。这样一来，以上这些关于生活生产的常识和技巧便只能靠村民间互相传抄来获取。在国家教育体制建设不完善甚至欠缺的广大农村，人们并不通过官方教育获取知识文化，而是主要靠经验的积累和村民社会互相之间的传播，正如同以上这些民间验方和生产技能，对于我们来说是闻所未闻的，甚至和我们固有的知识结构和观念完全冲突，但我们却并不能说明这些常识是否符合"科学"或者"规范"，因为一切的无论"科学"还是"规范"都是建立在一定时空预设或一定场域之下的。也许在这些处于特定生存环境之下的、重视经验的（实际上仔细想来经验对农民来说确实重要）人们看来，这些文字被证实是有用的，也是值得信赖的，因此他们互相传抄，形成了一种特殊的知识传播的方式，亦即一种教育方式。

一、口传知识教育

在八龙村，除了国家政策之下的九年义务教育有固定的教师和教学场所，其他的民间知识和民间文化都属于师徒口传教育，有的甚至没有师承，仅是以社会教育的方式传承下来。这种口传知识的教育又大致分为两类，一类是无师无徒的社会教育；还有一类是拜师收徒的师徒口传心授。这两类都有一个共同的特点，就是没有明确的传承谱系和规律，也基本没有教材。比如在土家族地区广泛流行的孝歌就是比较典型的无师无徒的社会教育，每个人只要感兴趣都可以学，既可以向会唱的亲朋好友学，也可以自己去孝堂（白会）上学，并没有必要专门拜师学艺。而在葬礼上坐道场的"开路先生"的技艺，就属于

❶ 以上材料选自全昌发手册，转抄于1984年冬月十一日，原材料共212条，抄自《全国中草药民间验方精选》，垫江验方整编小组。

师徒口传心授得来的成果。学徒需要寻找德高望重的老先生上门拜师，跟老师在一起生活相当长的一段时间，学成后即可出师。学习的方式基本都是言传身教：跟随老师一起做道场，进行现场学习，学徒可以将老师的教导记录下来。因此，学徒们的笔记就是这种教育方式唯一可以找到依据的文字资料。

不过甚为可惜的是，现在的冷水社区已经不存在这种师徒传承的教育方式了，以前的小学徒都已经步入中年或年逾花甲，他们自从师父门下学成归来后，主业仍然是务农，学到的技能也基本是用于亲朋好友间互相帮忙，并没有商业意味。

孝歌在冷水地区的传唱是比较普遍的，人们可以通过向亲朋好友学习和亲自到办丧事的孝堂聆听这两种渠道学习唱孝歌。在最开始时人们仅是作为个人的一种兴趣爱好去学习唱歌，经过时间的磨炼、坐孝堂的次数多了以后就会受到当地人的尊重，请求其去坐夜守灵的人就会多。守灵虽然要消耗一整夜的时间，但对于办喜丧的冷水人来说，坐堂唱歌也是一种促进交流和娱乐的方式，大家围坐一堂，娱乐的同时也展现自己的智慧和见识，以赢得众人的尊重，因此长辈们也会利用口传的方式将自己的唱歌技能教给下一代。会唱歌的杨老人（杨清发父）在年轻时就是村里有名的歌者，现在基本不再唱了，但他的儿子——新一代有名的善歌人，就是他一手带出来的。

二、孝歌学习（传承）及红白喜事教育功能

"孝"是中国传统美德的重要组成部分，这在土家族社区似乎表现得尤为明显。这里的人们对于"尽孝道"的教育相当重视，只不过这种教育并不局限于言表，而是通过一定的社会活动和实际行动来达到教育的目的。比如八龙村土家族的葬礼就颇具教育意义。土家族的葬礼是"喜丧"，在整个葬礼过程中，孝家（举行葬礼的人家）要宴请宾客、放礼炮，请坐堂锣鼓和艺人来"坐夜"，即请七八个艺人来当孝子，唱一夜的孝歌来陪亡灵，葬礼的隆重和正式可以彰显出孝家尽孝道的程度。由于这样的喜丧带有很多娱乐的内容在其中，因此村里的老人小孩都会前来观看，在这样的活动氛围中达到一种潜移默化的"孝"的教育功能。

这种"喜丧"的形式至今还在延续，葬礼的每一个步骤似乎都透露着孝子对亡灵的孝敬。在亲人过世以后，孝子们就要去拜访"开路先生"（即在下葬时做道场的"端公"），请他算一下亡者入棺和下葬的吉时，然后约定"端公"到时前来做道场。回去后就开始准备办丧事，这些准备工作需发请帖请

亲戚朋友前来帮忙，联系演艺公司请演员到场做演出，还有比较重要的——请人来唱孝歌，即"坐夜"。在端公先生算的下葬吉日之前的几天都要每天开追悼会、宴请宾客、唱孝歌，直至下葬之日。值得一提的是，这些被孝家请去帮忙的亲朋好友，以及到场唱孝歌的人们都是以孝子的身份参加丧事，从他们到孝家开始扮演自己的角色开始，孝家就会给他们每人送一块"孝帕"（一种白色的棉布，用来扎裹在头上以代表孝子身份）。孝家在邀请歌者前来唱孝歌时有一定规矩：

"两个孝子，长子和次子，头缠着长至腰下的9尺白孝帕，腰间还扎一根草绳。他们来到歌者的门前，双膝跪下，哭着讲明来由并请求歌者到孝堂坐夜，待歌者答应后，便起身，弯着腰低着头慢慢退出歌者家的院子，到了院外才直起来转身离开。"

同样让人记忆深刻的还有在追悼会进行过程中一个名叫"奠酒"的环节，主要内容是亡者生前的亲戚朋友按顺序来到灵堂前为亡者磕头，祭拜者每到一位，站在孝堂两侧的孝子们就同时跪下弯腰伏地，等祭拜者拜罢才可以起身。祭拜者奠酒过后就会在其中几个孝子的陪同下进入灵位后面摆放亡者棺木的地方，陪亡者度过最后在一起的几分钟时间。尽管在这个环节进行的同时，孝堂外面的演艺公司正在为来宾倾情献艺，锣鼓喧天，歌舞升平，但孝堂内却氤氲着无限缅怀与悲痛的空气，无法想象这样决然相对的两种气氛仅一门之隔。不过也许正因为如此，才使人们对于"孝"的观念逐渐深刻。❶

这些礼俗至今还完整地保留着，而且人们似乎丝毫不认为这种做法只是一个必须遵照的形式，而是以万分悲痛的、认真和虔诚的心实践着每一个过程和步骤。让每一个到场的人都能深刻感觉到亡灵残存于人间的眷恋和家人挣扎于胸的不舍，此情此景让人心目中浮现的都是亡者生前高尚的品德或是良好的为人——犹如眼下灵堂遗像上和蔼、安详的面容——而无论这些到场者与亡者的亲近程度如何，甚至是根本不了解，比如我们。

不得不承认，凭借气氛的渲染也足以引起旁观者心灵的震荡。笔者观察到，夜晚聚在孝家门外舞台上观看节目的村民们，绝大部分是年轻人，并且很多带着自己的孩子一起来观看，暂且不论他们来的目的也许有纯属为了娱乐的嫌疑，但身在这种环境下也会对人产生潜移默化的影响。首先，在土家地区人

---

❶　参见附录"白会告席词"。

们的心目中，办"喜丧"并不是真正的"喜"，也不是人们因为亡者的过世而感到"喜"，而是在他们的观念中，不能让亡者孤独寂寞地死去，要在亡者死后高歌颂德，表示亡者已度过了精彩的、有价值的一生，亡者对于家人、朋友和邻居的关怀和贡献是众人有目共睹的，他将在人们的心目中永存。因此要亲戚邻居共聚一堂，陪亡者度过最后的人间时刻，共同见证亡者的此生无憾，并将其送入另一世界。因此孝堂上"坐夜"的习俗便来源于此，限于以前娱乐方式比较单调，因此守灵也就是单纯的几个人轮流唱孝歌直至天亮。也许也是出于适应时代的发展和社会的变迁，为了增加娱乐性，让更多的人前来观看节目陪坐，孝家就邀请了具有现代意味的演艺公司来表演大众化的娱乐节目，通过更通俗更精彩的聚众娱乐方式，来充实热闹的场面。也许人们都没有意识到，孝家这样的行为已经无意中增强了人们的"孝意识"，在场的年轻人自然会记得这样的场面（一切与娱乐和情感有关的事物都比较容易激发人们深刻的记忆），并且通过这种场面会产生一种自然的幻想，这种幻想与孝家有关，与孝子在亡者生前尽了怎样的孝道有关。意识在告诉他们自己该怎样模仿学习，将来又该怎样操办，葬礼的模式由此变成了社区中不成文的规范和道德评判的标准而持续流传下来，在人们的心目中建立起"尽孝"就是值得称道的行为，也是能在社区中获得广泛的道德认同和相当程度的尊重的途径。那么简略说，土家的"葬礼"本身，就是一堂寓意深刻的思想教育课。

三、时间与书籍

人们常说"时间飞逝，我们仍在"。但在冷水，时间仍在，是人们在飞逝。用这句话形容我对冷水的整体印象再适合不过。这里的农作物已经由烤烟和水稻，变成了浮光闪烁的莼菜田，人们已经普遍用上了手机，思想观念开放而乐观。然而这个地方却也长久地封存了中国历史上令人难以忘怀的20世纪上半叶的记忆。整个乡就如同一部活态的历史典籍，如今仍可以偶尔瞥见古老的土家吊脚楼墙上用大字书写的文革时期的口号；老艺人们还完好地保存着大生产时期唱"薅草锣鼓"时用的大锣和鼓；如今冷水乡的行政建制已经多番改变，但人们对于地理的概念仍习惯以生产大队为单位来区隔，尽管他们很清楚现今的划分是怎样的；不仅如此，就连民国时期在田坝中央用石头累成的"天线柱"也见证了水稻变成莼菜的过程，至今仍屹立不倒——只是多了些岁月沧桑的痕迹。人们并非刻意保留这些印记，各自生活的轨迹仍随着时间的脚步前进，但是历史的记忆却似乎冻结在了那个"激情燃烧的岁月"。

　　至于之前提到的关于书籍的问题，笔者还是颇有感悟的。对于现代城市人来说，获取知识的渠道可谓是多元化的，报刊、书籍、互联网、手机通信，等等，并且传播速度之快令人无法想象。但是在笔者所了解的冷水社区，这种渠道还是比较单一，主要靠经验交流和口传，这与城乡生活结构的不同有很大关系。既然承认如此，也就不能否认他们也有自己的认知体系，接受知识的模式不可用城市标准来衡量。

　　书籍知识在村民们的认知结构中所占成分不多，但有一种书却是影响较为普遍的，那就是农村常见的红皮"民间通书"。这种书每年必出一本，书皮标明年号名称（如"丙戌年，二□□六年民间通书"），并且每年的内容都不尽相同。据调查，每家每户在年初时都会在赶场的时候购买这种书，可以说是每户必有的"藏书"。这种薄薄的小册子可以称作民间百科全书，通常都包括民间歌谣、吉日忌日提示、与天干地支有关的计算、红白喜事仪式说辞、生活常识以及对联等。

　　在书中的民间歌谣中，内容都为说理言教性质的，颇具教育意味。比如告诉人们如何会致富以及致穷的原因：

十　富

1. 不辞辛苦走正路，勤俭富。
2. 买卖公平多主顾，忠厚富。
3. 听得鸡叫离床铺，当心富。
4. 手脚不停理家务，终久富。
5. 当防火盗管门户，谨慎富。
6. 不去为非犯制度，守分富。
7. 合家大小相帮助，齐心富。
8. 妻儿贤惠无思顾，帮家富。
9. 教训子孙立门户，后代富。
10. 存心和德天保护，为善富。

十　穷

1. 只因放荡不经营，渐渐穷。
2. 钱财浪费手头松，容易穷。
3. 朝朝睡到日头红，不勤穷。
4. 家有田地不耕种，懒惰穷。
5. 结交豪官作亲翁，攀高穷。
6. 好打官司逞英雄，斗气穷。
7. 借钱纳利装门风，自弄穷。
8. 夫妻懒惰子漂浮，命理穷。
9. 子孙结交不良朋，局骗穷。
10. 好赌贪花好酒凶，彻底穷。

吉时忌日，诸如：

四大忌日：初一忌婚姻，初九忌修造，十七忌埋葬，二五忌迁居

入霉出霉：五月初五入霉，六月初五出霉

六畜倒栏煞：马忌戌日（甲戌日），牛忌巳日（辛巳日），羊忌亥日（乙亥日），猪忌卯日（己卯日），鸡忌丑日（丁丑日），兔忌未日（辛未日）

生活常识，诸如生男生女法：

公式：七七四十九，问孕何时有？减去母生根，再加一十九。逢单便生男，逢双便生女。其算法（以农历为准）以四十九为基数，例如怀孕为三个月、母亲年龄二十二岁，则为 49+3-母年龄 22+19＝49。单数预测生男。（若逢单生下女孩，在 35 岁有大凶。）

高尔基语，"书籍是人类进步的阶梯"。书籍承载了人类厚重的历史，又将人们指引向更宽广的未来，那么书籍对于冷水的意义又是什么？若排除其他一切因素就只论书籍的话，那么就是"只有历史而没有未来"。人类学者对于有历史感、古老而残破的遗留物的热情在某些时候也许并不亚于考古学者，我们亦然。在这个外表貌似中国普遍存在的普通农村的冷水，总是希望能够在一些古老的发现上引发对这个社区的新思考。而无例外的，人们翻箱倒柜呈现给我们的"文本"也不外乎民歌手抄本、过去私人的日记本、金丹布❶以及手抄的或近年来才统一印刷出来的家谱，除此之外就是能在为数不多的几家人中发现一些购买于 80 年代的武侠小说，当然能找到最多的还是毛主席语录。

具体说来，能够唱孝歌的人一般都会备有一些记录歌词的歌本，说到歌本就得多言几句。冷水乡在每一个村都会有几个大家公认的能唱孝歌的人，或老或少。这些人在旁人的眼里是值得尊重的，因为本村人办丧事都得劳烦他们去帮忙"坐夜"陪孝家。但是在会唱歌的这些之中却不是人人都有一样的地位，也就是说，歌者之间互相有不同的认同度。资格较老的长者们认为，唱孝歌虽然可以在孝堂上即兴发挥，但是能够"唱书"并且能唱得多又不出错的才能算是真正厉害的。因为这代表歌者的学识，这里的书，指的就是一些长篇小说，要"唱书"，往往需要自己先找书来看，把整本书的情节内容全部掌握后，通过融会贯通，依据押韵需要浓缩成言简意赅的规整的短句填入规定好的"韵"之中才能演唱，类似于写宋词。那么要在孝堂上能够游刃有余地发挥，就得看的书多，词填得好，并且记得顺畅不打结。因此在一些唱孝歌的老者的家中往往可以发现更多的小说和自己写的歌本。

例如，李宗恒老人年轻时候就是乡里文工团的队长，也是现今团转人（即周边同乡人）公认的唱歌唱得好的老资格，他珍藏着乡里人眼里数量最多的书，比如民国演义、水浒全传、樊梨花招亲、隋唐演义、说唐前传、南北史

---

❶ 一种祭祀时写的册子，是人们举行葬礼的时候风水先生（端公）用毛笔和棉纸书写的祭祀人的名字，并用朱砂在名字上画押。

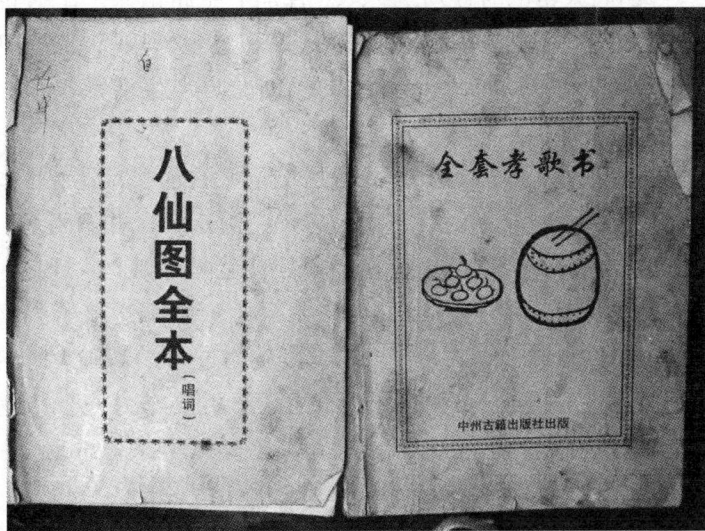

图 7-6　八仙图本与全套孝歌书

演义（上下册）等 20 余部小说，这些都是有利于用来写成歌本的。另外还有"文革"时期在文工团演样板戏时用的 9 部剧本，《沙家浜》《智取威虎山》《白毛女》《红灯记》《海港》《好帮手》《红色娘子军》《奇袭白虎团》等。自然，书读得多抄录的歌本就多，老人就收藏着自己亲笔抄录的歌本 10 余册，有自己创作的，也有传抄来的。

在冷水农村，也许除了"通书"外，用得着书籍的地方也恐怕就是唱歌了。所以在一些老人眼里，"不入流"的歌者那里可以找到一些印刷版的歌词书，常见的比如《八仙图全本》《四下河南》《秦雪梅过府悼孝》《清官图》等，这些歌本在白羊塘赶场的时候还可以买到。这些歌本可以说是在冷水社区发现最多的书籍了。而私人记事本则也是常见的民间本章，这些本子多数是使用"文革"时期为抄录和学习毛主席语录而印发的红皮笔记本，也许也就是那个时候人们才开始使用一个专门的本子记录生活中的备忘事物，这些看似琐碎且已经有些不合时宜的记录却真实地反映了一个年代的背景和一个人的一段亲历历史，看着这些已生霉斑的小本，如同即将展演一段真实的历史片段。

例如，20 世纪 60 年代在大队担任教师的全昌发就留有一个这样的典型记事本。本子是 1973 年在石柱县先进个人代表大会上发的名为"继续前进"的学习记事本，一如既往的红色封皮。扉页就是毛泽东等国家领导人的照片（有趣的是张春桥、王洪文、江青的像被用激进的方式人为地涂画了，估计是

"文革"以后打倒四人帮的时候所为），然后是毛主席语录。个人记录的主要内容包括学习党的基本路线、个人对党的认识和感想，1975 年至 1978 年详尽的学生报到名单，从别人的书上传抄来的民间验方、生活常识和一些名言警句，礼簿和生活开支账簿。

回望这些各种各样的本章，都是一段历史记忆的承载，将冷水的时间和人们的记忆凝固在了这个特定的时代。由此看出，冷水社区并不闭塞，它从来都受到来自国家权威的深刻影响，就算在当代社会也同样如此。现在，唯一能象征指引"未来"的就只有实行九年义务教育后，家家都送孩子去读书时留下的教科书和作业本。可以说，20 世纪 80 年代后通过小学基础教育的改革，给冷水带来了生活结构的改变。学校在整个社区中不仅作为一个传递知识的场所，它也与其他的社会组织有着密切的联系。恢复六年建制的冷水中心小学建成后，就与其他原有的社会组织发生互动和影响，因此也影响着人们思想观念的改变。学校统一分发的教科书成为了孩子们接受学前教育后接触的第一种书籍，也同时被家长和孩子们视为高尚的、主要的获得知识文化的途径，教科书之所以会在人们心目中形成如此印像，就是因为它是一种代表着国家权威与制度力量的本章，也象征着新生和希望。相比那些歌本和毛主席语录，教科书更加具有新时代的感召力，它所记载的并不是尘封的记忆，而是完全未知的领域，并通过这些新知识的学习可以让孩子们实现学习的朝圣，到更远的地方求得生存。人们相信，只有好好读书（读好教科书）才可以过更好的生活。因此古老并有些暗淡单调的吊脚楼屋内，贴满了学校发的五颜六色的拼音字母表、汉字笔画笔顺等教育挂画，略显得有些突兀。

或许这也是冷水再无其他"引向未来"的书籍出现的原因之一，笔者在访谈的时候发现，读小学的孩子们并没有很多机会接触除教科书以外的其他课外书籍，因为冷水没有书店，若实在需要什么书的话，就只能委托在城里的亲戚或者亲自进城购买，一个正在读小学的男孩说自己仅有一本课外书，《小学生作文精选》，是在县城读高中的姐姐买回来送给他的。不错，"书籍是人类进步的阶梯"，而在冷水教科书就是改造人生命运的砖石，只不过这些统一而单调的砖石只能构建基本的房屋，却不能形成多元思维的大厦。

四、电视

在冷水乡，农闲时是处在气温极低、并伴有积雪的寒冷天气，因此农民基本足不出户。在屋里升起炉灶，边烤火边看电视就成为冬天时最主要的生活方式，也正好打发时间。不仅如此，在农忙时（如笔者进行调查的这段时间），晚上收工回家和家人围坐在一起观看电视节目也是忙碌一天后的休闲娱乐方式。因此，在 2002 年前后黄连价格上涨，种植黄连的农户收入丰厚的时期，基本家家户户都安装了"锅盖"，即卫星电视接收器，能够直接接收到国外的频道，丰富了村民们的观看视界。到了今天，乡里已经不存在还没有安装"锅盖"的家庭，有的农户甚至安装不止一个。随着这种娱乐方式的普及，村民的思想观念也正受到来自外界的影响。

但是，这种卫星电视虽然收视方便，却不能收到地方电视台，因此村民基本不能了解到地方政府的最新政策消息，有关这方面的消息全靠乡里或村干部宣传，或者在城里的亲戚传达，也就是说，有关地方的新闻就完全靠口传。正是由于这种电视信息传递的特殊性，使得村民们不能在短时间内直接明确的知悉相关政策，这就极有可能造成人们生活的不便或对于消息的讹传和误解。

7 月 9 日，在八龙村双坪组秦光学家里，我们对陈宏（重庆师范大学数学教育专业）进行了访谈。

问：你们一般闲的时候或者没事情做了干什么呢？

答：看电视啊打牌啊，这个农村落后，又没有其他什么可以玩的。

问：我看基本每家都有"锅盖"了？

答：现在买个电视也简单，装个"锅盖"也就几百块，一个可以收 40 多个台，多装几个看的就多嘛，我就知道一家装了 5 个"锅盖"。

问：那你一般喜欢看些什么电视？

答：我一般不看什么电视的，在外面上学嘛！我父母还有弟弟妹妹他们喜欢。

问：都看些啥呢？

答：小的这些（指年龄较小的晚辈）就看动画片，我父母他们喜欢看天气预报。

问：看中央电视台的节目多，还是地方电视台？比如新闻之类的节目。

答：我们这里收不到石柱电视台的，只能收到外面的频道。但是他们也不看什么国家新闻，就看些连续剧之类。其实都不固定的……反正有"锅盖"台也多，到处换着看，哪里精彩看哪里。

问：收不到地方电视台的话，乡里的人怎么知道地方政府的政策之类呢？比如政府要发放一些扶贫款，你们怎样知道这个信息？

答：那就是只能靠乡里的支书干部来说了，一般是乡政府召集这些村干部开会，村干部又到村上开小组会这样传达。

问：具体是怎样做到让家家户户都知道的呢？

答：只要有一个人知道消息，要不了多长时间就会传遍整个村的。有时重要事情要开群众大会的嘛，就肯定都会知道了。

问：那就说消息基本是靠"听说"来的，有没有消息不准确的情况发生？

答：哪有啊……经常听说政府有什么事情了，但是去问的时候，他又说不是那么回事……他是什么名堂，我们就不晓得噻。

随着生活的逐步富裕，购买电视机再装一个卫星接收器已经不是难事，它已经成为了人们的主要娱乐方式，有的家庭甚至主要的卧室里都有一台电视机。电视的普及无疑对人们思想观念的改变有极大的影响，特别是对于教育的影响更为深远。

由于在农村这个特殊的场域下，电视机的娱乐功能大大超过其传递消息的功能。也正是电视，造就了这里人们对于"穷"和"落后"的概念。"看电视"，对于人们来说，是劳累了一天后进行精神放松的方式，在这个"看"的过程当中，真正用于了解消息的时候并不多。在乡土社会，人们的生活结构很简单，一切生活的半径都是围绕生产的圆心来进行，因此"天气预报"可以说是最核心的、每天必须了解的最新消息，也是唯一与生产息息相关的。其他的消息则另有方式，比如人事消息在乡村这个熟人社会传播是不成问题的，生产技能消息则基本靠世代积累的经验就可以解决了。那么这种乡土社区就与城市的信息爆炸和日新月异形成鲜明对比。这样，"娱乐"就是电视的主要功能。人们在娱乐的时候，思想进入自然放松状态，这种开放性的自然状态是启发人们进行思考的关键。特别是在看电视的时候，视觉和听觉都得到了同步激活，又由于电视的情节，使人的思维集中于情节的伴随思考之中，这就进入了科学家所说的"放松性警觉"状态，在这种状态之下，人们最容易记住当前的事物，也会使思维达到活跃点，从而产生新的观念和思考。那么人们就正是在这种状态之下看到了外面的生活情况，通过电视所传达的信息构建了自己对于外部世界的想象，通过各个方面差异的对比，深刻感知到自己生活环境的落后，并对自我生活的意义进行重新反思。所以，在冷水乡，随处可听到的关于本地的概括性描述就是"穷"和"落后"。但是现实生活并没有那么容易改变，尤其对于生存被束缚在土地上的人们来说更是如此，因此他们就将希望寄托在下一代的身上。正是这种想象，使冷水人们的教育观念发生了巨大的改变，国家义务教育的实施和偶然的成功人士的经验使人们坚持认为，只有通过读书、把子女送出去才能使他们不再受苦，过上电视上的生活。电视剧中所营造出的真实感使每个人都相信，走出去必然是不再困苦的不二法则，因为上面实在出现了太多美好的、先进的但是自己还尚未享受过的东西。所以，"贫"与"富"的界定标准不是绝对的，永远是寓于比较之中的寓于电视剧与自我生活的持续比较。

这固然可以成为励志的好方法，但另一面的后果就是，"看电视"大大缩减了家长与孩子交流的时间。很容易想到，在村办小学时期，村里的电视普及率相当低，孩子的学校生活也仅是所有生活的一小部分，孩子所受的教育主要来自家庭，来自晚上收工后一家人团聚时的交流。然而，现今学生们在校的时间与其父母的劳作时间对等，晚饭后的家庭格局发生了转变，孩子们需要用整晚时间完成家庭作业，家长们则需要利用休息时间进行电视娱乐，再加之对于学校和老师的信任，自然让渡对孩子的教育任务。

五、网络

互联网对于冷水的影响可以说是极其微小的，乡里只有乡政府和冷水小学有网络通路，一般农户家里也不会有电脑；而对于小学生来说，因为接触很少，所以互联网对他们的吸引力似乎也不太大（就算在学校上信息技术这门课时也很少有机会使用电脑）；初中以上的孩子们则可以到黄水或者石柱县城使用网络。

对于城市的孩子来说，互联网对他们的影响无疑是巨大的，很多孩子在小学或者更小的时候就已经开始接触电脑并利用网络进行信息查询或者游戏，在他们的学习过程中，看似很多工作都必须使用电脑才能完成——写文章、娱乐抑或是信息获取。电脑和网络已经作为一种默认的生活工具理所当然地存在于他们的思想观念中。然而，这一时代的巨大发明在冷水（实际在大多农村也是这样）却还是奢侈品，乡里仍然还没有一间可供上网的网吧。笔者在调查中就认识一位刚刚高考报完志愿的准大学生，因为高中在石柱中学上，因此放假报完志愿后就回到冷水，相当于和外界暂时失去了联系，每天只盼望着唯一能和外面取得联系的手机能带给她一些关于学校录取的信息，当得知我们的调查队伍随身携带有电脑并在乡政府中使用网络后，她迫切地恳求我们帮她查看补报志愿的消息，因为这样她就不用千里迢迢跑到县城去亲自查看了。

这里的经济正在发展，大学生的数量也在与日俱增，外界学校教育体系与信息高速路的接轨，似乎霸气地将他们卷入这个局面却又无能为力地把他们抛在后面。冷水的学生们原本不需要向城市的孩子看齐，他们有自己的生活方式和学习环境，但是制度从来都不会有特殊性的显现，它总是将人们整齐划一地卡在某一领域中，无一幸免地被结构化。身在同一教育体系之下，他们也迫切地需要适应这种对接，但是这些孩子越坚韧，环境就似乎变得越苍白，越无奈。

六、培训班

这里的培训班指的就是"暑假英语培训班"。从冷水小学开课情况中可以看出，冷水小学并没有开设英语课，这说到底还是师资缺乏的原因，学校有关资料也写明"目前学校最为需要的是英语教师一人，音乐教师一人"，可见学校的空白环节还是在英语教育和艺术教育上。但是小学生们六年级毕业后就要到黄水上初中，那时的英语教育是建立在小学英语的基础之上的，而冷水的学生们就相当于零基础跟进，这样学生们上初中以后英语学习困难、成绩拖后腿的情况就显现出来，深刻影响到将来的学习发展，当这个情况成为学生普遍反映的问题时，就使家长们越来越担心。

学校难以做到用师资来解决上课问题，因而私人开培训班便成了学校教育的有效补充。石柱县城一些授课成绩辉煌的老师每逢假期便会到乡里来租用学校的教室开英语课，叫作"暑假英语培训班"，招生对象是所有初一学前新生和初一在校生，收费标准大致在每人80元左右。我们刚进村第一天入户访谈的时候就发现这里的家长们很关注学校教育，而当问及家里孩子的上学情况时，提起的第一件事就是孩子假期还要去学校补英语，原因是乡小学没有开设英语课，怕孩子到初中时跟不上进度，听说县里有高级教师来学校开设英语暑期补习班，不管多少钱都要送去读。在随后几天的访谈中也发现了同样的情况，家长们意识到英语在今后学习生活中的地位。

案例1：2008年7月4日　河源村　曹姓家长

问：送孩子去补英语是学校要求的吗？

答：没有，自己送去的。

问：为什么要送？

答：现在英语重要了嘛，考大学找工作哪样不要英语，我们团转的好些娃出去上学后回来都说英语难得学，考不上石柱高中的也都说是英语不好，最后只得上个职业高中。

问：补课收费能够承受吗？

答：不能承受也得想办法嘛，学校又不开课，到了初中又从中间学起走，越学越差最后连学的兴趣都没有了。团转娃出去上学回来都说英语最难学，最讨厌英语，有些老师连自己发音都不准。现在好歹还有个水平高的老师过来，能补多少就先补多少嘛。以后要是送去上职业高中还得花几万块，所以说现在出80也不算什么。

问：但是补了以后也不一定能保证学得好啊？

答：起码我们家长是尽力了，娃学不学还靠他个人，直接不送不是一点希望都没有了。

案例2：2008年7月6日　八龙村　六年级毕业学生　正在冷水小学补英语

问：是自己要求去补英语还是爸妈让去的？

答：爸爸叫去的。

问：为什么？

答：不知道，说初中要学，怕到时跟不上，他说英语很重要。

问：那你觉得学起来感觉怎么样？值不值得放弃休息时间补习？

答：还是有意思的，值得吧！

第三节　家庭教育

在人们的成长过程中，家庭教育也许是最重要的启蒙教育，不仅如此，其影响也会伴随人的一生。概括地说，家庭教育就是指人在成长过程中受到来自家庭中父母长辈的教育和观念的影响。这个主题探讨的核心就是家庭教育观究竟会怎样塑造个人的心智和成长轨迹的问题。

在国家实行九年义务教育并在农村普遍推广基础教育之前，家庭教育对于学龄前儿童及学龄儿童而言，无疑是最主要的教育方式。据以前的民办教师提供的资料，学生们每天的在校时间不会超过六个小时，大部分时间会在家帮助务农，与现在大多孩子从学前班开始就花去将近一整天的时间待在学校接受现代教育的情况完全不同。这对于儿童来说，接受的就是两种模式的教育方式，无论从内容和方式上来说，家庭和学校的区别都是比较大的。那么就传统的家庭教育来说，则主要表现在生活常识和道德礼仪的教育。

生活常识的教育比较容易理解，无论城市还是农村家庭，作为孩子第一启蒙者的父母都会在日常生活中灌输给子女必要的生活常识，这种教育是表现在一种潜移默化的影响之上。区别在于，农村由于特殊的社会结构和生活形态，使得有关生存与生活的教育更加重要和明显。无论是传统教育还是现代教育方式，家庭教育在人的人格塑造上无疑都占有重要地位，只不过差别在于：国家义务教育实施以前，学龄儿童在家接受乡土知识教育的时间较多，家庭与社会的影响是接受观念教育的主要渠道；而在学龄儿童普遍接受义务教育之后，学校就成为由国家授权的、能获得社会公认的社会教育组织，接受学校教育便成为成长的必经之路。学生和家长也默认学校为主要的获得各种知识的专门的场所，家长就把大部分教育的权利和责任自然的让渡给学校。

一、道德与礼仪教育

值得注意的是，对于女性的教育是比较多的，内容多偏向从小就教育女性如何成为一个在社区中为人们所认可的、合格的家庭主妇。比如坊间传唱的歌曲《训女歌》《十劝》等，就包含了教育女儿从小应该遵守的规矩、应当学习的技能、义不容辞的责任、社会和家庭的约定俗成的禁忌以及如何相夫教子等内容。

如王国栋的爷爷都 90 岁高龄了，他仍然很清楚地记得《十劝》的唱法和歌词，他笑言，这些小曲不仅平时会拿出来唱，还会教自己的女儿唱，由于曲调都比较顺口易学，因此女儿很容易记住。此《十劝》的歌词为：

> 一劝娇你要勤快，不等天亮就起来，练起三早做双鞋；
> 二劝娇你要小心，灶前灶后爱洁净，水火到了不容情；
> 三劝娇你莫爱假，莫把五谷抛洒了，抛洒五谷遭雷打；
> 四劝娇你莫骂人，人人都是父母生，父母心肠比良心；
> 五劝娇你莫爱假，梳头莫梳假梳妆，乡里不比大街上；
> 六劝娇你走娘家，娘家莫说婆家短，莫把婆家污蔑了；
> 七劝娇你要爱好，大是大来小是小，老是老来少是少；
> 八劝娇你莫吃酒，酒吃多了怕出丑，你的丈夫在外头；
> 九劝娇你要孝顺，孝顺堂上二双亲，后辈儿子为官人；
> 十劝娇你莫嫌贫，五行八字命生成，由命不由人。

另外，"孝观念"教育也在其他方面有所表现，如袁必江家中墙上就贴着

《行孝歌》：

> 人生在世为哪样，为儿为女昼夜忧；
> 为儿立志家业长，为女顶天争豪强。
> 父挣家业儿受享，为人总要孝爹娘；
> 要学以上孝子样，简单举例说瑞祥。
> 九岁行孝叫黄香，身卧寒冰是王祥；
> 孟宗哭竹冬笋长，吴生喂蚊先上床。
> 曾安杀子母亲养，亲生儿子是回郎；
> 董永卖身父亲葬，行孝为母打凤凰。
> 郭巨埋儿黄金长，杨香打虎天上堂；
> 子牙行孝准不讲，后来封官比唐王。
> 时时刻刻记心上，父母功劳永不忘。

二、教育观念——"教育是立家之本"

第一天入户访谈的时候，就跟一位老人聊到他的孙女，让笔者感到惊奇的是，还未切入正题老人就忧心忡忡地跟笔者讲起了冷水的教育问题。在今后的访谈中也逐渐发现，教育在当地人心目中有较高的地位。以下将从学生异动、家庭教育投资、家庭教育方式和学校、家长、学生三方互动等方面体现冷水人的教育观念。

从冷水小学开展"普九"以后的 2001 年、2002 年 4~17 周岁在校学生统计表（表 7-2）中可以看出，如黄运德老人所说的私塾式教育"重男轻女"的现象在今天的冷水已经不存在了，而家长们的思想观念也发生了很大改变，送孩子读书不再考虑性别和经济问题，而更多地是考虑教学质量。

1. 不考虑男女——"男女是一样"

当问到现在送孩子读书是否还会重男轻女时，全昌发说：

"以前失学占 10%，现在少，那阵失学是因为穷，又重男轻女，现在是因为自己不学。那时每家男男女女四五个，女的长大了是人家的人，就留在家里干活，把兄弟哥哥送出来；那时穷人多，经济条件差，也送不起那么多人读书，五六十年代大集体做一天活路才两角钱，还有一角几、八分的，一年到头就 30 来块钱，生活都不够，饭吃不饱哪还有钱送上学。"

黄长普也说：

"应该说现在不存在这个问题了，甚至有的家庭还重女轻男。在解放前普遍是重男轻女，但现在反过来了。你家要是弄好了一个女儿，这个女儿的档次就要高，那么她就能选个好对象嚷，那这个女婿也是家里人嘛。但是反过来这个儿子盘的好，媳妇不一定有儿子好。女儿能干女婿是肯定不会比女儿差的。以前重男轻女就是想要传宗接代，或者老了有人靠。但现在不了，我只要能养得活自己也不会靠儿女，自己的儿女都是一样，我只要把他们供好了就行。（所以儿女都没有压力了。）儿女在家没那么大压力，但他在外面压力就大。现在就业、买房压力都大。我们就不能再给他们什么压力。"

2. 不考虑经济——"不是钱的问题"

当问到"现在有没有因家庭条件不好娃不读书的"时，谢叔说：

"现在还是少，应该没有了。现在家庭条件还是好了，读不起书的是（成绩）实在太差太没有办法。考不上高中都过读职业学校，高中差个分把拿几千、万把块就可以上，娃要个什么资料都完全满足，一学期要交五六百块的资料费，只要学校喊订资料，不管多少钱不管成绩好坏都要订，现在学费全免，但不交钱就只发两本书。上次我们交了7块钱定了4张卷子，为啥不闹？但还是没法啊，人在屋檐下不得不低头。现在上不上学不是钱的问题，主要是冷水的教学质量问题。"

当地大部分家长是认为冷水的学校基础教育质量很不高，所以一旦经济条件允许就把孩子送往外地就读，寻求更好的教育环境，情况不外乎不停地让孩子转学，或者拿高价给孩子上最好的学校。如以下两个案例：

个案1：杨再凡的儿子杨彬，14岁，现正在黄水中学上初一

从上小学父亲就一直在为其转学，一、二年级在冷水小学读，因为成绩很差，就转到万州纯阳小学，虽然那边教育质量比冷水好了，但是万州路程太远只能每半年或国庆长假回家，孩子年龄太小又没人照顾，所以上了两年后又转到石柱附小上五、六年级。不仅如此，杨彬的姐姐也是同样的情况，姐姐在冷水读完小学后，先在万州读初一，感觉教学质量不行，转到十一中（即石柱中学），因为成绩还是跟不上，又转回黄水读初二和初三，现在西沱上高中。

访谈人黄长普对近几年转学和高价上学有自己的看法：

"15年前我们这个队仅仅只有一个考起涪陵中专，近几年多些啦，一本、

二本都有些的，质量也好啦。

　　（你认为这种转变跟老师关系大些还是家长观念？）"我认为是相辅相成的。但个人和家庭的关系还要多些。实际上说呢，在乡下这个学校（冷小）是没有多大变动，老师也没有什么改变，但考得越来越好是因为学生家长的意识是在提高，你冷水小学的质量不好，我可以让你去别的地方读，你黄水中学差，我可以弄到南宾中学去，哪里条件好，哪里教学质量高，我就把你送到哪里去，有的没考起十一中，但是我也可以出利价送到民族啊、十二中啊（西陀）读。毕竟我们国家经济实力还是不行，现在教育部门还是在商业化，别的国家教育都全免的。当时我儿子考初中是考起十一中的分，但后来下个政策说初中还是要在所属的那个区上，就说黄水噻，我儿子也同意就去黄水上了，但当时我还是偏向要上十一中，在那里如果不适应上一久也就适应了。如果真在那里上了也许他就不会偏科了，十一中教学质量是过硬的。黄水英语老师就差，他就偏科了，后来上高中英语也就差。初中毕业就考了差 2 分，拿了 1 500 元钱上十一中。当时那钱就根本没想是多少，别说 1 500，就是 3 000 也绝对要拿，因为意识到这个十一中教学质量肯定好嘛。"

　　凤凰组全昌发弟弟的儿子在石柱上初中，小学毕业考石柱中学分数不够（一般来说初中主要是黄水，要上石柱初中但是没考起就要拿高价，初中底价 3 600 元，石柱高中底价 9 800 元，差一分加 200 元）。全弟就是拿了 3 800 元的高价又托了点关系才去上的，想给孩子一个好的教学质量，但是孩子年龄过小，10 岁就上初中，不懂事成绩也不好，如果高中还是考不上石柱高中就让他再复读再考，反正年龄还小。

　　"拿高价这种情况还是不多，我儿子那一届没考上的就只有我们一家拿了高价。主要还是经济原因，不然哪个不希望往好的送，如果我再有钱点就拿 30 000 送巴蜀中学。我们还是算比较重视教育的啦，每次学生报名注册家长都要跟着去，跟老师打个招呼，请老师撮一顿。我认为是我们离学校很远，不跟老师衔接交流的话，老师要是把你学生放弃不管不是更麻烦了。因为我知道我孩子的情况，他不自觉，我去年给他 750 块钱是包括补课费，他拿去 14 天就用完了，只要一拿着钱就花完。后来我就跟班主任衔接，不把钱给他，每个月 300 多块生活费就放在他的班主任那里，每周星期一给他发 60 块，还不能在周末发，不然放假更花得快，只能这样管理。他上小学的时候成绩很好的，但是出去上初中因为年龄小又没有人管就这样了。现在那些老师奖金少，还没有做其他事情赚得多，他们说宁愿不得拿点奖金。现在提倡素质教育好像就认为这个学生考试成绩就不重要了。"

看来一味追求拿钱把孩子送出去还是会有一些问题，比如孩子太小生活还不能完全自理，或者因为不懂事还是不能达到预期的教学效果。冷水的家长们当然也意识到了这一点，因此现在不少有条件的家长开始举家出去陪着孩子读书，就在校外租很便宜的房子住，一边打零工一边监督上学，以此来弥补诸如不管不顾的弊端，似乎还是有一定效果。在菜籽坝王家，我们访问了王国栋、王国栋的姐姐和王国栋的母亲（王妈妈），王妈妈说：

"冷水乡人举家出外陪孩子读书的先例是我们夫妇开的，我们有两个子女，女儿现在已经工作，在铜梁当公务员，并且已经晋升到科级干部。她刚刚生了孩子，休假回家来看我们。儿子（王国栋）正在四川师范大学读书，暑假回来家里休息。我们住菜籽坝，后来女儿到石柱中学读高中，为了督促女儿上学把家搬到学校那边住。那个时候如果没有为了女儿搬家的话，现在修公路占地还会得到很多赔款的，现在这边的人修房子都是靠赔款才起的。我们一直陪到两个孩子都考取大学后才和他爸爸一起搬回农村来种庄稼。当时决定陪女儿去读书的时候，家庭斗争很大，一大家人全都反对这样做，但我们还是一定要去，家里人就把赡养家里老人的重担都落在我们脑壳上，那种情况对我们家来说是相当困难，但这样做只是希望子女以后可以不用再回来干苦活路，就像他家公（王国栋的外公）说的，家里不能出败家子，出了败家子万贯家财都没有用。就拿这个女儿来说，要是不读书，以后嫁到别人家受别个欺负，当人家奴婢。其实当时我在家里做生意还做得很好，突然要放弃出去还是有些犹豫，但是他爸爸很有魄力，一定坚持要这样做，加上后来他又被调到城里工作，就带着全家陪读了。"

王妈妈还认为，国栋的姐姐毕业后不但工作很不错，还定居到了城里变成城镇户口，后来他们家的情况也越来越好。自从他们这样做以后，现在村里很多有关系的年轻人很早就把自己的孩子送到城里去养，在城里上幼儿园、读书，或者也像他们当时一样，把房子搬到学校那边去住，一边打工一边照顾孩子。

王国栋的姐姐也在一边补充道，有父母陪着在身边读书要比把孩子单独送到城里要好得多，因为山村里长大的孩子从小没有什么玩的也没见过世面，自己到了城里以后，会受到很大的诱惑，整天就会约同学到处玩、逛街花钱。而如果有父母在身边，就不用住校，放学就回家做作业，情况就大不一样了。

"我上初中就是这样的，小学的时候我成绩还很好，因为有爸爸辅导，初中就考到石柱中学，但是一过去就整天玩，初二时落到了班上倒数几名，后来初三时妈妈就过来了，才半学期时间就考到了20多名，提高了一半，就一年时间自己考上了高中，后来就跟着上大学。"

王爸爸对于子女的教育很重视。可以说这一辈子都在养学生，作为家里老大，年轻时候当兵回来工作后，就在家里拿自己的工资供三个弟弟吃住上学，但是只有老三读出来了，其他两个都没读出来。王国栋说：

"我爸爸很严肃，从来不会讲什么故事这些，但是从我们上小学的时候起就每天晚上给我们姐弟俩读作文。而且他不喜欢打牌，也没有什么别的娱乐，每天下班后就坐在桌子面前看着我们俩把作业做完。现在这个地方的人都普遍很重视教育了，但是10多年前这样做的只有我们一家，所以说我们是在这里的教育第一家。至少在陪读这一点上是开了个先例。"

王妈妈补充，"但是啊！开先例的总是最困难最苦的，特别是在农村，个个嫉妒心理相当厉害，当时家里斗争实在很激烈，家里亲戚都认为你家是相当有钱了，把全部精力都可以用在孩子身上了，就索性什么事都往我们家的经济上来整蛊。现在是看在这些孩子都已经成器了就有点不好意思了，也接受了这种观念。大家都这样搞。另外最主要的还是会比较。女儿那一级的只有两三人现在出去生活了，其他都在本地结婚，儿子以前的小学同学现在大部分也还在这里当农民，他们就看着考出去上学的人现在过得都很好，就觉得自己的下一代也要学着这样搞。"

问：会不会有一部分原因是由于以前农村生活困难，基本没有时间精力重视教育，而现在经济好了家里有钱了就开始重视了呢？

王妈妈：我觉得这种原因不太多。多数还是因为有个比较嘛！

教育实际上是社会、学校和家庭的三方互动，但是家长的教育方式对于个人思想观念的塑造尤为重要，并深刻影响着个人未来的发展走向。对于冷水的人们来说，所谓的教育成功就是把孩子都送出去读大学，每个家庭只要培养出一个大学生都会成为争相讨论的话题，若是名牌大学则更会成为家长教育孩子的典范，尤其是农村"熟人社会"。为了深刻了解这种教育方式，笔者选择一个大学生家庭做深入访谈。黄长普先生家住碓窝坝，其儿子去年在复读了一年后考上西南交通大学。

问：像你儿子这样考上西南交大的在村里比怎么样？

黄：算考得好，但是也不怎么好，不好呢，是因为没有考上重点，其实也还比较满意啦，从小学升初中，到高中考上大学，这个过程对这里的孩子来说是相当不容易的，非常苦，我虽然没上过高中，但这个过程我是看着的，真正说要考个重点本科或者是一般本科，难度还是相当大，不靠自己艰苦努力是不行的。虽说现在大学生还是多，但对农村来说要读一个出来很艰难。

问：您对儿子上学的要求是什么？

黄：至少要读好，至少是一般本科，本来去年考起三本，但我们父子交流了还是觉得再重新考一次，主要问题就是偏科，英语差。去年才考 420（总分），今年考了 560，进步可嘉。

问：复读是大人意见还是自己要求？

黄：当时是各一半，我们家长是觉得去年只考了个三本，只要能够复读还是复读好些，因为据我观察，他考不好的原因是心理压力有些大，再加上第一次参加考试，进考场可能有些不适应，紧张，通过和我们交谈后，就决定复读。

问：你对他的教育还是很开明？

黄：是的，但是去年他考试时我跟着下去了，可能给他造成一定压力，今年我就没有跟去，只跟他说放松点，考得好考不好无所谓，但其实我心里还是想他考好，只是我表面不能给他加压力。只能给他生活搞好点，给他放松。现在其实也不想他一定就是考个很好的学校，只要选了个好专业，自己喜欢学就行，当然学校也不能差太狠，毕竟环境还是很重要的。如果自己学的成，以后还是可以再往好的学校、好的地区发展。学校还是要看是不是符合自己的成绩，如果成绩不行，就算上个清华、北大，进去跟不上，自尊心也受打击，就会更没有兴趣学，成绩更差。只是名气上好，有什么用呢。

问：您这个教育观念是比较好的，那村里像您那么想的人多吗？

黄：那多，在 2000 年以前，我们学生读书的意识形态是相当得差，包括没改革前大集体时候。就说八龙村，一个一般本科、重点都没有。2000 年以后，那些对学生读书意识就好了，一年多少还是出去几个。

问：为什么是 2000 年为界呢？

黄：以前，家长都是解放前下来的，像我们兄弟这些都是这一槽，知识文化都不行，把这些都看得淡，加上经济实力也差点，虽然都想望子成龙，但不知道怎样望子成龙。就像我认识一个在石柱上学的没考上重点，家里就不让他去复读，他成绩还是不差，如果重考一次应该还是大有希望，他就不送，结果孩子只有转回来结婚生子，就这样栓起了。

问：在 2003 年非典时期是黄连价最高的时候，那是不是就在那个时候，因为这里人收入多了，把娃送出去上学的也就多了？

黄：那也不一定。主要还是有个互相比较的问题。人与人之间有个看法，你家有条件千方百计把娃送出去，结果搞好啦，我看看我也有一样的条件，那我也要送出去。还有一个呢，是因为家里全是农村要办个什么事都不容易，有一个送出去了呢，将来可以在外面工作对家有个照应，另外亲戚将来要上学也可以有个照应。所以一代一代都要出去。考虑到这个，所以只要娃有能力都要尽量送出去。

问：送娃出去是指望什么呢？

黄：第一指望他，这一辈子不在农村搞劳动；第二，出去对他的子孙后代更好的发展（在外面），但也不定非要指望他把家人都盘出去，就希望他在外面好就行。

问：那你们是不是认为这个小孩读不读好书是先天决定的？

黄：那还是很有关系，能读就读，读不好也没有办法。还有一个呢，是农村的环境不比城市，农村的他先天再好都比不上城市人，主要还是辅导问题。像这个农村从上小学开始，走个把小时放了学回来，家里多少还要安排些他赖活的活路，城市人不存在这个问题，有的还要找家教，农村没这个条件，家长懂得还可以辅导，大部分都不行，这就是差别。城市娃偏科啦，还可以找个老师补起，农村就没这个条件，哪个老师愿意补一个学生嘛。

问：所以家长对娃也没有硬性规定了。那就说，送他出去读书也就是为了他能在外面安家，他的子女以后就会有更好的环境条件？

黄：是的，但是安不安家这个问题，就是他以后的人生的事情了，我们家长就是……

问：我听说这村有家长把娃送到黄水读初中了，但自己读不下去，又跑回来摘莼菜，这事你怎么看？

黄：这没办法的，我个人看法就是，只要能读，再怎么都会拿钱给你去读，读不了就不勉强，回家来还是一样。就像我女儿，她在班上就是倒数第一，再怎么给她留级拿多少钱也不行。男女都是一样。

三、中等职业教育

在八龙村调查教育状况的时候，笔者发现这里的学生除了读初中、高中、上大学以外还存在另外一种重要的教育方式，就是职业高中（当地人也称为"技校"）。送子女就读职业高中的现象普遍存在于冷水乡，孩子初中毕业后若是没有考上石柱中学，很多家长就会选择拿钱把子女送往重庆市就读职业中学，专门学一门手艺或者技术，三年毕业后就可以直接就业。读职高的现象在双坪组表现尤为突出。

据调查材料来看，初中毕业后没有考上普通高中的学生被家长送往职业高中，本身与家庭的富裕程度并没有关系，无力负担职高昂学费的家庭仍然会向亲戚好友借钱支付供读，普遍的原因在于，初中毕业学生并不满 18 周岁，在外并不容易找到合适的工作做，若不继续上学，则只能返回家干农活；而职高的好处就在于学生毕业后年满 18 岁，可以到城市务工，并且很多职业高中包分配、介绍工作，相当于毕业即可就业，将来可以继续在城市谋求更好的发展，因而成为众多家长的选择。

例如，43 岁的谢从兴的大女儿在重庆上职业技校，今年刚刚毕业出来工作。谢在女儿上初中的时候出去了几年到外面做工，全靠妻子在管教孩子，但是中考时成绩不理想没有考上石柱中学，因此妻子就将女儿送进职业学校。他们认为从技校读出来比较好找工，比直接出去打工更好。今年女儿刚从学校一毕业，就被分配到房地产公司工作，基本工资有 500 多，按提成发奖金，经常还会有些补助。但是毕竟才出来两个月，赚的钱还不够开销，除伙食费外，在城里租房每月还要 300 多，还有其他比如应酬、服装的费用，自己还难以自给，因此家里现在每月还给女儿支持 500 元左右。当问及对女儿的教育投入时，谢从兴说：

"女儿上技校总共就花了五六万左右，全靠自己在外做工来支撑，如果靠两口子在家种田根本负担不了，所以之前出去的几年，就是为了供孩子上学。但是，这个费用是不可避免的，因为现在时代不同了，不能把娃留在家里，再说她自己也不愿意留。"

很显然，并不是上了技校就前途无忧，对于家长们来说，这笔不小的开销，实际上就是除了考大学外另一条将子女进一步送往城市的有效途径。而继续上学也并非这些技校孩子们的真实心愿，更多的也只是无奈之举。

个案 1：许文书大女儿，2001 年就读于重庆职业技术学校，现在杭州务工，休假回家。

问：当时初中毕业后为什么去上技校？

答：成绩差狠了啊，考不上高中。

问：是你自己要求读的，还是父母的决定？

答：我肯定不愿再读书了啊，从来成绩都不好，但是有什么办法呢，不读出来又找不到工作，也不甘心回来种田，只能去上技校。

问：那就说上技校只是为了好找工作？

答：其实上技校就是为了把年龄拖大点，实际上根本学不到什么东西的……再说混个文凭出来总是要好点。

个案2：罗冲的哥哥，初中没毕业就跑回家，父母花钱送到重庆艺体学校（职业高中），半年用了一万多元钱，4天就用600多。问及为什么还要送去读职业高中，其母亲说，不送去闲在家里也恼火，什么事也干不了，送去也恼火，要花很多钱。但是相比之下还是送好，才16岁又不能打工，一是年龄不够，而是过早送到社会上容易学坏，送到学校有老师监督总要稍微好些，至少他不会去偷去抢。

或许选择就读技校对于不能靠上大学走出农村的孩子来说确实有很大作用，据了解，许家大女儿出来工作4年左右，现已经升为领班，能够在省外自立生活了，不仅如此，还帮助家里负担现也正读技校的妹妹的学费。这次休假回家还专门带了男朋友回来，称不久后可能打算结婚了。但也并不是所有没有过线（即高中录取线）的学生都会去上技校，还有一小部分还是能够通过特定途径就读高中，当地人称之为"拿高价"。"拿高价"的意思就是，孩子的中考成绩没有过线，但通常只差几分到十多分的样子，家长就会考虑拿钱来弥补所差的这部分分数（一般是每差一分补2 000元到1万元不等），仍把孩子送进高中就读。

所以说，送职高只不过是一种权宜之计，而并非金科玉律，家长们还是以考上大学为孩子读书的最高目标，而考上大学的首要步骤就是先进入重点高中，只要有机会就读高中则绝对不会放弃。只有在分数差距实在太大，并且孩子无心读书的情况下才会走技校道路。

在八龙村，上职高的家庭最多集中在双坪组，而在碓窝坝组这种现象却并不多见。

四、教育投资

对于冷水的家庭来说，孩子在教育方面的支出几乎占了家庭总收入的一半以上，有的家庭甚至是占了绝大部分开支。这除了上述家庭教育观念的原因外，还有人口结构方面的成因。因为在冷水现阶段的家庭结构中，36 至 45 岁年龄段的人口数量所占比重较大，其子女年龄在 6 至 20 岁的就相对多，❶ 刚好处在受教育年龄阶段，那么除了家庭正常的生活开支以外，教育就成了最庞大的一笔支出。特别是对于孩子在读职业高中或者考上大学的家庭来说就更为明显。

正如在访谈黄长普的时候，当问及他家孩子读书费用所占家庭支出比例时回答道：

"我们家要占到一半哦！一个月光生活费就 400，还要给点车费啊、买衣服啊，每个月到五六百也不一定，是尽量满足需要的。只要是老师说的要交什么钱、买什么书，比干什么都要积极，或者他打电话来要啥子资料费啊、考试费啊都肯定马上拿出来。现在给他们钱啊，比以前交那个农田税还要积极得多！农田税是最不可偷不可漏的，但交这个上学的费用，看得比农田税还要严重得多。"

由于冷水的辍学率相当低，并且绝大部分学生在九年义务教育结束后都还会继续考高中上大学，或者至少都要再读几年职高才进入社会，因此下面选取的两个案例就是在八龙村家庭年收入在中等水平的两个家庭，要培养出一个大学生或职高生所要花费资金的大概估算，通过这两个案例便可大致了解一个家庭教育投资的情况。

案例一：许凤华，家里的 4.5 亩蔬菜田和 1 亩黄连地是主要的经济来源，许平时还会到附近工地上打点零工，年总收入 17 000 左右，育有一个女儿一个儿子，还赡养着一位年逾 90 的祖母。大女儿上学前班时一季需交 280 元，560 元/年；上小学一季 220 元，440 元/年，一直到五年级总共需 2 200 元；六年级一季 280 元，560 元/年；整个小学阶段共需花费 3 320 元。初中三年：一年交 900 元，每个月生活费最少 250 元，一年约 2 250 元，三年初中共需花费 4 950 元。高中时一个月生活费 300 元，加上学费大概 5 000 元/年，读完高中共需 15 000 元。许家情况还比较特殊，女儿去年高考是因为成绩不理想又复读一年，共花费 8 000 元。虽然教育资金的负担较重，但是许家还是自食其

---

❶ 此数据参考杨文晶人口调查报告资料，详见《人口的"留"与"流"》第一节，人口年龄结构分布图。

力，没有举借债务，只是靠平时极力节俭，并且也没有盖新房，仍然住着已修建20年左右的砖木结构的老房子，今年女儿又考上省外的重点大学，将来的教育投资会更加巨大。

案例二：许文书，原来在青坪村当了十多年的村文书，八龙村合并后继续担任文书。有两个女儿，初中毕业后均在重庆上了职业高中，大女儿2001年送入重庆北碚创业学校，学费5 800元/年；小女儿在中医职业学校，学费3 200元/年。两个女儿每个的生活费就要在400~600/月，供一个女儿读职高一年就要花一万元左右。照理说许文书大女儿上职高的时候正是当地黄连价最高的时候，大多数黄连种植户在此时都挣了一大笔钱，但不巧的是，因为许文书当时也为青坪村（合并前）的干部，那时干部不能种黄连，要带头种烤烟为政府创税，因此错过了挣钱的高峰期，并没有足够多的钱送大女儿上职高，几乎所有的钱都是找亲戚借的，这笔钱直至今年才还清。大女儿毕业后就在杭州打工，这时也赶上了小女儿上职高，学费就靠大女儿打工来帮妹妹支付。许文书说，现在家里普遍感觉压力最大的就是教育，小学初中问题不大，职高和大学就很难供了。家里除了孩子的学费和生活费以外，基本就没有其他大的支出了。

第八章　民间音乐艺术与
非物质文化遗产[*]

　　冷水乡主要的音乐艺术形态与非物质文化遗产为孝歌、坐堂锣鼓、挑子客歌（挑夫号子）、药草锣鼓和啰儿啰（啰儿调）五类，笔者为了深入了解冷水乡的民间音乐艺术，专门走访了冷水乡几位有名的歌师傅，如黄运德、[❶] 李宗恒、[❷] 李高德、[❸] 唐碧玉、[❹] 杨清发[❺] 等。在调查中通过对民间艺人、民间技艺传承人的登门拜访，对这五类音乐形态作了详细的调查，获得了包括影像、访谈录音、文本等资料，以求尽量详尽地展现这些独具特色的民间艺术。

　　中国自古以来就有儿女尽孝道的传统美德，"家庭"作为乡土中国社会联结人们关系最基础的纽带，在人们的日常生产生活中占据着重要地位。而一家之长就是每个社会基本单元的核心凝聚力，孝观念便是使家族观念得以维系的主要因素和功能。

　　在冷水调查的一个月间我们参与了三场葬礼（当地人称"白会"、"白喜"）的举行过程，以从中了解人们的孝观念。第一场葬礼在河源村菜籽坝曹家，第二场在距离冷水 30 公里的黄水镇，第三场葬礼在八龙村凤凰组张家。葬礼举行的过程中有一个重要的传统就是唱孝歌。而孝歌的具体过程将在第九

---

　　[*] 本章节来源于王璐的课题论文《音乐艺术非物质文化遗产传承与教育互动研究——以重庆石柱县冷水社区为例》。

　　[❶] 黄运德，男，73 岁，河源村菜籽坝人，会唱孝歌和挑子客歌。从 1981 年开始学唱，至今已有 27 年。

　　[❷] 李宗恒，男，68 岁，八龙村双坪祖人，会唱孝歌、游草锣鼓，1958 年在湖北农中毕业，年轻时候喜唱歌，还喜欢并会演奏笛子和二胡等，大集体时期曾任冷水乡文工团队长，文革时期（1967 至 1969 年）演样板戏，专门到双河、白羊塘、黄水演出。保存有歌本和小说二十余部。

　　[❸] 李高德，男，38 岁，天河村学堂组人，会唱孝歌、挑子客歌、啰儿啰。

　　[❹] 唐碧玉，女，66 岁，八龙村小康组人，会唱挑子客歌和啰儿啰。

　　[❺] 杨清发，男，43 岁，八龙村碓窝坝组人，会唱孝歌。其父也会唱孝歌和打锣鼓。

章"乡土文化中的仪式与象征"中详细描述，本章则不赘述。

第一节　坐堂锣鼓

在冷水乡的丧葬仪式中，还有一个不可或缺的部分便是"坐堂锣鼓"。它是专门设在灵堂里面迎接来拜祭的客人的一支乐队。这支队伍由四人以上组成，每人使用一种乐器，一般有五种，即大锣、二锣子、兜锣、钹和鼓。演奏的时候互相配合协奏，有固定的节奏，也有特定的记谱法。坐堂锣鼓就一直坐在孝堂里面，每逢有亲戚好友进灵堂拜祭时就一起敲打起来，声音热闹非凡，与孝堂门外舞狮的锣鼓声交相辉映。

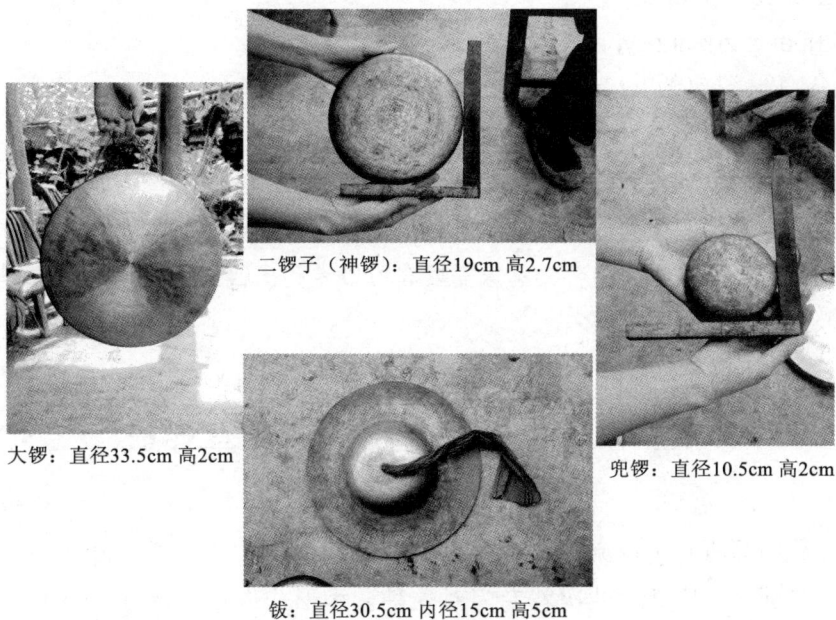

二锣子（神锣）：直径19cm 高2.7cm

大锣：直径33.5cm 高2cm

兜锣：直径10.5cm 高2cm

钹：直径30.5cm 内径15cm 高5cm

图 8-1　坐堂锣鼓乐器

坐堂锣鼓具有固定的节奏，也有记谱法。比如，用"○"表示兜锣，读作"lou"；"｜"表示大锣，读作"zhuang"；"×"表示钹，读作"cei"；"、"是个轻微的停顿，类似休止符，读作"yi"。

普法记作：

○○、○○

｜｜、｜｜

○○、○○

｜｜、｜｜

○○×、○○｜

○○×、○○｜

○｜○｜○×｜○

图8-2　坐堂锣鼓场景❶

那么连起来读的效果就是：

"Lou lou yi lou lou

Zhuang zhuang yi zhuang zhuang

Lou lou yi lou lou

Zhuang zhuang yi zhuang zhuang

Lou lou cei lou lou zhuang

Lou lou cei lou lou zhuang

Lou zhuang lou zhuang lou cei zhuang lou"❷

以上一段示例称为一个锣鼓引子，打坐堂锣鼓的人平时需要在一起排练配合。现在已经有了专门组合，孝家需要时可以专门出钱请来。笔者此次搜集到的锣鼓引子竟有80段之多。

第二节　时代的回响——薅草锣鼓

在我国鄂西北一带流传有一种叫作"薅草锣鼓"的调子，由于冷水乡在地理上与鄂西北比邻，此次就专门对这种艺术形式进行了调查。经了解后发现，在冷水历史上确实存在过一段唱薅草锣鼓的时代，当地人称为"唱锣鼓草"或"山锣鼓"。百度百科上对"薅草锣鼓"是这样解释的：❸

"薅草锣鼓，渝黔一带土家人俗称'打闹''打闹歌'，鄂西州一带也有叫

---

❶ 孝堂里面打坐堂锣鼓的情景（2008年7月6日河源村菜籽坝白会实访）。

❷ 来源于2008年7月15日早上于八龙村碓窝坝组杨清发父亲家中的访谈。

❸ 来源于 http：//baike. baidu. com/view/359603. html.

‘山锣鼓’的，它由薅草劳动形式和田歌艺术形式两部分组成，是土家族的一种伴随劳动生产与音乐相结合的民间艺术形式。在结群薅草、挖土、栽秧时，一般有两位歌师傅领唱或对唱山歌，一人按节奏击鼓，一人应点敲锣，锣鼓间歇，歌声即起，轮流对唱，整日不歇。历史上，土家族地区山大人稀，单家独户劳力不足，加上野兽出没，窃食庄稼，伤害人畜。在这种特定的自然条件和劳动环境中，土家族人形成了团结互助、结伴成群、协作生产，并配以锣鼓敲击，既可作为劳作的信息，又可以起到惊吓野兽的作用。久而久之，形成了风格独具的薅草锣鼓。薅草锣鼓具有相对固定的结构格式，它一般由‘歌头’（俗称‘引子’）、‘请神’‘扬歌’‘送神’几部分组成，有着请神求愿、组织生产、鼓舞生产、调节情绪等功能，是土家族人的劳动进行曲。”

据笔者的调查，薅草锣鼓在冷水地区传唱的鼎盛时期是在我国 20 世纪 50 年代后期的农村人民公社时代，至 80 年代初[1]实行家庭承包经营为主的农业生产责任制（即当地人所说的体制下放或责任制下放）后宣告结束，之后就再也没有人唱了。也就是说，薅草锣鼓之前也有传唱，但其作用和形式却在一定社会历史背景下发生了变迁，适应于当时农村农业生产方式的需要，其流行的时间不过 20 年左右。至今消失已有 27 年了。

薅草锣鼓简单说就是公社时期人们在田间劳动的时候唱的一种有一定韵脚的山歌，但并不是所有人都唱，只有两位歌师一个打鼓一个打锣，从早上开始劳动一直唱到下午劳作结束。人民公社是以生产队为基本单位进行劳作，一个队每天都有 20 至 60 人准时集合进行劳作。但要说明的是，并不是一年到头都以这种形式干活，而只是在一年之中特定的时间针对特定的作物：

“薅草只是薅二道草，就是还没有出天花的时候薅，只是薅苞谷和穗稻，一年只是一季。二道薅了以后就长苞谷了。一般除杂草就是两次，一次是长苗的时候，那个时候不能锄得很凶，会把苗搞坏。第二次的时候是长苞谷之前，那个时候杂草多、难薅，就打起锣鼓集体搞快些，时间一般就是一个队 4 到 5 天或者一个星期，都是以队为单位。比如一个队百八人的话，上阵底线都是三四十人。”[2]

住在八龙村双坪组的李宗恒老人讲述了唱歌先生的概况：

---

[1]　冷水乡是 1981 年正式实行家庭承包责任制。

[2]　来源于 2008 年 7 月 25 日中午于天河村团坝子组谭文才家中的访谈。

"薅草的人数就是一个队20到50人，就看唱歌的先生。50年代以前的时候还有一个"锅先生"，是专门给唱歌的两个人煮饭的，都是好饭好菜，他们的生活就要好些，其他薅草的人就是吃包谷面面拿锅蒸起。但是50年代以后大集体时候就没有特殊生活啦，大家都一样。"

唱薅草锣鼓的整个过程是这样的：早上人来齐了以后就开始开歌场，开歌场的同时就请神、立五门，过后就开始一路唱着走，中间会有个歇气（休息）的间隙，中午也有吃饭时间，吃完饭后就要唱歌，到了下午"放活路"的时候就唱"散花"，然后送神、拆五门，至整个过程结束。薅草锣鼓在大致过程上是与孝歌相对应的，而唱歌的韵律和形式上都与孝歌相同，唯一不同的是它们的表现方式：

"孝歌节奏比较慢，带点哭腔；薅草锣鼓欢快些，打出来的声音就像"土地公土地婆土地公土地婆……"（土地公公土地婆婆也有个说法，土地公公有两个夫人，姓麻和柳，土地公公姓姜）。神仙堡、天竹堡和大风堡（黄水）是三姊妹（三个神）下凡落到的地方，过去每个人都要到那个地方烧香的。三姊妹到这里来显灵，来治民间疾苦。"❶

唱薅草锣鼓首先要开歌场，如：

"伏以，

吉时吉良天地开昌，是姜味公到此敲锣打鼓，大吉大昌，天无计地无计年无计月无计日无计时无计，歌郎到，别无禁忌。偌有关条口穴代万丈金井，蛇虫蚂蚁远遗地方。

说号头讲号头，天晴晒石头。人往桥上过，水往桥脚流，会说说得莲花香，不会说说个直把头。三斤毛铁打把锯，上处其天下处其地，歌郎到此是天上一句地下一句。三斤毛铁打杆枪，老在土里亮光光，就在土头开歌场。三斤毛铁打个……就在此地搭歌台。

东方一朵红云起，南方二朵子荣开，红云起子荣开，红旗红号到土台。一到土台参一拜，参天参地参山来，上参玉皇请大帝，下参地府十年君，直到北京参总统，重庆到来参大人。石柱城里参县长，来在公新参头人。二人土台无参处，就来参拜歌先生。土台的歌师多得很，不用提姓来表明。参拜人参拜人，参拜两头牙意人。前天牙意张果老，后天牙意吕洞宾。牙意不压长蛇阵，

薅的薅来混的混。牙意要牙日田员，二人钻在田当心。参拜人来参拜人，参拜土头薅草人。第一薅草要干净，踩踩脚下去的去。闲言闲语难道尽，土台歌师听分明。"

然后请神：

"歌师二人商量定，要请神圣着证明。敲锣打鼓多一阵，惊动远近众鬼神。

一请桌子四角方，请郎伐木鲁班驻。四方板起云牙板，中央焚起一灶香。

刀头酒礼当中放，歌郎开口请五方。

一请东方甲乙木，木德星君到来灵。人人说是木无用，万丈高楼木做成。

二请南方丙丁火，火德星君到来灵。人人说是火无用，烧钱化纸用火焚。

三请西方庚辛金，金德星君到来灵。人人说是金无用，人买万物要金钱。

只有北方我不请，请了北方雨来淋。

五请中央戊己土，土公土母续将灵。人人说是土无用，土中摘子养凡名。

五方星君一起请，请在歌场着证明。

二人大家商议定，转身要请十大神。

一请玉皇张大帝，二请灌州二郎神，三请哪吒三太子，四请斩龙四将军，

五请五百宫罗汉，六请杨家六种兵，七请天上七姊妹，八请八大金刚神，

九请九牛推车转，十请南海观世音，十一要请花关锁，十二要请花树神。

十三太保一起请，请在土台着证明。锣边做口鼓边口，商量着请哪样神。

不说土地由支可，说起土地有根生。何在何洲并何县，哪家子来哪家人。

土地公公姜家子，土地婆婆有麻柳。……"

把神请来还要立五门，立五门就是请五方菩萨，一方唱一段。意思是请神来保佑今天薅草顺利不出事：

"二人大家商量定，商商量量立五门。五门是从木上起，水有源头木有根。

唐僧西天去取经，带回木子有半升。昆仑山上种一把，鹅米山前种半升。

平阳大口他不长，端长悬若斗坎上。要把五门来争论，要请童子把木寻。

青衣童子猜一个，赤衣童子猜一人。白衣童子猜一个，黑衣童子猜一人。

东林寻到西林转，又寻南林到北林。寻走昆仑山上过，寻到黄玉木一根。

枝对枝来叶对叶，凤凰过路不敢歇。九十九股朝天长，九十九股朝地下。

九十九股接罗汉，九十九股接菩萨。来把此木来寻定，要请木匠立五门。"

有请神就有送神，有立五门就必然有拆五门，这是不变的规律。拆五门是

整个薅草过程的始终。第一天立，最后一天拆。

锣鼓草的开头相当于唱孝歌一开始的闹堂锣鼓，打完后要画一个字挥（就像画一个符一样），完了就说个"伏士"（实际上就是四言八句），例如：

"伏以，

来要来得早，来的路上耽搁了，为啥子耽搁了，我撞到一个宝，撞到个什么宝，撞到个赖咯宝，公公喊撑到，媳妇喊捉到，公公说拿去清炖，媳妇说拿去爆炒，公公去拿筷子，媳妇都动五爪，等公公把筷子拿来了，媳妇抓来都吃完了。管他吃完了不吃完了，我们打起锣鼓去薅草。"

伏士有很多，目的是说个笑话，先来一段集中一下注意力，制造声势。完了就开始一路唱着走。

唱孝歌的内容都可以用来唱薅草锣鼓，这主要是指唱书，薅草锣鼓也可以即兴发挥，但是这个发挥有特定的意义。回到刚才所说的时代背景，公社的集体劳动是按年龄和劳动力评等级工分，并不按个人每天的劳作强度来评，因此同一级别的人之间无论每天付出劳动力多少，获得的工分并没有差异，这就导致有的人缺乏生产积极性，会"钻集体的空子"，因此两个唱歌先生即兴发挥的地方就是抨击这些偷懒的人们。例如有的人认为："薅草锣鼓的目的就是监督，谁薅得慢就要唱出哪个薅得慢，有摆龙门阵的就要唱哪个摆龙门阵，或者就是唱哪个又不摆龙门阵又薅得快。"有的认为："敲锣鼓主要是压得住阵，'压异口'。统一由两个人指挥大家一起薅的话，就动作快效率高，集体干活，大家都是一样。"有的认为："整个过程，目的主要是'压异口'，'压异口'的意思就是薅得快薅得好不摆龙门阵。如果你摆龙门阵唱锣鼓的就要唱你。还有一个目的就是，大家一起劳动工分都是一样，就怕有些人多做，有些人偷懒少做，工分照样得。"所以歌师的主要任务就是监督人们劳动，激发人们的劳动积极性。

唱了一段时间以后，歌师会让大家有个歇气的时间。而在这个时间内，需要唱几段比较带有趣味性的、让人们轻松愉快一下的歌词，例如：

"吃了烟来肚子燥，托根竹竿打仙草，长的竹竿打不到，短的竹竿硬是巧。只有幺妹武识好，脱了绣鞋上树摇，摇一摇二摇三摇，摇下三双六个桃，大的像个毛桃子，二的像个紫毛桃，只要幺妹运气好，捡个红花荔浦桃。扯开罗裙揩了毛，叫声情哥吃仙桃，有人吃了我仙桃子，不害娇来就害教。"

唱这些歌的韵脚跟孝歌的十四个半韵是一样的，唯有一点忌讳就是早上一般不唱"打杀韵"。❶中午到了吃饭时间后就集体休息，下午的劳作时间一到，歌师先生便又开始扬歌：

"吃了饭就要上坡排头：（唱）吃了饭后要扬歌，你听我扬个人补锅，父母生下人一个，学个手艺会补锅，挑起担担当门过，连喊数声叫补锅，大嫂开言来问我，问我补锅要好多，热补要的八十个（小钱），冷补都要一百多，虽然要你钱几个，么保险补得你心收获，说得大嫂冒了火，一脚抓破烂家伙，一份家业搞结果，指望炉子要起火，扬歌在此落了座，又请歌师你来说，前面两句由我卜，留下两句你来说。"❷

这时，下午的唱歌又开始了。到放活路（收工）的时间就要唱个"散花"，"散花"的调子与"啰儿啰"的相同。唱完后，一天的劳作和薅草锣鼓就到此为止了。

散　花❸

正月逢春好散花嘛哟哟嗬喂，
清官那上任哟哟嗬喂盘酒芽依哟喂，
文武百官来饮酒哟哟嗬喂，
十盘那果子嘛哟哟嗬喂九盘花依哟喂，
哎呀，红罗帐，哎呀，桂花香，
幺姨妹哪，喂，幺妹崽哪，哟，
慢慢哪打扮嘛哟嗬喂，
郎送娇娇回哟依哟喂，
莲呀莲花闹，喜鹊闹梅花，
叮叮当当海棠花呀，咔咔呀捏捏呀哟嗬喂，
指甲花哟依嗬喂。

二月逢春好散花，新砍犁头投旧铧。
犁头犁起千条路，磨耙磨起水上花。

---

❶　也就是"哪踏韵"。
❷　来源于 2008 年 7 月 25 日中午于天河村团坝子组谭文才家中的访谈。
❸　散花的调子在每句结尾处都同"正月逢春"这一段的后缀相同，从二月开始笔者录入省略。全文详见附录。

三月逢春好散花，后园阳雀闹喳喳。
一来吹动阳春早，二来吹动牡丹花。

四月逢春好散花，后园苦竹正发芽。
十八小姐来讨笋，罗裙绕动竹叶花。

五月逢春好散花，大河龙船当江划。
二十四把花绕编，划上划下水上花。

六月逢春好散花，十八小姐回娘家。
头上打把青油伞，上遮眉头下遮花。

七月逢春好散花，阎王放鬼回阳间。
年年有个七月半，家家门前纸钱花。

八月逢春好散花，八十公公剪棉花。
这头剪在那头转，晒得头昏眼睛花。

九月逢春好散花，要请弹匠到我家。
我家不弹粗棉花，要弹绮罗缎裙花。

十月逢春好散花，要请纺纱到我家。
我家不纺粗棉纱，要纺绫罗缎匹花。

冬月逢春好散花，要请织布到我家。
我家不织粗棉布，要织绫罗缎匹花。

腊月逢春好散花，要请裁缝到我家。
我家不缝粗棉衣，要缝绫罗缎匹花。

对于冷水地区来说，薅草锣鼓固然是与劳动生产密不可分，但其产生并不单纯源于"历史上山大人稀的地理环境"，其作用与目的也不仅仅只是"团结互助、惊吓野兽"那么简单，它所承担的是有高度组织纪律性的生产大队所组织的集体性生产劳动。在此并不排除有的地方土家族的薅草锣鼓另有不同，但冷水地区特殊的历史背景，使得此地的土家族仅仅是个原本为汉人构想出的"想象的共同体"。

第三节　山间雄魂——挑子客歌

据冷水乡志记载，冷水乡属渝东褶皱山原地带，东南面是七曜山与其支脉小山，西面是七曜山的支脉小山，东西山脉由东北偏南倾西延伸，形成两山夹一槽的长槽地形。北面是七曜山的另一支脉猫鼻梁，猫鼻梁由东向西逶迤，其支梁由北向南呈起伏下降，与太平槽东南面山脉在南面汇集，形成山峦重叠、沟壑纵横的山峦、槽坝、夹谷地形。❶由于川东地区地势险要，使历代生活在这里的人们只能靠人力和牲畜搬运货物与外界进行交流和联系，长期以来就孕育出一类特殊职业——挑夫，当地人惯称为"挑子客"，专门帮人们挑运物品往返于两地之间。由于路途艰险、担子沉重，挑子客们在行走的时候就会喊一

图 8-3　古道掠影

些短小精悍的口号为自己加油鼓劲，停在路边小歇的时候则会随口唱些地道的山歌，刚劲有力的号子和婉转有趣的山歌调子交相辉映，回荡在崇山峻岭之中，成了七曜山一道独特的风景线。

冷水的挑夫歌主要是流传在巴盐古道一线上的，我们的调查组有幸在 7 月 13 日重新走访这段古道，虽然古道由于后来很少使用已经被占用或者毁坏，但身处其间时，仍然能够感受到那一份历史的沧桑。

---

❶　转引自《石柱土家族自治县冷水乡乡志》。

当年往返于巴盐古道的背子客和挑子客❶们只能靠双脚一步步踏着石级、挑着沉重的背篓或担子翻山越岭，如果走累了，就会大吼一声，这样可以使肺腑敞开。若是在路上抬轿子（有的地方叫抬滑竿）还要喊一些口号，比如：

> （前面的人先说）前面几步梯啊；
> （后面的就接道）几步拿上去啊；
> （然后两人合唱）拿上去好歇气啊。
> （前面）直直拐哈；
> （后面）两边摆吃。
> 　　　　过桥时：
> （前面）桥是虚空，
> （后面）踩在当中。
> （前面）天上明晃晃哟，
> （后面）地上水汪汪哟。

喊这种口号的作用主要是前后配合，后面的人有时看不到前面的路，前面的人就通过这些口号来给后面的人一些提示。

时过境迁，当公路修通、有了机械式的交通工具后，如汽车，挑夫这种职业也就失去了其存在的功能，"挑子客歌"自然也消隐在车轮之中。笔者通过向年长村民的了解，找到了几位年轻时当过挑子客的师傅，他们都已经年过六旬，其中一位人称"吴司令"，是村里的"嚼嘴巴客"（绰号），意思是到处给别人说原则讲道理的人。年轻时一直当挑夫，他的路线是从湖北利川的小河挑到西沱，会唱不少挑子客歌，他给我们回忆了一段：

> 凉风绕绕天要晴，乌鸦叫唤要死人。
> 死人莫死亲丈夫，要死汝家野男人。
> 上了一坡又一坡，上坡下坎麻雀窝。
> 上了一坡又一坡，这的山上画眉多。
> 上坡下坎气又喘，换肩过来嘴巴歪。
> 这山没得那山高……喂——喂，那山没得这山高……喂——

后来了解到，在挑子客歌的唱词中间不时会有一个高声的"嘿"音，这是挑子客在换肩的时候喊的一声号子，一方面是由于担子很重，为了出力而喊

---

❶ 当地将背背篓行走的人称为"背子客"，用扁担两头挑担子的人称为"挑子客"。

的，另一方面也是表达担子把肩颈压得很痛。据说这里原来还有一个当了一辈子挑夫的老人黄长岁（已故），担子一挑到肩膀上就要叫唤，他说这样叫着心里才舒服。

在访谈会唱挑子客歌的老人的时候，经常会遇到老人们不愿意唱，或者扯开话题的情况，经多次访谈后笔者才了解到真正原因：首先，挑子客歌并没有固定的歌词，也说不清到底有多少首，都是大家看到什么唱什么随心情而定，加之多年不唱，所以现在不大记得了。还有一个重要原因就是，豪放的挑子客们大多都为男性，在挑的路上难免会唱一些关于挑逗女子或男女话题的歌，他们自己称为"风流调，黄色歌曲"，这样以缓解漫长艰险的跋涉之苦。正如一位老人强调："我明年就满70了，怎么能还唱这些歌，唱出来逗人笑话。"不过一阵熟聊之后，老人还是断断续续唱了一些证明了以上说法：

> 好耍不过河中走，包谷面面是对头，
> 包谷面面不怕粗，只要唯妹煮的熟。
> 只要三餐吃得饱，哪要顿顿都吃孺❶（肉）。
> 唯妹妹啊唯妹妹，昨晚我去了唯妹闺，
> 我走路又在打倒退，坐着又在打瞌睡，
> 我腰杆痛啊劳伤发，昨晚我睡了冷地下。

第四节　土家的遗赠——啰儿啰

2006年，重庆市石柱土家族自治县将土家啰儿调申报为国家级非物质文化遗产，5月20日，国务院国发〔2006〕18号文件，公布了文化部确定的第一批国家级非物质文化遗产名录。整个重庆市有11个项目入选名录，石柱土家啰儿调榜上有名❷。首批国家级非物质文化遗产名录共计518项，是从1 300多个推荐项目中筛选出来的。石柱土家啰儿调在名录中排名第64位，在民间音乐类中排名第15位。被列入非物质文化遗产保护名录，这也说明了啰儿调已濒临失传，因此笔者将这种音乐形式列入调查范围内，尝试搜寻一些传承的遗迹。

---

❶ 指"肉"，方言发"ru"音。
❷ 参见中国公布首批国家级非物质文化遗产名录——民间音乐类。

啰儿调，因其歌词中在固定语句的末尾都会有"啰儿啰""啰喂"等衬词，所以当地人叫作"啰儿啰"，是流行于七曜山一带的山歌，人们在上山砍柴、干活的时候都可以唱，但都是男的唱，女的一般不唱，只有挑夫歌还有女的在唱。李高德说："以前不晓得它叫什么啰儿调，是（大概 2000 年的时候）有一次看电视听到上面在唱'十月怀胎'，这是以前自己一直都会唱的歌，听到解说才知道原来这叫'啰儿调'。有时候在看电视的时候，看到别人在唱的歌跟我的怎么有点像，就拿我的歌词来做对比，才知道我一直在唱的歌原来叫这个名字。"李高德记述了一些啰儿啰的歌词，很大一部分是以前母亲唱着让他记下来的，只能记下文字，但并不能记下旋律和唱腔。

和挑子客歌一样，啰儿啰也是一种民歌小调，从歌词上看都是表达人们日常生活的所见所感，所不同的是，挑子客歌更多的是一种压力的释放，嗓音较为豪放，为了让身心放松，并且唱词表达直白，富有趣味性；而啰儿啰就像一种自娱自乐的方式，唱词细腻、婉约，富有情感。单人唱可表达个人感受，诸如：

啰儿啰歌

清早起来去哟去放牛哟喂，一根田坎啰儿啰放出头哟喂。
牛不抬头吃哟吃青草哟喂，娇不抬头啰儿啰我风流哟喂。
清早起来把哟把门开哟喂，一股凉风啰儿啰吹进来哟喂。
这股凉风吹哟吹得怪哟喂，把奴吹得啰儿啰几歪歪哟喂。

还有几个人对唱的形式，一人唱几句，比如：

对山歌（啰儿啰）

甲子乙丑啥，海中金啰喂，唱首山歌嘛啰儿啰，问先生啰喂。
丙寅丁卯啥，炉中火啰喂，看你还我嘛啰儿啰，不还我啰喂。
说要还来啥，就要还啰喂，唱首山歌嘛啰儿啰，不易难啰喂。
你唱金银啥，对石榴啰喂，我唱石榴嘛啰儿啰，对牡丹啰喂。
牡丹花儿啥，到挂起啰喂，看我怕你嘛啰儿啰，不怕你啰喂。
你不来啥，我又来啰喂，山伯是为嘛啰儿啰，祝英台啰喂。
山伯是为啥，英台死啰喂，赵小死嘛啰儿啰，送火台啰喂。
你不来啥，我又来啰喂，你莫学乌龟嘛啰儿啰，钻石崖啰喂。
你四脚啥，钻进去啰喂，我捉到尾巴嘛啰儿啰，扯出来啰喂。
你不唱啥，我又唱啰喂，点兵要点嘛啰儿啰，杨家将啰喂。

杨家有个啥，杨宗保啰喂，镇守山关嘛啰儿啰，杨六郎啰喂。

对门大嫂啥，过来哈啰喂，请你过嘛啰儿啰，说个话啰喂。

对门小妹啥，望嫁郎啰喂，你嫁给对门嘛啰儿啰，杀猪匠啰喂。

你早晨一碗啥，血旺汤啰喂，你晚上一碗嘛啰儿啰，猪大肠啰喂。

吃了饭啥，放碗筷啰喂，筷子丢在嘛啰儿啰，碗里头啰喂。

十八小姐啥，来捡碗啰喂，桌子底下嘛啰儿啰，用脚勾啰喂。

你不来啥，我又来啰喂，大山走到嘛啰儿啰，小山来啰喂。

大山有个啥，歌牌子啰喂，小山有个嘛啰儿啰，歌秀才啰喂。

歌牌子啥，歌秀才啰喂，大家一起嘛啰儿啰，唱起来啰喂。

你不唱啥，我又唱啰喂，包谷子嘛啰儿啰，颗颗方啰喂。

包谷籽籽啥，颗颗方啰喂，方方都有嘛啰儿啰，唱歌郎啰喂。

你不唱啥，我又唱啰喂，这山有个嘛啰儿啰，豆腐匠啰喂。

白天出门啥，卖豆腐啰喂，夜晚回来嘛啰儿啰，和豆渣啰喂。

你莫看我啥，生意小啰喂，小生意嘛啰儿啰，赚大钱啰喂。

也有一问一答的对歌，如：

盘　歌（锣鼓草）❶

问：说解元，讲解元。扬州起火哪一年？哪一只角（guo）先起火？哪一只角后冒烟？什么烧得连天爆？什么烧得爆连天？什么烧得跟墙走？什么烧得口朝天？什么没有烧得到，拍翅拍翅叫皇天？

答：说解元，就解元。扬州起火是乙卯年。东只角内先起头。两只角内后冒烟。瓦片烧得连天爆。楼竹烧得爆连天。老鼠烧得跟墙走。碓窝烧得口朝天。还有鸡公没烧到，拍翅拍翅叫皇天。

问：什么出来高又高？什么出来半中腰？什么出来连根扯？什么出来棒棒敲？歌师傅，歌秀才，要请歌师解出来。

答：桃花红，李花白，这首盘歌我晓得。苋菜开花根根红，不知解来同不同。高粱出来高又高，包谷出来半中腰。豆子出来连根扯，芝麻出来棒棒敲。

问：桃花红，柳叶青，再一首盘歌问先生。什么背上一个包？什么背上一条巢？什么背上千个眼？什么背上挨万刀？

答：桃花红，李花白，这首盘歌我晓得。苋菜开花根根红，不知解来同不同。斗笠背上一个包，推包背上一条巢，筛子背上千个眼，刀板背上挨万刀。

---

❶ 讲述：向仁堂，杨盛计；执笔：向元洪；冷水乡天河村六堡组，2008 年 6 月 25 日。

问：一个铜钱四个字，请问先生是不是？

答：是哟。牛吃江边草，马吃竹叶花，一步跳上马，多谢主人家。

也有些歌是表现生活的喜怒哀乐，如：

十二月怀胎

正月怀胎正月正，思想那情哥，奴家怀胎不知音，
扯啰儿扯啰儿，水上浮萍哪，未定根那哟儿哟。
二月怀胎二月过，思想那情哥，奴家怀胎不好说，
扯啰儿扯啰儿，新结的媳妇，实在脸皮薄那哟儿哟。
三月怀胎三月三，思想那情哥，奴家怀胎茶水不沾，
扯啰儿扯啰儿，上坡下坎，实在胯胯酸那哟儿哟。
四月怀胎四月八，思想那情哥，神皇庙内把香插，
扯啰儿扯啰儿，保佑女儿，生个胖娃娃那哟儿哟。
五月怀胎五月五，思想那情哥，奴家怀胎怀得苦，
扯啰儿扯啰儿，商量丈夫，上街买点肉那哟儿哟。
六月怀胎六月六，思想那情哥，奴家怀胎怀得粗，
扯啰儿扯啰儿，商量丈夫，打个对河铺那哟儿哟。
七月怀胎七月半，思想那情哥，奴家怀胎扳起拇指算一算，
扯啰儿扯啰儿，七算八算，还差两月半那哟儿哟。
八月怀胎八月八，思想那情哥，奴家怀胎把香插，
扯啰儿扯啰儿，插了一根签问了一个卦，保佑女儿。
九月怀胎九月九，思想那情哥，奴家怀胎到了头，
扯啰儿扯啰儿，公婆你走开丈夫你筐来，
金盆打水，快来捡胎那哟儿哟。
十月怀胎十个月，思想那情哥，奴家怀胎坐了月，
扯啰儿扯啰儿，奴家，生个胖娃娃那哟儿哟。
冬月怀胎冬月冬，思想那情哥，奴家怀胎肚儿空，
扯啰儿扯啰儿，背在妈屋，讨个大打发那哟儿哟。
腊月怀胎十二月，思想那情哥，奴家怀胎满双月，
扯啰儿扯啰儿，叫一声丈夫，今天晚上过来歇那哟儿哟。

哭 郎 歌

正月郎不走哇，二月姐不哦行，三月得个呀相思病。

四月立夏节呀，得病几个月哟，砂糖啦硬饭呀吃不得。

五月是端阳呀，得病倒下床哟，茶不思来呀饭不想。

六月六阴阴呐，我梦见两个人，梦见那无常神呀到我家，

无常神生得恶，手拉画卦说，前门端到后门着。

七月是月半，我扳起拇指算，算来算去呀八月半。

八月是中秋，小郎把命丢，你死在那阴间呐路不走。

九月半夜三，我只等鸡叫唤，我要把小郎呀开棺看。

鸡叫天已明，哭喊我郎君，你怎么舍得小情人。

伸手捧方墙，情哥我的郎，你怎么舍得二爹娘。

伸手捧方底，情哥你坐起，你怎么舍得儿和女。

伸手捧方盖，情哥你起来，你怎么舍得花世界。

忙到爹和妈呀，上街扎翻花，扎走翻花送我家。

忙到爹和娘呀，上街买猪羊，叉起猪羊送情郎。

忙到哥和嫂呀，上街买火炮，放起火炮很热闹。

走到松树林，白鹤闹存存，孝堂站着百多人。

走朝屋门口，皮脑一撞头，头脑撞得鲜血流。

深些挖个井，大些垒个堆，明年这月才立碑。

孝堂作个揖，介绍亲朋友，抬在路上慢慢走。

第五节　歌者的个人生活史

　　每一种形态的山歌都产生于其特定的原生环境之中，是人们与环境互动的结果。歌者将对于生活的各种情感都融入了歌曲中，歌与歌者的关系犹如鱼和水，歌曲伴随着生活的各个方面。因此要理解民歌中所蕴含的意义就只能诉诸唱歌者的个人生活史。在此笔者选取了两位比较重要的歌者李高德及其母亲唐碧玉作为描写对象，他们的个人生活史将为挑子客歌和啰儿啰提供确切的背景个案，以帮助我们更好地体会民歌所传达的情感和阐释歌曲的内涵。

　　李高德，1970 年出生于湖北花台乡，母亲唐碧玉原就是冷水人，嫁到湖北。李高德是家里的第二个孩子，上有一个姐姐，四年后又有一个弟弟。一家三代同堂本来是很幸福的，但就在李高德六岁的时候，厄运降临了这个家庭，李的父亲帮医院修老屋基的时候，因房子垮塌而不幸丧生，一家人的命运从此

发生了巨大转折，这也是歌者李高德和其母亲一生辛酸的开始。

李母结婚前是女性中少有的能歌善舞者，因为家里的兄弟都是挑夫，听了不少挑子客歌。另外还能唱孝歌，尽管不识字，但唱的是转本。1962年因共同爱好唱歌而与李的父亲（其第一任丈夫）结婚，丈夫当时就在生产队当歌师先生，唱薅草锣鼓。访谈的时候，李母回忆起过去与丈夫一段美好的时光，一想起什么歌来顺口就唱，唱完便开心的大笑。

她说，"他以前就是挑子客，什么歌都能唱，我跟他结婚以后就跟着他唱挑夫歌，唱山锣鼓。天天一起来就唱，干活一歇下来就唱，哪天不唱心里都不安乐"。她想起一首歌，随即就唱了起来：

> "好久没上这披坡啊，对面山上画眉多啊，
> 心想要去坐一个啊，没得妹子来相合啊。
> 清早（那个）起来推开门，看到（那个）表妹长成人，
> 大锣大鼓都挑起走，看你呕人不呕人。
> 对门有条岩，❶金花银花都现出来，
> 金花银花我不爱啊，爱的那个表妹好人才。
> 柑子树来柑子叶，白天陪着你干妹耍耶，晚上陪你那干妹歇。"

李母回忆说，她丈夫一生最逍遥自在，最爱唱歌，一点都不觉得生活苦。但是从丈夫过世以后，她独自带着三个孩子又从湖北回到重庆娘家，改嫁给这边当时的一个队长，队长自己也有两个儿子，后来又给队长生了两个女儿。李母的改嫁实际上是寄人篱下，两人一共三个女孩四个男孩都靠她种田喂窝子（养母猪）养活，从早苦到黑，最后又帮这家盖起九杆（间）房子。从嫁过来时就基本没有开口唱过歌，只是看着李高德从小就爱好歌，喜欢跟爸爸学唱歌，因此就在儿子识字以后偶尔唱一些以前和丈夫都喜欢的歌给高德记下来。正如她所说的，那个年代会唱歌的女性是凤毛麟角，大家干活的时候累了一歇下来就喜欢叫她表演个节目，"说唱就唱，说跳就跳，要笑就笑，要哭就哭，演什么都可以"。确实如此，笔者在访谈时，她就一边说自己的生活，一边唱了个"苦儿媳妇歌"，歌曲讲述了一个苦命小媳妇在婆家的遭遇致使其生命完结的过程，大意是哥哥几次到妹妹的婆家接妹回娘家都没有接回，婆家事情多不让她回，最后终于回到家时却发现父母已亡，于是含苦自尽。李母一边唱一

---

❶ 岩，方言发音读作"ai"。

边哭：

> 正月里正月八，哥哥来接妹妹耍，哥哥你心软误，要把活路做完了再来耍。
> 二月里二月八，哥哥来接妹妹耍，哥哥你心软误，要把包谷种完了再来耍。
> 三月里三月八，哥哥来接妹妹耍，哥哥你心软误，要把清明过了再来耍。
> 四月里四月八，哥哥来接妹妹耍，哥哥你心软误，秧子插完了再来耍。
> 五月里五月八，哥哥来接妹妹耍，哥哥你心软误，端午过了再来耍。
> 六月里六月八，哥哥来接妹妹耍，哥哥你心软误，花椒摘完了再来耍。
> 七月里七月八，哥哥来接妹妹耍，哥哥你心软误，月半过了再来耍。
> 八月里八月八，哥哥来接妹妹耍，哥哥你心软误，中秋过了再来耍。
> 九月里九月八，哥哥来接妹妹耍，哥哥你心软误，重阳过了再来耍。
> 十月里十月八，哥哥来接妹妹耍，哥哥你心软误，麦子点完了再来耍。
> 冬月里冬月八，哥哥来接妹妹耍，哥哥你心软误，冻土搬完了再来耍。
> 腊月里腊月八，哥哥来接妹妹耍，哥哥你心软误，肥猪杀了再来耍。
> 十五过了回家耍。
> 走到那个地方都望一望，看到那个大门都是一双，没看见她爹和娘。
> 走到那个堂屋都望一望，看到那个蜡烛都是一双，没看见她爹和娘。
> 走到那个火儿都望一望，看到那个火钳都是一双，没看见她爹和娘。
> 走到那个房屋都望一望，看到那个鞋子都是一双，没看见她爹和娘。
> 走到那个灶屋都望一望，看到那个水瓢都是一双，没看见她爹和娘。
> 开了那个后门都望一望，一块孝帕就戴头上，扯根毛草吊上梁。

李母虽然回来以后就很少唱歌，但是实在难过的时候也要大声唱几句。现在儿女们都盖起新砖房，只有老人一个人住的还是以前的木房。她自己还种有一亩黄连，目前一分钱都没有向儿女要。说起自己的命运，李母很感慨，小时候 8 岁时家里的大人就死了，自己自力更生活到嫁人；几年后夫亡又改嫁；文化大革命时候遭迫害；后来政府搞计划生育又去做了结扎手术，遇上实习医生摊上了后遗症；现在老了还在自食其力，没有拿政府一分救济金。不过李母说，唱歌对于自己的意义很大，因为本来命运就苦，再哭再怨也没有人会施舍一碗米一分钱，不如干脆大声唱歌，发泄发泄。这里有个小插曲，儿女们盖新房的时候，将老人原先一砖一瓦盖起的房子全拆了，只剩下一个转角房留给老人家住。李母说，她并不要求儿女盖了房子能够分一间房给她住，只是他们拆的是她一辈子的劳动成果，所以当时李母心里憋屈，流着眼泪在屋里唱："长江水向东流，一代更比一代强……"

李母所唱的歌里也有一些体现着时代风云的变化，20世纪40年代抗日战争时期，宋庆龄在重庆领导妇女运动的时候，她们就唱妇女歌，凡是开会或是进行妇女宣传的时候都要唱。这个歌到现在还有许多人都记得，它是我们访谈时听到的第一首歌：

"我们妇女多，拥约唱个歌，妇女唱个翻身歌，大家都快乐。

妇女受过苦，从前受欺凌，挨打挨骂难终处，想起只有哭。

公婆天天骂，丈夫时常打，想起那时挨的打，眼睛都哭瞎。

睡在房屋里，想起很着急，每天每日呕三气，想起很着急。

自己心想把命运，丢儿心不放。

自呕自己解，翻身爬起来，披起衣服穿起鞋，一步跳出来。

妇女等到了，翻身日子到，不挨打来不挨吵，生活过得好。

记着宋庆龄，牢记王秀英，还要采茶三人等，牢牢记在心。

妇女胆子大，开会要说话，开会场中莫乱扯，拥护共和国。"

她说，到了60年代与丈夫结婚后，就可以跟着大家一起唱挑夫歌和薅草锣鼓，所以她学了不少。不过，那时女性一般是不会充当打锣鼓的角色，但也许是受之前妇女运动的影响，李母能干而不服输，所以有时也充当"出头鸟"。一时兴起，她为我们唱了一段山锣鼓歌：

"清早起来雾沉沉，一请东方太阳神，二请天上月亮神……十方神圣都请进，全部山都得安宁。"

她说："一般唱锣鼓的都是男的，女的会唱的很少，但是我就喜欢，那时候人也年轻能干，人家两个歌先生才把锣鼓刚丢下，我就跑过去捡起来打起唱，'妇女出门胆子大，双手就把锣儿挑，那个喊你家伙挑个鬼，毛主席啊管天下，还倒骂了他们一顿，哈哈……'"。

但是"文革"开始以后，挑夫歌和薅草锣鼓都禁唱了，挑夫歌被禁是因为被列入"黄色歌曲"，薅草锣鼓被禁是因为当中要唱一些歌书的内容，歌先生们家中的书大多都已经销毁了，于是就不唱了，而改唱革命歌曲。

目前健在的、能唱挑子客歌的人已经很少了。在冷水乡，李母唱的歌数量最多，而且贵为女性。难得的是，她已经将多数会唱的歌都让儿子李高德记下来了，这也许是出于对儿子爱好的满足，也许是为了纪念与丈夫一起度过的朝夕相伴的歌唱时光。为此，笔者又先后三次专访李高德，从其生活轨迹中受到了一些启发。

　　在李高德的印象中，父亲总是不在家，也不知道他干什么去了，但是他在家的时候就总是用担子挑着他们，他们坐在担子一边的兜箩里面，另一边就装着东西，父亲一路走一路唱，他们也跟着父亲唱歌。后来 6 岁时父亲去世了，他们姐弟三人就跟着母亲来到重庆娘家这边。过来以后跟继父家的两个儿子总是兵戎相见，几个孩子把家里闹得一团糟，与此同时，继父想再生个儿子，不料李母却连生两个女儿，继父一气之下将李高德三姐弟送回了湖北老家。从那时起，十二岁不到的李高德就开始了饥寒交迫的流浪生活，帮人做事、修路、挑石头度日，走过不少地方。其中在帮人修沙子到水田一段公路的时候，头一次听到了工友们唱的地道的民歌，于是学了不少并保留至今。李高德说，这些歌主要是记在脑子里，没有用笔记，有时候具体也听不太清楚到底是哪个字，反正就跟着唱。从那以后，有很长一段时间他都在当挑夫，从西沱挑东西到湖南各地，一路都以歌声为伴。这段当挑夫的时间应该是他唱歌最多的时候，经常唱的歌有以下几首：

　　　　太阳出来喜洋洋，姑娘下地种高粱，
　　　　好吃不过高粱根，好耍不过少年郎。
　　　　太阳出来照白岩，妹不招手我不来，
　　　　妹在对面招招手，我担担挑起跳过来哟。
　　　　太阳当顶啰口口，张家大婶送饭啰来哟，
　　　　问你呀送的耶啥子哎菜，油炸豆腐白菜台哟，
　　　　油炸豆腐我不爱耶，只爱大嫂好人才。
　　　　太阳落山啰又落坡哟，情妹下河捡柴烧哟，
　　　　你弄柴莫弄刚口口，你偷人莫偷妹惠子哟。
　　　　一来怕她爹妈打哟，二来又怕她生娃。
　　　　太阳落山啰又落坡哟，情妹出来把门关哟，
　　　　早早关门吨，早早睡吨，免得别人说是非吨。
　　　　我和那啰门对吨门吨，看到情妹长成人啰，
　　　　锣鼓的喧天呐接起吨走，看她呕人不呕人啰。
　　　　那情妹啰挑水吨，扁担啰长啰，双手扒在井杆梁啰，
　　　　屋里还有半缸水吨，假装挑水去望郎啰。

　　　　好久都没往这山来，这山凉水起青苔，要吃凉水跟沟上，抢开抢开又

拢来。

好久都没往这山走，这山有个好朋友，你称肉来我打酒，这好朋友那的有。

好久都没走这家坡，这家坡上画眉多，心想安套套几个，没得妹子赖不活。

把你妹子借一个，我保证弄他一大窝。不唱山歌不闹热，唱起山歌逗人嗷。

过路大婶莫嗷我，我保你生个大少爷。

桑树扁担两头翘，不挑八百挑一吊，
三岁牯牛十八汉，不挑八百挑一担。
新开店子望客来，老板娘子挂招牌，
老板娘子我的妻，担担挑来靠哪点，
担你靠在大门外，天远路湿赶起来，
哎呀我的一声天，老哒不比那几年，
十七八岁做口口，裤儿穿个撮箕眼。

一个大嫂全身白，手上夹个肉篓篓，问你大嫂嫁不嫁，你嫁给我这挑子客。

一个大嫂全身蓝，手上夹个倒扑坛，问你扑的啥子菜，一根茄子口口口啰。

一个大嫂打把伞，连路走来连路喊，问你喊得啥子吨，蜂子口了鸟口口吨。

一个大嫂连路走吨连路抠，问你大嫂抠莫子吨……❶

在 20 世纪七八十年代，挑夫歌是不能够唱出来被别人听见的，特别是在继父家里，唱歌更受到限制，李高德读中学的时候就曾因唱"牛郎织女歌"挨批评，罚站过板凳。李母也经常教育他"房前屋后莫唱歌，大户人家子女多，老的听了睡不着，少的听了是非多"。那个年代的人们，认为这些山歌不文明，是黄色歌曲。

李高德 19 岁时便结束了游荡生活，经别人介绍到了一家没有男孩的门户

---

❶ 搜集自李高德手录歌本。

做上门女婿，在妻子和岳母的高压之下，又进入了另一段心酸历程。李高德在日记中这样写道：

"岳母挺凶，由于我不会种庄稼经常被赶出门，也挣不来钱，便跟有见识的人出门打工，先后到过安徽、湖北，但因为没文化没技术，反正不是挑就是扛，时间长了钱没挣着，倒是捞了一身腰痛，只能回家，又被老婆骂没出息……多年的清贫和没出息，使我前途渺茫，更困难的是，不知什么问题老是腰腿痛，使我更加不能生存。"

不过还好，他在 2000 年黄连价好时修了点房子，1996 年种烤烟时也赚了点钱。但这始终不能解决长期的温饱问题，也远没有达到岳母的要求。所以谈到唱孝歌，家里的人永远是投反对票的，因为这不但不能挣钱，反而还要耽搁第二天 50 元的工地活。由于李家现面临的最大问题是欠一笔罚款——第三胎超生罚款一万六千元。本来李与妻子共育有一儿一女已经刚好，但这次超生的主要原因却是计生办。他曾经去了几次村里的计生办都没有找到医生，没有拿到避孕药，这样一拖就拖了几个月，后来去医院一检查才发现怀了双胞胎，而且已经不能做引产了，只能生下来。李家的家当只有一亩八分苞谷地、一亩多黄连地、养一头猪和七八只鸡，目前每天只有修路抬石头的 50 元工钱进账，靠这点钱既要维持生计，又要攒钱还债。祸不单行，李的腰腿痛后来查明是因犯了腰椎间盘突出症和比较严重的肾结石导致的，需一万多元手术费才能治疗。故他现在家境清贫，艰难众多，但面对拮据的生活，他仍然热衷于唱歌，他说：

"我现在还是爱唱歌，我最大的愿望是可以出一张专辑。在工地上干活的时候，工友有时候都会叫我唱歌来给大伙听，说是唱一首就可以朝他们那头挪一寸（工地上挑石头是两个人共同架一根杠子抬一块石头，杠子往另一头挪一些，这头的人抬起来重量就轻点）。"

自从周围的人认同了李高德唱歌的本事后，频频有不同单位的人慕名来找其录音抄歌词，这其中有重庆某高校的教授，也有文化局的工作人员；每次来人都要李亲自去接接送送，费时费力误了工、耽误了活路不说，而且也没有给他的生活带来什么改善。如果唱歌对于李母来说是从严酷的生活中解脱，是借以纪念逝去的丈夫和纪念与丈夫相处时的幸福生活而鼓励自己坚强活下去的精神支柱，那么对于李高德来说，唱歌既是一种喜好，又是一种迫于生活的无奈。小的时候有很多歌不能唱，因为那被定为"黄色歌曲"，现在唱歌也得不到妻子和丈母娘家的理解；因为他唱歌虽名声在外，但却没能给负债累累、人口众多的家带来任何直接的实惠。李高德只能从电视上看到别人表演的——经过他人艺术包装的——但原本属于自己的歌，却从来没有发言权。挖掘民间非物质文化遗产的人卷着一路黄土走了，尘烟散尽，只留下黄连地里歌者孤寂的背影。

第六节　音乐类非物质文化遗产的
"逝"与"承"

以上，笔者选取了几种音乐类型对冷水乡存在的民间文化艺术进行了调查整理，虽然民间存在的艺术形式不止于此，但对在冷水乡表现比较突出的文化形态进行分析，也可帮助我们大致了解地方民间音乐的基本概貌。

据民间音乐艺术的调查状况来看，冷水乡存在有三种类型的音乐形态。第一种类型是仪式音乐。孝歌和坐堂锣鼓就属于这一类型，即它们都是在葬礼仪式的举行过程中进行表演的，并且在冷水境内也是流传范围最广、至今还保存完整的音乐形态，这与人们传统的丧葬风俗密不可分。任何民间文化的留存都离不开对传承问题的探讨，那么对于孝歌和坐堂锣鼓来说，丧葬仪式与灵堂是孝歌得以传承的文化空间，并依赖葬礼的仪式形式而存在，属于无师无徒的社会传承。这种传承方式不存在固定的师徒关系，教与学之间受到的是一种社会氛围的影响，那么正如本文孝歌部分的分析，一旦这种社会氛围发生改变，孝歌也就随着其所依赖的文化空间的变迁而消逝。

第二种类型是民间歌谣，即挑子客歌和啰儿啰（啰儿调），这两种歌曲风格属于山歌和小调。挑子客歌是与一种特殊职业——挑夫相关联的，其在七曜山一带的流传，反映了这里曾经的交通面貌和挑夫的生存状态，所以歌曲中的内涵也寓于挑夫的个人生活之中。上文通过对冷水地区比较有影响的歌者李高德的个人生活史的记述，对挑子客歌和啰儿啰的原生背景做了一个说明，以使人们更容易感知和体会民间歌谣所透露出的社会事实。在现阶段的调查中，笔者发现，搜集挑子客歌甚为困难，当年的挑子客大多都已过世，极少数还健在的又由于有所顾忌而不愿意唱。可以说，自从挑夫作为一种职业消失以后，挑子客歌也就逐渐消亡了，而能够保留下来的残余部分又受到社会舆论（认为其不文明）的挑战和影响而无法继续生存。啰儿调也面临相同的境况，但是区别在于啰儿调现已经被列为国家级非物质文化遗产保护名录，现阶段石柱县各层级和学界的采录以及宣传工作都正在大力开展，一定程度上延续了啰儿调的生命力。

第三种类型是生产劳动音乐，即薅草锣鼓。薅草锣鼓与以上两种音乐形态有所区别，冷水地区的薅草锣鼓早在1981年的时候就随着大集体时代的结束而告终，至今消逝已有27年，但对其进行调查仍具有一定意义。作为一种历史上曾经存在过的一种影响广泛的音乐形式，它的普遍兴起和消亡都与当地的其他音乐形态发生着互动影响。笔者在调查中发现，薅草锣鼓在唱歌的程序、韵律和唱词方面的规则都与孝歌相仿，区别只是在于孝歌的唱音带哭腔，而薅草锣鼓节奏较为欢快一些；唱孝歌的歌师之间具有竞争性，而唱薅草锣鼓的两位先生之间则是互相配合关系。是否二者之间存在一些假借和转移的因素，而从这些因素中是否可以得到一些关于文化形态保留与传承的自身调节机制的启示？这是一个有趣且有待于继续深入调查的问题。

第九章　乡土文化中的仪式与象征[*]

第一节　结构与反结构
——八龙村丧葬仪式过程分析

　　八龙村土家族丧葬仪式，作为人生礼仪的一个重要阶段，是土家族在长期社会生活中所形成的，是土家族文化的历史性、地缘性、民族性等多种因素的综合，历来受到土家人的高度重视。

　　通过对石柱土家族自治县冷水乡八龙村丧葬仪式过程的考察，本文详细记录了丧葬仪式的全过程，并运用人类学家维克多·特纳的"仪式过程"理论对八龙村丧葬仪式过程的结构形式和象征意义进行分析，发现通过丧葬仪式，生者帮助死者完成了存在状态的转变，重构了死者与现实生活中群体关系的秩序及群体生活的正常秩序；反过来，生者自己也完成了存在身份的转变，同样重新维系了群体生活的正常秩序，完整了整个社会的结构形式。简单来说，就是八龙村土家族丧葬仪式展现出一种"结构—反结构—结构"的过渡过程，强化了八龙村的生活秩序和社会结构。

　　这一节主要共分五个部分：第一部分为前言，介绍了研究的缘起和相关的理论回顾，本研究的理论方法和田野工作；第二部分，介绍了田野点的基本情况；第三部分，详细记录了八龙村土家族丧葬仪式的过程和内容；第四部分，深入分析了八龙村土家族丧葬仪式作为一种"通过礼仪"，其背后的结构形式和象征意义；第五部分，通过对八龙村土家族丧葬仪式过程的文化研究，作出归纳和总结。

---

　　* 本章第一节的作者为龙黎，第二节的作者为王璐。

一、引言

仪式，作为具有象征性和表演性的民间传统行为方式，体现了人类群体思维和行动的本质。正如王铭铭所说："人类学者常把乡土社会的仪式看成是'隐秘的文本'，这个观点看来不无道理。文本固然值得'解读'，而仪式同样也值得我们去分析。……文本只能给予我们了解思想史的素材，而作为'隐秘的文本'的仪式却是活着的'社会文本'，它能提供我们了解、参与社会实践的'引论'。"[1]

由此可见，仪式是我们了解一个民族、一种文化的重要渠道，因而一直处于人类学研究的中心位置。虽然诸多人类学家都关注、探讨过仪式，但他们对仪式的理解、界定和由此提出的观点却不尽相同。人类学家泰勒把仪式置于"神话"的范畴来看待。历史学派代表人物博厄斯也认为，仪式就是对神话的表演。社会学家涂尔干和功能主义学派人类学家拉德克利夫-布朗，把仪式看作具有增强作用的集体情绪和社会整合现象。马林诺夫斯基从功能意义上认为，所有的巫术和仪式等都是为了满足人们的基本需求，为了"帮助那些需要帮助的人们"。[2]

仪式的种类繁多而复杂，其中与人类社会联系最为紧密的是生命礼仪。人类学家阿诺德·范·根纳普（Arnold Van Gennep）在其著作《通过仪礼》（Les Rites de Passage）中，使用"通过仪礼"一词概括个人及社会从一种状况到另一种状况的转换过程。生命过程中的通过仪式是为了个人生命的危机时刻而设并与之相伴的，这些生命的重要关口就是指出生、成年、结婚、死亡几个时刻。这些关键时刻必须通过一定的仪式才能安全度过。根纳普根据自己的观察分析将"通过仪式"分为三个主要过程：分离仪式（rites of separation），即与原社会关系脱离隔绝的阶段；过渡仪式（rites of transition），即从一种状况进入另一种状况的中间阶段或曰等待阶段；整合仪式（rites of incorporation），即与新的社会关系结合为一体的阶段。[3]

根纳普着重研究了分离和整合这两个具有明显转折特征的阶段，而忽视了

---

[1] 王铭铭．象征的秩序 [J]．读书，1998（2）．
[2] 马林诺夫斯基．巫术与宗教的作用 [M] //金泽，等译．20世纪西方宗教人类学文选．上海：三联书店，1995：63．
[3] 郭于华．生的困扰与死的执著——中国民间丧葬仪礼与传统生死观 [M]．北京：中国人民大学出版社，1992：31．

对过渡仪式的分析。真正把通过仪礼理论充实并发扬光大的是人类学家维克多·特纳（Victor Turner）。特纳在其名著《仪式的过程：结构与反结构》（The Ritual Process：Structure and Anti-Structure）中进一步对仪式的中间阶段进行了讨论。他将人类的社会关系分为两种状态：一种是日常状态，在这种状态下，人们的社会关系保持着相对固定或稳定的结构模式，称为"位置结构"（structure of status）。另一种是仪式状态，是一种处于稳定结构交界处的"反结构"现象。仪式过程就是指仪式前后两个稳定状态的转换过程，特纳把它称作"阈限阶段"（liminal phase），意指处于"反结构"状态的有限的时空阶段。

由此特纳认为，围绕着仪式而展开的"阈限前（日常状态）—阈限期（仪式状态）—阈限后（日常状态）"这一过渡过程，是一个"结构—反结构—结构"（structure-antistructure-structure）的过程。它通过仪式过程中不平等的暂时消除，来重新构造和强化社会地位差异结构。在"阈限前后"阶段，社会结构存在于社会中，规定着社会关系和社会地位。到了"阈限阶段"，人们之间形成一种特殊的关系，使社会结构出现一时的空白，显示出反结构的特征，即"交融"（communitas）。当仪式结束时，社会结构又得以恢复，社会日常结构又得以重新建构。

国内学者对于人生礼仪的研究作品也可谓洋洋洒洒。如早期，吕大吉、何耀华总主编的《中国各民族原始宗教资料集成》、瞿明安的《中国民族的生活方式》、林乃新主编的《中华风俗大观》、牟钟鉴的《宗教、文艺、民俗》等。但多是从民俗的角度收集整理资料，没有实质理论。近年来，国内人类学者深受国外人类学家的影响，不仅关注仪式本身的功能性分析，更关注仪式在复杂的现代性社会中是如何存在和运用的，关注仪式行为与政治、权利和仪式形态的关系。如杨利慧的《试论我国传统婚礼的象征体系》、郭振华的《中国古代人生礼俗文化》、郭于华主编的《仪式与社会变迁》、何翠萍的《从生命礼仪的角度谈人观研究对西南中国人类学研究的意义》，等等。

纵观国内外学界，对于各个民族、各个社会的通过仪式，如成年礼、婚礼、葬礼等，从各个角度都有相当丰富的研究成果。唯对仪式过程本身以及随之发生的社会结构变化，在研究上却相对疏忽。本文即以丧葬仪式过程为主题，以特纳的"仪式过程"为理论框架，运用人类学最基本的田野调查方法，参与观察、深度访谈并结合相关地方文献资料进行研究，试图揭示仪式过程与结构形式以及象征意义之间的深层关系。

二、八龙村宗教信仰概况

2002 年，随县、村、组建制调整，八龙村整合为双坪、凤凰、小康、双坝、碓窝坝 5 个小组，共 334 户，1 262 人，其中男性 676 人、女性 586 人。❶

表 9-1　2002 年八龙村人口分布表

组别	户数	总人口	男性（人）	女性（人）
双坪组	67	291	156	135
凤凰组	53	204	107	97
小康组	65	233	129	104
双坝组	78	277	147	130
堆窝坝组	71	257	137	120
合计	334	1 262	676	586

整个八龙村只有汉族和土家族两种民族，其中土家族占 73.9%，汉族占 26.1%，是一个典型的少数民族聚居区。❷

在调查过程中笔者发现，在村民们看来，这些今天看来带有封建色彩的人和事确实管用，而进一步的调查中表明八龙村里曾存在"巫""佛""儒"三大教派。

张有利（男，76 岁）：以往村子里三大教派兴盛得不得了！做巫教的叫"端公先生"，做佛教的叫"道士先生"，做儒教的倒没有么子（什么）特殊的称号，统称"先生"就是了。现在慢慢的这些先生们都老了、病了、死了，又没有年轻人愿意学，把这些手艺继承下来。村子里已经没有儒教和巫教了，佛教也只剩下曹家湾的秦光廷一个道士先生了。

王锦文（男，46 岁）：我们小的时候常听父母说么子三大教派，可是长大了后发现儒教和巫教都已经没有了，只剩下佛教。区别嘛，好像就是巫教是跳端公，佛教是做道场。

沈昭然（男，80 岁）：这三大教派凶遭了（很厉害）！比如治病、驱鬼、生儿子，还有什么安龙谢土的，都奈得活（能应付）！这些都还是些小法事，真正的大法事就是人死了之后超度亡魂。

❶ 冷水乡地方志办公室：《冷水乡志》。
❷ 冷水乡地方志办公室：《冷水乡志》。

在八龙村里，曾经巫佛儒三教共存是确有的事实，而人死之后都要做法事超度亡魂也是既定的"规矩"。由于其他教派的逐渐消失，现在，八龙村里的丧葬仪式都采用的是"佛教"的"做道场"。目前整个八龙村唯一的道士先生——82岁的秦光廷老人——也成了"道场"执事者的唯一人选。

三、八龙村丧葬仪式过程

笔者在石柱土家族自治县调查的一个月内，一共参加了3场丧葬仪式。其中，7月6日是为一位69岁的女性亡故者举办的葬礼，7月19日是为一位76岁的女性亡者举行的葬礼，7月25日是为一位63岁的男性逝者举办的葬礼。这三位都是因病去世的。所以本文所涉及的丧葬仪式的对象都是寿终正寝的老者，不包括年轻人和非正常死亡者。依丧葬仪式发生的时间顺序，八龙村土家族的丧葬仪式主要分为以下一些步骤。

（一）送终

按照八龙村的习俗，但凡老人生命垂危，子女等直系亲属都要守护在身边，听从临终遗言。老人看到儿孙满堂，自然走得安心；后辈看着老人离去，也尽了自己最后的孝心，也不会有遗憾终生的感觉了。因此，不管子女在多远的地方，一旦听说老人进入弥留状态，都会不辞辛苦地赶回家中送终。在死者落气的一刹那，子女要马上为其烧火纸钱，称为"落气钱"。对此，村民有自我的解释。

王锦文就说："通往阴间的路途中有很多的收费站，如果死者不带点钱在身上的话，就交不出钱过不了收费站，到不了阴间。所以死者一落气，马上就要烧'落气钱'方便他带走。这个'落气钱'必须是干干净净的，象征死者是清白的，所以要放在盆里烧，不沾灰尘。"

随后死者的长子在家门口燃放鞭炮，俗称"落气炮"。团转势力（街坊邻居）一听，便知道是某家的老人"升天"了，纷纷赶去孝家帮忙。

（二）抹汗

死者落气后，要为其洗澡更衣，当地俗称"抹汗"。

八龙村人如王锦文认为："给死者洗澡，是要把这辈子的污秽洗干净，让他清清白白地投胎。换衣服呢，因为阴间的人都穿寿衣，要是不给死者换寿衣的话，去了之后会受排斥，不被接受。"

村民张有利也说："在过去，一般是请村子里最穷的人来'抹汗'，因为穷人可以因此得到死者咽气时所穿着的衣服。现在，全村经济水平都提高了，个人自尊心也加强了，已经没有人稀罕那一套衣服，更没有人愿意承认自己是全村最穷的人，所以只能由死者的亲人来'抹汗'了。"

如果死者是男性，通常由死者的长子为他洗脸、擦身、剃去胡须和头发、穿衣服；长子不在的，可由次子或兄弟代替。如亡者是女性，则由大媳妇或女儿为其洗头、梳头、擦身和穿衣服，并把头发扎成一个小发髻。

张有利说："抹完汗的水可不能随便倒掉，这个水叫'银水'，是能为家庭带来财运的，要放在堂屋神龛下供奉起来。"

为死者更衣时，要由下往上依次穿上寿袜、寿鞋、寿裤、寿衣和寿帽，意为"越穿越高"。这些寿衣一般都是提前置办的。在八龙村里，当老者过完六十大寿后就会开始着手为自己准备后事。

如杨秀可（男，62岁）就说："我是刚过了60就找人定做了这一套衣帽和棺材。在我们这，60以下就死了的叫'短命仔'。所以60之前，基本没有人会置办这些东西。一旦过了六十大寿，确定自己不是'短命仔'之后，就会开始准备自己的后事了，免得死后子女不孝顺不给自己操办，或者是操办得不尽如人意。"

寿袜为黑色，长度以没过膝盖为宜。寿鞋也为黑色，形式为普通系带布鞋，但没有鞋底。对此，报道人王锦文作出了这样的解释：

"我们平时穿的鞋走路都会有声音，而阴间的人走路是没有声音的，但又不可能不穿鞋走路吧？由此我们就推断阴间人的鞋肯定是没有缝鞋底儿的，只有这样才可能既穿了鞋又不会发生声音。"

寿衣和寿裤是黑色或深蓝色的，必须由棉质或者丝绸的直纹布制成，不能由其他诸如腈纶、雪纺材料或是斜纹布制成，这象征死者生前是"正直"的而非"邪（斜）恶"的。如果是丝绸，则是白色，直接从脚跟缠裹到颈部包紧全身。如果是棉布，则穿五件衣服，三条裤子。其中，最外层衣裤为黑色，其他的均为白色。

寿帽是正前方缝有"王"字的黑色四角帽，因外形与无常戴的帽子相似，又称为"无常帽"。如果死者为女性，则多用黑色棉布将头部包裹起来。

最后，再为死者在腰间佩带黑色棉布包，并装上"落气钱"。

（三）装棺

八龙村的棺材多为木棺。整个棺材横面呈梯形状。梯形的上底，也就是最短的一边，长1.1尺，称为"小头"；梯形的下底，也就是较长的一边，长1.6尺，称为"大头"；梯形的高，也就是整个棺材的身长，为5.75尺，有"料割五尺七寸半，埋尽天下长短汉"一说。

村民张有利说："棺材，说白了就是死人睡的床嘛。要是连个棺材都没有，死者去了阴间就没有休息的地方，只能东游西荡了。"

装棺时，首先要在棺材内铺一块与死者身长一致的黑布作垫背，以免死者"受了寒"。死者的头要朝向棺材大头一方。如果死者是男性，则头部要顶拢棺材大头，是为"顶天"；如果是女性，则双脚蹬拢棺材小头，是为"立地"。

死者入棺后，孝男孝女从房屋后檐揭来瓦片当作枕头垫在死者头下以保持其身体平整。张有利告诉笔者，用后檐瓦片的意思是"告诉死者是后人给你垫瓦让你舒适的，希望你能保佑后人幸福安康"。瓦片的数目，根据死者的体形，三、五、七片不等。死者的头部用"火纸"夹紧，保持"正直"，脸部用几张火纸盖住，因为"死者的脸不能见天"。随后，趁死者身体还有热度能够伸缩，孝男孝女将死者的手指、脚趾依次理直，否则"后代辈辈都会脊梁不直"。

最后，孝男孝女为死者盖上"铺盖"，即一层绣有黑色"寿"字的红色棉质直纹布。这样，连同垫背和五层衣服，死者有七层保暖，统称"盖垫七层"。除此之外，棺中不放其他随葬品。对此，王锦文解释说：

"人清清白白地来，死也应该干干净净地走，所以棺材内不放任何陪葬品。尤其是金属制品，那是最肮脏的物质，是绝对不能进棺材的。"

（四）停棺

如果死者是整个家庭中辈分最高、年纪最长的，棺材就停放在堂屋正中央；如果不是，则停放在正中央稍微靠左的位置。如果死者不是死在自家屋内的话，棺材就不能进堂屋，只能在院子里搭个棚子停放。所以，常有病重的八龙村民害怕自己死后连家门也进不了，都会想方设法提早出院回家等死。

杨秀可告诉笔者："以往每个家庭都在堂屋安置有神龛，供奉自家的列祖列宗和菩萨、如来等神仙。把棺材停放在堂屋，就是为了方便死者和列祖列宗团聚。虽然文化大革命时神龛都被毁掉了，但是这个规矩还是保留下来了。"

停棺时，棺材放在两根长凳上，大头朝向神壁，❶ 小头朝向正门。棺材下，点燃一支火油灯❷并用小箩筐罩住。王锦文告诉笔者：

"这支火油灯叫作'地府灯'，它是用来为死者点亮通往阴间的路的。'地府灯'从点燃一刻开始就不能熄灭，否则死者会迷路，因此孝家会安排专人负责看管。"

（五）披麻戴孝

停棺之时也是成服之时。死者的子孙、女婿、兄妹、堂侄以及其他亲友，都要"开孝帕"。孝帕是一块白色长布，缠在头上并将一头顺着后背放下来。其中，儿子、儿媳、女儿和兄妹，是死者的至亲，戴九尺长的白色孝帕；女婿、堂侄和堂侄女，是死者的晚辈，戴七尺长的孝帕；孙子、孙女等死者的更晚辈和其他亲友则戴五尺长的孝帕。孝子女与孝长孙还要在后颈部或是腰间插或绑一小根麻绳。

图 9-1　披麻戴孝

---

❶　神壁，即堂屋正门正对的墙壁，因一般用于供奉神龛而得名。
❷　火油灯，即煤油灯。将灯芯草放进一个盛满煤油的小碟里，点燃照明。

（六）请期

停好棺材后，死者的长子亲自前往道士先生家中请期。

图 9-2 引魂幡

据"道士先生"秦光廷说："下葬是一定会动土的。一旦涉及要动土的事情就一定要看期，不然要是选到哪个不适合动土的日子，犯了冲，这块土地的所属家庭就会有灾难。所以人死后，一定要根据他的生辰八字、死亡日期，再结合《吉象通书全集》来选择一个适宜安葬的日期，以免孝家再出什么不好的事情。"

道士先生定好日期后，便会为孝子写好灵位牌和引魂幡。灵位牌是贴有红纸的纸板：

中间写着死者的名号"西逝顯考/妣□（姓）公/母 諱□□（名）老大人正魂名下受食之靈位"，两边是"音容，如在"和"身随明月转天宫，气化清风归地府"的对子。

引魂幡是一张长方形的白纸，上端镶有一张三角形的红色幡头。

引魂幡的中间写着"佛放毫光下西逝顯考/妣□（姓）公/母 諱□□（名）老大人正魂一魂二魄三魂四魄三魂七魄来赴神幡指引下 香花请"，右边写着死者出生年月和地点"東来陽命生於民國□（甲子）年□月初□日□時建生原系□省□縣□區□鄉□村 甲地名□地生長人氏 享年□□歲"，左边写着死者死亡年月和地点"西去殁於公元□年□（甲子）歲□月□日□時七在□市□縣□鄉□村□組地名□□住宅因病身故永别千秋者矣"。

孝子拿着道士先生写好的灵位牌和引魂幡赶回家中，开始布置灵堂。

（七）灵堂

在棺材的小头，悬挂着一张死者生前用过的双人床单，将整个堂屋分隔成两部分，一边停放棺材，另一边则设为灵堂。

床单的正中央张贴着死者的遗像，遗像下是一个"奠"字，两边贴上白纸黑字的"孝对"，上联为"身去音容存"，下联为"寿终德望在"，❶ 横批为"逍遥府"。床单前有一张桌子，上面摆放着一个插满香烛的香炉、两个纸质男女"仆人"以及孝子带回的灵位牌、引魂幡。灵堂的上空挂着许多纸质花朵、灯笼以及仙鹤。为了凸显丧事的特色，这些"张灯结彩"都是白色的。

图 9-3 灵堂外

图 9-4 灵堂设置

（八）报丧

家中一切安置妥当之后，孝子和其他旁系亲属分头带着讣告向死者的族

---

❶ 中国传统上联为左，而所谓的左是面朝外的左边，联的最后一字应落于仄声。下联在右，联句的最后一字应落于平声，故此对联颠倒，不知是写联的人的错，还是丧家贴时贴错。不过由此可知，当地人的传统文化知识有些误区，或是被现行的横排字给弄糊涂了。

人、旁系亲属和亲家等报丧。讣告一般由当地较有文化的人来写，打印机投入使用之后，也有的打印讣告。讣告是白纸黑字的，上面写着：

□□□亲族：

吾父/母□□□因病治疗无效，于□□年□月□日□时□分去世，享年□□岁，拟定于□□年□月□日□时□分举行追悼，次日还山安葬。请贵亲前往悼念。

孝子□□□ 孝媳□□□
□□年□月□日

报丧人到死者亲属家后，只能站在门外说明来意、递发讣告，不能进门。

张有利说："报丧者进别人的家门会带去晦气，毕竟是出了不好的事情。如果有重要事情一定要进门的话，就必须除去孝帕和麻绳，表示他不是以报丧者的身份进去的。"

（九）接客

追悼当天，收到讣告的亲朋好友如约前来孝家祭拜死者。孝家安排三到五名接客使到院子口接客。每接到一拨客人，接客使便会燃放一串火炮表示欢迎，并把客人带到奠房。

奠房是收取客人带来的礼品、礼金并登载入册的地方。记账人一般是村里文化水平较高、字写得较好的人，用黑色毛笔在白色礼簿册上进行填写。礼簿

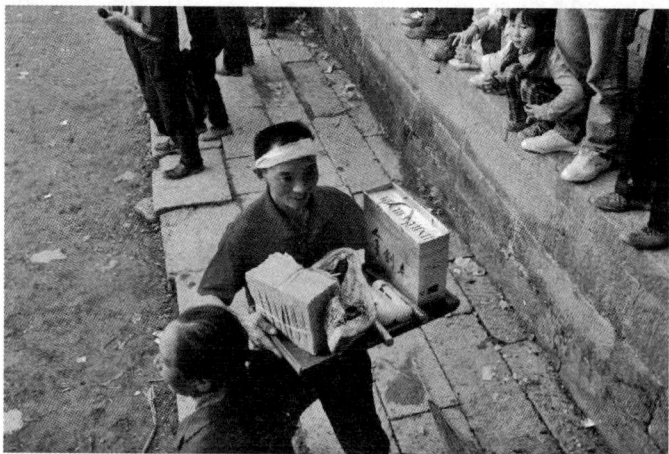

图 9-5 接客与礼品

336

是竖排的，每一栏的上半部分写客人的名字，下半部分则写礼品或礼金的数量。礼簿的第一栏一般由姜太公占据，礼金为五万或五百万元，是整个礼簿里最大数额。第三十三栏和三十六栏写着"紫微高照万事大吉"或"紫微高照无影踪"。

对这种现象，王锦文解释说：俗话说"万事开头难"嘛，只有请来神仙姜子牙替你开头，并送上最大数额的礼金，以后才会诸事顺利。我们八龙村还有这样一句俗话——"人生有个三十三，好比烂船下陡滩；人生有个三十六，好比山上弯翘木"。三十三和三十六是很不吉利的，如果谁的名字出现在第三十三和三十六位上，谁就一定会遭到厄运。

出于这样的原因，填写礼簿的人往往会提前在第 33 和 36 位上作好"紫微"的记号，以免疏忽大意引得客人不高兴。

客人到达奠房后，先报上自己的姓名，再将礼品、礼金交予记账人。如果客人是个人送礼，记账人便会用中文数字记载；如果是团队送礼，则会用阿拉伯数字标明。随后，记账人员回赠每位送礼客人一个寿碗，上面印有记载死者享年的"□旬寿辰"。报道人王锦文讲述了送寿碗的来历：

我们小的时候，还不兴在葬礼上送寿碗。我记得那个时候，每次我们一家去参加葬礼，出门前妈妈就要跟我说："天！那家人活了九十多岁呢！真是长寿啊！我们今天一定要偷他一个碗回来好赶他的寿！争取我们也能活长点！"于是每次去葬礼我都会顺手拿个碗回来。没想到后来才发现原来大家都在这么干。要是哪家的葬礼办得大型点、请的人多点的话，最后根本就剩不了几个碗了。后来办葬礼的家庭也想到一个办法，去碗厂定制专门的寿碗。一来可以满足大家"赶寿"的心理，二呢，上面印有死者的年纪，也表示了对死者的一种悼念。

（十）祭拜

送完礼后，客人就会前去灵堂，在桌子上取三支香点燃，跪在桌子前的垫子上，面朝死者遗像，作揖三次、叩头三次，然后起身将香插入香炉内，称之为答礼。孝媳和孝子分别站在桌子的左右。如果客人是男性，在其祭拜时，孝子要一同跪下，向客人作揖三次、叩头三次，以感谢客人的到来；如果客人是女性，则换作孝媳。这叫作"下礼"或"答礼"。接着客人上前拉住孝子孝媳的手，说上几句宽慰的话，希望他们节哀顺变。

图 9-6 答礼

（十一） 开路

道士先生秦光廷告诉笔者：

"通往阴间的路途是极其遥远而又充满艰辛的，除了有许多的收费站，更有大量因为作恶过多或者因为没有后人送葬而被阎王爷拒收的孤魂野鬼。他们会作怪，拦住死者去往阴间的路，或是延迟死者去阴间报到的时间。"

所以，八龙人认为活着的人应该通过做法事为死者开路，扫除这些障碍，助其顺利而准时地到达彼岸。开路时间一般在下午 3 点左右。开路的吉时一到，鞭炮声、唢呐声、鼓铙声齐鸣，道士先生头戴孝帕，手持铙钹，俗称"绞绞"，面朝死者遗像，敲打出一定的节奏，诵读《佛门开路科仪》。

（十二） 丧宴

追悼当晚，所有前来祭拜的亲朋好友和街坊邻居都在孝家吃饭。丧宴是流水席，依据死者家庭规模和社区影响，轮次也不尽相同。丧宴菜品是单碟数目，多为 21 碟。

杨秀可说："人人都知道'好事成双'的嘛，所以结婚啊过寿这些红喜的菜品就是双碟的。相反的，死人又不是什么好事情，所以就要用'单'的。"

图 9-7　宴席

图 9-8　宴席菜品

　　菜品中，扣肉和豆腐是必不可少的。每轮丧席的时间很短，用餐者大约在20分钟内就要结束用餐。帮忙人员将残羹剩饭撤离之后，再端一盆清水放在餐桌上，将刚使用过的碗筷清洗干净后又重新分发。新一轮的丧宴又开始了。

（十三）坐夜

为了让死者不感到孤单寂寞，热热闹闹、高高兴兴地去往另一世界，从他咽气那一天起，每晚都会有亲朋好友来通宵坐夜陪伴。从死者去世到追悼前一天叫"坐小夜"，追悼当天称"坐大夜"。坐夜期间，死者的儿子儿媳、女儿女婿跪在棺材前"守灵"，而灵堂里则有歌师们一齐为死者唱孝歌，伴其度过在人间的最后几个晚上。

图 9-9　坐夜唱孝歌

八龙村里会唱孝歌的人很多，大部分都是 50 岁以上的老人。寿宴之后，自愿为死者唱孝歌的歌师在灵堂围坐成一圈，一般是 6 到 8 人不等。歌师唱歌时怀抱一只小鼓，称为"丧鼓"，用鼓槌敲打出一定节奏伴随而唱。唱毕将小鼓和鼓槌移交给旁边的歌师，依次演唱。孝歌的演唱过程将在第二节中详细叙述。

孝歌的内容是丰富多样的，以歌颂死者、抬爱孝家、招呼亲友为主。孝歌要连续唱几个晚上，唱歌的歌师又较多，所以往往唱到后面，孝歌的内容与死者家庭全然无关。在笔者参与坐夜中，还听到了关于歌颂改革开放、三个代表以及建设和谐社会唱词的孝歌。

（十四）超度

第二天早晨四五点钟，天微亮的时候，坐夜结束，道士先生开始为亡魂超度。道士先生在桌子下点燃大量火纸，火越旺越好。道士先生说"这是为了让死者暖和不受冻"。接着面对死者遗像敲打"绞绞"，诵读《超生仙经》，为亡者超度。如果死者是女性，则还要诵读《血盆经》，为其消灾受福。

（十五）奠酒

超度后，死者要吃人间的最后一顿早餐。死者的长子端来一碗白米饭和三碗菜，分别是扣肉、豆腐和泡菜，希望死者能吃得饱饱的上路，不要做了"饿死鬼"。道士先生手持三炷香，面朝死者遗像，诵读《佛门荐食科仪》。

死者享用完毕，奠酒仪式正式开始。死者的孝子、孝媳、孝女、孝婿、子孙及其他亲友依次向死者作揖、叩头、敬酒，为死者最后告别送行。与此同时，道士先生继续敲打"绞绞"，诵读《奠酒科仪》。

（十六）哭丧

奠酒后，死者的女儿趴在棺材上痛哭流涕，表达自己对死者的不舍之情。哭丧并不是简单的哭泣，而是以一种抑扬顿挫的哭音唱出丧词。哭丧的内容以述说死者是如何抚养自己长大、教育自己成人为主。笔者在张家德的葬礼上记录下来他女儿极其完整的哭丧：

"爹啊！女儿舍不得你！还记得女儿 1 岁的时候您教我学会了走路，2 岁的时候您教我学会了说话；3 岁的时候您教我学会了背诗；7 岁的时候您把我送进了小学；13 岁的时候您把我送进了中学，让我学习文化知识；18 岁的时候您把我嫁给了王家，教我怎样做好家务做好一名妻子；20 岁的时候我生了儿子，您又教我怎样带孩子成为一名合格的母亲。爹啊！女儿在您的教育关爱下长大了，可您却一天也没有享到女儿的福，没有沾到女儿的光就走了。女儿不孝啊！女儿不孝啊！"

在死者的女儿们哭丧的同时，道士先生开始为死者占卜吉时以准备上路。道士先生手持一对卦，其中一个刻有 9 个小洞，另一个有 8 个，象征"九宫八卦"。

道士先生秦光廷对我们解释说："卦分为三种，一种是阴卦，即两个卦都扣在地上；一种是阳卦，即两个卦都仰朝天空；还有一种是圣卦，也叫下马卦，则是一个扣在地上，一个仰朝天空。圣卦的意思是神灵认为此时是良辰吉时，适合在阴间接待亡魂，阴卦和阳卦则表示神灵并不认可这个时间，要重新打卦挑选，直到圣卦为止。

确定了吉时，道士先生抓起一只准备好的公鸡，咬掉鸡冠，来到棺材面前，将鸡冠上流出的血依次滴在棺材的大头、中间和小头。按道士先生的说法，"血是避邪的，能为死者驱除通往阴间路途中不干净的东西"。随后，道士先生大喝一声"起"，宣布送死者"上路"。

（十七）发丧

随着道士先生的一声令下，屋内所有人纷纷行动起来撤离桌凳、取下床单、再将棺材抬到屋外院子里，用粗木杠和树藤捆绑起来。葬礼的总支客（总管）站在棺材旁，右手抚住棺盖，左手持话筒发丧。丧词的主要内容是感谢抬棺人员，并提醒他们在抬棺过程中注意安全，以免磕碰到棺材：

"一言起举是搬动，三亲六戚翻山驾岭，是跋涉来到此地，送起朝庭国宝又是重情大礼，主东推之有却，总是为人不及，席上荒蔬又是几个素席，孝家愧领又是感恩不及，众位修造房尾或是迎鸾嫁具，主东是隔墙挑土，慢慢还习，孝子谢情，叩头作揖。

近悦远来，猛勇刚强，亲友族戚和气一堂，老安少怀切莫实降，人人有父母，个个有爹娘，有恩需当报，有仇放两旁，窦燕山有义方，亲友族戚来帮忙，君子坦荡荡，缓缓送山上，小人长戚戚，孝家终不忘，奉亲各台准备，孝子叩头作揖。起！"

一声"起"后，死者就真正开始上路了。走在最前面的是死者的长子，手捧死者的遗像，接着是死者的长女，手持灵位牌和引魂幡。随后紧跟的是死者的儿媳、女儿、女婿和子孙等，手拿花圈、挽联或是沿路燃放鞭炮。

棺材在队伍的中间。抬棺的人一般为30个左右，都是团转邻居或是其他非亲族男性。根据棺材的长度，抬棺的人只需20个即可，剩下的10个作为后备。一旦有人体力不支，大喊一声"我不行了！快换人"，后备立即上前顶替，保证棺材一直前进，不在路中停顿耽误了好时辰。

最后是锣鼓队和其他送葬亲友。张有利还告诉笔者，孕妇和孕妇的丈夫都不能去送葬：

图 9-10　发丧

"如果孕妇去送了葬，死者的坟墓会垮掉；而如果孕妇的丈夫去送了葬，生下来的孩子脖子是软的。"

（十八）下井

"井"是八龙人对安葬棺材的墓坑的称呼。通常，井是死者生前就请道士先生选好的。

秦光廷说："井的选择比日期的选择复杂得多，不仅要算死者的生辰八字，还要考虑当年的五皇煞气的方向，等等。不过有两个最根本不变的因素是必须遵守的。第一，井必须位于山脚，这样死者以山作为脊梁，象征生前做人正直不屈、光明磊落。第二，我们八龙村有这样一句话——'阴打包，阳打伞'。'包'指的是一座山的中心，'伞'指的是两座山之间。这整句话的意思就是说，活人住房的堂屋要对准两山之间，而死人坟墓的中线要对准山的中心。"

走在送葬队伍最前面的死者的直系亲属在离井 5 米左右的地方停步，朝井跪下。跟随而来的抬棺人员直接将棺材抬入井内下葬。井是一头大一头小的，靠山的一头为小，"打包"的一头为大。下井时，棺材的小头放在井的大头，而棺材的大头放在井的小头。

棺材下井后，所有人立即取下头上的孝帕，缠于腰间或是系在臂膀。朝井

图 9-11　下井

跪着的直系亲属起身，顺时针或逆时针九十度旋转，侧对着井，面朝视野开阔没有遮挡的方向。

　　对这样的行为，王锦文解释说："一旦棺材放入井里，就说明死者已经在阴间有了地、安了家，所有人必须摘掉孝帕，并且不再跪拜死者，表示'尽孝已毕'。"

　　总支客用孝帕擦拭棺材上的泥土和灰尘后，拿一根细长竹竿插在井的小头正中心位置作参照物，仔细察看并调试棺材，使其对准对面山脉的正脊梁。

　　（十九）清棺

　　清棺，又称"殓棺"，就是复查棺材内的情况，以免在抬棺的过程中棺材内出现什么差错。开棺前，同样因为"死者的脸不能见天"，抬棺人员将从灵堂取下的床单在棺材上拉开。开棺后，死者的长子也参照竹竿，检查并调整死者的头部，使其也对准对面山脉的正脊梁。死者的儿媳和女儿则检查死者的脸部是否干净、没有任何血迹和口沫；手指是否伸直、没有弯曲和握紧；棺材内是否有其他不干净的东西，特别是金属制品。一切检查完毕之后，死者的女儿将死者的腰带、鞋带解开。

　　王锦文告诉笔者："死者落气后还有体温，为他绑上腰带、鞋带是为了固定他的姿势。清棺的时候则要解开腰带、鞋带，以免牵绊住亡魂，让他在阴间过得不自由、不舒适。另外，在清棺的过程中，不论亲朋好友多么悲伤，都要控制住自己，不能掉落一滴眼泪。因为眼泪里面含有很多杂质，是不干净的。万一哪位亲友的眼泪掉进棺材的话，就会毁了死者的清白之身。"

（二十）敬土

重新合上棺盖后，死者的长子面朝棺材大头，站在右侧，左膝跪在棺材上，用锄头从前方的土堆挖三锄泥土，放在棺材上，然后将锄头从肩上递给自己的妻子。长媳妇接到锄头后，站到棺材的另一侧，右膝跪在棺材上，同样从前方的土堆挖三锄泥土，放到棺材上，又将锄头从肩上递给丈夫的弟弟。死者的次子、次媳妇到小儿子、小媳妇，再从大女儿、大女婿到小女儿、小女婿依次同样敬土。

图 9-12　敬土

为何如此传递锄头，张有利解释说："以前大家都是从侧面将锄头递给下一位的。但是锄头确实比较重，有的人一不小心手没拿住，锄头掉在地上，会把井砸出一个小坑，弄坏了死者的地盘，这是极其不尊重死者的。后来就改成从肩上递过去，由肩膀承受部分重量，就不会再出现这种情况了。"

接着，死者的子孙以及其他亲朋好友在棺材四周捧三把泥土，放到棺材上，给棺材盖铺上一条"泥土被"。

王锦文告诉笔者："这样行事的意义在于，这些挖的土也好，捧的土也好，都是后辈们对死者的敬意，并以此告诉死者，自己尽了孝心，希望他能在日后保佑自己平安顺利。"

这之后，抬棺人员用锄头将井内所有脚印推平，将死者的地盘打扫干净。

(二十一) 绕棺

敬土后，道士先生出场为死者打绕棺。道士先生一边以棺材正中心为坐标，向东南西北四方向各走四步半，形成一个以九步为长的十字，一边诵读《佛门买山进契科仪》和《地契书》，以告知周围孤魂野鬼、蛀虫之害，这横顺穿心十八步以内都是死者的地盘，不得捣乱骚扰。

最后道士先生站回到井的小头，为死者上路做最后引导。道士先生手持引魂幡，一边在棺材上挥舞，一边诵读《引魂幡》。当《引魂幡》刚一读完，道士先生突然将手中的引魂幡扔向棺材的另一头，一声大喝："起！"站在棺材小头的人使劲踢一下棺材，确认棺材彻底盖好。抬棺人员纷纷开始将四周的泥土挖向棺材，最后垒成小山状的坟墓。

(二十二) 化财

坟墓垒好之后，所有抬棺、送葬的人员都回到家中，只剩下死者的长子或者信赖得过的同族兄弟留下照看坟墓。

张有利解释说："照看坟墓是为了防止有些心怀不轨的人向坟墓扔不干净的东西，特别是金属制品。"

而回到家中的亲人则将抹汗的水泼在神壁上，从这时开始，"银水"就真正作用于孝家，为孝家带来财运了。

死者的亲人们吃过早饭，给留下照看坟墓的人端去饭菜，并把道士先生写好的灵位牌、引魂幡、地契，死者生前的衣物、用品和客人送来的灵房、灵车、花圈、挽联等带到坟墓旁烧掉"化财"。至此，葬礼基本结束，亲朋好友各自散场回家。

(二十三) 守孝

从下井当天晚上开始，死者的长子连续三天晚上用稻草编成火把，以死者的年岁为圈数，在家里点燃后带到坟墓上让它自动燃尽。三天之后，每逢旧历初七、十七和二十七，孝子要为死者编扎同样的火把，在坟上燃尽。经过七七四十九天之后，守孝才算结束。

对此，王锦文解释说："听以前的老人说，死者到达阴间后要过奈何桥、喝孟婆汤才能忘记前世的事情，顺利投胎转世。扎这些火把就是为他们在过桥、喝汤的时候照亮看清，不要走错了桥、喝错了汤，耽误了下辈子。"

四、结构与反结构：八龙村丧葬仪式过程分析

"通过仪礼"固然可以从分离、过渡、结合这三个层面的仪式行为来进行分析。但这并不表示说这三者是截然划分、独立存在的三个具有阶序性的仪式过程。事实上，这三种性质的仪式并没有明确的界限。随着整个通过仪式的进行，三种仪式会以不同的比重反复出现，互相交缠。笔者将其分别处理，一是为了便于论述，二是为了突显每一种仪式的结构形式及象征意义。

（一）分离阶段（送终——披麻戴孝）

死者落气时，首先遵循的仪式规范就是"分离"。通过前一章节对八龙村丧葬仪式的描述和当地人"地方性知识"解读后，我们可以看到：在八龙人眼里，人死后，灵魂脱离了肉体要进入阴间。死者的家人为其烧"落气纸"，是为了让他顺利通过去阴间路途的"收费站"；放"落气炮"，是为了通知街坊邻居老人已故、阴阳两隔；抹汗，是为了将今世的污秽洗涤干净、不带到来世；更衣，是为了让他去到阴间后能被其他鬼魂接受认可；将遗体装入棺材，是为了让他在阴间有张休息的床；将棺材移到堂屋，则是为了让列祖列宗认识死者，方便他日后认祖归宗……

这一切的仪式都是为死者赶赴阴间而做的准备，都表明死者要从原来的——生者——身份脱离，与过去的——阳界——生活割断联系。

与死亡这个事件密切相连的，除了死者还有死者最亲近的家人、亲属。因此，死者的家人和亲属往往也被分离开来。披麻戴孝，一方面表示对死者的哀悼，另一方面则是明显区分于其他社区群众。而在死者的家人和亲属内部，不同等级的人佩戴不同长度的孝帕，也表明了这种相互之间的分离关系。这一切，都象征着他们从先前的身份（如有丈夫/妻子、父亲/母亲等）脱离。

（二）阈限阶段（请期——化财）

在阈限阶段，即仪式过程中所表现出的是一种暧昧不清的状态。处于阈限

时期的当事人，不但是不再分类过的，同样也是尚未分类的。换言之，他们既不属于前一阶段，也不属于后一阶段，是相当混沌不明的。基于这样的思想基础，特纳甚至将仪式过程视为阈限仪式，非常强调仪式的阈限意义。

八龙村的丧葬仪式从请期仪式开始，到化财仪式结束，颇能呼应特纳的论点：整个仪式不但是死者从活人到死人、从人间到阴间的过程，也是其他家人、亲属以及其他相关成员转换原有身份的过程，如妻子（丈夫）从有丈夫（妻子）到没丈夫（妻子），孝男孝女从有父亲（母亲）到没父亲（母亲）……因此，笔者将八龙村丧葬仪式分成死者、死者的家人和亲属以及其他相关成员三个不同层面加以讨论。

1. 死者

对于死者而言，隔离于棺材中，固然是一种分离仪式。然而因隔离而来的不能与人间接触，则兼具有阈限仪式的意味。

村民王锦文对我们解释说："死者入棺之后，其实生命早已经停止了，也已经开始赶去阴间。但是他还在路上，没有报到成功，所以还没有成仙。"

看来，在当地人的观念中，这时的死者已经脱离了阳界，但因为还没有获得阴曹地府的接纳和认可，他并非立即拥有了鬼魂的身份。于是，死者仍然处于中介状态，身份尚未定位。正如特纳在分析恩登布人的酋长就职仪式时所说："结构化的社会秩序中把各个类别和各个群体区分开的所有特征，都在这里达成了一致。新成员只不过是转换过程中的实体，没有地位，没有身份。"❶在这种反结构下，死者的家人、亲属和街坊邻居，一方面要将其当作生者来对待：向其供饭祭奠，一日三餐都不能缺少，如同生前吃饭一样；陪其坐夜唱孝歌，让他感觉热闹、开心，如同生前生活一样。另一方面，要帮助死者顺利找到自己的归宿，如点"地府灯"，为他照亮通往阴间的路途；烧纸点香，让他在途中不缺路费，不挨饿受冻；看期，是为了让他能顺利地被阴曹地府接受；请道士先生为死者开路、超度、奠酒、绕棺，是为了替他扫清路途中的障碍，助其早日到达阴间投胎转世。

2. 死者的家人和亲属

就死者的家人和亲属来说，最明显的阈限特征就是他们成为了禁忌的对象。这时亲人已经过世，但还阴魂不散、居无定所，容易作祟，给后辈和他人

---

❶ 维克多·特纳. 仪式过程：结构与反结构 [M]. 黄剑波，柳博赟，译. 北京：中国人民大学出版社，2006：103-104.

带来晦气。因此，在守灵期间，死者的家人和亲属有很多禁忌。

村民张有利说："这期间，死者爱人、孝男孝女不能进入他人房屋，否则会给他人带去晦气；不能吃荷渣饭，❶ 否则会长癞子；❷ 不能吃甑子饭，❸ 否则后辈人会气大不能睏（睡）席子；不能吃猪油，否则死者上不了滑油山；❹ 不能笑，否则日后会出岔口（差错）。另外，死者的孝男孝女都不能同房。"

早在两千年前，孔子就说过"食，色，性也"。可见，性行为，如同饮食一样是人类本源天性，然而到了阈限时期，却成了反结构的行为。正如特纳所说："亲属关系是众多群众组织的根基所在，而性节制具有更深一步的宗教力量。这是因为亲属关系，或由亲属关系的称谓来定义的关系是结构中彼此差别的主要因素之一。阈限中无彼此差别这一特点，也反映在性关系的中止，以及标识性的性别两极的消失上。"❺ 由此看来，禁止性行为是一种暂时性身体标识行为，以区别身份明确者和身份不明者，表现了一种"结构"与"反结构"的对立，象征着从一个社会结构中的定点到另一个定点时代转换与过渡。

3. 其他相关成员

从其他参加丧葬仪式的相关成员的角度看，当有认识的人去世时，不但死者家里的劳务需要他们来承担，死者家人的饮食起居更要他们来照顾，特别是为他们做"有特殊要求"的饭菜。

王锦文认为："在守灵期间，死者的家人、亲属都不能做任何的家务事，特别不能动手做饭、洗碗之类，不然，死者的尸体就会发臭。所有的事情都要交给总支客和帮忙人员来操办。"

这样的仪式显然是一种反结构的角色转换。就像恩登布酋长就职仪式上被群众侮辱，最下层的人变成了最上层的人，拥有极大的特权，而掌控着最高行政权的人表现得像奴隶一样：其他参加丧葬仪式的相关成员俨然以"主人"自居，操持打理着丧葬仪式上的一切事物；家庭成员借由"角色颠倒"这一仪式性行为，象征所有相关成员，乃至整个家庭，通过因"死亡事件"而来

---

❶ 荷渣饭，当地一种特色食品。用磨子将黄豆磨成豆浆，掺四季豆、洋芋等蔬菜煮成。

❷ 癞子，是一种头顶长黄癣的皮肤病。

❸ 甑子饭，即用甑子蒸出的饭。甑子是一种略像木桶蒸米饭的用具。

❹ 八龙人认为滑油山是阴间的一座大山，只有通过滑油山才能到达阴曹地府。

❺ 维克多·特纳. 仪式过程：结构与反结构［M］. 黄剑波，柳博赟，译. 北京：中国人民大学出版社，2006：104-105.

的过渡状态。

（三）结合阶段（做七、百日、除孝等仪式）

守孝期作为结合仪式，也为整个丧葬仪式过程画上了休止符。从报道人王锦文"死者到达阴间后要过奈何桥、喝孟婆汤"，"扎这些火把就是为他们在过桥、喝汤的时候照亮看清"的话语中，我们可以看出，化财之后，死者已经顺利进入阴间，脱离了阈限时期。

张有利认为："死者到达阴间之后，就会和列祖列宗团聚，成为祖先中的一员。他们会在天上看护自己的家人，保佑后代五谷丰登，人丁兴旺。"

同时，因为死者灵魂得到妥善安置，死者的家人、亲属也于当天脱离了阈限时期，许多禁忌都可以消除掉，如孝男孝女的饮食和行为禁忌，并拥有了自己无丈夫（妻子）、父亲（母亲）等新身份。其他相关成员也于此时结束了反结构的阈限状态，回到分离前的正常身份。总之，所有参与丧葬仪式的社会成员都结束其终结状态，带着明确的身份，重新开始有序地进入社会。

特纳强调了仪式的过程，指出仪式的阈限是一种暂时的非常态，是一种反结构，是一个过渡。仪式的目的在于构建新的社会结构秩序。为了使相关的成员能顺利通过因"死亡"而产生的社会性关口，八龙村人以"丧葬仪式"为文化上的设置，透过"结构—反结构—结构"这样的仪式过程，以分离仪式隔离死者及其家人、亲属，并告知有关成员或群体，隔离成员身份转换的讯息。另一方面又透过反结构的行为及角色互换等阈限仪式，将主要的阈限人——死者、死者的家人和亲属及其他相关成员——原先的种种社会性质予以暂时消除，并使其了解新身份的权利、义务及社会互动，当变动的社会结构重组完成后，再以结合仪式正式承认重组的结果，社会生活又重新趋于稳定。

五、结论

通过上述描述与分析，我们不难发现，八龙村土家族灵魂观念系统的突出特点是：死亡并不是生命的终了，而是灵魂再生的过渡，它仅仅意味着灵魂存在形式的改变。而这些灵魂再生的过渡，是需要外界——丧葬仪式——的力量来帮助完成的。就像马林诺夫斯基说过的一样："死人归天后，遭逢此绝大损失的生人，便堕入方寸全乱的情绪中，这种情绪对个人或社区都是很危险的。

倘若没有丧葬仪式以资调剂，其危险就难以克服。守尸，埋葬，以及一切离魂的帮忙，都是生人同死人间的一种精神上的合作。在这些仪式中，处处都表现着关于死后继续存在，及生死人间互助的信条。"❶

在最初的分离阶段，死者、死者的家人和亲属都脱离了原来的社会结构，断绝了原来的社会关系；在阈限阶段，死者、死者的家人和亲属以及其他相关成员开始"反结构"状态，处于进入新的社会关系的等待准备阶段；在最后的整合阶段，死者、死者的家人和亲属及其他相关成员都完成了转变，死者纳入祖宗系统，生者也重新结合进整体的社会结构中，生者和死者再次处于稳定的状态。虽然这三个阶段仪式的具体功能不同，但是他们是互相结合、互为补充的，构成了一个完整的丧葬仪式系统。

通过对八龙村丧葬仪式的考察分析我们可以看出，八龙村的丧葬仪式具有丰富的文化内涵，并以此维系巩固着整个社会结构。

第二节　阐释中的隐喻与流变
——八龙村孝歌的文化内涵与传承

孝歌作为一种葬礼仪式上的音乐形式，在中国中部的陕南、鄂西北、渝东等地区均有分布，但各地演唱的形式和内涵有一定区别。2008 年 7 月盛夏，我们前往重庆市石柱土家族自治县冷水乡进行为期一个月的田野调查实习，在参与观察了当地的葬礼仪式后，笔者注意到冷水乡至今还保留有比较完整的唱孝歌习俗，因此调查期间通过参与当地人的生产生活，与当地人建立了良好关系并深入交往后，逐渐发现演唱孝歌不仅是葬礼仪式中的必要步骤，它还是一种歌师之间进行文化地位竞争的隐喻，这种隐喻在社会结构的变迁作用下又流变为展示其民族特色的艺术展演；而作为一种民间文化遗产，孝歌的传承正受到来自经济权衡、现代娱乐方式与行动者策略选择等因素的挑战而面临失传。人类学自诞生以来就没有停止过对一种深刻文化洞见的探索，解释人类学就主张从解读象征符号体系的角度诠释当地人自身的文化。本文就试图以解释人类学的观点为理论依据，将孝歌仪式视为一种文化符号，尽力解释孝歌仪式所蕴含的文化意义，并在此基础上探讨影响孝歌传承的文化机制和所面临的问题。

---

❶ 马林诺夫斯基. 文化论［M］. 费孝通，译. 北京：华夏出版社，2002.

以下，笔者首先简要阐述解释人类学的主要理论，再说明孝歌传唱的基本情况，最后在详细描绘孝歌演唱形式的基础上作出解释分析。

一、人类学的阐释理论

20世纪70年代是人类学研究范式转型的又一个关键时期。人类学研究理论的主体范式从19世纪中叶开始，经过了崇尚理性进步的古典进化论时期、追求实证与探索规律的结构主义思潮的漫长过渡，最终进入以理解和阐释人类象征与符号体系为主要目的的"诠释"时代。从此人类学的学科主流从探索社会结构一般规律性的自然科学转变成了一门探索文化背后深层意义的人文研究，而格尔兹就是解释人类学理论中的重要角色。

格尔兹与马克斯·韦伯一样，认为"人是悬在由他自己所编织的意义之网中的动物"，他所谓的文化就是这样一些由人自己编制的意义之网，因此提出对文化的分析不是一种探索规律的实验科学，而是一种探求意义的阐释性科学。❶ 文化就是一个由符号之网组成的意义系统，是建立在人与人之间的象征性行为基础上的，而人的行为之所以是象征性的，源于人的本质就是象征性的动物，这种象征性表现在人继承并共享着社会的符号体系，且不断赋予旧符号以新的意义，通过这种符号在历史上代代相传的意义模式而将传承的观念寓于象征形式之中。人们正是通过文化的符号体系才得以沟通、传承、形成地方性的知识与价值观念，因此解读具有象征意义的符号系统才是达至理解当事人行为意义的途径。所以，既然人类文化是符号的和解释的，那么"理解"就是解释人类学研究方法的核心所在，即理解当事人的想法和文化事项背后的深层原因，从而最终到达理解自己、反思人类生存状态的彼岸。正如格尔兹在《地方性知识》中提到的：

"简言之，描述其他人群的主观性也可以建立起来。这些认识来自于逐字解释他们的表达方式（或称'符号系统'）的能力……理解本地人，再次使用这一危险的术语，理解其内部生活的形式和压力，更像是理解一句谚语，抓住一个幻境，看到一个玩笑，或者像我已指出的那样，阅读一首诗，形成一个文化的礼拜与思想的交流。"❷

---

❶ 格尔兹. 文化的解释 [M]. 纳日碧力戈，等译. 上海：上海人民出版社，1999：5.

❷ Geertz, Clifford. Local Knowledge: Further Essays in Interpretive Anthropology. Basic Books, 1983：70.

既然人类学本身是解释的，那么作为人类学著作的民族志也是解释的，即"深描（thick description）"❶ 的。研究者正是通过对一个文化表象详尽与细致的勾画，从而达到对文化的阐释与构建。但是这种阐释并不是用自己的文化体系去重构他人的文化，而是解读出一种文化体系在另一种文化体系中的表达。"深描"的方法在格尔兹《深层游戏：关于巴厘岛斗鸡的记述》一文中表现得尤为突出，这篇论文极详细地记述了巴厘岛人的斗鸡习俗。斗鸡原本在巴厘岛只是存在于日常生活当中的特殊活动，格尔兹将其看作一个文化符号，对这种符号进行详尽的描写与展示，从斗鸡场面反映出来的当事人的情绪与感受中联系到了男人与公鸡的隐喻、赌博与经济的联系、权利与规则，最后上升到地位的政治角逐。这种将一个微小的场景联系到其所在的文化体系中进行深刻的解释与分析，从而剖析出当地人对仇恨、名利、地位、国家等层面的情感根源，就是把握和理解到事物本质的关键所在。

但是格尔兹坚持对微观事项的深入描述与分析并不是放弃对整个社会结构的解释和宏大理论的构建，恰恰相反，解释人类学是要通过研究者与被研究者之间生活轨迹的重叠——也就是"经验相近"的探求❷——根据研究者对于当地文化的体验，聚焦一个文化事项，站在当事人的角度从多个脉络中解读出其背后隐藏的深层动因，从而上升到更为广泛的理解和抽象的分析。如同格尔兹在其《文化的解释》中写道：

"这仅仅是说，典型的人类学家的方法是从以及其扩展的方式摸透极端细小的事情这样一种角度出发，最后达到那种更为广泛的解释和更为抽象的分析。他面临的是和其他人——历史学家、经济学家、政治学家、社会学家，等等——在更为重要的背景下所面临的同样宏大的实在：权利、变革、信仰、压迫、劳动、激情、权威、优美、暴力、爱情、名望。"❸

---

❶ "深描"一词源于赖尔（Gilbert Ryle）对"眨眼睛"的解读。即假设有两个正在眨眼睛的孩子，一个是自然随意的眨眼，另一个则是挤眉弄眼给朋友发出信号，如果只是表象观察可能分辨不出眨眼与挤眼的差别，挤眼在表面上虽与眨眼没有区别，但挤眼却是一种按照社会通行的信号密码有意向某人传达某种特殊信息的行为。若还有另外两个孩子，一个故意歪曲模仿朋友挤眼的不当之处，另一个则是在家对镜练习挤眼的技术，那么虽然他们的行为表象上也没有区别，但却有意义上的不同。

❷ 格尔兹在《从本地人的观点出发：论人类学理解的本质》一文中指出："经验相近（experience-near），粗略地说，就是这样一种概念，某人——一个患者，一个主体，在我们的情况下则是一个信息提供者——他自己可能自然地、毫不费力地用以界说他或他的同伴所看到的、感知到的、思考的、想象的等，并且当其他人以类似的方法运用时他可以轻易地理解的观点。"

❸ 克利福德·格尔兹. 文化的解释［M］. 韩莉，译. 北京：译林出版社，1999：27.

格尔兹的努力是一种对于人类学跨文化理解的追求，换言之，人类学者的目的不是总结归纳社会发展的自然规律，而是以参与观察的方式融入被研究社区，站在当地人的角度深度描绘并尽力解释由象征符号构成的文化事项，解读其背后的意义系统。在文中，笔者将以自己在冷水乡做田野调查所搜集的资料为基础，并结合相关历史文献资料，对存在于冷水地区的孝歌文化进行描述与分析，试图运用解释人类学的方法阐释作为一种文化符号的孝歌仪式背后所蕴含的文化意义。

二、关于"孝歌"的历史源流

"唱孝歌"是中国民间葬礼仪式的一个古老习俗，有关研究认为，孝歌也就是大概产生于春秋时期的"挽歌"的别称，❶ 即人死了以后，人们围着死者的灵柩唱歌，通宵达旦，以表达对死者的哀悼之情。最古老的挽歌叫作《虞殡》，据《左传·哀公十一年》记载："会吴伐齐，将战。公孙夏命其徒歌《虞殡》。"晋·杜预注云："送葬歌曲，袁死也。"唐·孔颖达疏曰："《虞殡》谓启殡将虞之歌，今谓之挽歌。"《庄子·大宗师》也有类似记载："沸讴于所生，必于斥苦。"司马彪注曰："拂，引柩索讴，挽歌。斥，疏缓苦，急促言引绑讴者，为用人力以挽柩者所歌，故曰挽歌。"《庄子·至乐》中有与上述相同的记载，如"庄子妻死，惠子吊之。庄子则方箕踞鼓盆而歌"。《大宗师》："莫然有间，而子桑户死，未葬孔子闻之，使子贡在侍事焉或编曲，或鼓琴，相和而歌曰'暖来桑户乎咙来桑户乎'。"

以上资料一定程度上反映了"挽歌"的起源，证明我国在先秦时期就有为亡者而歌的习俗，有学者认为"孝歌"一词就是在汉代以后因推崇儒家"孝悌"之道，才使挽歌派生出的一种别名，如《说文·老部》载："孝，善事父母者。"❷ 即后人要为亡者守灵唱歌，以尽孝道。这种演唱孝歌或者挽歌的习俗一直延续至今，在我国部分地区的农村丧葬仪式上还有所保留，只是各地在歌唱形式上不尽相同，演唱意义也经时间的推移发生了一些变迁，笔者所调查的石柱县冷水乡的孝歌仪式就与前人所研究的部分地区的孝歌有所不同。

---

❶ 振亚. "挽歌"词源考 [J]. 辞书研究，1996 (4)：141-142.

❷ 颜忠杰. 浅谈永善汉族的孝歌 [J]. 民族艺术研究，1993 (5)：32-33.

三、孝歌的文化空间与孝歌仪式

(一) 唱孝歌的文化空间——坐夜

作为冷水乡葬礼仪式中的一个重要组成部分的孝歌，其生存的文化空间就是葬礼。在冷水调查期间笔者观察了三场葬礼的举行过程，这三场葬礼都有同样的过程和大致相同的仪式内容，在前一节中，整个葬礼的过程已有表述，因而具体细节本节则不赘述。

在冷水八龙村，当地人称葬礼为"白会""白喜"，即喜丧，当地人认为，人过世要大宴来吊唁的宾客，唱歌跳舞以送亡者上路。因此，在葬礼过程中，当孝家❶将仙逝者小殓、大殓，布置好灵堂，开始祭拜、守灵后，当天夜里子时或午时开始，就是歌师唱孝歌"坐夜"的时间。通常坐夜唱孝歌一直要唱到天亮才结束，而且孝家守灵、祭奠的几天里，半夜都要坐夜唱孝歌守灵、守夜。所以在冷水乡八龙村，葬礼中的坐夜——即唱孝歌仪式的举行过程——凌晨十二点或一点到次日早上天亮的这段时间，就是歌师先生们唱孝歌、表现他们的"文化水平"的时间。因此，"坐夜"守灵、守夜，为唱孝歌这种地方文化展演形式的文化空间或场域。

(二) 孝歌的唱法与演唱道具

孝歌，顾名思义就是在祭奠亡者的时候唱的一种有特定韵律的歌，当地人习惯称之为"板凳歌"，意思是唱歌持续的时间很长，几位歌师要从半夜开始一直唱到黎明，因此整个过程都是坐在板凳上进行的。冷水人认为，漫漫长夜不能让亡者独守灵堂，孝家要请歌师来陪伴亡灵弥留人间的最后一段时光，所以唱孝歌就是一夜陪亡者到天亮。

整个唱孝歌的过程分为开歌场、唱歌、吟诗、奠酒、送歌等仪节。歌师人数一般为 6 至 8 人不等，由孝家自己决定，最少必须两个。孝歌地点就在灵堂里面的灵位之前，歌师们围坐一圈，有单独唱（一个人唱）和唱对边鼓（两个人轮唱）两种形式，边唱边用一只鼓棒敲打小鼓，一个孝堂要设两个小鼓。唱歌的时候把小鼓放在两腿膝盖之间固定，左手扶住一边的鼓沿，右手则执鼓

---

❶ 即举办葬礼的人家。

棒随韵律敲打节奏。唱歌过程中又有"起头、撒角、❶ 交歌、接歌"等环节，意思是七八个歌师依次按顺序唱歌，第一个唱的叫作"起头"，最后一个唱的叫"撒角"，一个歌师唱完后把鼓交给下一个歌师叫作"交歌和接歌"，直到最后一个唱完后就完成一轮。一轮结束以后，就由刚刚起头歌师的下一位歌师担任新一轮的排头开始唱。依此类推。

孝歌有规定的音调和韵脚，这是演唱时必须遵循的。音调就是歌句的旋律，旋律几乎每句一样，每句末都会带有一点哀怨的延长音，歌师称为"哭腔"。所谓"韵脚"，就是所唱的每一句歌词的结尾一个字都要押韵，普遍公认的韵脚总共有十三个半韵（只有黄运德❷坚持认为有十四个半韵），即寒山韵、根生韵、松洞韵、枝词韵、一七韵、虎独韵、嚎嗨韵、哪踏韵、特色韵、说和韵、来抬韵、汪洋韵、油猴韵和灰堆韵，还有半个韵叫作尔儿韵。❸ 为方便记忆全部韵名连起来说就是"寒根松枝一虎嚎，哪特说来汪油灰"，这些都仅仅代表韵的名称，并无实际意义，这些韵名都是按相同的韵母编订的，比如说寒山韵的"寒"和"山"二字都是有相同的韵母"an"，根生则有相同的韵母"eng"；意思就是，若要唱寒山韵，那么整首歌的每句歌词最后一个字都要押"an"韵，其余亦然。❹ 这里有一个说明，剩下的半个韵脚一般不唱，相传是帝王之子死时所唱，对孝家长辈的亡灵唱"尔儿"是大不敬。韵就像词牌名一样只是一个规定和框架，只要符合韵脚，其中的歌词可以自己任意填，因此孝歌的数量是不可统计的，每个歌师只要识字都可以自己创作孝歌歌本，这一点在后面还会详细说明。

孝歌的语句都很规整，语句主要有顺七字、倒七字、六字韵、十字韵、唱七现八。顺七字是最容易也最常见的，就像吟诗顿句一样，可记作"○○○○｜○○○"，那么倒七字就是"○○○｜○○○○"。唱七现八就是语句本身有八个字，但只唱前七个字，第八个字省略不唱出来，但是第七个字要符合当前的韵脚。这种语句难度较大，一般要经验丰富技巧纯熟的老歌师才能信手拈来。一般情况下听到的都是顺七字句。

---

❶ "撒角"，当地方言，发音为"sa guo"，意为结束、结尾、最终。

❷ 黄运德，男，73岁，河源村菜籽坝人，唱孝歌至今已有27年，是当地德高望重的老歌师之一。

❸ 对于孝歌韵脚数量歌师们说法不一，有十三个半韵说，也有十二个半韵说，本文采取黄运德十四个半韵的说法，据笔者分析十四个半韵说比较合乎情理。

❹ 参见下文"唱歌"部分的"来抬韵"示例。

（三）唱孝歌的仪式过程

1. 邀请歌师

葬礼正式举行之前，孝子必须亲自前往会唱孝歌的人家邀请歌师，由于歌师一旦答应吊丧的晚上去唱歌，就是同意充当孝子的身份去给亡者唱歌守夜，同样也要披麻戴孝，因此请歌师的过程比较讲究礼节性。首先亡者的长子与次子❶要身披孝帕腰系草绳，站在歌师家的院子里呼唤歌师出屋，因为据当地的说法披着孝帕进别人家的屋子是不吉利的。见歌师出屋后，两孝子就要给歌师下跪，这个行为称为"下礼"，歌师一看身披孝帕就明白其意，于是就要给孝子们说"吉利话"，比如"孝子磕个头，一股银水往屋流"。接下来就询问孝子家中是父亲还是母亲去世，了解了一些情况后高喊一声"安葬过后，富贵荣华，金银归库，发起发起"，此时孝子知道歌师答应前往，就可以倒退走出歌师的院子离去，请歌师过程结束。

2. 开歌场

当葬礼进行到凌晨时分，称为"坐夜"的唱孝歌仪式就正式开始了。开歌场是孝歌仪式正式开始的标志，实际就是由一个人唱一段开场白，通常由歌师中最德高望重的老师傅担任，他一旦成为当前仪式开歌场的先生，那么整个唱歌的过程所有歌师都要以他马首是瞻。孝堂有规矩，开歌场的先生作为排头，从他开始唱歌，韵脚也就由他决定，他唱了某个韵接下来的一轮就都要唱这个韵。

开歌场属于独唱，特殊之处在于这个环节要使用两根鼓棒，边说边敲，内容一般为历史典故和故事传说。例如，黄运德就是河源村曹家葬礼上担任开歌场的歌师，他演示了一段开歌场：

（敲鼓）

三通鼓惊动上帝又惊动五方，

又请五言童子六位门神，文武父子士官财神，

又请歌郎歌爷请到灵庭，惊动天地君亲师位灶王夫君，

又请堂室堂上高真主考内族外亲，男女老少亡魂请到灵庭享受香烟，

一，保佑这次顺利安葬亡者，保佑安葬过后孝家金玉满堂，保佑灵堂来的歌师福寿安康诶……（敲鼓）

---

❶ 若只有一个儿子则只需长子一人即可；没有儿子就是上门女婿代替。

二，内鼓三通开歌场，天子两脚长，邀请远近歌郎来到歌场，唱歌亡者解罪一夜唱到天光诶……（敲鼓）

三，愚人今晚开歌场，得罪老友尊卑四弄工商，又得罪三方歌师左右两旁，要请原谅原谅诶……（敲鼓）

伏以，

吉日时良，天地开张，上皇辞令，打鼓劳伤，亡魂归灵，位六类，焚宝香，打扫灵堂，迎请众歌郎，远近都请坐，老幼尊卑在两旁，打动龙凤鼓，细听开歌场诶……（敲鼓）

伏以，

即日，混沌初开，唯有歌郎，楚王逝去，停在殿上，忽然，天黑地暗，不见洪殇，四门挂下黄榜，召见天下歌郎，来了麻田姊妹，才叫打鼓劳伤，唱歌本是田文广，头戴方巾帽子，身穿麻布衣裳，腰挂花鼓一面，手拿龙凤鼓槌一双，来者歌唱，各位歌师，请听歌场诶……（敲鼓）

伏以，

打望五朝门阁，扯了黄榜，文武一见，请到殿上，唱了七天七夜，忽然天发大亮，现出洪殇，从此过后，才兴打鼓劳伤诶……（敲鼓）

黄运德对我们解释说："有些人开歌场时没有人听，因为他们把唐宋三国历史古人一起拿来编成歌，一般群众都不是文化人不感兴趣，都在各自摆龙门阵。但我那个歌场不一样，前五个历史朝代有十多句，一会就过去了，其余就是现代历史。"

开歌场并不是一件容易的事情，开歌场的歌师唱一次持续的时间为半小时到四十分钟，整段歌词全靠记忆，中间不能停顿，必须一气呵成，因为歌场不能开二道，那表示孝家又要死第二个人，这是决不允许的。所以开歌场就要求歌师有扎实的韵律功底，通晓古今历史，看书理解力强，文笔好，记忆力也要超群，另外唱功也必须技压群芳才能够胜任。此外，为了能够顺利开场，避免唱出与孝家情况不符或孝家忌讳的唱词，开歌场的歌师还要提前几个小时到孝堂了解一些情况，不仅如此，坐夜的整个过程他都必须在场，别人先走他都不可以走，直到最后一步送歌奠酒完毕。也许就是上述原因，使得传统的习俗中孝家要专门给开歌场的歌师发一个红包，钱数由孝家视自己的经济情况而定。

开歌场意义在于：首先其是坐夜的开篇之词；同时邀请各方神圣（"门

神、板凳神、锣鼓神、太阳神十大神圣"❶）到灵堂保佑亡者，这是一切工作开始之前的必要步骤。请神这一步骤在冷水的许多民间活动——比如土医上山采药、历史上出现过的薅草锣鼓中——都存在。其次，开歌场就如同叙述一部史诗，把孝歌的起源与典故编入其中，为仪式建立一个历史的根据以代代相传❷。第三，通常开歌场的歌词内容就是中国古代史，从中华文明源头的传说开始，按顺序讲述各个朝代的大事，一直讲到今天。

3. 唱歌

开歌场结束后就正式进入孝歌的主体阶段，有的歌师将这个时段称为"唱刷堂歌"，意思是下面整夜都要一直唱不停。这时排头的歌师先自己决定韵脚唱一段，唱完过后把鼓传给第二个歌师，依此类推。传鼓也有忌讳，鼓不能倒传，只能从左逆时针向右传，往回传被认为不吉利，意思孝家还要再死一个人；另外也不准"涮坛子"（说下流话）、打架，或者言语中伤别人——尽管这种事还是偶有发生。往后的歌师可以唱自己想唱的词，但韵脚须和排头起的韵一致。这里要特别说明，孝歌歌词的内容可以是唱书，即歌师看了某一部小说以后，根据情节编撰出来的歌词，诸如常见的名著《三国演义》《红楼梦》《水浒传》，或者民间武侠小说等；❸ 也可以是即兴演唱，并不一定要与亡者本身或者孝家相关。即兴演唱的内容多为歌师之间互相吹捧和自谦的语言，以表示懂得唱歌的礼节和尊重对方，比如以下一段示例就是在一个回合对歌中的歌词，韵脚为来抬韵：❹

来 抬 韵

耳听歌师将歌摆，先生你去我又来。先生唱歌摇摇摆，唱的韵脚是来抬。
对方言辞真正快，犹如十月梅花开。又唱前朝和后代，口吐成章人人爱。

---

❶　材料源于 2008 年 7 月 11 日晚于冷水乡政府对李高德进行的访谈。

❷　从黄运德的唱词中可以看到孝歌来源的传说，即楚王死了，天下一片黑暗，见不到光，于是左右招天下歌郎，来了一个叫田文广的歌郎，手拿鼓槌鼓棒，在灵前唱了七天七夜，于是重见天日，从此以后有人过世都要请歌师来打鼓唱歌。这与李高德讲述的孝歌起源传说有几分符合："'不说丧歌有起良，说起唱歌有文章，楚二先生死了娘，巴起黄榜请歌郎。'意思说姓楚的人的娘死了，天上不见一道光，就贴黄榜到处找唱歌的人，后来歌郎来唱了几天以后，就天光四亮，从那时就有了这个唱孝歌的传统。"

❸　居住在八龙村双坪组的李宗恒（男，68 岁）是八龙村公认的拥有歌本最多的歌师，老人拿给笔者观看的小说就有二十余本：《东周列国志》《水浒全传》《清史演义》《三国演义》《说唐前传》《元史演义》《蜀山剑侠传》《南北史演义》（上下）《樊梨花招亲》《隋唐演义》《民国演义》《续少西唐演义》等，这些书都是用来看了以后编写孝歌歌本用的。

❹　资料搜集自许先林手抄歌本。

想与对方闲柴爱，又怕你来把我掀。　　今夜对方切莫坏，取长补短理鉴来。
灵前不可欺人太，唱歌不可骑马台。　　对方歌师你莫害，齐心合力理应皆。
今夜孝家披麻戴，乌为食亡人为财。　　内外走杂都在摆，桌椅板凳抬来抬。
附近挨到扯草盖，人山人海都不挨。　　一样碗儿一样筷，好比正逢十月胎。
亲戚朋友齐等待，远近歌师都拢来。　　大家灵席桌上摆，大鹏下山展翅来。
一个嘴壳有一排，喉咙伸出爪子来。　　好像真的是个怪，冤鬼相撮只争来。
唱得犹如穿银戴，唱得孝子哭又哀。　　歌师可算有能耐，八仙台上显文才。
我今是个奇形怪，好比老鼠上了街。　　难比对方洪福海，放鼓与你来对开。
我在前头来等待，奉请歌师上擂台。　　先生上台五色彩，武艺高强英雄才。
犹如八仙来过海，棋逢对手将显才。　　你我不能长久在，久占歌头无有来。
不如商量将鼓抬，你我一去别人来。　　切莫今晚怪张怪，不可灵前来显态。
不过言辞我等待，孝堂总管早安排。　　不如将鼓灵前摆，忙把梯梯搭拢来。
搭梯奉请歌师踩，伸手折花押胸怀。　　折朵鲜花个个爱，将花将鼓送出来。

也就是道，要唱孝歌必须先识字，有一定文化积淀才行，但是也有极少数会唱孝歌者是文盲，他们唱的是一种"转本"。所谓"唱转本"，就是让别人编好现成的歌词后自己完全靠死记硬背来唱。对于"转本"，李高德的看法是：

"唱孝歌要自己看了书，掌握大概内容，把故事情节按韵编成歌词唱出来。但是以前没有文化的人多些，他们就不能自己去看书编歌词，只能让别人编好以后自己背来唱，这个有点不好就是靠死记硬背的，往往在唱的时候要是别人在中间一插，难说就忘记了下面的歌词，容易出丑。如果是自己看的书自己写的歌词，他就有个总体的把握，别人再怎么插，他都能在随便一个地方接着唱下去。"

上文说到，唱歌的形式大体有"单人唱"和"唱对边鼓"两种，据笔者观察，实际唱的时候都是由相对的两个人在同时敲鼓，两人敲鼓的节奏是一致的，基本可以重合，但是只有一个人在唱，唱到中间的时候，另一个人可以随时插一句进来，有可能是提问，也有可能是表达与对方不同的观点，一有这种情况出现，两人就开始了激烈的对唱，在这个过程中整个回合的韵和节奏都不会改变，两人一致的鼓点声也一直贯穿其中，直到本轮对歌结束。直观解释，这有点类似辩论赛中的攻辩环节，正方攻辩手可以任选反方一位攻辩手进行攻辩，正方可以提问题刁难反方，反方也可以立即就对方的漏洞进行反驳，攻辩手们既要有提前准备好的问题和言辞，也要随时准备着随机应变，对方的回答多数情况下会超出想象，这就需要见招拆招反守为攻的本事。不同的是，如果被驳的歌师正在唱书，那么当把对方的插嘴驳倒以后，他要马上回到刚刚被阻滞的地方接着往下唱，唱不下去就会被其他歌师和周围的观看者笑话。了解这一点后就不难理解，为什么"唱转本"的时候若遇到别人干扰就容易忘词出丑。

二人的对唱或一人独白都是以唱一段"花"为标志结束的，一年十二个月每个月都有相应的花：一月梅花，二月菜花，三月桃花，四月芙蓉花，五月菱角花，六月荷花，七月谷花，八月桂花，九月菊花，十月梦花，❶冬月雪花，腊月梅花，叫作梅花起梅花落。唱完的时候当时是几月就加唱几月的花。例如，黄运德演示开歌场的时候，结束句唱了这样一句话："今晚不该我来开歌场，词也不好搞得是三不像，转头一望花园上，风吹荷花遍山放。"❷

4. 吟诗

唱歌到凌晨四点左右的时候，歌师们就开始吟诗作对，唱字唱词。吟诗的内容也没有限制，主要意义是坐夜守灵就快要结束了，天亮后道师先生就会前来为亡者做道场，歌师们一起为亡灵高歌颂德，准备送其上路。唱字唱词的意思实际上是猜字猜词，是一种比较有趣味性的唱词，就像字谜和词谜一样。唱词非常多，常用的字和成语都会涉及，例如：

> 鸡公生蛋母鸡抱，一锤打死等成孝。
> 曹操杀人八百万，土地老者端公到。
> 谜底："怪力凶神"四个字
>
> 一个老汉七十一，说个媳妇八十七。
> 得个儿子九十九，说个媳妇一百一。
> 谜底："倒转乾坤"四个字
>
> 止字头上添一横，天下只有我一人。
> 小徒姓儿不冲□，田阳工人唱起行。
> 谜底："正大光明"四个字

---

❶ 当地有人栽梦花树，源于一种说法：人如果经常做梦就到那棵树上去打个疙瘩就不做梦了。
❷ 2008年7月16日早上于河源村菜籽坝黄运德家中的访谈，当时是农历六月十四。

5. 奠酒，送歌

白会的"奠酒"，是天亮以后埋葬亡者之前的最后步骤，到场的众亲戚邻友分别再到灵前给死者磕头烧香做最后道别，开歌场的歌师再视来者与亡者的关系给他唱几句，便可以退出灵堂。

凡事有始有终——这似乎是冷水人特别注重的，有开歌场就要有送歌，标志着坐夜的始末——这一点与上山采药的拜祖谢祖、薅草锣鼓中的立五门拆五门❶一致。上文说到开歌场一开始歌师就要请各方菩萨到灵堂保佑亡灵，那么送歌的意义就在于亡者即将埋葬，守灵已告一段落，要将请来的各方神圣、借的桌子板凳、各种凶神恶煞、歌师先生、锣鼓等一一送回（共有 36 句话），送歌仍然由开歌场的歌师担任。送歌唱毕，整个唱孝歌仪式就在一串鞭炮中结束。送歌歌词如下：

众位歌郎听我讲，要送亡者到西方。

第一殿是秦广王，秦广大王听瑞祥。孝子灵前烧把纸，要放亡者往西方。

第二殿是楚江王，楚江大王听端详。孝子灵前三炷香，要放亡者往西方。

第三殿是宋帝王，宋帝大王听端详。孝子灵前点香腊，要放亡者往西方。

第四殿是五官王，五官大王听端详。孝子灵前三奠酒，要放亡者往西方。

第五殿是阎罗王，阎罗大王听端详。孝子灵前三叩首，要放亡者往西方。

第六殿是变成王，变成大王听端详。孝子灵前烧转钱，要放亡者往西方。

第七殿是泰山王，泰山大王听端详。孝子灵前烧转钱，要放亡者往西方。

第八殿是平等王，平等大王听端详。孝子灵前烧转钱，要放亡者往西方。

第九殿是都市王，都市大王听端详。孝子灵前烧把钱，要放亡者上天堂。

第十殿是转轮王，转轮大王听端详。孝子灵前烧把钱，要放亡者上天堂。

第十一殿东岳王，东岳大王听端详。孝子灵前烧把钱，要放亡者上天堂。

第十二殿南岳王，南岳大王听端详。孝子灵前烧把钱，要放亡者上天堂。

十二殿我都送过，转身才送这歌场。

送五方：

一梿鼓送东方，东方有个木字旁。人人说是木无用，人死就要木来装。

一梿鼓送南方，南方有个火字旁。人人说是火无用，人死还要火焚香。

一梿鼓送西方，西方有个金字旁。人人说是金无用，人死还要念金刚。

一梿鼓送北方，北方有个水字旁。人人说是水无用，人死还要水度丧。

---

❶ 立五门是请五方菩萨，拆五门是送五方菩萨。

一棰鼓送中央，中央有个土字旁。人人说是土无用，人死还在土内安。

五方歌头都送过，转身才送众歌郎。

歌头送在他方去，坏事不到这孝堂。

美国法国都送过，送到英国大西洋。

孝家自从今日起，（讲）福禄前程万年长。

四、讨论

格尔兹把文化看作一个意义的符号之网来研究，通过对文化"浓厚的描述"（thick description）来达到"理解他人的理解"。❶ 在冷水地区孝歌的事例中，演唱孝歌的行为实际就是一种具有深刻意喻的仪式行为，它不仅是作为葬礼中的一个必要步骤，还是一个隐藏了地方知识分子之间竞争和对文化权利角逐的符号表象。

同时，格尔兹也认为社会与文化是可以独立变化的两个体系，文化是有序的意义象征体系，个人据其定义他们的世界、表达他们的感情、做出他们的判断，社会互动依据它而产生；而社会体系是社会自身互动的模式本身，有当前的互动行为进程，其持续的形式就是社会结构。文化是意义的结构，人类根据它来解释他们的经验并指导他们的行为；社会结构是行为所采取的形式，是实际上存在的社会关系网络。回到冷水地区的例子来看，作为民间文化遗存的孝歌不可避免地要面对能否继续传承的挑战，传承不仅需要使行动得以生存的文化空间，更加依赖行动者根据社会结构变迁所做出的策略选择。实际上不只孝歌如此，所有的民间文化遗存都在社会变迁与传承者的调试中面临失传的境地。正如格尔兹所言，在考虑社会行为时，要一方面从社会行为对于行动者的意义角度来考虑，另一方面则要从它对某种社会体制功能的促进角度来考虑。

以下，本文就将通过分析这样一个象征符号背后的隐喻，来尝试理解演唱孝歌的文化意义，并将从其传承的角度来解释人们如何根据这个意义的结构来解释他们的经验并指导他们的行为。

（一）竞争与展演：与亡者无关的隐喻

一般认为，在葬礼上的这种唱歌仪式很可能是为亡者歌功颂德，实际上就连歌师们自己也持有这种观点，比如黄运德就这样认为：

---

❶　王铭铭. 西方人类学思潮十讲［M］. 桂林：广西师范大学出版社，2005：115.

"唱孝歌，实际上就是去给孝家当孝子，跟孝家搭班，因为在仪式中孝家上下都要忙着招待来宾，置办宴席，歌师就来充当孝子代替孝家在灵堂守灵，所以孝家就要给歌师开孝帕，就是孝家给每位歌师发一块白布缠头，一般七尺长，可以戴在头上，但我们都是绾在手上。完了以后这块孝帕可以各自带回家杂用，比如拿来打鞋底。但是唱孝歌的作用除了替孝家守灵以外，还是为亡人解罪，劝人行善。"❶

黄运德的解释实际上是摆出了唱孝歌的理由，因此之前一些学者就据此分析出唱孝歌有互助、教育、娱乐、超度亡灵的功能。作为一种存在的理由，孝歌确实可以有如上的一些功能，但是唱歌的行为者究竟带有一种怎样的心理演唱孝歌，社会又究竟存在一种怎样的氛围来看待这些歌师和这种演唱形式——也就是唱歌对于个人的意义究竟如何——却从未受到关注，然而恰恰对于意义层面的追问才正是达到理解一群人、一种文化活动的关键。正如格尔兹眼中的巴厘岛斗鸡一样，冷水乡孝歌也有着不寻常的意义，它是一种地方知识分子之间的对弈与展演，歌师之间暗含竞争的隐喻是社会背景与角逐地位权威的共同作用，展演的隐喻则是在知识文化体系变迁作用下衍生出来的新的意义。然而事情的结果是，这些发生在一个葬礼上的符号系统与死者并没有任何关系。

为了对之后的具体讨论做一个反例与铺垫，❷在这里笔者先援引周金勇在其《黔东部分地区孝歌略论》一文中对孝歌"功能"的分析，作者认为：

孝歌最初的功能是哀悼死者，祈祷神灵，有祭祀的性质。但随着时间的推移，社会的发展，使孝歌祀神悼亡的功能逐渐弱化，变成和黔东傩戏功能一样的娱神娱人。众人聚集，哭哀喜乐皆有，对丧家有节哀作用，而对参加丧礼的人来说则有娱乐作用。又由于无论是代代传承的孝歌还是歌师们根据社会发展而新编的孝歌歌词中都有不少健康、积极的内容，所以有教育人们发扬热爱祖国、尊老爱幼、扶正祛邪、团结互助等传统美德的功能，引导人们正派做人，踏实做事。最后又分析黔东地区由于历史原因造成的文化落后，文化生活贫乏，人们平时很少有机会聚合在一起，孝歌就作为一种民间习俗在特殊的场合以其特有的形式将人们聚集在一起。通过唱孝歌、听孝歌，表达老百姓对正义的歌颂，对世间邪恶的抨击，鞭挞社会上的不良风气，直接或间接地宣泄心中

❶ 访谈时间：2008年7月17日早上，于河源村菜籽坝黄运德家中。
❷ 此文所讲述的孝歌与冷水孝歌有着相同的演唱形式和音乐形态。

的愤懑。❶

　　上文所述就是一种典型的功能论分析，实际上到目前为止所有对于孝歌功能的分析结果都不出其右。我们不否认从某种意义上说，孝歌的存在对于其所处的社会环境来说有如上方面的促进作用，但这种分析唯一不能解释的就是在社会结构变迁的作用下，孝歌是否还维系了原先的功能？换句话说，唱歌的行为得以延续至今是否依靠其不变的社会功能来应对万变的社会形势？以上问题的解答也许只能诉诸对行为者行动意义的解释。

　　首先，唱孝歌是"地方知识分子之间的游戏与竞争"，这要先从孝歌本身的唱法和规矩说起。演唱孝歌很有难度，表现在韵律和谱词两方面。如上文介绍，孝歌共十四个半韵脚，在实际唱的时候每个歌师都有排头起韵的机会，也就是说每个韵都有可能被选到，因此能参加孝歌仪式的歌师每个韵都要能够掌握（至少是有准备），否则就要被当轮"搁置"，被众人当成茶余饭后的笑话。谱词则要求更高，先要接受过文化教育，然后阅读大量文本小说，有一定文化积淀后用规整精练的语句把整书情节编撰成一首歌背下来，同时还要兼顾押韵。但是接受知识文化却受传统教育体制和社会背景的限制。冷水乡在 20 世纪 50 年代解放以后才创办了一个民办学校，之前都是私塾式的教育方式，而这些歌师的受教育阶段都在私塾时代。❷ 这意味着在当时的社会背景下要接受教育比较困难，如黄运德说：

　　"（那时）上学不是随便都可以去的。像我上学的时候就要 8 兜包谷子（入学），就是 400 斤哦，也有交 200 斤 300 斤的，看学生能不能干，能干的读得（年数）多就要的（粮食）多，上学很贵哟，要交一斤猪油、一斤烟、一斤盐，把老师供起，老师还要剩点粮食回去养他的家人。意思就是你要把老师养起来请老师来教你。那是有钱才读的哦，饭都没得吃还读什么书，有的人六七十岁连学堂都没见过，门都没跨过。特别是那时重男轻女，女娃要读书那是要家里条件相当好才行，20 几个人上学就只有一两个女娃。"❸

　　这样，在冷水地方，文化人相较旁人来说就有一定的优越感，孝歌则是获取这种社会文化地位的独特方式。地位与权威来源于竞争的结果和群众的公

---

❶　周金勇. 黔东部分地区孝歌略论［J］. 民族艺术研究：1993（5）：32-33.

❷　据调查，目前歌师们的年龄结构都在 40 岁至 80 岁以上，多为 60 岁以上的老人，并且均为男性。

❸　访谈时间：2008 年 7 月 16 日早上，于河源村菜籽坝黄运德家中。

允，因此最好的擂台就是葬礼灵堂里的坐夜，它符合以下几个条件：（1）众人齐聚，只要有葬礼发生周围的人们都会自动前往帮忙或观看；（2）竞赛时间长，一整夜的时间足够从各个方面（韵脚掌握、应答速度、会唱书的数量）看出一个歌师的真实实力；（3）同时存在歌师之间与旁观者之间两套评判标准以界定人们心中文化程度最高的人；（4）同时也尊重了传统的葬礼程序，帮助孝家完成守灵。但这并不是说因为歌师们要获取某种社会地位才有了孝歌仪式，而是坐夜的这种形式为歌师们凸显其文化权威提供了一个操弄文化符号的文化空间。

歌师和旁观者对于唱孝歌水平高低的评判标准有所不同。一般普通的村民认为，只要能坐到灵堂上去唱几句出来的，就说他"会唱孝歌"，而老一辈的歌师则认为，能唱书且唱得多的人才能叫作"会唱孝歌"，即兴填词演唱的不算。以下是几位歌师的见解：

黄运德认为："孝歌唱得好，首先要调子好，❶ 二是内容好，还要鼓板敲得好。这不是那么容易就学得好的哦，一开始要学几段固定的，先把死的背下来，一边唱一边打鼓，天天练习，会唱不离口，会打不离手。唱50句60句不换韵才是好先生。"

李高德认为："唱得好的标准就是吐字清楚，韵脚准确无误。唱孝歌是有竞争的，谁唱得好谁唱得不好，一般大家心里都有谱，像那晚上你们来听，❷ 个个都晓得有记者来了，就争着要唱最好的。"❸

李宗恒说："他唱得不算好，他只有韵脚，❹ 但是唱书还是不行，我唱都是把书全部看完以后，写成七字句十字句来唱。如果看的书多会唱书，别人就怕你、就不敢惹，人家就说你是个'书呆子'，一唱出来别人就知道你的文化深浅。"❺

歌师们在孝堂的暗相竞争，久而久之使坐夜变成了"地方文化人游戏聚会"的象征，从而使普通村民的评价标准也产生了错觉——认为只要能够跻身孝堂参与这种高端游戏的人都可当作文化人看待。这也就是会有人去"唱转本"的根本原因，文盲并不能看懂小说更做不到编写歌词，于是就算死记

---

❶ "调子好"意为唱歌的声音好。

❷ 指笔者7月6日在菜籽坝的白会实访。

❸ 访谈时间：2008年7月11日晚于冷水乡政府。

❹ 这里的"他"指的是李宗恒的叔叔李明双，也会唱孝歌。

❺ 访谈时间：2008年8月1日于八龙村双坪组李宗恒家中。

硬背也希望通过记牢几个韵脚参与到这个聚会中来，就算会面临被其他歌师嘲笑"唱得死"的危险，也能获得普通群众称他"会唱孝歌"的头衔。由此又可见孝歌堂上坐夜唱孝歌所隐含的文化地位与权力之争。

除此之外，竞争的结果会集中反映在开歌场歌师的认定上面。上文提到，开歌场的歌师凭借其被众人认为"德高望重"而担负开歌场的重任，这个"德高望重"就是屡次竞争结果的成绩积淀。应该说，每一位歌师实际上都有开歌场的能力，只不过他是否能够被请为葬礼开歌场的师傅还取决于众人的认同，这就是所谓两套评价系统作用的叠加所形成的。一旦被邀请，那么在葬礼结束后一段时间内他都将成为文化人的最高代表而受到尊重。不仅如此，孝家还会给开歌场的歌师发一个红包❶（其他人则不发，只是请所有歌师在深夜的时候再加吃一顿丰盛的夜宵），这不仅作为利实钱，也是一种隐含的文化地位的象征，几乎所有的歌师的竞争目标都是这一地位。

不过竞争的实质总是隐含不外露的，表面上歌师们还是以一种彬彬有礼的、甚至过于谦逊的语言来演唱——这一方面也显示出自己是合格的堂内人物，有传统的文人品格，懂得孝歌规矩，尊重对手——有时场面还显得很欢快祥和，但是所有的情感和意见终归都要在歌词中表达，若有政见相冲的情况出现，孝堂便呈现出一种不可调和的紧张气氛，这种状况若没有得到缓解的话，就会发展成极端形式——打架。这便酿成了葬礼的紧急情况，需要孝家总管用合适的方法解决，比如赶紧让孝子们过来跪下磕头给歌师们说好话，调解气氛再重新开始。

但是这种实质上的竞争与较量在国家的体制政策与社会结构变迁作用下出现了新的情况——展演的隐喻，这种隐喻的流变与冷水近年来发生在传媒与教育体制方面的变革有很大关系。

冷水乡并不是一个与外界隔绝的、相对封闭的地区。身处重庆与湖北的边境，冷水在历史上就是一个重要的边贸乡镇，由于交通的便利而与周边地区的联系紧密。❷ 特别是自从 2000 年以后，冷水的现代通信方式（如手机、电话等）以很快的速度普及起来，从此人们的通信观念已经和城市没有区别。这给当地生活带来的重要影响就是，连传统仪式的某些步骤都已经改用手机替

---

❶　传统的做法是红包里装有 12 元钱，但是现在也有数十元到上百元不等。

❷　比如冷水人每逢农历三、六、九就要到湖北白羊塘赶集；为寻求好的医疗条件可以选择到湖北利川市、石柱县城等地看病；孩子上学可以有黄水、西沱、石柱等多地选择；冷水与湖北等地也有频繁的通婚。

代：表现在葬礼仪式上就是，发丧可以使用手机代替长途奔袭通知亲友；请孝歌歌师也不必亲自登门下跪，而直接电话邀请。这就使得"邀请仪式"这个受人尊重的表现形式发生改变，歌师地位的显示度也大打折扣。不过另外还存在一个并行的原因，就是国家教育体制的改革。自从冷水乡 80 年代设立了第一个中心小学开始，国家对冷水的教育形式和内容的渗透就不断加强，教育体制的发展使现代教育理念深入人心，诸如"让子女接受九年义务教育是家长义不容辞的责任"的标语随处可见，人们对于教育的认识就是一直支持子女完成"逐级往外"的求学朝圣，❶ 而这些子女们也在相互的比较下不负众望地奔赴全国各地的大学。在人们的文化教育水平普遍上升之时，以前享受着崇高地位和文化权威的歌师们正在面临着边缘化的境地，过去只是少数有钱人才能享受的知识教育已不足以成为旁人不可企及的资本。于是在教育与信息发展的双重作用下，歌师们在孝堂的竞争便不再有以往的重要性。

但葬礼的规矩不能违背，仪式形式也还要遵守。这时另外一个契机的出现使竞争的隐喻流变成了民族文化的展演。石柱县在 1986 年成立了石柱土家族自治县，从此以后人们便有了一种新的"土家族"的民族认同，而人们也通过媒体和各种优惠政策看到了社会对于少数民族文化的重视和关注，开始有意识地审视和表现自身的文化特色。于是演唱孝歌更多的就变成了加强民族认同的展演艺术，歌师们将原来在知识上的优势转为了一种民族自豪感而展演出来，一方面也为了找回并重塑渐失的社会价值。与此同时，逐渐对歌师文化地位淡漠了的旁观者们，现在也认同了这种展演艺术的形式，并开始以此为傲。

展演的形式在笔者对菜籽坝的白会实访时表现得尤为明显：我和其他调查成员一道到达举办葬礼地点的时间是晚上八点左右，这时孝家的院子里正在进行狮子龙灯的表演（即接客的时候进行的表演），祭拜过死者的人们就在院子的另一边吃丧宴，我们也被邀请一起入席吃饭。当人们和村支书（同时也是这个葬礼的总管）知道我们是专程过来参观葬礼举行情况时，便热情地向我介绍当地的葬礼风俗，并专门强调午夜以后还要唱孝歌，说"那才是我们土家族葬礼最有特点的"，请我们留下听听。但当天的孝歌被安排在凌晨一点开始唱，而我们因为距离驻地较远而必须返回，这时人们便策划晚上 11 点的时候就预演给我们看。11 点时，孝家院子里的乐队表演还没有结束，人们就开

---

❶ 冷水乡只设有六年制的小学，上初中的孩子必须到黄水、西沱或者其他地方，上高中多在县城的石柱中学，上大学则分布全国，因此构成一种"逐级往外"的求学路径。

始聚集在孝堂里面观看唱孝歌，孝堂空间很小却挤满了来凑热闹的人们，很多并不是为了听孝歌而来，而是听传言说"有记者来采访"才蜂拥而至。人多嘴杂，于是一些"懂事"的人便站出来叫众人不要讲话"影响记者录音"，还帮忙腾出空间来让我站在最好的位置观看。开歌场被直接略过，一来就进入唱歌环节。当晚有八个歌师，由于时间限制，歌师们互相商量不能唱太长的时间以便让每个人都能"表现一段"，并且旁人也在不断提醒歌师"要把最好的唱出来，让记者把我们土家族的文化向国家宣传"。

这一切看来都已经与亡者无关。唯一还能表明孝歌是一个"身在葬礼"场合的标志，就是开头时的开歌场和结尾时奠酒送歌师的环节——因为只有在这两部分的歌词中才能显现出唱歌与死者的联系。但是这个标志却也未必真与亡者有关，因为此前提到，"请神"与"送神"是冷水一切活动与仪式的始终，并且孝歌也得在葬礼中为自身找到一个合法位置。犹如黄运德最后专门补充到的"除了替孝家守灵以外，还是为亡人解罪，劝人行善"。然而事实上，对于行动者自身的意义来说，唱孝歌的隐喻已经在社会变迁的作用下逐渐由文化水平的竞争转变为民族文化艺术的展演。

（二）传承危机：主体的策略选择

对于任何一种民间艺术形式的研究都离不开对其传承问题的探讨。"孝歌"就其表面形式——即其音乐形态层面——上来说，属于一种仪式音乐。葬礼仪式就是孝歌生存的文化空间，但是葬礼只为孝歌提供了表演的舞台，只能保留孝歌的音乐形态，孝歌本身所隐含的意义却在社会结构变迁与个人策略选择的互动过程中发生流变，其生存机制不断在这个结构的框架内做出调试。在这个互动过程中个人的策略选择是使孝歌走向失传的直接原因。以下将从社会经济模式、收入水平的转变和娱乐方式的变革方面分析社会结构的变迁因素。

冷水乡除了传统存在的黄连种植一直没有间断过以外，其他经济模式共经历了水稻、烤烟和莼菜三个时期的转变，到目前为止主要经济支柱为黄连和莼菜。经济模式的每一次转变都伴随着冷水社会生活的变化，而2000年左右的一段时间就是冷水乡经济生活巨变的时期。粗略情况如下：2000年以前冷水乡主要作物都为平均亩产500斤的低产早稻（因为当地土质、气候和水质并不适合生长杂交水稻）；1990年左右引进了烤烟，但是最终以收益甚微甚至亏本而失败告终；黄连种植在2000年左右的时候迎来了一次价格的飞涨，由原来

20 元一公斤的平均水平曾一度增到 240 元一公斤的最高点，很多家庭因此获得巨大收益，迅速扩大种植范围；● 而莼菜是在 1995 年由政府引进，以此来改善冷水乡只能种植低产水稻的情况，这是一次成功的转变，莼菜种植的好处是资金投入小、简易的管理给人们留出了更多的空闲时间，而且收益大。● 这样冷水乡总体上就经历了水稻、黄连时期——水稻、黄连、烤烟时期——黄连、莼菜时期的转变。也就是 2000 年左右进入黄连、莼菜时期以后，人们才大量修建砖房、购置现代通信和娱乐设备，极大地改善了原来的生活面貌。后来沪渝高速公路和黄水旅游路的开工修建又给冷水人带来了新的收入方式，大量的人们又开始去修路、抬石头增加额外收入，目前修路的平均工资水平是 50 元一天，比任何务农方式的收入水平都要高。这种转变透露出人们的行动都是根据市场经济的波动和以往的经验来调整自己的策略，使行动更加符合形势并有利于个人利益的发展。而经济生活的变动对于孝歌歌师有同样直接的影响。

歌师在孝堂之外都是肩负家庭劳动生产重任的普通农民，连续的熬夜● 会带来巨大的体力消耗，从而使劳动生产受到影响。特别是在黄连价涨的时候，每家人都要忙于扩大生产增加收入，坐夜形式上只是邻里之间的互相帮忙，并没有任何收入，还要影响第二天的生产效率。对于修路来说这种影响就更为直观，坐夜一晚上意味着将请假一天，直接经济损失 50 元。因此经济方面的权衡是导致孝歌再也无人传承的首要因素。

其次是娱乐方式的变革。目前黄连、莼菜的种植和公路修建的收入为冷水生活水平的提高奠定了基础，人们的主要娱乐方式变成了看卫星电视、DVD，特别是当水稻种植转变为莼菜以后，人们的闲暇时间更多，"打牌"在日常生活中大行其道，年轻人都普遍表示"宁愿去打通宵的牌也不愿意去学唱孝歌"●。

孝歌面对社会生活的变革不仅在文化与地位方面丧失了吸引力，也难以抵挡市场经济发展席卷整个社区所带来的影响，让人们不得不将自己的所有考虑和权衡都直接或间接的指向经济，唱孝歌就在人们对自我意义和实际利益的评

● 仅 2002 年，全乡黄连农户销售黄连收入总计 728 万元，平均价格 130 元/公斤。

● 莼菜出口价可达每吨 20 000 元以上。到了莼菜采摘季节，每采摘一公斤莼菜的收入为一元，一个正常劳动力平均每天可以采摘 35~55 公斤。其中 5 至 7 月每 2~3 天就可采摘一次，8 到 10 月份则 5~8 天采摘一次。

● 根据道师先生所算的吉日，从人死之日一直要唱到埋葬之日，最多可达到 9 天左右。

● "打牌"对于年轻一代来说是一种更为刺激的娱乐活动，因为打牌的输赢是以金钱为代价的，很多年轻人在黄连价格最高的时期，每次打牌的输赢额度可以达到 2 000 元到上万元不等。

估和权衡中走向失传。

五、结语

从以上分析中可以看到，前人关于孝歌有互助、教育、娱乐等作用的分析在很大程度上是一种忽略了行动者自身意义的功能理论层面的分析（即在凌晨时分聚众演唱孝歌是一种邻里之间互相帮助为亡人守灵的行为；借守灵的这种方式演唱一些具有教育意义的歌，本来是给旁人传达知识的；同时这种行为又为生活单调的农村提供一个聚众娱乐的机会等）。但是，功能理论因缺乏对社会变迁的解释力度曾一度受到广泛质疑，事实上，就以冷水孝歌仪式为例来看，功能理论确实无法解释孝歌目前的存在状况——互助的观念已经被经济的权衡所淡化，现代教育体制的发展早已覆盖了孝歌所传达的教育信息（但若认为孝歌一定有个"教育功能"的话，那么也只体现在对后辈和旁观者进行葬礼仪式形式的再深化），麻将、纸牌以及现代传媒工具的普及转移了人们娱乐的视线。因此，只有将眼光聚焦在行动者——孝歌歌师自身，经由理解唱孝歌对于歌师的意义，才能理解孝歌所传达的文化内涵。社会是一个流变的过程，所有文化的形式和内涵都会随时间发生变迁，这种变迁的动力就在于社会结构的改变和行动者的实践，而文化传承就是一个离不开行动者的实践活动，只有立足于理解行动者对于文化实践所采取的策略选择，才能解释传承与消逝的内在原因。

简言之，人们赋予一个象征符号以某种意义，并随时代的发展不断赋予其新的意义，人们依据这些意义之网来指导自己的行为、理解自己的经验。一切传承的威胁因素都寓于社会结构与文化的变革之中，因此为了孝歌的传承而只保留孝歌的文化空间，即葬礼仪式的形式，也不能阻隔孝歌走向消逝的进程。

总结：农民生活的特殊性与一般性

中国社会由于其人文、地理环境的多样性，各地的农民生活也不尽相同，如果仅以某一地、某一时的农民生活达到解读整个中国农村社会全貌的目的，这是不现实的，也不是这本调查报告集的原意。我们是想通过这三十余万字的调查报告，展现社会剧烈转型时期特定人文地理环境下农民生活的独特性，展现一个宏观层次的社会转型是如何影响微观社会的普通农民生活的。本报告集在"农民生活"前缀以"冷水溪畔"，寓意在此。

从宏观层面来说，近十多年来，中国农村社会发生了三个层面的变化。首先，由于延续千年的农业税于 2006 年正式取消，一方面，县乡基层政府对农村的资源依赖大为减少，导致县乡基层政府对在农村的行为逻辑由"利益最大化"逻辑转化为"风险最小化"逻辑，县乡政府对农村在提供公共服务方面的积极性有所降低；另一方面，在取消农业税之后，农田补助、救灾补助等国家资源需要通过县乡基层政府的行政系统向乡村反哺资源。这就导致了一个结果，农民与县乡基层政府的博弈缺失了很大的筹码，农民与县乡基层政府的博弈协商关系演化为县乡基层政府在面对农民时逐步获得强势地位。

其次，由于当前大量农民进城务工经商，电视、互联网等资讯手段涌入乡村生活，之前相对封闭的村庄结构变得开放；农民收入来源也多元化了，农村基本的社会结构，如宗族结构、家庭结构正在发生变化，农村的一些传统文化也更加难以维系。

三是农民价值观的变化，原来乡村社会的保守、中庸、仪式化的价值取向，更多地注入了经济理性。

而这宏观层面的三大变化，是如何在地方微观层面产生变异并呈现其独特景致的，就是本调查报告集的目标。我们已经通过专题式的田野调查报告与附录形式，对重庆市石柱县冷水乡（今冷水镇）的自然、人文状况进行了比较充分的展示。具体而言，冷水乡当前的社会状况与当地的自然环境有关，当地独特的"小高原"气候特征以及山多地少的地理环境，使当地的粮食作物主要以玉米、土豆为主，经济作物以黄连、莼菜为主。

文化传统也对冷水乡的社会现状产生了重要影响。由于乡村政治变迁中"文化—社会"的冲突与同构，使冷水乡的政治生活在不同的历史时期，于矛盾中不断裂变，并最终呈现出当今的形态。由于计生政策、外部价值观念的影响，传统农村的大家庭结构逐步演变为小家庭结构，婚姻的缔结以及生育行为等，都较以前更加自主、自由、开放了。还由于经济状况的好转，也使冷水曾经出现的"还宗"现象逐步减少。一些民间音乐艺术、非物质文化遗产以及仪式，也在新的经济社会形势下展现出新的面貌，乡土文化中的仪式与象征发生了新的隐喻与流变。

同样，宏观层面的国家社会经济变迁对冷水乡的社会现状产生了更为明显的影响。中青年农民不断外出务工，改变了乡村的经济结构，农村经济被不断裹挟进更大范围的市场经济体系，导致黄连、莼菜等经济作物比例不断上升，进而导致生产和消费相对分离，直至影响到农民的日常生活——餐桌上的主食已不是本地种植的玉米土豆，而是通过市场购买的水稻。农民面对的困难除了"靠天吃饭"之外，更多了生产资料购买、农产品加工、与外部大市场的对接等困难。

除了上文提到的税费改革之外，新农村建设、国家级贫困县、退耕还林、撤村并校等国家宏观政策，都对普通农民的生活产生了深刻的影响，并呈现出本地的"乡土特质"。这本人类学田野调查报告的初稿完成于2008年，距今已有整整6年，在这个时间段里，昔日的冷水乡已经变成了冷水镇，冷水八龙村被申报成为首批中国少数民族特色村寨、重庆市民族团结进步示范创建村。从学术和田野材料的时效性而言，已经不能算是"新鲜热辣"。但是正因为经过了几年的沉淀，人类学民族志的另外一个重要价值得到了呈现，即为一个快速变迁中的武陵山区的土家族社区留下了一份相对全面、客观的记录。

附录1 冷水乡境的巴盐古道路段与水系图

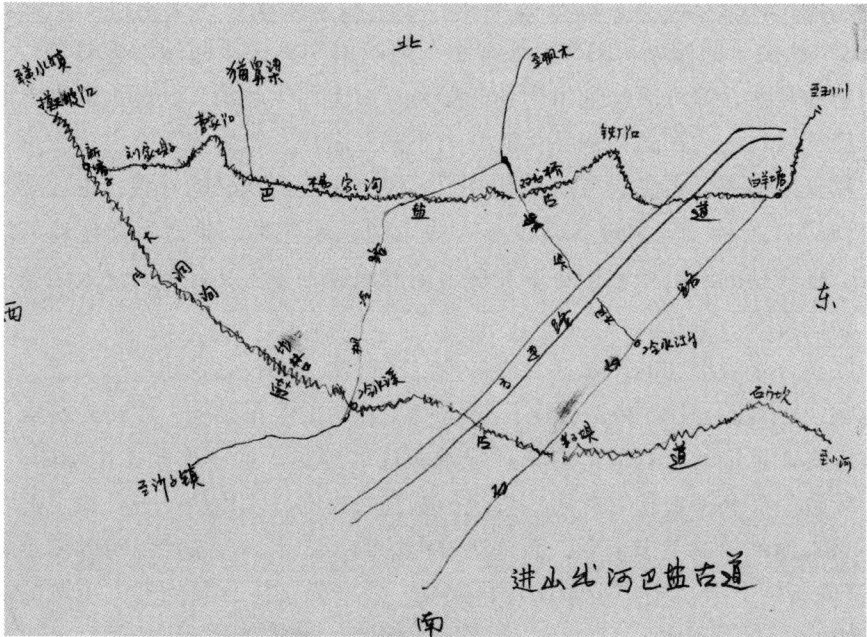

进山北河巴盐古道

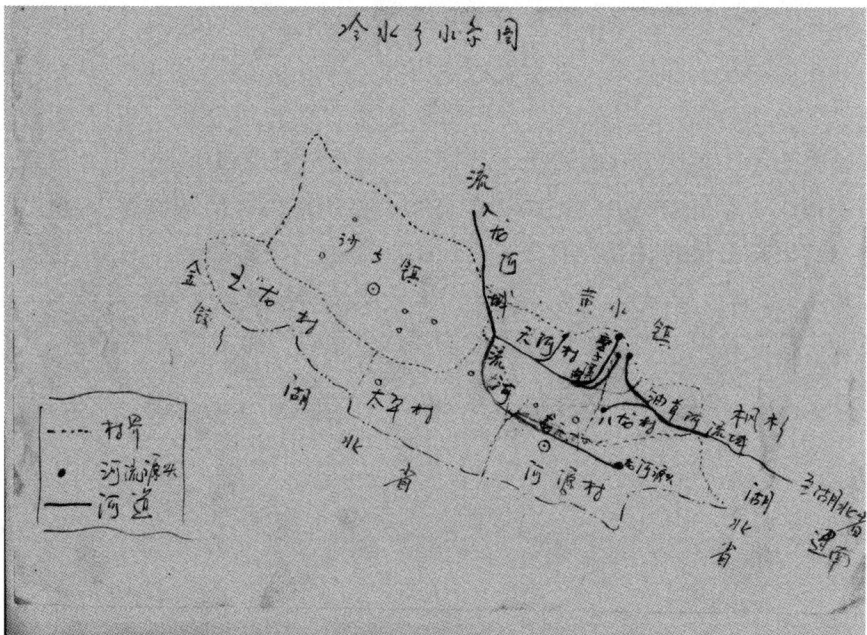

冷水乡小溪图

附录2 调查点村民居住分布图

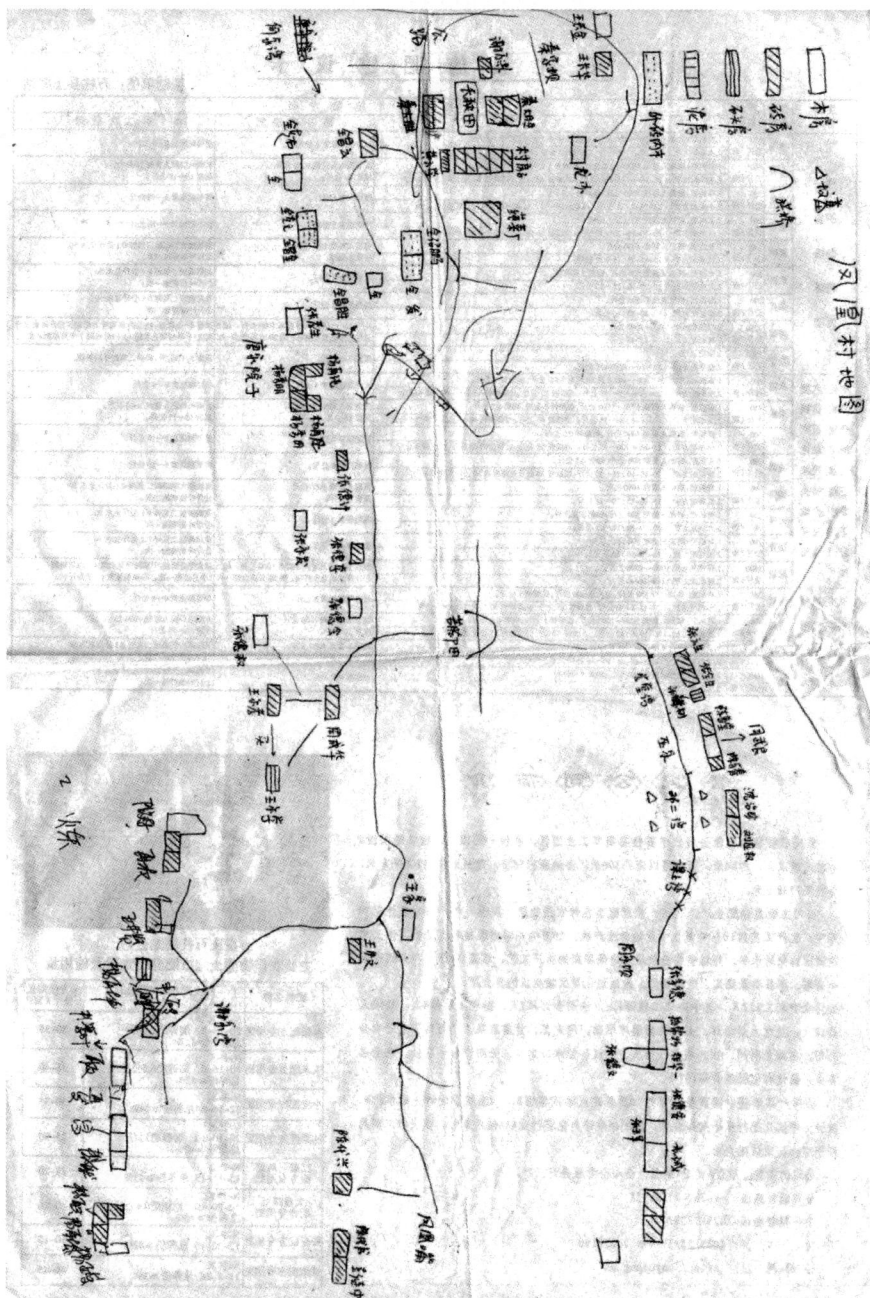

附录3 土家族称谓表

土家族	汉族	对称谓的关系
Diadia，公，didi	爷爷	爸爸的父亲
奶奶，婆婆	奶奶	爸爸的母亲
Ga gong	外公	妈妈的父亲
Ga po	外婆	妈妈的母亲
大伯（二伯）	伯	爸爸的哥哥
大叔（大满），二叔（二满），幺爸	叔	爸爸的弟弟
伯娘	伯母	爸爸哥哥的妻子
大娘，二娘，幺娘	叔母	爸爸弟弟的妻子
大舅（二舅）	舅	妈妈的兄弟
大姨 di，二姨 di，幺姨 di	姨夫	妈妈的姐妹的丈夫
大姨，二姨，幺姨	姨母	妈妈的姐妹
大姑，二姑，幺姑，细爸	姑母	爸爸的姐妹（细爸是比爸爸小的）
大姑爷，二姑爷，幺姑爷	姑丈	爸爸的姐妹的丈夫
大舅娘，二舅娘，幺舅娘	舅妈	妈妈的兄弟的妻子
表哥，表姐，表弟，表妹	表哥表妹	妈妈的兄弟姐妹，爸爸的姐妹的孩子
堂哥，堂弟，堂姐，堂妹	堂哥堂妹	爸爸的兄弟的孩子
老 zhao 儿	岳父	妻子的父亲
老 zhao 儿母	岳母	妻子的母亲
公公，婆婆	公公婆婆	丈夫的父母
大 dia dia，二 dia dia，幺 dia dia	爷爷	爷爷的兄弟
大姑婆（公），二姑婆（公），幺姑婆（公）	姑奶奶（爷爷）	爸爸的姑母（姑父）
大姨婆（公），二姨婆（公），幺姨婆（公）	姨奶奶（爷爷）	爸爸的姨母（姨夫）
大姑 ga（公），二姑 ga（公），幺姑 ga（公）	姑姥姥（姥爷）	妈妈的姑母（姑父）
大姨 ga（公），二姨 ga（公），幺姨 ga（公）	姨姥姥（姥爷）	妈妈的姨母（姨夫）
爸爸，di 伯伯，ya ya	爸爸	父亲（所生孩子不好带大，叫伯伯）

土家族	汉族	对称谓的关系
妈妈，伯娘，奶子	妈妈	母亲（所生孩子不好带大，叫伯娘）
儿子（女儿）	儿子（女儿）	自己的孩子
儿媳	儿媳	儿子的妻子
女婿	女婿	女儿的丈夫
亲家（亲家母）	亲家（亲家母）	儿媳，女婿的父母亲
外孙（外孙女）	外孙（外孙女）	女儿的孩子
孙子，孙女	孙子，孙女	儿子的孩子
姐夫	姐夫	姐姐的丈夫
妹夫	妹夫	妹妹的丈夫
弟妹	弟妹	弟弟的妻子
舅子	大舅子，小舅子	妻子的兄弟
姨妹	姨妹	妻子的姐妹
老姨（老挑）	姨妹夫	妻子妹妹的丈夫
外侄（女）	外甥（外甥女）	妻子姐妹的孩子，丈夫姐妹的孩子
内侄（女）	侄子（侄女）	丈夫兄弟的孩子，妻子兄弟的孩子

附录4 宴席喊彩

生日酒（喊彩）

1		2	3
祥云空中起	玩得不整齐	祥光紫雾色	祥云空中起
今日朝贺你	七十为月稀	来代不托白	玩得很安逸
月德月没去	百岁逢期一	寿如于彭古	花甲重新过
子孙有孝意	惊动众亲戚	要和七八百	再来把酒吃
××与××	金榜把名提	那时恭贺你	那时恭贺你
胜过那关羽	赛过那周瑜	背背坐府缺	寿高八百七
皇叔多义气	四海把名提		子孙孝顺意
把你打配比	点点不差一		福寿康泰齐
云华富贵起	福寿康泰齐		

婚记（喊彩）

1	2	3
祥云空中起	挽得很整齐	某府人人挂帅印
今日朝贺你	××结婚期	长乐取回万事新
秦晋两国义	云孩抗义期	贵府办得很齐备
牛郎与织女	鹊桥会仙女	×月×日动亲戚
鸾凤和鸣礼	天作之合期	义气胜过那刘备
洞房花烛礼	金榜把名提	五洲四海把名提
十全大美语	白发双齐眉	今天把你打配比
撞府来道喜	福寿康泰齐	福寿康泰满堂齐

接客（喊彩）

祥云空中起，　　　皇叔去立帝，
绾得很整齐。　　　西洲不费力。
胜过那关羽，　　　我今无准备，
赛过那周瑜。　　　请坐把烟吃。

378

举行婚礼仪式（喊彩）

东方一朵红云起，南方二朵紫云开；
红云起，紫云开，云中乱开新人来；
相向跃跃正相当，龙子于归配凤凰；
牛郎织女鹊相会，夫妻双双拜高堂。
新人就位——
一鞠躬，天长地久；二鞠躬，地久天长；
三鞠躬，百花齐眉；四鞠躬，福寿安康。
夫妻双双把房抢，龙凤飞舞入洞房。
鸣锣升炮！

附录5 白会告席词

白会告席词

1	2	3
锣响三声把话提	礼宜铺粘路十里	郭巨埋儿两夫妻
远近邻朋与为居	无奈孝家莫人力	黄香扇枕干天地
孝子匍匐跪在地	又请阴阳来看地	老莱献茶送寒衣
某老大人命归西	择定良辰并看期	背母下楼善石女
孝家承把讣书递	书房礼生在做祭	珠泪颗颗往下滴
传递内亲与外戚	贫穷富贵难以比	蔡顺看母三斗米
六亲得信泪如雨	超度亡者归菩提	难舍十全泪湿衣
三党闻言也悲泣	二十四孝予下记	张里张孝真代替
又有家亲灵前祭	不知真假是何一	三春奉婆一片鱼
纸扎火炮买得齐	董永卖身大孝记	二十四孝予不记
也有备便三牲礼	仙女下凡配夫妻	不料此处望春提
高扎八仙与彩旗	大舜泥山耕田地	礼宜人人顶白头显起
华龙宝盖香烛礼	文帝尝药他先吃	位位亲朋穿孝衣
全龙翻山备得齐	打锣行孝一千里	无奈孝家未安誉
有送猪羊兴抬起	唐氏乳姑九十九	备配薄卤奉亲戚
笙箫鼓乐送归西	无梦行孝将身披	孝子叩头下个礼
当大事在门贴起	王祥为母卧冰鱼	言语不用望希提
孝子孝孙穿麻衣	江革融工一升米	

白喜起丧安慰

一言起举是烦动,三亲六戚翻山驾岭,是跋涉来到此地,送起朝庭国宝,又是重情大礼,主东推之有却,总是为人不及,席上荒蔬,又是几个素席,孝家愧领,又是感恩不及,众位修造房屋或是迎鸾嫁娶,主东是隔墙挑土,慢慢还习,孝子谢情,叩头作揖。

近悦远来,猛勇刚强,亲友族戚和气一堂,老安少怀切莫实降,人人有父母,个个有爹娘,有恩需当报,有丑放两旁,窦燕山有义方,亲友族戚来帮忙,君子坦荡荡,缓缓送山上,小人长戚戚,孝家终不忘,奉亲各台准备,孝子叩头作揖。起!

附录6 扎 席 词

红喜扎席

愚有一言奉告	主东人力又少
各席细听根苗	未成经又分毫
今期鸾凤和好	席上摆牲稀少
牛女双渡鹊桥	无有美酒佳肴
又成亲朋来到	各台莫要见笑
翻山架岭又劳	淡酒多饮一宵
粘红挂灯打醮	此言难以尽表
何日镇补得交	新贵人作一耐劳

1	2	3
先生言语甚强	先生本会对好	先生本会讲
必然久坐书房	比汉时张飞霸	好比陈平张良
肚内文章甚广	名桥前成推诿	百王人马甚广
公然相貌堂堂	百万雄兵自然回	散说各自回乡
定国安邦之像		
固此铺坐朝堂		

4	5
先生会说	先生真正会叙
好比诸葛	好比汉时周瑜
迎请先生	十二岁帅印取
再说再说	天下才干第一

女方扎席

愚有一人起举，起举上下左右几席，愚人在此把话提，又承媒翁大人作合，山上卧龙本是诸葛，文定偏祥乃是天作之合，又承某府不弃，不责某府平寒淡薄，结为私义，今又被起，方肘抬合毡环手拾（首饰），衣服缠足，主东领之有愧，推之有却，来在光天化日茅檐草舍，真是茅安草舍，粗木桌凳，座位不合，席上荒蔬，卤水资薄，望齐各台满尊慢饮，主人在此谢劳把一作。起举升位！

于归上亲表席

一言起举，起烦乡亲，在座上下左右几席，听我愚人把话提，今府舍下于归之期，承得媒翁传言渡语，说合二姓之好，择定良辰佳期，烦动三亲六戚，翻山驾岭，跋涉来到此地。

送起朝庭国宝，又是重情大礼，帮凑舍下陪嫁，主东推之有却，总是为人不及，无有能量是缺少人力，席上无有美酒好酒，只是几个素席，粗木桌凳是座位不齐，一旦快领总是取思不及，此后各台修造房屋或是迎鸾嫁娶，主东是隔墙挑土，慢慢还习，在此谢情作揖。

男婚表夜延（正婚前天晚上扎席用）

晚言起举，起烦众亲，灯烛辉煌，金玉满堂，在座上下左右几席，老幼尊卑，予人不敢表名，今乃某人嘉冠之期，昔年承得媒翁大人，穿针引线金鸾动步，受了跋涉之劳，说合二姓之好，花果团圆之期，礼宜深谢媒翁之恩，无奈舍下力量不足，无有深敬，又蒙远近亲友族邻朋，外公舅爷，姑表姐丈。动上龙步，粘花挂红，送起缸坛礼酒，某人推之有却，领之有愧，在有一言，明日过府迎亲，统领代兵（带宾）先生，相帮弟兄们，打锣放炮鸣响，师乐奏八音，迎动嫦娥。一路取齐，要闹闹热热，总是要斯文修牙，讲文明礼貌，切莫乱奔乱拿，总管支客能当三天之家，厨管师傅能做真餐美味，好比蟠桃之宴，烧酒煮饭打盘抹桌，庄烟倒茶及放碗内外走杂，各执其事，大喊小叫，声叫声应，今夜灯光之下，不可尽表，承其众位，受尽跋涉之劳，日后各府门前，金榜题名皆曰高升，众位修房造屋，迎鸾嫁娶，主东隔墙挑土，慢慢填情，礼宜要备真餐百味，方才成理，但为人不及，席上荒蔬，卤水淡薄，不敢多敬。望其众亲宽饮，主东在此作揖谢情。

女方交结

今天是云孩伉俪之期，秦晋两国为义，牛女双渡鹊桥之期，天下子女共国诸门各有，人知儿女己知儿女，又承某府过来的介绍大人，代兵（带宾）先生，各位乡帮弟兄，各亲友族邻朋等，来在某处这个地方，真是茅安草舍，粗木桌凳，座位不合，席上荒蔬，卤水淡薄，怪知不得主东为人不展，力量不足，有口粗木柜柜，望共各力小心，凡托介绍大人，代兵（带宾）先生总是两头齐滴水，要闹闹热热的一路，长乐取回，万事新，不得一路弯栅。

我愚人坐于茅安草舍，不识周公之礼，要望各台高山射箭，放在两旁，不妥之处，放其左右，我这不会说话的人，就此完结。

交亲（女方先说一段，男方接说一段）

女：1：我家子女到你府门，三从不知，四德不晓，在家茶饭未学，针织未挑，锅头灶老不熟到，贤淑公婆，耐烦指教，教一教二，作揖谢劳。

2：愚人在此很简单，又劳贵府把床安，平亲未备哪一件，六礼不齐望海涵。

3：今天请谢很简单，特请贵府要原宽，陪女嫁妆很是不光彩，未备手饰（首饰）与毡环，实在不当像，望齐贵府要海食。

男：1：转告某姓尊亲：文质彬彬，嫦娥下界，福寿安宁。

2：转告某姓尊亲：大放心，小放心，二十四个放心。

3：转告某姓尊亲：有盐同含，无盐同淡，请求放心。

女：承得贵府，昔年不拆，结为礼仪，愚家之女，别离寒居，三从不知，四德不晓，年表幼小，缺少礼，望乞教训，慢慢学习，一多广众，言高低语，望乞海函，在此拜揖。

男：承得贵亲，不择寒门，三生有幸，缔结良缘，攀动龙驾，玉步光临。茅屋草舍，难以惜身，贵府千金，闺中之顺，聪明伶俐，无有不知，今乃厚辞，一概愧邻，回鸾转驾，慢慢乃行，转告亲翁，千万放心，一日三餐，同桌同凳，轻重厚薄，一体而行，早晚二时，二十四个放心，平亲在此，作揖谢伸。

娶亲到女方

先生龙驾请转去

粗言告在金怀地

言混不过龙耳细

作揖告过再不提

上亲封正（新郎到女方讨封正，说新郎好的）

一封天长地久

二封地久天长

三封三元及第

四封四海把名扬

五封荣登金榜

六封金玉满堂

七封翰林学士

八封兵部侍郎

九封左丞右相

十封长伴君王

新科状元回府

代兵（带宾）先生请转

附录 7 薅草歌与盘歌

薅草歌 (散花)

正月逢春好散花嘛哟哟嗬喂，清官上任哟哟嗬喂盘酒芽依哟喂，文武百官来饮酒哟哟嗬喂，十盘那果子嘛哟哟嗬喂九盘花依哟喂，哎呀，红罗帐，哎呀，桂花香。幺姨妹哪，喂。幺妹崽哪，哟。慢慢那打扮嘛哟嗬喂，郎送娇娇回哟依哟喂。莲啊莲花闹，喜鹊闹梅花，叮叮当当海棠花呀，咔咔呀捏捏呀哟嗬喂，指甲花哟依嗬喂。

二月逢春好散花嘛哟哟嗬哟，新砍犁头唻哟嗬喂投旧铧依哟喂，犁头犁起千条路哟哟嗬喂，磨耙磨起嘛哟哟嗬水上花依哟喂，哎呀，红罗帐，哎呀，桂花香。幺姨妹哪，喂。幺妹崽哪，哟。慢慢那打扮嘛哟嗬喂，郎送娇娇回哟依哟喂。莲啊莲花闹，喜鹊闹梅花，叮叮当当海棠花呀，咔咔呀捏捏呀哟嗬喂，指甲花哟依嗬喂。

三月逢春好散花嘛哟哟嗬哟，后园阳雀唻哟嗬喂闹喳喳依哟喂，一来吹动阳春早哟哟嗬喂，二来吹动哟哟嗬喂牡丹花依哟喂，哎呀，红罗帐，哎呀，桂花香。幺姨妹哪，喂。幺妹崽哪，哟。慢慢那打扮嘛哟嗬喂，郎送娇娇回哟依哟喂。莲啊莲花闹，喜鹊闹梅花，叮叮当当海棠花呀，咔咔呀捏捏呀哟嗬喂，指甲花哟依嗬喂。

四月逢春好散花嘛哟哟嗬哟，后园苦竹唻哟嗬喂正发芽依哟喂，十八小姐来讨笋哟哟嗬喂，罗裙绕动哟哟嗬喂竹叶花依哟喂，哎呀，红罗帐，哎呀，桂花香。幺姨妹哪，喂。幺妹崽哪，哟。慢慢那打扮嘛哟嗬喂，郎送娇娇回哟依哟喂。莲啊莲花闹，喜鹊闹梅花，叮叮当当海棠花呀，咔咔呀捏捏呀哟嗬喂，指甲花哟依嗬喂。

五月逢春好散花嘛哟哟嗬哟，大河龙船唻哟嗬喂当江划依哟喂，二十四把花绕编哟哟嗬喂，划上划下哟哟嗬喂水上花依哟喂，哎呀，红罗帐，哎呀，桂花香。幺姨妹哪，喂。幺妹崽哪，哟。慢慢那打扮嘛哟嗬喂，郎送娇娇回哟依哟喂。莲啊莲花闹，喜鹊闹梅花，叮叮当当海棠花呀，咔咔呀捏捏呀哟嗬喂，指甲花哟依嗬喂。

六月逢春好散花嘛哟哟嗬哟，十八小姐呀哟嗬喂回娘家依哟喂，头上打把青油伞哟哟嗬喂，上遮眉头哟哟嗬喂下遮花依哟喂，哎呀，红罗帐，哎呀，桂花香。幺姨妹哪，喂。幺妹崽哪，哟。慢慢那打扮嘛哟嗬喂，郎送娇娇回哟依哟喂。莲啊莲花闹，喜鹊闹梅花，叮叮当当海棠花呀，咔咔呀捏捏呀哟嗬喂，指甲花哟依嗬喂。

七月逢春好散花嘛哟哟嗬哟，阎王放鬼唻哟嗬喂回阳间依哟喂，年年有个七月半哟哟嗬喂，家家门前哟哟嗬喂纸钱花依哟喂，哎呀，红罗帐，哎呀，桂花香。幺姨妹哪，喂。幺妹崽哪，哟。慢慢那打扮嘛哟嗬喂，郎送娇娇回哟依哟喂。莲啊莲花闹，喜鹊闹梅花，叮叮当当海棠花呀，咔咔呀捏捏呀哟嗬喂，指甲花哟依嗬喂。

八月逢春好散花嘛哟哟嗬哟，八十公唻哟嗬喂剪棉花依哟喂，这头剪在那头转哟哟嗬喂，晒得头晕哟哟嗬喂眼睛花依哟喂，哎呀，红罗帐，哎呀，桂花香。幺姨妹哪，喂。幺妹崽哪，哟。慢慢那打扮嘛哟嗬喂，郎送娇娇回哟依哟喂。莲啊莲花闹，喜鹊闹梅花，叮叮当当海棠花呀，咔咔呀捏捏呀哟嗬喂，指甲花哟依嗬喂。

九月逢春好散花嘛哟哟嗬哟，要请弹匠唻哟嗬喂到我家依哟喂，我家不弹粗棉花哟哟嗬喂，要弹绫罗哟哟嗬喂缎裙花依哟喂，哎呀，红罗帐，哎呀，桂花香。幺姨妹哪，喂。幺妹崽哪，哟。慢慢那打扮嘛哟嗬喂，郎送娇娇回哟依哟喂。莲啊莲花闹，喜鹊闹梅花，叮叮当当海棠花呀，咔咔呀捏捏呀哟嗬喂，指甲花哟依嗬喂。

十月逢春好散花嘛哟哟嗬哟，要请纺沙唻哟嗬喂到我家依哟喂，我家不纺粗棉纱哟哟嗬喂，要纺绫罗哟哟嗬喂缎匹花依哟喂，哎呀，红罗帐，哎呀，桂花香。幺姨妹哪，喂。幺妹崽哪，哟。慢慢那打扮嘛哟嗬喂，郎送娇娇回哟依哟喂。莲啊莲花闹，喜鹊闹梅花，叮叮当当海棠花呀，咔咔呀捏捏呀哟嗬喂，指甲花哟依嗬喂。

冬月逢春好散花嘛哟哟嗬哟，要请织布唻哟嗬喂到我家依哟喂，我家不织粗棉布哟哟嗬喂，要织绫罗哟哟嗬喂缎匹花依哟喂，哎呀，红罗帐，哎呀，桂花香。幺姨妹哪，喂。幺妹崽哪，哟。慢慢那打扮嘛哟嗬喂，郎送娇娇回哟依哟喂。莲啊莲花闹，喜鹊闹梅花，叮叮当当海棠花呀，咔咔呀捏捏呀哟嗬喂，指甲花哟依嗬喂。

腊月逢春好散花嘛哟哟嗬哟，要请裁缝唻哟嗬喂到我家依哟喂，我家不缝粗棉衣哟哟嗬喂，要纺绫罗哟哟嗬喂缎匹花依哟喂，哎呀，红罗帐，哎呀，桂花香。幺姨妹哪，喂。幺妹崽哪，哟。慢慢那打扮嘛哟嗬喂，郎送娇娇回哟依哟喂。莲啊莲花闹，喜鹊闹梅花，叮叮当当海棠花呀，咔咔呀捏捏呀哟嗬喂，指甲花哟依嗬喂。

盘歌（锣鼓草）

问：说解元，讲解元。扬州起火哪一年？哪一只角（guo）先起火？哪一只角后冒烟？什么烧得连天爆？什么烧得爆连天？什么烧得跟墙走？什么烧得口朝天？什么没有烧得到，拍翅拍翅叫皇天？

答：说解元，就解元。扬州起火是乙卯年。东只角内先起头。两只角内后冒烟。瓦片烧得连天爆。楼竹烧得爆连天。老鼠烧得跟墙走。碓窝烧得口朝天。还有鸡公没烧到，拍翅拍翅叫皇天。

问：什么出来高又高？什么出来半中腰？什么出来连根扯？什么出来棒棒敲？歌师傅，歌秀才，要请歌师解出来。

答：桃花红，李花白，这首盘歌我晓得。苋菜开花根根红，不知解来同不同。高粱出来高又高，包谷出来半中腰。豆子出来连根扯，芝麻出来棒棒敲。

问：桃花红，柳叶青，再一首盘歌问先生。什么背上一个包？什么背上一条巢？什么背上千个眼？什么背上挨万刀？

答：桃花红，李花白，这首盘歌我晓得。苋菜开花根根红，不知解来同不同。斗笠背上一个包，推包背上一条巢，筛子背上千个眼，刀板背上挨万刀。

问：一个铜钱四个字，请问先生是不是？

答：是哟。牛吃江边草，马吃竹叶花，一步跳上马，多谢主人家。

附录8 啰儿啰歌、山歌、挑夫歌

啰儿啰歌

清早起来噻（sei），去哟去放牛哟喂，一根田坎啰儿啰，放出头哟喂，牛不抬头噻（sei），吃哟吃青草哟喂，娇不抬头啰儿啰，看风流哟哟喂。

清早起来噻（sei），把哟把门开哟喂，一股凉风啰儿啰，吹进来哟喂，这股凉风噻（sei），吹哟吹得怪哟喂，把奴吹得啰儿啰，几歪歪哟喂。

山 歌

1	2	3	4
大河涨水小河浑	清江河边一树桃	送郎送到柑子弯	郎爱妹来妹爱郎
唱个山歌妹妹听	三根丝线搭座桥	摘个柑子十二半	二人相交如蜜糖
打个石头把水应	只要妹妹良心好	郎六半来妹六半	钱来相交情不广
不知大河有好深	丝线更比金线牢	郎也甜来妹也甜	情义相交才久长

挑 夫 歌

1	2	3	4
挑不起担子不出门	好久没上过山坡	六月太阳大不过	哥担子挑二百八
好好在家耕阳春	对面山上画眉多	晒到情妹光脑壳	不知今晚歇哪搭
半年辛苦半年寒	心想要去捉一个	妹晒脑壳哥心疼	小姣姣，小姣姣
还有半年陪娇玩	没有梅子赖不和	哥送草帽好遮荫	担担歇在奴绣房

5	6	7	8
凉风绕绕天要晴	情哥哥，情哥哥	上了一坡又一坡	上坡下坡气又喘
乌鸦叫唤要死人	今晚担子哪里搁	这座山上画眉多	换肩过来嘴又歪
死人要死亲丈夫	小姣姣，小姣姣	画眉落在我口里	
莫死奴家野男人	担担搁在奴绣阁	姣姣落在我怀里	

附录9　俗语　谚语　字谜

俗　语

老鼠（xu）子滚米汤——够糊嘴

龅牙齿咬（ao）跳蚤（gei zhao）——遇啊缘

茅屎坑上摔跟头——离屎（死）不远

瓦角（guo）子剐屁股——剐毒

细线套牯牛——绷都绷不断

铁链子栓公鸡——绷起七八节

老鼠（xu）子爬秤钩——自称

猫抓糍粑——脱不了爪爪

谚　语

一九二九怀中插手， 三九四九冻死老狗， 五九六九沿河插柳， 七九六三过路行人把衣担， 九九八一庄稼佬把田犁。	云去东一场空， 云去南雨绵绵。 云去西雨溪溪， 云去北雨没得。	太阳反照，晒得鬼叫。 有雨山带帽，无雨顶上光。 蛇往上走晴，蛇往下走雨。 晚霞一天晴，早霞有雨淋。 有雨边天亮，无雨顶上光。

字　谜

1	2	3	4
一飘三点头， 四字偎腰站， 食字人走开， 寸字侧边看。 （打一字）爵	一个不出头， 二个不出头， 左右不出头， 全是不出头。 （打一字）林	平青不算青。 二人土上生。 一人一个口。 草木夹一人。 （打四个字）请坐 吃茶	一字九横六直， 无勾无飘笔， 颜渊问孔子， 孔子想三日。 （打一字）晶

5	6	7
能吃没有嘴，	牛打和尚无。	四四方方一座城，
能走没有腿，	二人抬一木。	城内兵马乱纷纷，
能打没声音，	双木不成林。	兵对兵来将对将，
能死没有罪。	目字一弯弓。	不用刀枪杀一仗。
（打一娱乐工具）棋子	（打四个字）特来相见	（打一娱乐工具）象棋

方　言

guò zi——自己　　　　　　苦疙瘩——黄连

哪 qì——去哪里　　　　　　赖不和——做不来

团转——邻居　　　　　　　啥子哟——什么哟

待屋的——在家　　　　　　嘞部、那部——这里、那里

洋芋——洋宝　　　　　　　转去——回去

附录10 冷水乡动物名

冷水乡动物名（当地语言）

水鸦雀（qiò）	打鱼雀（qiò）——翠鸟
山叉——杜鹃	鸦雀（qiò）——喜鹊
麻雀（qiò）	土话敏（眉）
黄瓜雀（qiò）	地麻雀（zhuá）
黄丹雀（qiò）	清官
唱歌唠	滔米汤汤
水老娃	狗喔喔
秧鹊——鸡鹊	白鸿儿——天鹅
鹭鸶——白鹭	痴老官或撑桩——长颈鹤
雪雀（qiò）	岩（ái）鹰——老鹰
老娃——乌鸦	夜娃子
红鸡	野鸡
猫耳头——猫头鹰	爪木官——啄木鸟
金话敏——金话媚	洋雀（qiò）——布谷鸟
四川咚咚——斑鸠	雷鸡或鹧鸡
苞谷雀（qiò）	燕子
牛屎宝	花雀（qiò）儿
台山（qiò）	点子雀（qiò）
野猪	花鼻子——白媚
九夹棒	刺猪或豪猪——刺猬
泥猪	土猪
叼鸟子——松鼠	黄鼠狼
麂子	长耳巴——兔子
竹骝	狗獾
毛狗	豺狼
老虎	野媚儿
獐子	

注：动物的名字多数是当地人根据其叫声、形状来命名的，如斑鸠、兔子等。

附录 11　对　联

对　联

犬过雪桥　五点梅花落地　　　　　凳长床宽蒸园，坐躺吃请自便
鸡行霜路　三片竹叶朝天　　　　　书厚纸薄香短，着写顺各随心

云从天出天然奇峰天生就　　　　　走马灯，灯走马，灯熄马停步
月照台前台中胜景台上观　　　　　飞虎旗，旗飞虎，旗卷虎藏身

案头平放四瓶花，四兰、四梅、四菊、四芍药
墙上横挂一轴画，一李、一机、一杏、一菊花

童子打桐子，桐子落童子乐　　　　白水泉边女子好少女真妙
和尚银河上，河上浣和尚玩　　　　山石岩下古木枯此木是柴

谐音对联

罩子笼灯诸葛亮（赵子龙蹬诸葛亮）
张棚隔烛无大光（张鹏翮触吴大光）
两船并行，橹速不如帆快（鲁肃不如樊哙）
八音齐奏，笛清难比箫和（狄青难比肖何）

电影名巧对

《瞧这一家子》《红楼梦》醒津津乐道《昨夜星辰》唯有那《红衣少女》
一旁欣赏《西游记》

《一曲河殇》唤醒《黄土地》上的《中华儿女》不满足《老井》汲水种
植《红高粱》

附录 12　木匠工具图

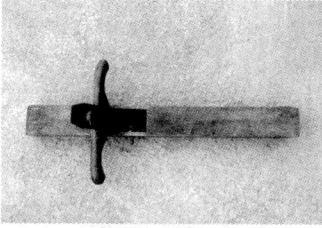
轻刨

线刨

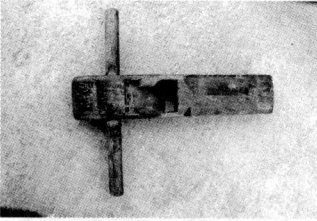
工字推刨（俯视）

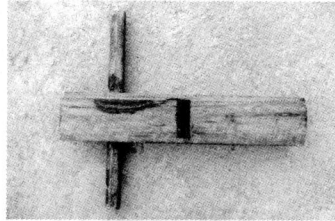
工字推刨（底部）

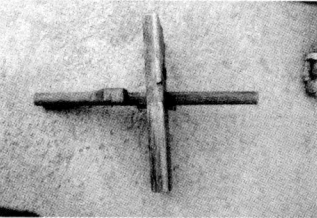
槽刨（底部）

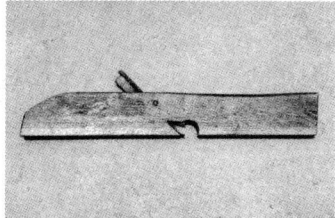
槽刨（侧视）

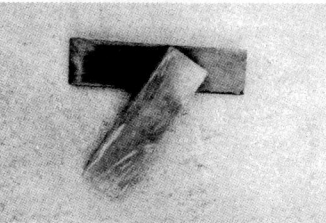
磨刀石

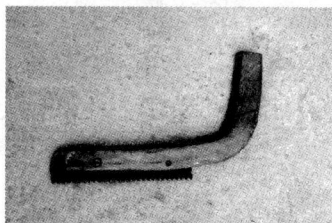
收锯

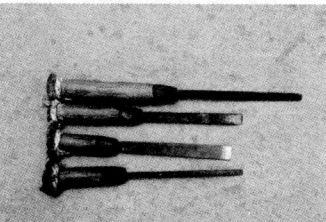
两分、三分、五分、八分锉、洗锉

马扣

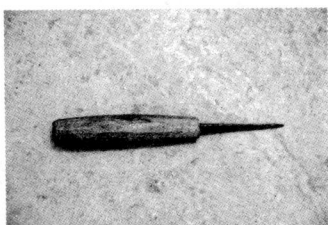
锯齿锉

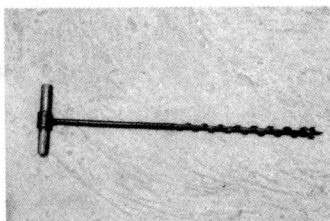
手钻

角尺

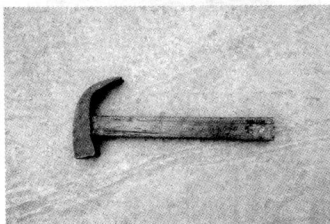
羊角锤

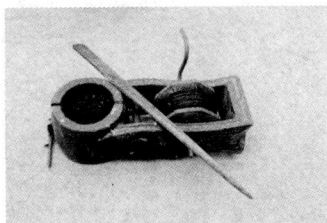
墨斗

三角尺

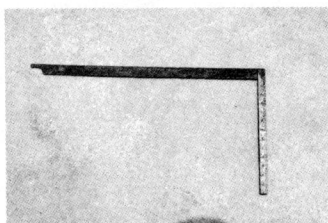
弯尺

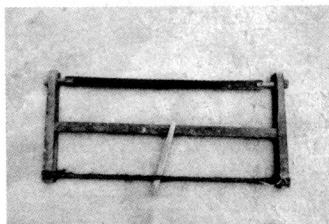
锯子

斧头（开山）

卷尺与铅笔

附录 13 黄连栽种工具图

薅锄

山耙

挖锄

耙梳

斧头「开山」

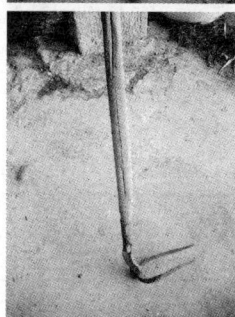
抓钩

黄连剪刀

黄连板凳

黄连樵子

黄连电炕

黄连背篓

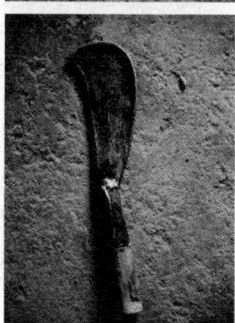
弯刀

附录 14 国家烤烟四十级标准（GB2653—92）表

附录 14 国家烤烟四十级标准（GB2653—92）表

（一）部位分组特征

组　别	部位特征（注）			颜　色
	脉　相	叶　形	厚　度	
下　部	较　细	较 宽 圆	厚　度	多柠檬黄色
中　部	适中、遮盖至微露，叶尖处稍弯曲	宽至较宽，叶尖部较钝	稍薄至中等、中等至厚	多橘黄色
上　部	较粗到粗、较显露至突起	较宽，叶尖部较锐	中等至厚	多橘黄、红棕色

注：在特殊情况下，部位划分以脉相、叶形为依据。

（二）品级要素及程度档次

品质要素		程度档次				
		1	2	3	4	5
品质因素	成熟度	完　熟	成　熟	尚　熟	欠　熟	假　熟
	叶片结构	疏　松	尚疏松	稍　密	紧　密	—
	身　份	中　等	稍薄、稍厚	薄、厚	—	—
	油　分	多	有	稍　有	少	—
	色　度	浓	强	中	弱	淡
	长　度	以厘米表示				
控制因素	残　伤	以百分比控制				

（三）品质规定

组　别	级别	代号	成熟度	叶片结构	身份	油分	色度	长度（cm）	残伤（%）
下部 X 柠檬黄 L	1	X1L	成熟	疏松	稍薄	有	强	40	10
	2	X2L	成熟	疏松	薄	稍有	中	35	20
	3	X3L	成熟	疏松	薄	稍有	弱	30	25
	4	X4L	假熟	疏松	薄	少	淡	25	30

组　　别		级别	代号	成熟度	叶片结构	身份	油分	色度	长度（cm）	残伤（%）
下部 X	橘黄 F	1	X1F	成熟	疏松	稍薄	有	强	40	10
		2	X2F	成熟	疏松	稍薄	稍有	中	35	20
		3	X3F	成熟	疏松	稍薄	稍有	弱	30	25
		4	X4F	假熟	疏松	薄	少	淡	25	30
中部 C	柠檬黄 L	1	C1L	成熟	疏松	中等	多	浓	45	5
		2	C2L	成熟	疏松	稍薄	有	强	40	10
		3	C3L	成熟	疏松	稍薄	有	中	35	20
	橘黄 F	1	C1F	成熟	疏松	中等	多	浓	45	5
		2	C2F	成熟	疏松	中等	有	强	40	10
		3	C3F	成熟	疏松	中等	有	中	35	20
上部 B	柠檬黄 L	1	B1L	成熟	尚疏松	中等	多	浓	45	5
		2	B2L	成熟	稍密	中等	有	强	40	10
		3	B3L	成熟	稍密	中等	稍有	中	35	20
		4	B4L	成熟	紧密	稍厚	稍有	弱	30	25
	橘黄 F	1	B1F	成熟	尚疏松	稍厚	多	浓	45	5
		2	B2F	成熟	稍密	稍厚	有	强	40	10
		3	B3F	成熟	稍密	稍厚	有	中	35	20
		4	B4F	成熟	紧密	厚	稍有	弱	30	25
	红棕 R	1	B1R	成熟	稍密	稍厚	有	浓	45	5
		2	B2R	成熟	稍密	稍厚	有	强	40	15
		3	B$_3$R	成熟	紧密	厚	稍有	中	35	25
完熟叶 H		1	H1F	完熟	疏松	中等	稍有	强	40	10
		2	H2F	完熟	疏松	中等	稍有	中	35	25
杂色 K	中下部 CX	1	CX1K	尚熟	疏松	稍薄	有		35	20
		2	CX2K	欠熟	尚疏松	薄	少		25	25
	上部 B	1	B1K	尚熟	稍密	稍厚	有		35	20
		2	B2K	欠熟	紧密	厚	稍有		30	30
		3	B3K	欠熟	紧密	厚	少		25	35
光滑叶 S		1	S1	欠熟	紧密	稍薄、稍厚	有		35	10
		2	S2	欠熟	紧密		少		30	20

续表

组 别		级别	代号	成熟度	叶片结构	身份	油分	色度	长度（cm）	残伤（%）
微带青 V	下二棚 X	2	X2V	尚熟	疏松	稍薄	有	中	35	15
	中部 C	3	C3V	尚熟	疏松	中等	多	强	40	10
	上部 B	2	B2V	尚熟	稍密	稍厚	多	强	40	10
		3	B3V	尚熟	稍密	稍厚	有	中	35	10
青黄色 GY		1	G_1Y	尚熟	尚疏至稍密	稍薄、稍厚	有		35	10
		2	G_2Y	欠熟	稍松密至紧密	稍薄、稍厚	稍有		30	20

参考文献

[1] 陈刚. 礼尚往来的意义——场域观下的送礼实践 [J]. 未发表，1998，转引自黄玉琴的研究.

[2] 陈霞. 维克多·特纳的仪式象征分析述评 [J]. 宗教学研究，1993 (1).

[3] 范·热内普. 过渡礼仪 [M]. 张举文，译. 北京：商务印书馆，2010.

[4] 费孝通. 江村经济 [M]. 北京：商务印书馆，2001.

[5] 费孝通. 乡土中国 [M]. 北京：三联书店，1958.

[6] 付广华. 生态环境与龙脊壮族村民的文化适应 [J]. 民族研究，2008 (2).

[7] 高丙中. 西方生活方式研究理论研究叙略 [J]. 社会学研究，1998 (3).

[8] 郭宏斌. 转型期农村居民礼物不对称交换的社会分析 [J]. 黄山学院学报，2008 (2).

[9] 郭于华. 生的困扰与死的执着——中国民间丧葬仪礼与传统生死观 [M]. 北京：中国人民大学出版社，1992.

[10] 郭于华. 仪式与社会变迁 [M]. 北京：社会科学文献出版社，2000.

[11] 黄玉琴. 礼物、生命仪礼和人情圈 [J]. 社会学研究，2002 (4).

[12] 蒋索莉，徐一峰. 桂北"孝歌"文化内涵的解读 [J]. 怀化学院学报，2008 (7).

[13] 克利福德·格尔兹. 文化的解释 [M]. 纳日碧力戈，等译. 上海：上海人民出版社，1999.

[14] 克利福德·格尔茨. 文化的解释 [M]. 韩莉，译. 北京：译林出版社，2008.

[15] 冷水乡地方志办公室编撰. 冷水乡乡志 [R]. 未发表.

[16] 冷水乡党委政府. 冷水乡志 [Z]. 2004.

[17] 李鑫生. 近年来我国的生活方式研究概观 [J]. 东岳论坛，1988 (3).

［18］林升栋．礼物、关系、信任［J］．广西民族研究，2006（4）．

［19］林耀华．民族学通论［M］．北京：中央民族大学出版社，1997．

［20］龙黎．人生礼仪调查报告［R］．未发表．

［21］麻国庆．永远的家——传统惯性与社会结合［M］．北京：北京大学出版社，2009．

［22］马林诺夫斯基．文化论［M］．费孝通，译．北京：华夏出版社，2002．

［23］潘光旦．湘西北的土家与古代巴人［A］．潘光旦民族研究文集［C］．北京：民族出版社，2000．

［24］潘泽泉．实践中流动的关系：一种分析视角——以《礼物的流动：一个中国村庄中的互惠原则与社会网络》为例［J］．社会学研究，2005（3）．

［25］彭兆荣．人类学研究评述［J］．民族研究，2002（2）．

［26］彭兆荣．人类学仪式理论的知识谱系［J］．民俗研究，2003（2）．

［27］彭兆荣．文学与仪式：文学人类学的一个文化视野——酒神及其祭祀仪式的发生学原理［M］．北京：北京大学出版社，2004．

［28］彭兆荣，吴兴帜．民族志表述中物的交换［J］．中南民族大学学报，2009（1）．

［29］瞿学伟．中国人际关系的特质——本土的概念及其模式［J］．社会学研究，1993（4）．

［30］冉茂忠，黄淑英，等．石柱土家族自治县概况修订本［Z］．北京：民族出版社，2007．

［31］任映红．农村人情礼俗文化队选举公正的影响［J］．实时观察，2008（12）．

［32］史宗．20世纪西方宗教人类学文选［M］．上海：三联书店，1995．

［33］苏峰．试析宗族现象在现代中国社会的嬗变［J］．长江学刊，2002（6）．

［34］孙振玉．人类生存与生态环境［M］//人类学高级论坛2004卷．哈尔滨：黑龙江人民出版社，2005．

［35］唐纳德·L.哈迪斯蒂．生态人类学［M］．郭凡，邹和，译.北京：文物出版社，2002．

［36］涂尔干．宗教生活的基本形式［M］．芮傅明，赵学元，译．台北市：桂冠图书股份有限公司，1992．

［37］王沪宁．当代中国村落家族文化：对中国社会现代化的一项探索［M］．上海：上海人民出版社，1991．

［38］王铭铭，潘忠党．象征与社会：中国民间文化的探讨［M］．天津：天津

人民出版社，1997.

[39] 王铭铭. 象征的秩序［J］. 读书，1998（2）.

[40] 王铭铭. 西方人类学思潮十讲［M］. 桂林：广西师范大学出版社，2005.

[41] 王铭铭. 20 世纪西方人类学主要著作指南［M］. 北京：世界图书出版公司，2008.

[42] 王雅林. 走向学术前沿的生活方式研究［J］. 社会学研究，1999（6）.

[43] 王霄冰. 仪式与信仰［M］. 北京：民族出版社，2008.

[44] 维克多·特纳. 仪式过程：结构与反结构［M］. 黄剑波，柳博赟，译. 北京：中国人民大学出版社，2006.

[45] 维克多·特纳. 象征之林——恩登布人仪式散论［M］. 赵玉燕，欧阳敏，徐洪峰，译. 北京：商务印书馆，2006.

[46] 翁玲玲. 从外人到自己人：通过仪式的转换性意义［J］. 广西民族学院学报，2004（6）.

[47] 夏建中. 文化人类学理论流派：文化研究的历史［M］. 北京：中国人民大学出版社，1997.

[48] 向柏松. 土家族民间信仰与文化［M］. 北京：民族出版社，2001.

[49] 徐舜杰，覃锐钧，等. 平话人图像［M］. 哈尔滨：黑龙江人民出版社，2008.

[50] 薛艺兵. 对仪式现象的人类学解释（上）［J］. 广西民族研究，2003（2）.

[51] 阎云翔. 礼物的流动——一个中国村庄中的互惠原则与社会网络［M］. 李放春，刘瑜，译. 上海：上海人民出版社，2000.

[52] 颜忠杰. 浅谈永善汉族的孝歌［J］. 民族艺术研究，1993（5）.

[53] 岳永逸. 范·根纳普及其《通过仪礼》［J］. 民俗研究，2008（1）.

[54] 张建军. 布傣人的丧葬礼仪及其文化意义与功能［J］. 广西民族大学学报，2007（6）.

[55] 张举文. 重认"过渡礼仪"模式中的"边缘礼仪"［J］. 民间文化论坛，2006（3）.

[56] 张旭东. 自然环境、农业生产及居民生活［R］. 未发表.

[57] 振亚. "挽歌"词源考［J］. 辞书研究，1996（4）.

[58] 朱晓莹. "人情"的泛化及其负功能：对苏北一农户人情消费的个案分析［J］. 社会，2003（9）.

［59］庄孔韶．人类学通论［M］．太原：山西教育出版社，2005.

［60］庄孔韶．人类学经典导读［M］．北京：中国人民大学出版社，2008.

［61］庄孔韶．人类学经典导读［M］．北京：中国人民大学出版社，2008.

［62］周金勇．黔东部分地区孝歌略论［J］．六盘水师范高等专科学校学报，2006（4）.

［63］Befu，Harumi. Gift-giving and Social Reciprocity in Japan［J］，France-Asie/Asia，1966，21（1）.

［64］Geertz，Clifford. Local knowledge：Further Essays in Interpretive Anthropology［M］．New York：Basic Books，1985.

［65］Nettting M，Robert. Cultural Ecology in Encyclopedia of Cultural Anthropology［M］// Vol. 1，Edited by David Levinson，Melvin Ember. Oakville：David Brown Book Company，1996.

后记：深耕

冷水的田野调查是我来到西南大学开始教学科研工作的第一站。

在那一年，还年轻，有着对田野驰骋的想象，希望能做出更多的社区田野调查，为开拓新的研究领域积累更好的实证研究的素材与资料；有着对研究和学科建设朦胧的认识，希望能通过田野工作的方式，发挥学科特色进而持续充满激情地发展学科；有着对通过田野调查培养和塑造青年学子的期待，我的学术生涯也就此深受其益。希望能有我的牵带和引领，让青年学子对人类学的研究和学术有更多的热爱。

第一站的开始，就决定了从此不能停步。后续一年一社区考察下来，社区选择没有定式，只有内在的学术肌理和缘分。但是"深耕"石柱、驻守武陵山区，使我已经拥有了自己的学术阵地并获得国内外同行的学术认同。

从《冷水溪畔》开始，陆续有了《万寿山下》《沙子关头》《龙河桥头》《边城黄鹤》，还有《天上黄水》……

八龙村，冷水乡，石柱，是美好的学术道路和记忆，是一生不变的学术选择，形塑和成长的经历却有着偶然与必然。感谢历史文化学院办公室彭前胜主任，我 2008 年 3 月 25 日来到学校报到，3 月 31 日带我到学校校地合作处沟通与石柱土家族自治县的文化合作项目。感谢程运康处长对我提出的"龙河流域""族群互动""区域文化"的理念给予了认可，并于 4 月 23 日亲自陪同我第一次到了石柱的"母亲河"龙河的源头冷水乡。感谢时任冷水乡党委书记的杨海华书记，他对学生和学术的人文关怀让我感动。在他简陋的生活用房里看到费孝通先生的著作的那一刻，我对他拥有了更多的尊重。没有他的支持，田野调查不可能顺利完成。好的开始，一路走来，今天回想都是美好的凝结，构筑了我对石柱研究的所有美好愿景。

2008 年的石柱还没有今天高速公路的格局，冷水就显得更沉寂于七曜山下。从北碚到石柱车程需要 6～7 个小时，从石柱再到现在的旅游旺地黄水镇需要 3 个小时，而再到冷水乡需要走无等级公路 18 公里、一个多小时车程只能供越野车通行，颠簸至极。这就是进入田野的路。而对于我的研究来讲，在冷水乡开展田野调查的意义在于它是贯穿石柱县的龙河的源头，在于它的平静和安宁，也在于它已经置于流动和发展的背景之中，需要尽早的描述、刻画和挖掘。当然还在于它是一个相对独立的社区，对学术研究的标本作用以及田野调查方法的训练都是一个很好的实践场域。其实我也还在做一些谋划和思考——是否就能通过做一条河流的上、中、下游不同社区的研究，构建起流域的整体性的文化和社会认识，寻找文化的相似性和社会发展的多样性。而从学术成果的展示上，能形成一系列的田野调查报告、作为教学田野实习和实践育人的成果，能形成一系列专题性的理论与实践相结合的学术研究，把对民族与社会发展的科学研究和社会服务都有所展示。

我的母校中山大学人类学所开展的珠江流域的系列文化和社会研究给我提供了很好的范例和蓝本。

此次调查有 2005 级五位民族学本科生和 2008 级一位研究生参加。如何开展这次田野调查、如何为后续的科学研究获得更好的学术支撑、如何组建这个调查团队务实开展工作显得尤为重要，因为田野调查对于我不是第一次，但是对于西南大学的经历是第一次。如何规范田野作业的时间和训练是需要我在一个新的地域找到自己的经验和方法，这个意义更为重要。我感觉到依靠我一个人的力量实在太薄弱，担心不能充分地、更好地指导学生，同时经验的总结需要更多的交流与见证。

我邀请了正在中山大学攻读马克思主义中国化专业方向的杨宇斌博士、正在中央民族大学攻读人类学的莫小波硕士前来参与团队的田野调查。他们两位本科都毕业于中山大学人类学系，同时具有跨民族、跨学校、跨专业的结合优势。2004 年，我和杨宇斌博士一同去了云南广南县阿科乡开展调查，在坝美世外桃源的田野建立了很好的友谊与认同。莫小波最初的田野调查经历是在云南河口瑶族开展的，他有很好的田野训练和学术感觉。有了这两位学术"田野哥"的加盟，我对这次田野调查的开展和执行更加有信心。一路田野走来，在田野中充分地讨论和交流。一个于 4 周时间内有计划的安排和训练的完成，都和团队的集思广益与对人类学田野的理解是分不开的。

在冷水八龙村的一个月里有很多回忆和留念。

我们每天从乡政府走到八龙村各居住点，来回有近 10 公里路，早出晚归。

因为村村通道路工程还未能全面覆盖，交通不便，我们每天吃只能吃白菜面，只能穿高筒的雨靴，但是我们很快乐。五位本科生在此次田野实习后的去向是：一位同学去了广州德邦物流直接就业，另四位同学都分别进入了中山大学、厦门大学、中央民族大学、兰州大学学习人类学、民族学，并首次实现了报送进入中山大学和中央民族大学。进入中央民族大学的龙黎硕士阶段同时交换去了英国女王大学，获得了双硕士；进入中山大学的王璐，直接硕博连读攻读文化与认知方向博士，还被交流到美国夏威夷大学访问。我在夏威夷学术交流期间还与他有缘在他乡欢聚。由此我真正看到了一次好的田野调查训练除了给学生和学术带来的调查成果之外，更多的是人生的收获，这些终将汇聚成学术和学科的力量积淀和积累，润化为西南大学人类学的风格和特色。也让我从田野调查和教学实习的角度看到了西南大学学生的基本素质，看到了我在石柱乃至武陵山区从事人类学、民族学教学科研的基本条件和发展都是非常有张力和空间的，也坚定了我在学术道路上迈开第二条学术道路发展的信念。

从对冷水八龙村的田野调查开始我就在思考，每次田野我们能够做一本百科全书式的田野调查报告，作为未来学术研究的基础材料；如果坚持下来，五年能出一系列，形成一个很好的传统，这对我们的学科建设是很重要的，一方面体现了人类学田野调查方法的科学训练和学科优势，另一方面也为具体的本科专业、研究生培养提供了学科具体化的样本。所以这个系列的田野调查报告的价值不仅仅在于资料的呈现和丰富。在流域文明和流域的研究中，能够通过系列村落和社区研究，集中对土家族的民族文化、族群关系、现实问题有专题性的思考和回应，那么我们的这个研究框架和设计就是非常重要和必要的。我后期的博士后出站报告的完成就是这个学术思路、基础资料与应用研究的延伸，《自为与共享：连片特困区农村公共品供给的社会基础》（人民出版社，2015）这本论著就是以农村公共品供给的问题为线索，在多次田野调查的基础上做的一些系统梳理和理论总结。

田野中总是会有淡淡的哀愁和忧伤，总是离不开对不同生活世界的思考，更在于对发展的一种不安。调查开展期间，高速公路在建、旅游公路在规划、高速铁路在计划，一个安静的土家族村落有着另外的躁动与喧嚣。待两年后——2010年高速公路正式开通了，巨大的变化无法预估其影响。第一，连接高速公路，完成了一条到黄水景点的旅游公路，冷水成为一个重要的交通要道；第二，八龙村变成了中国少数民族特色村寨，民族旅游项目实施启动；第三，八龙村变成了重庆市民族团结创建示范村寨。整个的乡村面貌在我看来一转眼的时间就没有了亲切和温暖，自然与我在田野调查期间感受到的人文环境变化更为明显，有点陌生的感受。唯有剪不断的与田野中人们的乡情意识，还不断延续着我每年都要做一些追踪的研究和调查。

近三年来，我带着日本岛根大学的教授，承担着日本学术振兴会的乡村环境的研究项目；带着中国台湾暨南国际大学的教授，讨论着乡村社会治理的话题，都曾到访过冷水八龙村。两所大学的所在地都是多山水，可以在未来开展比较研究。我给他们介绍了依流域和村落所开展的一系列的研究，介绍八龙村的前世今生与社会发展，更多地表述了八龙村的人文生态的诸多特色和社区发展的特色价值。我的研究是从这里开始，也希望我关注的村落和社区有更多的学者来开展研究，有更多的、全国乃至国际化的未来面向。特别是王欣博士，对推动土家族研究和八龙村的国家化做了很多细致的工作和研究。

六年后，我们准备结集将这套书出版的时候，取名为"冷水溪畔"。但是这本田野调查报告生发的感情所承载的学科的使命、田野的使命以及我开展研究的使命都是非常深厚的。当年从冷水溪畔开始，从西南大学校地合作平台研究申请获得教育部人文社会科学的研究资助，同时获得重庆市哲学社会科学研究的支持。学术成长上，从一名博士成就为有专业研究领域的教授；其后学术成果的延伸和发展，被纳入教育部新世纪优秀人才支持计划。从本科到研究生教育教学改革，我倡导的通过人类学的田野调查，基于社会科学实验的人文社科专业研究生协同创新能力培养与实践研究也在润化与推进。冷水溪畔给了我太多的愿景和希望。今天，学术的喧嚣让我们经常觉得经不住孤独和寂寞的思考，那就到冷水溪畔来吧！

田 阡

2014 年 2 月 28 日

特别感谢

　　教育部新世纪优秀人才支持计划"多元文化互动与族群关系研究"和重庆市社会科学规划项目《武陵山区多元文化互动与族群关系研究》(项目批准号：2010YBRW61)；西南大学基本科研业务费专项资金资助项目《中国少数民族村寨文化模式与经济的现代转型研究》以及重庆市文化"委员会"资助的《武陵山区多流域文化遗产调查与生态文明建设研究》项目对作者学术研究的支持！

鸣　谢

西南大学统筹城乡发展研究院
西南大学新农村发展研究院
重庆国学院
西南大学校地合作处